서울법대
법학총서
⑮

법학방법론

에른스트 A. 크라머 지음

최준규 옮김

박영사

《방법은, 다음과 같이 간단히 정의할 수 있다, 가장 빠른 길로 가서는 가질 수 없거나 혹은 가질 수 있는 것처럼 보이기만 하는 물건을 위한 우회로》

Helmut MAYER (in:《NZZ》28./29.6.2003,Nr.147,76)

역자의 글

Ⅰ. 이 책을 번역하게 된 이유

역자는 지금으로부터 10년 전인 2012년 "계약해석의 방법에 관한 연구"라는 제목의 논문으로 박사학위를 받았다. 이 논문은 약간의 수정·보완을 거쳐 2020년 경인문화사에서 공간(公刊)되었다. 박사학위를 받은 후 역자의 관심은 자연스럽게 '법'해석방법론으로 옮아갔다. 2012년 교수가 된 후 틈나는 대로 법해석방법론에 관한 글을 읽어 왔다. 지식이 쌓이고 생각이 많아졌다. 하지만 산출물(output)은 나오지 않았다. 선현(先賢)들이 쌓아 올린 성에 벽돌 한 장 올려놓기 어려운 주제임을 절감하였다. 교착상태에서 빠져나올 나름의 돌파구가 필요하였다. 법해석방법론의 주요 쟁점을 다시 확인하고, 외국의 논의상황을 차분히 정리하고 싶었다. 우리법학이 왜소해지지 않도록 우리말로 된 생각의 자료를 추가하고 싶었다. 외국법의 무분별하고 부정확한 추종이 부적절하듯, 우리 역량이 충분히 쌓이지 않은 상태에서 외국논의에 귀를 닫는 것도 부적절하다고 생각했다. 이 책을 번역하게 된 까닭이다.

Ⅱ. 책 및 저자 소개

현재 바젤대학 명예교수인 에른스트 A. 크라머의 『법학방법론(Juris-tische Methodenlehre)』은 스위스 민법을 주된 소재로 삼아 법해석방법론의 기본내용을 설명하는 개론서이다. 이 책은 1998년에 1판이 나왔고,

i

2019년 6판이 나왔다. 역자는 6판을 번역하였다. 법학의 개별 분야 중에서도 특히 대중적이지 않은 주제를 다루고 있고 (독일법이 아니라) 스위스법을 소재로 하고 있음에도 불구하고, 이 책은 꽤 인기가 있는 것으로 보인다.[1]

이 책은 법해석방법론이라는 어려운 주제를 간결한 문장으로 일목요연하게 설명하면서도 매우 풍부한 정보를 담고 있다. 쟁점마다 참고문헌을 상세하게 언급하고 있어 심화 연구를 위한 출발점으로 삼기에도 부족함이 없다. 스위스(민)법을 주된 소재로 삼아 법해석방법론을 설명하고 있지만, 저자가 필요하다고 여기는 주제에 대해서는 독일과 오스트리아의 판례와 문헌도 종종 언급하고 있다.[2] 또한 다른 나라(프랑스, 스페인, 이탈리아, 포르투갈, 네덜란드, 영국, 미국, 체코, 리투아니아, 리히텐슈타인, 브라질, 콜럼비아, 칠레...!)의 입법례나 판례도 종횡무진으로 소개한다. 비교법 연구에 대한 저자의 개방적 태도를 엿볼 수 있는 대목이다. 법해석방법론에 관한 깨알 같은 배경지식(문학작품의 표현, 다양한 로마법 격언, 학자나 실무가의 촌철살인과 같은 표현)을 각주를 통해 전달해주는 것도 이 책의 매력이다.

이 책의 주된 내용은 이미 2000년에 소개된 바 있다.[3] 그런데 이는 이 책 1판(230여 면)을 소개한 것이다. 현재 6판(380여 면)에 이르러서는 많은 내용이 추가되었다. 가령 법학방법론의 국제적 측면이라는 제목으로 5장이 추가되었고, 마지막 장인 6장에서는 규칙회의주의에 대한 설

---

1) 참고로 라렌츠의 법학방법론은 1991년 6판까지 나왔고, 엥기쉬의 법학방법론은 2018년 12판까지 나왔으며, 치펠리우스의 법학방법론은 2021년 12판까지 나왔다.

2) 저자가 이 책에서 지적한 것처럼, 사법(私法)해석 방법론에 관하여 독일의 방법론이 따로 있고 스위스나 오스트리아의 방법론이 따로 있다고 말하는 것은 지나친 감이 있다.

3) 양창수, "법발견의 다양한 양상 또는 실정법학자의 법학방법론 - 크라머의 법학방법론을 읽고 -", 서울대법학 41권 3호, (2000), 180면 이하.

명이 추가되었다. 각주도 300개 이상 늘어났다. 책 전체를 번역하여 소개하는 것이 이 책의 장점 내지 매력을 온전히 드러낼 수 있는 방법이라 사료된다.

이 책의 저자인 크라머 명예교수는 1944년생의 노(老)학자로서, 1971년 교수자격논문이 통과되었다. 그는 1972년 잘츠부르크대학 강사(Dozent)로 학자의 삶을 시작하였고, 이후 인스부르크대학 교수, 생갈렌대학 교수를 거쳐 1992년부터 바젤대학 교수로 근무하였으며 2009년 바젤대학 명예교수로 추대되었다. 크라머 교수의 저작으로는 ① 교수자격논문을 출판한 Grundfragen der vertraglichen Einigung. Konsens, Dissens und Erklärungsirrtum als dogmatische Probleme des österreichischen, schweizerischen und deutschen Vertragsrechts. (1972), ② 계약성립과정에서의 착오문제를 광범위한 비교법적 시각에서 검토한 Der Irrtum beim Vertragsschluss. Eine weltweit rechtsvergleichende Bestandsaufnahme. (1998), ③ 스위스채무법 교과서인 Obligationenrecht, Allgemeiner Teil. Grundkurs, 2Aufl., (2009) 등이 있다.

Ⅲ. 지금, 왜 법학방법론인가? - 크라머의 법학방법론이 우리에게 갖는 의의

독일어권에서 출판된 법학방법론 저서로서 그간 우리나라에서 번역출판된 책들은 다음과 같다. ① R. 치펠리우스 지음/김형배 옮김, 법학방법론, 제3판, 삼영사, (1995), ② 라렌츠·카나리스 지음/허일태 옮김, 법학방법론, 세종출판사, (2000), ③ 칼 엥귀시 지음/안법영·윤재왕 옮김, 법학방법론, 세창출판사, (2011), ④ 프란츠 비들린스키 지음/김성룡 옮김, 법적 방법론 강요, 준커뮤니케이션즈, (2021).

지금 우리에게 독일어권에서 출판된 법학방법론 저작 중 하나인 크라머의 법학방법론은 어떠한 의미를 갖는가? 과연 필요한가? 역자는 두 가지 측면에서 의미가 있다고 생각한다.

첫째, 스위스민법 제1조 제2항은 법률이나 관습법이 없는 경우 법관은 "그가 입법자라면 제정하였을 법칙에 의하여 재판해야 한다"고 규정하고 있다. 이는 민사에 관하여 법률이나 관습법이 없으면 조리에 의한다고 선언한 우리 민법 제1조와 비슷하다. 크라머의 법학방법론은 이처럼 법관이 입법자로서(modo legislatoris) 판결을 해야 하는 상황에 관하여 "법률초월적 법관법"이라는 제목의 장에서 상세히 설명하고 있다(법률초월적 법관법과 구별되는 구속적 법관법에 대해서는 별도의 장에서 설명한다). 특정 사안에서 법관의 법해석이 해석의 한계를 넘어섰기 때문에 허용될 수 없다는 논증은 매우 강력해 보이지만, 사실 동어반복의 성격을 갖고 있다. 해석과 법형성의 구별보다 중요한 문제는, 허용되는 법형성과 허용되지 않는 법형성의 구별이다. 권력분립의 원칙상 법관의 법형성은 쉽사리 허용되어서는 안 된다. 하지만 재판현실에서 법률초월적 법관법이 필요한 경우가 있고, 실제로 법률초월적 법관법은 계속 만들어지고 있다. 변화의 속도가 빠르고 복잡한 현대사회에서는 특히 법률초월적 법관법이 필요하다. 따라서 다음 질문들은 우리에게도 작지 않은 의미가 있다. ① 법률초월적 법관법이 정당화되는 경우와 정당화되지 않는 경우를 어떻게 구별할 것인가? ② 법관이 법률초월적 법관법을 만드는 경우 준수해야 할 객관적 기준으로는 무엇이 있는가? ③ 판례의 형태로 선언되는 법률초월적 법관법의 법원(法源)성을 인정할 여지는 없는가? ④ 법률초월적 법관법 영역에서 판례변경의 문제를 통상적인 판례변경의 문제와 동일한 차원에서 논의하는 것이 타당한가? 크라머의 법학방법론은 위 문제들에 대하여 유용한 관점을 제공해주고 있다.

둘째, 외국법의 논의는 우리의 현재 모습을 비추는 거울이 될 수도 있고, 우리가 앞으로 나아갈 방향을 정하는데 참고할 만한 자료가 될 수도 있다. 법학방법론에 관한 외국논의도 마찬가지이다. 역자는 독일어권에서 출판된 법학방법론 관련 서적과 영어권에서 출판된 법해석방법론 관련 서적을 보면서,[4] 우리 판례 내지 실무가 법해석에 관하여 ① 결과지향적 사고에 다소 치우친 것은 아닌지, ② 법관 자신을 social doctor로 여기면서 문언해석보다 목적론적 해석을 과도하게 우위에 두는 것은 아닌지,[5] ③ 법관이 논증의무를 소홀히 하거나 방법론적 정직성을 지키지 않는 경향이 있는 것은 아닌지 의문을 품게 된다. 오랜 기간 판사로 근무하였던 어느 유능한 법조인으로부터 듣게 되는 다음과 같은 발언 - "결국 모든 것이 다 의제이고 결단인 것 같아" - 은 결코 흘려넘길 수 없는 무게를 가지고 있다. 해석자의 선이해가 해석에 미치는 영향을 고려할 때 이러한 소회는 어찌 보면 당연할 수 있다. 하지만 크라머가 적절히 지적하는 바와 같이 법관의 선이해는 '**직업적**' 선이해이고 직업적 선이해**이어야 한다.** 법관이 선이해를 이유로 자신의 인격을 전면적으로

---

4) 가령 Robert A. Katzmann, Judging Statutes, (2016)이라는 작은 책자의 후반부는, 이 책의 저자{고(故) 카츠만 연방항소법원판사는 스칼리아로 대표되는 미국의 문언중심적 해석경향에 반대하는 인물이다}가 관여한, 법해석방법이 쟁점이 된 미국 판례들을 소개하고 있다. 위 판례들을 읽어보면 – 역자의 주관적 감상에 불과하지만 - 미국에서 법해석방법을 둘러싸고 문언주의(textualism)와 맥락주의(contextualism)가 대립하는 전선(戰線)의 위치는, 한국 법률가들이 으레 떠올리는 이미지보다 문언주의 쪽으로 더 기울어져 있다는 느낌을 받는다. 즉 우리나라 같으면 당연히 목적론적 해석을 강조하였을 것 같은 사안에서도, 문언해석이 발언력 내지 시민권을 갖고 주장된다는 느낌을 받는다. 다만 이러한 차이가 있다고 해서 미국의 구도가 옳고 우리나라의 구도가 틀렸다고 단정할 수는 없을 것이다.

5) 역자와 비슷한 문제의식으로는 오세혁, "한국에서의 법령해석 - 우리나라 법원의 해석방법론에 대한 비판적 분석 -", 법철학연구 6권 2호, (2003), 119면 이하; 오세혁, "사법부의 해석방법론에 대한 비판", 법과사회27, (2004), 185면 이하. 다만 역자는 문언해석만으로 문제를 해결할 수 없는 상황에서는 현재 시점에 부합하는 목적론적 해석이나 법관의 적극적 법형성이 가능하며, 바람직하다고 생각한다. 이러한 해석이나 법형성에는 솔직하고 치밀한 근거제시가 뒤따라야 한다.

개입시켜 해석을 하는 것은 허용될 수 없는 것이다. "해석자는《법실현》에 관련된 일을 하지《자아실현》에 관련된 일을 하지 않는다." 우리가 법치국가 원리를 포기하지 않는 한 "법관의 해석작업의 합리성과 규칙성"은 준수되어야 한다. 크라머의 법학방법론은 - 비록 무엇이 정답인지 말해 줄 수 없을지라도 - 현재 우리의 해석방법론 내지 해석실무가 가지는 문제점을 인식하고 이를 개선하는데 시사점을 줄 수 있다. 무엇이 정의인지 정확히 말할 수 없을지라도 현재의 부정의 상황을 개선해야 한다고 말할 수는 있는 것처럼, 무엇이 올바른 해석방법인지 정확히 말할 수 없을지라도 현재의 해석방법이 개선되어야 한다고 말할 수는 있다. 아마티아 센의 표현을 빌리자면 우리는 "초월적 제도주의"(transcendental institutionalism)가 아니라 **"실현가능성에 초점을 둔 비교"**(realization-focused comparison)를 위해 노력해야 한다.6) 외국의 법학방법론은 이러한 비교의 맥락에서 요긴하게 활용될 수 있다.

Ⅳ. 책 내용의 소개

이 책은 총 6장으로 구성되어 있다. 1장은 법학방법론의 일반적 논의를 소개한다. 2장은 전통적 해석방법인 문언해석, 역사적 해석, 체계해석, 목적론적 해석을 다룬다. 3장에서는 법관법 중 유추와 목적론적 축소로 대표되는 구속적 법관법을 다루고, 4장에서는 법률초월적 법관법을 검토하고 있다. 5장에서는 UN매매법과 같은 국제적 통일 사법(私法)을 어떻게 해석할 것인지, 스위스가 자발적으로 수용한 EU법을 어떻게 해석할 것인지와 같은 법해석방법론의 국제적 측면을 소개하고 있다. 마지막으로 6장에서는 전통적 법학방법론에 대하여 회의적인 이론(규칙

---

6) Amartya Sen, The Idea of Justice, (2009), 7.

역자의 글

회의주의와 해석자의 선이해)을 소개하고 이에 대한 저자의 입장을 밝히고 있다. 이 책에서는 스위스민법 및 채무법 규정과 그에 관한 판례들을 다수 소개하고 있는데, 책의 서술만으로 쟁점의 전모(全貌)를 파악하기 어려운 경우에는, 역자가 해당 조문이나 판례를 찾아 설명을 덧붙이기도 하였다.

이 책의 내용 중 역자의 흥미를 끈 부분을 일부 소개하고, 그에 대한 역자의 감상을 밝힌다.

첫째, 저자는 2장에서 역사적 해석을 설명하면서 법해석방법론을 둘러싼 고전적 쟁점인 '주관적 해석'과 '객관적 해석' 사이의 대립, 즉 과거 입법자의 의사를 중시하는 해석방법과 현재 법상황을 중시하는 해석방법 사이의 견해대립을 상세히 소개하고 있다. 그리고 이 쟁점이 법해석방법론에서 가장 중요한(!) 쟁점 중 하나라고 강조하고 있다. 저자는 해석자의 자의(恣意)가 개입될 위험이 있음에도 불구하고 객관적 해석을 일관되게 지지한다. 법률은 현재를 살아가는 사람들의 시점을 고려해 해석되어야 하고, 과거보다 현재 또는 미래가 중요하다는 취지이다. 역사적 해석의 중요성에 대하여 회의적 생각을 갖고 있는 역자로서는 흥미로운 부분이 아닐 수 없다. 역사적 해석을 중시하지 않더라도 ① 법문언과 체계가 자의적 해석을 제한하는 방향으로 중심을 잡아줄 수 있고, ② 법조 공동체(더 나아가 현재의 입법부와 시민사회 등) 내에서 이루어지는 수준 높은 담론(담론형성의 과정에서 과거 입법자의 의사도 '판단자료' 중 하나로 고려된다)이 목적론적 해석을 하는 해석자에게 영향을 끼치며, ③ 법관은 논증의무를 부담한다. 그렇다면 과거가 아니라 현재 또는 미래에 무게를 두면 법관의 자의(恣意)적 해석으로 귀결될 위험이 있다는 생각은 다소 지나친 우려가 아닐지?

둘째, 저자는 성문법 국가에서 판례가 법원(法源)이 될 수 없음을 인정하면서도, (법률초월적) 법관법으로서 확립된 판례에 대해서는 (법률을 보충하는) 보조적 법원 또는 독특한 성격을 갖는(sui generis) 법원으로서의 성격을 인정할 수 있다고 주장한다. 또한 저자는 법관법으로서의 판례가 변경되는 경우 판례변경의 소급효와 신뢰보호 문제는, 최고법원에 '법관법 관련 경과규정 제정권한'을 부여함으로써 해결함이 타당하다고 주장한다. 결론의 당부를 떠나 우리도 고민해 볼 필요가 있는 주장이다.

셋째, 저자는 법관이 일반조항을 적용하는 것은 형식적으로는 성문법의 적용이지만, 실질적으로는 법률초월적 법관법의 성격을 갖고 있다고 본다. 그렇다면 유추라는 구속적 법관법이 일반조항의 적용보다 '법관의 법률구속성 원칙'에 더욱 충실한 법발견이라 할 수 있다. 이와 관련하여 법원이 민법 제398조 제2항을 유추하여 위약벌을 직권감액할 수 있는지가 문제된 대법원 2022. 7. 21. 선고 2018다248855(본소), 2018다248862(반소) 전원합의체 판결을 살펴보자. 다수의견은 다음과 같은 이유로 유추를 부정한다. 위약벌의 경우 유추의 전제조건인 법률의 흠결이 존재한다고 볼 수 없고, 설령 법률의 흠결이 존재하더라도 법원이 민법 제103조 위반을 이유로 위약벌 약정 일부를 무효로 할 수 있으므로, 유추가 정당화되지 않는다. 그러나 이러한 논리가 타당한지 의문이다. 반대의견이 적절히 지적하듯, **"일반조항을 적용하기에 앞서 유추를 포함한 법해석방법을 모색"**해야 하기 때문이다. 일반조항의 적용이 실질적으로 법률초월적 법관법의 성격을 갖고 있다면, 법관은 일반조항을 적용하기에 앞서, 구속적 법관법에 해당하는 유추가 가능한지 살펴야 한다. 전자는 후자가 불가능한 경우 비로소 문제된다. 일반조항인 민법 제103조를 적용하여 위약벌을 감액할 수 있으므로 민법 제398조 제2항의 유추가 정당화되지 않는다는 논리는 본말전도이다.

V. 우리 판례에 기초한 우리 법학방법론을 향하여

외국의 법학방법론을 소개하는 것은 논의의 중간단계일 뿐이다. 논의의 종착점은 아니다. 궁극적으로 우리 판례에 기초한 우리 법학방법론이 정립되어야 한다. 과거 판례와 비교할 때 최근 우리나라의 판례는 그 사실관계나 적용되는 법리가 매우 복잡한 경우가 많다. 사회가 발전함에 따라 갈등관계도 복잡해지고 적용되는 법률도 복잡해졌기 때문이다. 이에 따라 우리 법학 및 법이론의 수준도 한층 발전하였다. 대법원은 최근 들어 전원합의체 판결을 '쏟아내고' 있다. 그 중에는 법해석방법론의 차이로 인해 견해가 나뉜 사례들도 여럿 있다.7) 이제 우리 판례에 기초한 법해석방법론이 풍성해질 수 있는 여건이 마련된 것이다. 과거 형법상 실화죄 관련 전원합의체 결정8)을 계기로 법해석방법론에 관한 논의가 활발히 이루어졌던 것처럼,9) 앞으로 법해석방법론에 관한 치열하고 수준높은 논의가 이어지길 기원해 본다. 이 책의 번역은 그러한 종착지에 이르기 위한 작은 밑거름에 불과할 것이다.

---

7) 가령 대법원 2020. 9. 3. 선고 2016두32992 전원합의체 판결(전교조 법외노조 판례), 대법원 2019. 2. 21. 선고 2014두12697 전원합의체 판결(쌀 직불금 관련 판례), 대법원 2015. 11. 12. 선고 2015도6809 전원합의체 판결(세월호 판례), 대법원 2020. 11. 19. 선고 2019다232918 전원합의체 판결(미성년 상속인의 특별한정승인 관련 판례), 대법원 2018. 6. 21. 선고 2011다112391 전원합의체 판결(휴일근로와 연장근로에 따른 임금을 중복가산할 수 있는지에 관한 판례).

8) 대법원 1994. 12. 20.자 94모32 전원합의체 결정.

9) 신동운·김영환·이상돈·김대휘·최봉철, 법률해석의 한계, (2000).

Ⅵ. 감사의 인사

먼저 이 책의 번역을 선뜻 수락해 주신 크라머 교수님께 감사의 말씀을 전한다. 학술서 번역지원사업을 통해 재정지원을 해 주신 서울대학교 법학연구소 김종보 (전)소장님과 송옥렬 (현)소장님께도 깊이 감사드린다. 또한 이 책의 번역을 처음 제안해주셨고, 초벌 번역문을 읽고 오류를 세심하게 지적하여 주신 한양대학교 김영환 명예교수님께 머리 숙여 감사드린다. 김영환 교수님께서는 초임 교수로서 시행착오를 거듭하던 역자를 따뜻하게 환영해 주셨고, 법학방법론에 관하여 많은 가르침을 주셨다. 앞으로도 늘 연부역강하시기를 기도드린다. 그리고 서울중앙지방법원 정찬우 부장판사님과 서울대학교 이성범 교수님께서도 역자의 초벌 번역문을 꼼꼼하게 살펴주셨다. 덕분에 여러 치명적 오류를 수정할 수 있었고, 역자의 비루한 독일어 실력이 조금은 개선될 수 있었다. 역자에게 학문적으로 많은 영감을 주시는 두 분께 깊은 감사의 말씀을 올린다. 역자의 지도반 학생인 강윤구 재판연구원께서는 독자입장에서 번역문을 읽고 부자연스럽거나 오류가 있는 부분들을 수정해주셨다. 덕분에 한글표현이 조금은 나아진 듯하다. 박사과정을 수료하고 이제 학위논문을 준비하고 있는 강윤구 연구원님의 학문적 대성을 기원한다. 끝으로 출판을 맡아 주신 박영사의 안종만 회장님, 안상준 대표님과 제반 업무를 맡아 주신 조성호 이사님, 편집과 교정을 위해 고생해 주신 한두희 선생님께도 고마움의 인사를 드리고자 한다.

목차

I   법학방법론, 《무엇이고 왜 공부하는가?》

1. 《법적용 방법론》으로서 법학방법론   3
2. 《규범문언작업》 vs. 《사실관계작업》   6
3. 법적용 방법에서는 어떠한 질문이 관건이 되는가?   7
4. 《메타규율》로서 법학방법론   9
5. 방법론적 규칙들의 기초; 《방법론의 법》   10
6. 《규범적》 규율로서 법학방법론; 법학방법론의
   현실부합성에 대한 근본적 회의   19
7. 법학방법론의 회고적·전략적 측면   24

**II   고전적 해석요소들과 본래적 의미의 법률해석 영역에서
      그 해석요소들 간의 순위**

1. 개념설명   31
2. 개별 해석요소들   34
   a) 서론   34
   b) 언어적－문법적 해석(《문언해석》)   35
      aa) 머리말   35
      bb) 기술적(記述的) 구성요건요소와 의미론적
          《3가지 영역 모델》   36

cc) 규범적 구성요건요소   43

dd) 일반조항   47

ee) 연방법률의 3가지 언어   57

ff) 문언논거에 대한 원칙적 결론   59

c) 체계적 해석   69

aa) 일반론   69

bb) 법의 《외적》 체계와 《내적》 체계   74

cc) 스위스사법의 외적 체계   75

dd) 스위스사법의 내적 체계   80

ee) 체계적 해석의 개별문제   87

d) 역사적 해석요소   108

aa) 기본적 문제제기   108

bb) 학설사 고찰과 용어 정리   112

cc) 연방대법원의 입장   115

dd)《객관적》 또는《주관적》 해석방법을 지지하는 논거   122

ee) 필자의 입장   128

ff) 개별문제   139

gg) 보론: 법률해석의 방법과 계약 및 일방적 법률행위

해석의 방법 사이의 원칙적 비교   141

e) 목적론적 해석   146

aa) 기본적 내용   146

bb) 이론사 고찰(《개념법학에서 이익법학으로》); 문제설정의

현안(懸案)성; 올바르게 이해한 법도그마틱의 기능   157

cc) 특별한 목적론적 논거들; 특별한 맥락에서 법률 목적의

고려   170

f) 해석요소들의 순위 문제   177

Ⅲ 법관법 일반; 흠결 개념;《구속적 법관법》영역에서의 흠결보충

1. 개념적 기초   183

2. 현실 그리고 법이론적 반대논거   187

3. 흠결 개념 일반: 흠결확정과 흠결보충의 구별   193

4. 흠결의 종류   195

    a) 개관   195

    b) 해석론상 흠결과 입법론상 흠결의 구별   196

    c) 법률내부의 흠결   197

    d) 공개된 법률흠결   197

    e) 예외흠결   202

    f) 다른 흠결유형   204

5. 공개된 법률상 흠결의 경우 흠결보충   205

    a) 유추; 목적론적 확장; 대에서 소/소에서 대로의 추론;

       역추론   205

    b)《미리 효력을 발생하는》입법에 의거한 흠결보충   226

    c) 관습법에 의거한 흠결보충   228

6. 예외흠결이 존재하는 경우의 절차   230

    a) 목적론적 축소   230

    b) 유추와 결합된 목적론적 축소   233

    c) 스위스 학설 및 판례에서 목적론적 축소   234

    d) 한계   237

Ⅳ 법률초월적 법관법

1. 개념, 사실적 의미   249
2. 법률초월적 법관법의 법원(法源)으로서의 성격?   253
3. 객관화 요소   260
    a) 서론   260
    b) 형식적 법치국가원리들   261
    c) 내용적으로 방향을 지시해주는 요소들   266
      aa) 선례   266
      bb) 학설   268
      cc) 일반적 법원칙   274
      dd) 비교법   280
      ee) 법 외부의 논거   284
4. 일반조항과 법관의 재량을 지시하는 법률규정의 구체화   292
    a) 서론   292
    b) 방법론적 절차 일반에 관하여   294
    c) 특별한 고려   297
5. 문제변증론(토픽)과 법관법   302
6. 판례변경의 문제   305
    a) 현상(現象)   305
    b) 선례에의 구속?   307
    c) 판례변경 시 신뢰침해 문제   312
7. 법률초월적 법관법의 정당성과 한계   316

V 법학방법론의 국제적 측면

1. 서론   327
2. UN매매법 사례에서의 통일사법에 대한 방법론적
   특별고려   328
3. 스위스가 《자율적으로 수용한》 EU사법의 해석 관련
   특수 문제   334

VI 전통적 방법론에 대한 근본적 의문들(규칙회의주의, 선이해)과 결론

1. 서론   349
2. 규칙회의주의   349
3. 해석자의 선이해   355
   a) 서론   355
   b) 선이해의 해석학적 유형과 법방법론 상 논의에서
      각 유형의 수용   356
   c) 선이해의 《층위》   358
   d) 선이해의 중요성에 대한 입장   360
4. 결론   368

참고문헌 목록   371
사항색인   389

I

법학방법론, 《무엇이고 왜 공부하는가?》

Juristische Methodenlehre

I

법학방법론, 《무엇이고 왜 공부하는가?》[1]

1. 《법적용 방법론》으로서 법학방법론

법학방법론은 다양한 측면을 갖는다. 그러나 무엇보다도 법학방법론은 해석자(특히 법관)가 법률규범의 의미를 탐구할 때 준수해야 할 규칙들에 관한 이론을 의미한다.

《법적용 방법》에 관한 규칙의 수신자(受信者)는 무엇보다도 법관이다(이 책에서 법관의 활동은 대부분 *전체를 대표하는 일부* - pars pro toto - 로서 언급된다: 법해석에 종사하는 다른 이들의 활동까지 포함하는 포괄적 의미에서 "법관의 활동"이라는 표현을 사용한다는 뜻이다); 행정관청의 구성원으로서 법을 적용하는 자, 직업적 활동으로 법률을 해석하는 변호사와 공증인도 이러한 규칙들의 수신자임은 물론이다. 그러나 법적용의 방법은 이론적 법률가들의 《법리적》해석, 즉 현행법의 틀 내에서 움직이는 해석의 기초가 되기도 한다. 《해석의 실무적 방법》과 법이론가들의 해석방법 사이에는 원칙적으로 차이가 없다. 이에 대한 타당한 지적으로는 HÖHN, AJP 1994, 419:《이론을 위한 해석방법이 따로 있고 실무를 위한 해석방법이 따로 있을 수 없다. 단지

---

1) 이 제목은 실러의 1789년 예나대학 취임강연:《보편사, 무엇이고 왜 공부하는가?》에서 따온 것이다.

작업의 목적이 그리고 부분적으로 그 임무가 다를 뿐이다》. 그러나 이러한 서로 다른 임무를 근거로 SCHÜPBACH, Traité de procédure civile, Bd. I (1995) 117f.는 《법적 해석》 방법과 《법리적 해석》 방법을 구별한다; H.P. WALTER, in: SENN/FRITSCHI (Hrsg.), Rechtswissenschaft und Hermeneutik (2009) 127ff.도 같은 취지. 실무의 법적용자들은 목전(目前)의 구체적인 생활사태에 대한 《정당하고》, 《이성적인》 답을 찾으려고 노력한다. 따라서 부득이하게 논증이 더 강한 실용주의적 성격 및 결과지향성을 띠게 된다는 점은 인정해야 한다.

이하에서 《법규범》은 원칙적으로 일반적-추상적 규범이다(헌법, 법률, 명령). 관습법도 일반적-추상적 규범을 담고 있다; 그러나 관습법의 의미에 대한 문제는 여기서 자세히 살펴보지 않는다. 왜냐하면 이는 (국제법을 제외하면) 실무상 거의 의미가 없기 때문이다. 법률행위(계약)와 같은 개별적 규율도 광의의 규범개념에 부합하기 때문에, 《개별적 규범》이라고 정의할 수 있다. 계약도 《법질서의 단계구조》 안에 있다. KELSEN, 261ff.; 켈젠의 후계자인 BUCHER, Das subjektive Recht als Normsetzungsbefugnis (1965) 49; 87ff. 프랑스법(민법 제1103조. 2016년 개정 전에는 제1134조 제1항)의 유명한 계약에 대한 정의도 참조: 《적법하게 성립한 계약은 이를 행한 당사자들에 대하여 법률의 지위를 갖는다.》 따라서 해석의 대상이 되는 계약도 방법론적 문제를 전제로 한다. 스위스법에서 이 문제는 우선 스위스채무법 제18조 제1항의 해석규칙에 의해 해결된다. 법률해석의 방법과 계약해석의 방법 사이의 비교로는 141면 이하 참조. 국가 간 조약의 해석에 관해서는 각주 1030 참조. 법원의 결정(판례) 또는 행정청의 결정도 개별적 규범으로 정의할 수 있다. 이들도 해석의 대상이다. 이들은 스위스 민사소송법 334조(불명확한 판결의 의미에 대하여 법원이 해명하거나 수정하는 내용의 판결을 할 수 있다는 조문이다)와 관련하여 의미를 갖지만, 여기서는 더 살펴보지 않는다. 이에 대해서는 ALBERS, in: VVDStRL 71 (2012) 257ff.; 유럽사법재판소 판례의 해석에 대하여 FABER, NBl 2017, 697ff. 그림으로 표현된 결합된 교통표지의 해석에 대하여 KRAMER, SJZ 1982, 281ff.

첫 번째 문단에서 언급된 이론을 일반적으로 《법적용의 방법》이라 부른다. 가령 해석자는 공작물소유자 책임(스위스채무법 제58조)의 구성요건인 《공작물(Werk)》이 무엇을 뜻하는지 알고 싶을 수 있다. 사다리는 공작물에 *포섭*될 수 있는가? 거리, 거리에 있는 나무, 정비된 스키슬로프는 어떠한가? 스위스채무법 제20조 제1항이 말하는 계약의 《불가능한》 내용은 무엇인가? 채무자가 단지 주관적 관점에서 급부를 할 능력이 되지 않는 경우도 여기에 포섭되는가? 계약체결시의 착오를 주장하는 것이 《신의성실 원칙》에 반한다는 것(스위스채무법 제25조)은 무슨 뜻인가?

《포섭》이라는 표현은 구체적 생활사태(《사례》)를 일반적-추상적인 법적 규율에 - 그 규율에 따른 법적 평가를 위해 - 끼워 맞추는 것이다. (《소전제》인) 생활사태가 법률적인 《대전제》의 한 사례(《후보자》)에 해당한다면, 이로부터 - 아리스토텔레스의 논리에 따라 - 그 사례는 법률규정에 따라 판단해야 한다는 결론이 추론된다. 이러한 법적 《삼단논법》(법효과규정의 삼단논법)에 대해서는 무엇보다도 LARENZ/CANARIS, 91ff; ENGISCH, Einführung, 89ff.; ders., Logische Studien, 8ff. 참조. 이러한 의미에서 해석의 임무는 《대전제》의 의미내용을 탐구하는 것이다. 물론 해석과 구체적 생활사태의 포섭 사이의 상관관계(《시선의 왕복》)가 여기서 확인된다. ENGISCH, Logische Studien, 15; MAYER-MALY, JBl 1969, 414: 《법적 해석학의 문제는 문언이 아니라 사례들로부터 제기된다.》 BGE 129 Ⅲ 335 (340)도 참조: 《사태로부터 이해되고 구체화되는 법률》이 결정적 의미를 갖는다. BGE 134 Ⅴ 170 (174); 135 Ⅲ 112 (116); 144 Ⅰ 242 (251); 144 Ⅲ 100 (103)도 같은 취지. 이러한 사정은 이론적으로 해석을 하는 법이론가도 마찬가지이다. 그는 항상 - 가정적으로 - 구체적 사례를 염두에 두어야 하고, 구체적 사례는 그의 해석을 근거로 포섭되거나 포섭되지 않게 된다. 이러한 의미에서 《여기서 이해는 항상 적용하는 것이다.》(GADAMER, 314)라고 할 수 있다. 대전제와 소전제의 상관관계, 무엇보다도 규범해석의 사례관련성에 관한 명료한 설명으로 LOCHER, 74 참조. (사례의《합리적》해결과 관련된) 법적 해석의《적용적》구조가 법적 해석의 가장 중요한 특성이고, 전체 정신과학의 틀 안에서 법적 해석이 지니는《예시적 의미》를 보여준다. GADAMER, 330ff. 법적 포섭모델(그리고 아리스토텔레스를 언급하는 것)에 대한 비판으로는 GRÖSCHNER, Subsumtion - Technik oder Theorie (2014); 실제로는 포섭이 아니라 일상언어의 개념들을 법적 언어의 법리적으로 특정된 개념 아래로 《종속시키는 것》이다(43면 참조). 이에 관한 추가 논의로는 PÖDER, Justice-Justiz-Giustizia 2015/1.

여기서 임의로 추출한 스위스채무법 관련 세 가지 사례들은, 규범문언은 통상 (양(量)개념이나 시간개념을 사용하는 경우를 제외하면) 불완전하다는 점을, 즉《의미론적 활동공간》을 열어두고 있고, 모호하거나 중의적이며[2] 이로 인해 해석이 필요하다는 점을 보여준다.

2.《규범문언작업》vs.《사실관계작업》

해석은, 이미 언급한 예시들이 보여주듯이,《규범문언에 대한 작업》이다. 법적용 방법은 이러한 규범문언에 대한 작업을 이론적으로 지도하

---

[2] 규범의 모호성 개념에 대하여 KOCH/RÜSSMANN, 194ff; ENDICOTT, Vagueness in Law (2000); JÓNSSON, Legal Theory 15 (2009) 193ff.; GRUSCHKE, Vagheit im Recht: Grenzfälle und fließende Übergange im Horizont des Rechtsstaats (2014)도 참조; 언어의《의미관련 다공성(多孔性, Porosität)》에 대하여 PAVČNIK, 58f. 개별내용은 39면 이하 참조; 중의성(《ambiguity》)의 의미에 관하여 그곳 각주 85도 참조.

려고 노력한다. 그러나 실무의 법적용자는 많은 경우3) 훨씬 더 중요한 (그리고 소모적인)《사실관계에 대한 작업》이라는 영역, 즉 사태를 조사하고 판단하는 영역이 있다는 점을 잊어서는 안 된다. 광범위하게 그리고 눈에 뜨이게, 이 영역에 대한 대학에서의 이론교육은 부재하다:《사태조사, 증거조사 및 평가, 증인의 신빙성, 변론운영, 법원과 참여자들 사이의 의사소통 등에 대한 이론교육은 존재하지 않는다.》 이것은 명백한 결함이다; 이러한 사항은《<행함에 의한 배움(learn by doing)>을 통해 학습되고/학습되거나》《〈도제(徒弟)관계〉에서의》 훈련을 통해 학습된다.4)

3. 법적용 방법에서는 어떠한 질문이 관건이 되는가?

이 책에서 중요한《규범문언에 대한 작업》으로 돌아가 보자: 가령 해석자가 앞서 1.에서 언급한 규범문언의 불명확성에 마주칠 경우, 그는 어떻게 해야 하는가?《역사적 입법자》(과거에 그 법률을 공표한 입법자)의 의사를 조사해야 하는가? 혹은 반대로 가능한 한 시대에 부합하는 해석을 하기 위해 노력해야 하는가?5) 해석자는 문언을 좁게(엄격하게) 해석해야 하는가? 아니면 반대로 넓게(포괄적으로) 해석해야 하는가?6) 해석

---

3) 그가, 원칙적으로 연방대법원이 그러한 것처럼(스위스연방대법원법 제95조),《법률문제》에 국한하여 검토를 하지 않는 한.

4) STRAUCH, Rechtstheorie 2001, 198. 전문적인 문헌 - 가령 증언의 심리학에 관한 문헌 - 은 매우 잘 갖춰져 있다. STEIN-WIGGER, AJP 2010, 1409ff.; M. MÜLLER, Psychologie im öffentlichen Verfahren (2010); VOLBERT/STEUER (Hrsg.), Handbuch der Rechtspsychologie (2008); LUDEWIG/BAUMER/TAVOR (Hrsg.), Aussage-psychologie für Juristen (2019). J. P. Müller, Liber amicorum, 1453은 문언작업과 사태조사 및 판단의 문제를 결합하는, 사법부의《해석임무》라는 포괄적 관념에서 출발한다. REIMER, N67ff.의 B장《사태 이해하기》)도 참조.

5) 108면 이하 참조.

자는 다양한 의미대안들 중 자신의 생각에 따라(《*결단주의적으로*》) 그가 개인적, 주관적으로 적절하다고 생각하는 해석을 선택할 수 있는가?[7] 해석자는 법률문언의미의 한계에 구속되는가? 아니면 해석자는 때에 따라서는 문언을 초월하는 해석(*praeter verba legis*)이나 문언에 반하는 해석(*contra verba legis*)으로 법문제를 해결할 수 있는가(어쩌면 심지어 해결해야 하는가)?[8] 역사적 입법자가 전혀 알 수 없었던 완전히 새로운 질문이 해석자에게 제시된 경우에는 어떻게 해야 하는가? 법관의 법형성의 한계는 어디까지인가?[9]

앞선 문단에서 규범문언의 불완전성과 관련하여 제기될 수 있는 모든 질문들이 언급된 것이 아님은 물론이다; 심지어 중요한 질문들도 모두 언급되지는 않았다. 우리는 다음과 같이 질문을 해볼 수 있다. 실제 법적용자가 규범의 불명확성을 해석을 통해 극복할 수 없다면(이른바 재판불능 상황; *non-liquet*-Situation), 그는 재판을 유보할 수 있는가? 그러나 이러한 가능성은 존재하지 않는다. 실제 법적용자는 (이론적 해석자와 달리)《재판강제》상태에 놓인다. 재판의 거부는 법의 거부가 될 것이다:《법률의 침묵, 불명확성이나 불충분함을 이유로 재판을 거부한 법관은 재판거부죄로 기소될 수 있다》(프랑스민법 제4조). 법의 거부 금지 이론에 대해서는 FÖGEN, in: Privatrecht und Methode, Festschrift für Ernst A. Kramer (Basel 2004) 3ff. 한편 법원은 적용될 법률의 의미에 대하여 의문이 있는 경우 입법자(또는 《법률위원회:

---

6) 40-41면, 63면.

7) 이러한 결단주의는 법관의 논증의무로 인해 이미 유지될 수 없다. 결정에 대한 충분한 근거를 제시할 것을 요구할 권리는 소송당사자의 법적 청문청구권(스위스연방헌법 제29조 제2항)으로부터 도출된다: BGE 121 Ⅰ 54 (57). 법관의 논증의무가 없다면 규범적으로 이해된 방법론은 무용할 것이다. 이러한 측면에서 KOCH/RÜSSMAN의 책 제목이 《법적 논증이론》인 것은 타당한 이유가 있다.

8) 202면 이하, 230면 이하.

9) 316면 이하.

Gesetzeskommission》)에 의견조회를 할 수 있다(입법자에게 《유권해석(authentis-che Interpretation)》의 기회를 주기 위해). 이러한 《입법자 조회(référé législatif)》는 프로이센과 프랑스의 법사(法史)에서 실제로 존재하였다. RAISCH, 91ff.; HÜBNER, Kodifikation und Entscheidungsfreiheit des Richters in der Geschichte des Privatrechts (1980) 32 및 42(각주 182와 함께); MIERSCH, Der sog. référé législatif. Eine Untersuchung zum Verhältnis Gesetzgeber, Gesetz und Richteramt seit dem 18. Jahrhundert (2000) 참조. EU에서는 유럽법 규정에 관한 국내법원의 해석문제가 《사전결정절차》(유럽연합의 업무방식에 관한 조약 제267조)를 통해 유럽사법(司法)재판소에 제기된다.

4. 《메타규율》로서 법학방법론

위 3.에서 열거된 일상적 상황 또는 그와 유사한 일상적 상황에서 해석자가 어떻게 행동해야 하는지 해석자에게 말해주는 지침이, 방법론 - 법적용의 방법(가령, 법관법의 방법, 즉 법률문언의 한계를 뛰어 넘어야 하는 경우는 언제인가)[10]에 관한 이론 - 의 내용이다. 법학방법론은 《해당 사안이 무엇인지》, 즉 규범의 내용에 대해서는 직접적인 정보를 제공하지 않는다. 단지 규범내용을 *승인된 전문기술의 규칙에 따라*(lege artis) 밝히기 위해, 《규범의미》를 인식하기 위해 따라야 할 방법에 관해서만 정보를 제공한다. 《방법》이라는 단어의 그리스 어원(語源)이 이미 암시하는 바와 같이, 법학방법론은 (목적에 이르는) 길이지, 목적 그 자체가 아니다. 따라서 방법론은 *법학적 《메타규율》*[11]이다: 사법, 형법, 국가법 분야에

---

10) 이번 장(章)에서는 법적용의 방법과 법관법의 방법 사이의 차이에 대해 언급만 하기로 한다; 위 본문에서는 무엇보다도 법적용의 방법을 압축적으로 살펴본다. 이번 장 목차 7.도 참조.

11) 타당한 지적으로 VAN HOECKE, 52.

서는 판례와 학설이 그 규범에 어떠한 내용을 부여하는지를 중심으로 교육이 이루어진다. 이에 반해 법학방법론에서는 그보다 앞선 질문, 즉 어떠한 방법을 기초로 이 내용 - 앞서 언급한 것처럼 법률문언만으로는 통상 일의적 또는 확정적으로 고정되지 않는 내용 - 이 밝혀질 수 있는지에 대하여 다룬다.

메타규율인 법학방법론은 결국 법질서의 내용을 정하는 해석방법이다. 《극단적으로 말하면 다양한 해석방법만큼 여러 가지 법질서가 존재한다.》12) 따라서 다음과 같은 결론이 직접적으로 도출된다: 법학방법론의 질문들은 이론적인 유리알 유희(Glasperlenspiel)가 아니고 정치적 변동성이 높은 것들이다: 《...방법론상 선택은... 정치적 선택 중 가장 적절한 선택이다. 이러한 선택은 게임의 규칙을 설정함으로써 지식생산을 결정한다.》13)

5. 방법론적 규칙들의 기초;《방법론의 법》

법학방법론의 이러한 규칙들은 어디에 근거하고 있는가? 법률상 근거규정 없이 이론가들에 의해 만들어진 공리(Postulate) 또는 실무관행으로부터 도출된 공리에 근거하고 있는가? 이러한 견해는 부분적으로만 타당하다: 이론과 실무 그리고 이들을 형성하는 전통과 패러다임14)은

---

12) MERKL, Zum Interpretationsproblem(1916년 공간된 논문의 재인쇄본에서 인용: Gesammelte Schriften, Ⅰ.Bd., 1.Teilbd. [1993] 76); 최근문헌으로 NEUMANN, 92f.도 같은 취지.

13) HESSELINK, European Law Journal 15 (2009) 34. 각주 20도 참조.

14) HABERMAS, 275는 《전문직업집단에서 승인된 기준》이라고 설명한다; ADOMEIT, in: Festschrift für F.J. Säcker (2011) 10은 《종전 세대 법률가들의 작업에 기초한 수공업적 경험규칙》이라고 설명한다.

- 이러한 전통과 패러다임은 종종 로마법과 고전적 수사학으로까지 소급하고,[15] 전통과 패러다임의 핵심에는 일반적인 해석학적 사항법칙(Sachgesetzlichkeit)[16]이 적어도 부분적으로 표현되어 있다 - 과거에도 지금도 항상 법학방법론에서 중요한 역할을 수행하고 있다. 그럼에도 불구하고 규범적으로 올바른 법적용 방법에 관해 법률상 근거규정이 존재하고, 따라서 - 적어도 단초로서는 - 《방법론의 법》[17]이 존재한다. 가령 스위스민법 제1조의 핵심규칙은 다음과 같다. 법률의 문언이 무조건 적절한 기준이 되는 것은 아니다(제1항); 나아가 제2, 3항은 법률에 흠결이 있다는 점과 이를 보충하는 방법을 말하고 있다.

스위스민법 도입부의 또 다른 방법론적 규정으로 제4조가 있다. 이 조항은 자신에게 부여된 재량에 따라 결정을 하는 법관에게 《정의와 형평》을 참조하라고 규정하고 있다.[18] 형법에 관해서는 스위스형법 제1조

---

15) 법적 해석의 수사학적 기원에 대해 자세히는 HONSELL, ZfPW 2016, 107ff. 라틴법계(무엇보다도 로마법)의 법원칙들과 법격언들이 법적용방법에 대하여 갖는 오늘날 의미에 대해서는 KRAMER, Festschrift Höhn 141ff. 법학방법론의 역사에 대한 상세한 서술로는 SCHRÖDER, Recht als Wissenschaft. Gesichte der juristischen Methodenlehre in der Neuzeit (1500-1933), 2.Aufl. (2012).

16) WENDEHORST, RabelsZ 75 (2011) 734. 여기서 해석학은 문언 또는 보다 일반적으로 《정신적 작업물》의 이해에 관한 일반적인 정신과학이론을 뜻한다. 일반적 해석학에 대한 법적 해석학의 특수성에 관해서는 MASTRONARDI, N101ff. 체계적 해석이라는 일반적 해석학의 요청에 관해서는 각주 193의 문헌지시 참조. 선이해의 해석학적 유형에 대해서는 356면 이하 참조.

17) BROGGINI, in: SPR 1 (1969) 418ff.(《법해석규범》); BYDLINSKI, Methodenlehre, 81; BARAK 47ff은 HART의 《2차적 규칙》이라는 유형을 언급한다; BAUDE/SACHS, Harvard Law Review 130 (2017) 1081ff(《해석의 법》). 본문에서 언급한 법규정의 《메타적 성격》은 이탈리아 이론에서 종종 사용되는 《규범 위의 규범(norme sulle norme)》이라는 표현에서 명확히 드러난다. 이른바 《자기반영적》 규범 즉, (국제사법이나 시제사법처럼) 자기 자신을 다루는 규범이 규범 위의 규범에 속한다. 이스라엘의 경우 법적용과 흠결보충의 방법에 관한 규율은 《법원(法源)법:Foundations of Law Act》(1980)에, 뉴질랜드의 경우 《해석규칙법:Acts Interpretation Act》(1924)에 담겨 있다.

가 선도적이다:《형벌은... 법률이 형벌에 처한다고 *명시적*으로 규정한 행위에 대해서만 부과되어야 한다》. 이로부터 형법상의 유추금지원칙이 도출된다.19) 이에 따르면 법관은 피고인에게 불리하게(*in malam partem*) 새로운 구성요건을 만들거나, 이미 존재하는 구성요건을 《해석으로 확정할 수 있는 법률의 의미를 넘어서까지》 확장해서는 안 된다.

가령 BGE 95 Ⅳ 68 (73); BGE 116 Ⅳ 134 (136) 참조. BGE 127 Ⅳ 198 (200) 및 128 Ⅳ 272 (274)에 따르면 《의미에 부합하는 해석》의 틀 내에서 유추는 허용된다; 그러나 허용되지 않는 새로운 구성요건 창설(허용되지 않는 유추)과 허용되는 유추를 구별하는 것은 《어렵다》. 스위스의 다수설 (STRATENWERTH, Allgemeiner Teil Ⅰ, §4 N32)에 따르면 형법상 유추금지(가령 명확성의 요청)의 의미내용이 단어의미의 한계와 연결되지 않기 때문에, 유추금지원칙 개념은 상당히 완화된다; 이에 비해 독일법에서 유추금지의 내용은 단어의미의 한계와 강하게 연결된다. BVerfG JZ 1995, 778 (779); 학설로는 무엇보다도 KREY, 곳곳에 (완화하는 경향에 반대하면서 전통적 견해를 설득력 있는 근거와 함께 옹호하고 있다); 스위스에서 같은 견해로 NIGGLI, AJP 1993, 166ff.; 상세히는 WOHLERS, in: Die Bedeutung der 《ratio legis》 (Kolloquium der Juristischen Fakultät der Universität Basel [2001] 79ff.); TRECHSEL/ JEAN-RICHARD, in: TRECHSEL/PIETH (Hrsg.), Schweizerisches Strafgesetzbuch. Praxiskommentar, 3.Aufl. (2018) Art.1 N22f.의 광범위한 전거 참조. 합법성 원칙이 특별한 역할을 하는(스위스연방헌법 제164조 제1항 d호 참조) 조세법에서도 법관이 법에 명시적으로 규정되지 않은 새로운 과세요건을 발전시키는 것은 부분적으로 거부된다(《법률없이 세금없다(nullum tributum sine lege)》: TIPKE도 같은 취지. LOCHER, 43에서 재인용). 가령 BGE 95 Ⅰ 322 (326);

---

18) 294면 이하 참조.

19) 독일의 경우 독일형법 제1조로부터 그리고 추가적으로 기본법 제103조 제2항으로부터 유추금지원칙이 도출된다; 즉 유추금지원칙은 헌법상으로도 근거가 있다.

103 Ia 242 (247) 참조. 그러나 BGE 131 Ⅱ 562 (567)은 진정한 법률상 흠결은 조세법에서도 보충될 수 있다고 강조한다. 학설로는 VALLENDER, 56ff.; HÖHN, StuW 1984, 255ff. 단어의미의 한계라는 기준과 그 한계에 따라 설정된 조세법상 유추금지원칙에 반대하는 견해로는 LOCHER, 117ff.(요약은 151). 독일행정법과 조세법에서 부담을 부과하는 방향의 유추를 부정하는 것에 대한 일반론으로 BEAUCAMP, AöR 134 (2009) 83ff. 행정법에서 유추의 가능성에 대해서는 BGE 98 Ia 35 (40f.); ZELLER, 395.

형법의 일반적인 유추금지는 다른 법영역 - 무엇보다도 사법(私法) - 에서는 원칙적으로 준수할 필요가 없다. 이로부터 다음과 같은 점이 명백해진다. 법적용 방법은 해석해야 할 법소재와 그 법소재의 특수한 목적을 지향하고, 따라서 때로는 법소재에 따라 아주 다른 해석방법이 존재하기도 한다.

원칙적으로 스위스민법 제1조는 단지 사법에서의 해석과 흠결보충을 위해 적용된다. 다만 다른 법영역에서도 스위스민법 제1조는 스위스법의 근본적 방법규범으로 종종 인용된다. 방법의 근본적 동일성에 대해서는 E. HUBER, 395 FN1; BK-ZGB/MEIER-HAYOZ, Art.1 N48; BSK-ZGB/HONSELL, Art.1 N8; HUTTER 45ff.; BGE 116 Ia 359 (367). 그러나 이 경우에도 - 스위스형법 제1조가 가장 분명하게 보여주는 것처럼 - 해당 법영역의 특성을 고려해야 한다. HÄFELIN/HALLER/KELLER/THURNHERR, N77:《헌법의 영역에서 법명제의 해석필요성은 부분적으로 고유한 특성을 갖는다》. 헌법특수적인 해석요소에 대해서는 TSCHANNEN, N19ff.; 공법상 방법의 특수성에 대한 일반론으로 GÄCHTER, 243ff.

이러한 의미에서 방법의 《대상(對象) 적합성》이라는 표현이 사용된다.

JESTAEDT, ZöR 55 (2000) 147ff.; FLEISCHER, RabelsZ 75 (2011) 721 참조. 법소재에 따라 법학방법론의 어감(語感)은 달라진다. 유명한 미술사학자 에른스트 곰브리치는 이러한 현상을 가장 일반적인 형태로 다음과 같이 표현하였다: 모든 질문은 서로 다른 방법을 필요로 한다. 마치 우리가 드라이버로 나사를 조이고, 망치로 못을 박는 것처럼. COCHEMER, NZZ Nr.88 vom 16./17. 4. 1994, 65에서 재인용.

헌법적인 그리고 최종적으로는 *헌법이론적인 요인*[20])이 법학방법론에서 핵심적 의미를 갖는다: 무엇보다도 연방헌법 제8조 제1항에 따른 법 앞의 평등, 연방헌법 제9조에 의해 보장되는 자의(恣意)로부터의 보호가 중요하다. 적극적 동등대우요청, 즉 같은 것은 같게 취급하라는 원칙으로부터 유추의 필요성을 최종적으로 근거지울 수 있다.[21]) 법 앞의 평등의 소극적 측면, 즉 다른 것은 다르게 취급하라는 원칙으로부터 역추론을 근거지울 수 있다.[22]) 연방헌법 제8조 제1항의 법 앞의 평등을 구체화한 연방헌법 제29조 제1항은 명시적으로 모든 이에게 사법절차 및 행정

---

20) RÜTHERS, Rechtstheorie 2009, 272:《방법론의 문제는 헌법문제이다》; 같은 취지로는 RÜCKERT/SEINECKE, in: RÜCKERT/SEINECKE, 40ff.; Chr. BALDUS, in: BALDUS/THEISEN/VOGEL, 11.《헌법적인 방법론의 법》을 강조하는 문헌으로 MICHAEL, Jb. des Öffentlichen Rechts der Gegenwart, NF 48 (2000) 192f.; ders., 44ff.; BIAGGINI, Symposium Rhinow, 27ff. 무엇보다도 38; 법학방법론을 위한 민주주의적 헌법이론의 도전에 대하여 J.P. MÜLLER, in: Festschrift für Thomas Fleiner (2003) 385ff. H.-P. SCHNEIDER, DÖV 1975, 452는 타당하게도 법학방법론 상 논의 (사법 분야에서는 이미 전통적으로 해석학 일반에 강하게 영향을 받았다)가《해석학적 지향이 아니라 헌법적 지향을 추구해야 한다》고 주장한다. 이는 헌법해석의 방법론에 관한 논의에서 특히 유효하다. BÖCKENFÖRDE NJW, 1976, 2097에 따르면《헌법해석에 관한 방법론상 논의는 그와 동시에 항상 헌법개념과 헌법이론에 관한 논의》이다. 법획득 과정에서 헌법이론의 역할에 관하여 JESTAEDT, in: DEPENHEUER/ GRABENWARTER (Hrsg.), Verfassungstheorie (2010) 41ff.
21) 205면 이하 참조.
22) 216면 이하 참조.

재판절차에서의《동등대우》청구권을 부여하고 있다.[23] 방법론을 직접
적으로 구성하는 것은 종국적으로, 법관의 법률구속이라는 헌법원칙[24]
- 이 또한 몽테스키외의 권력분립원리에 영향을 받은 원칙이다[25] - 이다.
스위스법의 방법론적 규정들(이 규정들은 완결적이지 않다)은 법학방법론
이 부분적으로 해당 *국내법질서*에 의해 구성됨을 보여준다. 법관법의 우
위, 선례구속 원칙(《stare decisis》)이 지배하는 영미법의 경우, 성문법 원
칙에 의해 형성된 유럽대륙의 법질서와는 애초부터 근본적으로 다른 방
법론상 전제에서 출발한다. 그러나 이러한 전제도 부분적으로 나름의
특수한 해석양식을 발전시켰다.

FIKENTSCHER의 5권의 책은 큰 규모의, 전 세계적인 법학방법론 비교를
담고 있다; 비교법적 지향성을 강하게 띠는 문헌으로 GERMANN, Probleme,
곳곳에. 다음 문헌들도 비교법적으로 중요하다. MACCORMICK/SUMMERS
(Eds.). Interpreting Statutes: A Comparative Study (1991); VOGENAUER, 곳
곳에; HAGER, 곳곳에; EMMENEGGER/TSCHENTSCHER, Art.1 N60ff.;
HENNINGER, Europäisches Privatrecht und Methode (2009).《법학방법론》
을 중점주제로 다룬 RabelsZ 83 (2019) Heft2 (241ff.)의 논문들도 참조. 유럽
대륙의《민법》에서 수행되는 법률해석의 방법과 커먼로에서 수행되는 법률
해석의 방법 사이의 융합에 대하여 KRAMER, in: MEIER-SCHATZ (Hrsg.),
Die Zukunft des Rechts, Bibliothek zur ZSR, Beiheft 28 (1999) 71ff.; 이에

---

23) 연방헌법 제29조 제2항과 그로부터 도출되는 논증의무에 대해서는 각주 7 참조.
24) 연방헌법 제190조에 따르면《연방대법원과 다른 법적용 관청은 연방법률과 국제법
을 적용한다》. 독일기본법 제20조 제3항에 따르면 사법(司法)은《법률과 법》에 구속
된다. 독일기본법 제97조 제1항에 따르면 법관은《오로지 법률에 기속된다》. 오스트
리아 연방헌법 제18조 제1항은 모든 국가행정은 오로지 법률을 근거로 이루어진다는
합법성 원칙을 규정하고 있다.
25) 권력분립원칙을 근거로 한 법관의 법형성의 한계에 대해서는 318면 이하 참조.

대해서는 다음 문헌들도 참조. M. STÜRNER, in: Jb. Junger Zivilrechts-wissenschaftler 2004 (2005) 79ff.; MCGRATH/KOZIOL, RabelsZ 78 (2014) 709ff.; BRENNCKE, Judicial Law-Making in English and German Courts. Techniques and Limits of Statutory Interpretation (2018).

따라서 법학방법론은 개별 법질서와 관련된 《국내》 법규율이다.26) 그러나 다음 사항을 간과하면 안 된다. 《민법》의 영역에서는 - 공통된 로마법 전통으로 인해 - 방법론적 절차의 기본적 유사성이 관찰되고, 게다가 법질서의 국제화(유럽에서는 무엇보다도 유럽화)가 증가하면서 강한 수렴경향이 존재한다.27) 그러나 법적용방법의 이론은 개별 국가의 현행 실정법이 완전히 제거된 초국가적 《순수과학》이라는 의미에서의 법이론이 아니다.28)

직전에 언급한 내용을 고려할 때, 법학방법론 입문이라는 이 책의 논의 범위를 명확히 할 필요가 있다: 이 책 서문에서 이미 강조한 것처럼 논의 범위는 1차적으로 스위스 법상황과 관련이 있다. 그러나 특히 사법(私法)분야에서 스위스법은 독일법 및 오스트리아법과 밀접한 관련이 있기 때문에, 필자가 생각하기에 상당히 많은 (아마도 대부분의) 방법론은 - 법들 사이의 관련성에 상응하여 - 독일 및 오스트리아의 논의와 직접 관련이 있다. 그렇기 때문에 이 책에서는 독일과 오스트리아의 문헌과 판례를 다수 언급한다 (또한 그 밖의 외국, 특히 유럽의 문헌과 판례도 언급한다). 법관의 지위와 기능에

---

26) 이미 같은 취지로 ROSS, 110. EU의 초국가적 법질서에 대해서도 같은 말을 할 수 있음은 물론이다.

27) 이로 인한 방법론상 결과에 대해서는 327면 이하 참조; 《유럽공동체의 방법》의 발전에 관한 논의로는 EMMENEGGER/TSCHENTSCHER, Art.1 N50ff. 참조.

28) 그러나 의미론, 언어학, 일반 정신과학으로서의 해석이론(해석학)처럼 순전히 이론적이고 철학적인 기본연구와 법적용의 방법 사이에는 직접적 관련성이 존재한다.

I. 법학방법론, 《무엇이고 왜 공부하는가?》

대한 부분적 관점의 차이로 인해 발생하는 독일, 오스트리아, 스위스 사이의 민법 방법론의 《작은 차이》에 대한 흥미로운 문헌으로 OBERHAMMER, AcP 214 (2014) 155ff. 이러한 차이에도 불구하고, 사법(私法) 영역에서 각 나라의 독자적인 즉 《스위스의》 또는 《오스트리아의》 방법론을 언급하는 것은 필자가 보기에 지나치다. 결과적으로 같은 취지로는 ZIMMERMANN, RabelsZ 83 (2019) 245f. 다만 스위스는 독일과 오스트리아와 달리 EU에 가입하지 않았기 때문에 위와 같은 필자의 언급은 - 사법(私法)에서도 - 일정부분 상대화가 필요하다. 따라서 스위스법에 초점을 둔 이 책에서는 EU법의 특수한 방법론상 질문들을 중점적으로 검토하지 않는다; EU지침합치적 해석에 관해서는 334면 이하 참조; EU의 법통일 작업을 고려한 스위스 특유의 입장 및 그 방법론상 귀결에 관해서는 335면 이하 참조.

법적용 방법의 법률적, 헌법적 근거를 강조하는 경우에도, 법학방법론을 순전히 실정법적으로 결정하는 것은 전혀 가능하지 않다는 점에 유의해야 한다. 법률상 해석지침들에는 흠결이 매우 많기 때문이다.

가령 스위스민법 제1조는 흠결보충에 있어 매우 중요한 유추에 관하여 언급하지 않는다. 많은 법질서들이(가령 독일의 경우) 방법론에 관한 핵심규정을 성문법에 두고 있지 않다. 오스트리아 민법과 이탈리아 민법은 스위스민법 제1조와 유사한 해석규칙을 두고 있다. 오스트리아민법 제6, 7조: (6조) 《법률 적용시 그 문언이 놓인 맥락 속에서 갖는 문언 고유의 의미와 입법자의 명백한 의도로부터 드러나는 것과 다르게 이해해서는 안 된다》; (7조) 《법률문언이나 법률의 자연스러운 의미를 통해 사안을 해결할 수 없는 경우, 법률에 의해 명확히 결정된 유사 사례, 그 법과 관련된 다른 법의 근거들을 참조해야 한다. 그래도 사안의 해결이 어렵다면, 주의깊게 수집되고 충분히 숙고된 상황들을 참조하여 자연적 법원칙에 따라 사안을 해결해야 한다》; 이탈리아민법 《법 일반에 관한 규정》 제12조는 다음과 같다. (1항)

《법률 적용시 그 문언이 놓인 맥락 속에서 갖는 문언 고유의 의미와 입법자의 의도로부터 도출되는 의미 이외에 다른 의미를 부여해서는 안 된다》; (2항)《특정조항을 통해 사안을 해결할 수 없는 경우, 유사한 사안이나 관련된 주제영역을 규율하는 조항을 참조해야 하고, 그래도 사안의 해결이 어렵다면 국가 법질서의 일반적 원칙에 따라 해결해야 한다》. 주목할 가치가 있는 1974년 새로 입법된 스페인 민법 제3, 4조, 그리고 포르투갈 민법 제9, 10조도 참조. 이러한 법률상 해석지시 및 흠결보충지시에 대하여 GRABAU, Über die Normen zur Gesetzes- und Vertragsinterpretation (1993); HÖLTL, Die Lückenfüllung der klassisch-europäischen Kodifikationen (2005); 풍부한 추가 전거와 함께 WENDEHORST, RabelsZ 75 (2011) 730ff.; HERZOG, Anwendung und Auslegung von Recht in Portugal und Brasilien (2013)도 참조.

　법학방법론을 전적으로 성문법에 구속시키려는 시도는 법논리적으로 실패하게 된다. 앞서 언급된 성문법상 해석규범들 역시 해석을 필요로 하기 때문이다.[29] 해석규범의 해석 시 어떤 방법론을 근거로 해야 하는가?[30] 해석규칙에 대해서는 어떠한 《메타규칙》도 존재하지 않는다.

---

29) 독일민법이 해석규칙을 두지 않은 까닭이다. Mot. der 1. Kommission zum Allgemeinen Teil (MUGDAN, Die gesamten Materialien zum Bürgerlichen Gesetzbuch für das Deutsche Reiche [1899], 365) 참조:《...이러한 조항들은 해석을 돕는 대신, 해석을 위한 문제가 되기 쉽다》

30) 타당한 지적으로 R. WALTER, 194; BYDLINSKI, Methodenlehre, 80; JESTAEDT, ZöR 55 (2000) 145. 이로부터 다음과 같은 근본적 결론이 도출된다: 법적 해석을 *순전히* 규범적으로 설명하는 것은 비현실적일 뿐만 아니라, 이론적으로도 타당하지 않다:《순전히 규칙(rule)에 기초한 그림은 의미가 어떻게 가능한지 설명할 수 없다》(ARULANANTHAM, The Yale Law Journal 107 [1998] 1869).

6. 《규범적》 규율로서 법학방법론; 법학방법론의 현실부합 성에 대한 근본적 회의

그럼에도 불구하고 법적용 방법론의 핵심 그리고 자기이해는 《규범적》·도그마틱적 규율,[31] 즉 해석자(법관)가 일정한 법적 기준을 근거로 어떻게 해석해야 하는지를 규범적으로 말하는 이론이다. 그러나 특정 법질서를 기초로 (그리고 이러한 의미에서 《내적 관점》[32]에 따라) 어떻게 해석*해야 하는지*를 묻는 이와 같은 방법론 이외에, 법관이 *사실적으로* 어떠한 관점에 따라 해석하는가라는 질문에 대하여 매우 많은 탐구가 전세계적으로 이루어지고 있다.[33] 법원의 *사실적 해석태도*, 《법원은 실제로 무엇을 하는가》[34]라는 질문에 대한 법관사회학적 또는 법관심리학적 탐구(종종 법사학적, 비교법적, 법이념비판적 성격을 띠기도 한다)는 종종 다음과 같은 결론에 이른다. 해석자는 많은 사례에서 매우 개인적인 동기, 그의 주관적, 정치적 《선이해》에 따라 해석한다. 확립된 방법(가령 역사적 입법자의 의사)을 소환하는 것은 실제로는 주관적으로 《법감정》에 따라 내려진 결론을 사후적으로 합리화하는 것에 불과하다. 《그 결정이

---

31) 보다 정확히 말하면: 법도그마틱적 《메타규율》(목차 4. 참조); 같은 취지로 OBER-HAMMER, AcP 214 (2014) 165:《메타도그마틱》.

32) HART, 86ff.

33) 《규범적 방법론》과 대비하여 이러한 탐구를 《서술적 방법론》이라고 부를 수 있다. 이러한 비교에 대해서는 HAVERKATE, 14ff. 《사법부탐구》(법관 사회학 및 법관 심리학)에 관해서는 전세계적으로 많은 문헌이 있다. KLEIN/MITCHELL (Ed.), The Psychology of Judicial Decision Making (2010); REHBINDER, Rechtssoziologie, 8.Aufl. (2014) N165; SIMON, Die Unabhängigkeit des Richters (1975) 159ff.와 결합하여 146ff.; 입문으로는 HELDRICH, LJZ 1991, 65ff.

34) 미국 문헌에서 많이 인용되는 J. FRANK, Illinois Law Review 27 (1931/32) 645ff.의 논문제목이다.

그럴듯하게, 법적으로 만족스럽게, 법적으로 옳게 보이도록 하려고, 그 결정이 법적으로 불가피하게 보이도록 하려고》.35) 따라서 방법론을 동원하는 것은 《장식적》 성격 또는 《의식(儀式)으로서의》 성격36)을 갖는다. *해석의 주관성*이라는 인상(印象)은 무엇보다도, 확립된 방법규칙에 호소하는 것 - 《*방법선택*》 - 이 명백히 결과지향적이고 매우 비체계적으로 이루어진다는 점으로부터 발생한다: 법원은 어떤 때는 역사적 입법자의 의사를 근거로 삼고, 다른 때는 객관적 · 법률체계적 또는 목적론적 고려를 위해 입법자의 의사를 제쳐둔다.37) 법원실무를 관찰해보면 종종 *방법론적 《임의성(anything goes)》*38) 또는 - 일상적 용어로 표현하면 - 《계기판에만 의존하는 방법론적 맹목비행》39)이라는 인상을 받는다.

그렇다면 법학방법론의 규칙들과 이와 관련된 이론적 노력은 실무와 무관하기 때문에 결국 환상에 불과하고, 실제 해석자는 전적으로 결과지향적 · 주관적 판단을 하는 것 아닌가?

법학방법론의 규칙들과 이와 관련된 이론이 환상에 불과하다는 판단은

---

35) K. LLEWELLYN, Harvard Law Review 44 (1931) 123ff.
36) 무엇보다도 덴마크 법이론가 Alf ROSS의 Über Recht und Gerechtigkeit (1953) 181. 선이해의 위상에 관해 상세히는 356면 이하 참조.
37) 스위스연방대법원의 《방법다원주의》에 관해서는 116면 참조.
38) MEIER-HAYOZ(SJZ 1956, 173)은 방법문제에서 스위스 법원의 《근본적 무원칙성》을 말한다. GERN, Verwaltungs-Archiv 1989, 426도 독일판례에 대하여 같은 평가를 한다; ESSER, Vorverständnis und Methodenwahl, 7도 같은 발견으로부터 출발한다. 그러나 SCHUBARTH, recht 1995, 155에서 정당하게 지적한 바와 같이, 실무에 대한 법리적 비판은 결국 이론의 문제로 귀착된다:《명확한 방법론적 대안이 없다면 법관에게 방법론을 명확하게 인식할 것을 요구하는 것은 의미가 없다(학문의 지참(持參) 채무)》. 따라서 대학교육에서 방법론이 지나치게 간략하게 다루어진다는 비판(가령 RHINOW, recht 1986, 71ff.의 논문 소제목 참조)은 정당하다.
39) RÜTHERS, NJW 1996, 1249(그러나 비판의 초점이 판례를 향하고 있는 것은 아니다).

종종 해석은 결국 《기예(技藝)》라는 논거(여전히 읽을 가치가 있는 BARTHOLO-MEYCZIK의 입문서 제목은 법률해석의 기예 - Die Kunst der Gesetzesauslegung 4.Aufl. [1967] - 이다)에, 법관은 자기 자신의 선한 《판단(Judiz)》에 따라 사안별로 무엇이 올바른지 발견한다는 논거에 근거를 두고 있다. 이에 대해서는 이미 SAVIGNY, 211이 입장을 밝혔다: 《올바른》 해석이 기예라는 지적은 타당하다. 《그러나 우리는 더 나은 견본을 관찰함으로써 올바름이 어디에 놓여 있는지 발견할 수 있다; 이를 통해 우리는, 모든 해석에 있어 중요한 것을 위하여 우리의 의미를 갈고 닦게 되고 올바른 지점을 향해 우리의 노력의 방향을 제대로 잡는 법을 배우게 된다. 이것, 그리고 모든 종류의 발생 가능한 잘못된 길을 피하는 것이 우리가 여기서 다른 모든 기예와 마찬가지로 이론을 통해 획득하기를 바라는 것이다》. 좋은 법조인은 방법론을 갖고 있지만 그에 대해 말하지 않는다는 ERNST RABEL의 격언(FIKENTSCHER Bd I, 10)은 전적으로 타당한 것은 아니지만 흥미롭다. 물론 방법론적 규칙들을 설득력 있게 다루기 위해서는 행함에 의한 학습(learning by doing)이 극도로 중요하다는 점은 부정할 수 없다.

이러한 근본적 회의에 대해서는 일단[40] 이 정도로만 말할 수 있다: 통상 법관을 지칭하는 단어로서의 해석자가 그저 영혼없는 《포섭기계》로서 자신의 주관적 평가없이 해석을 할 수 있다고 보는 것은, 현실과 동떨어진 《포섭이데올로기》에 불과할 것이다.

19세기 후반 법실증주의 방법론은 포섭모델에 기초한 《법적 삼단논법》을 순전히 자동적인 계산작용으로 파악하였다. 자유법 운동(이에 관해서는 316면 참조)의 창시자인 Hermann KANTOROWICZ는 GNAEUS FLAVIUS라는 가명으로 이를 다음과 같이 비꼬았다: 《법률가의 이상적 모습으로서 다수의

---

40) 필자의 최종입장은 360면 이하 참조.

동의를 얻고 있는 모습은 다음과 같다: 학문적 교육을 받은 높은 직급의 공무원이 단지 생각하는 기계 - 최고로 정교한 기계 - 로 무장한 채, 감방에 앉아 있다. 그의 유일한 가구는 법전이 놓여 있는 안락한 탁자(Grüner Tisch: 실무와 무관하게 관료적 결정이 내려지는 곳)이다. 사람들은 그에게 어떤 사례이든 - 실제 사례이든 가상 사례이든 - 제시하고, 그는 순수하게 논리적인 작용 및 그만이 이해할 수 있는 비밀기술의 도움을 받아 입법자가 법전에 미리 정해놓은 결정을 절대적인 정확성을 가지고 증명해낼 수 있다. 이것이 그의 의무이다》. 흥미롭게도 R. POUND, The Spirit of the Common Law 또한 포섭기계의 모습을 비슷하게 표현하고 있다:《우리는 위로 사실관계를 투입하고 아래에서 산출된 판결을 꺼낸다. 완고한 사실관계가 종종 기계에 끼어 기계가 작동하지 않게 되기 때문에, 우리는 때때로 기계를 때리고 흔들어야 한다. 그래야 기계로부터 무언가를 꺼낼 수 있다. 우리가 위와 같이 기계를 다루기 때문에 기계가 순전히 독립적으로 작동한다고 볼 수는 없다. 그럼에도 불구하고 우리는 판결을 오로지 기계의 산출물로 본다. 판결을 때리고 흔드는 행동에 따른 산출물로 보지 않는다》. 법실증주의의 법관상(像) 및《포섭이데올로기》에 근본적으로 반대하는 문헌으로는 Oskar VON BÜLOW, Gesetz und Richteramt (1885); ISAY, Rechtsnorm und Entscheidung (1929). 19세기의 사법판단이론에 대해서는 OGOREK, Richterkönig oder Subsumtionsautomat? 2.Aufl. (2008). 법관상(像)의 변화에 대한 상세한 문헌으로는 CARONI, 66ff.

실제 해석행위에《인지적》요소 이외에, 해석자의 평가가 이루어지는 영역(Wertungsspielräume)[41]이 넓게 존재한다는 점은 분명하고 불가피하

---

41) 따라서 법관은 몽테스키외(De l'esprit des lois, Liv.11, chap.6)가 말하는 것처럼《법률을 말하는 입; 무생물》이 아니다. 그러나 여전히 이러한 전통에 동의하는 문헌으로는 BURCKHARDT, Die Organisation der Rechtsgemeinschaft, 2.Aufl. (1944) 253:《법관이 결정하는 것은 단지 법률에 추상적 형태로 이미 담겨져 있던 것이다》; 프랑스

다. 이 영역에서는 개별 사안의 《올바른 해결》을 위한 실용적 고려와 법관의 인격이 무시할 수 없는 역할을 한다.[42] 법학방법론의 과제는, 결과적으로 자의(恣意)가 작동하는 순전히 주관적인 영역을 가능한 줄이고 해석을 가능한 《객관화》, 《합리화》하는 것이다.[43]

그러나 이러한 과제가 법학방법론의 규칙들로서 규범적으로 이해된 규칙들을 통해 거의 최종적이고 완벽하게 달성될 수 있다고 말한다면, 이는 매우 교의(敎義)적이고 오만한 가정일 것이다. 그러나 유용한 - 경직되지 않고 유연한 - 방향지시는 매우 잘 제공될 수 있고 법적 안정성에 도움이 된다. 필자가 볼 때 이 책은 이러한 유용한 방향지시에 해당한다.

파기원의 《삼단논법에 따른》 전통적인 판단스타일(그러나 이러한 판단스타일은 오늘날 더 이상 일관되게 관철되지 않는다) 또한 마찬가지이다. 이에 대하여 비판적인 문헌으로는 DEUMIER, Dalloz 2015, 2022ff. 법적 삼단논법에 대해서는 5-6면 참조.

42) 스위스 문헌 중에는 이미 1921년 FRITZSCHE의 취리히대학 취임강연인 《Richteramt und Persönlichkeit》 (1921), MERZ/SCHINDLER/WALDER, Juristengenerationen und ihr Zeitgeist (1991) 381ff.로 재발간됨; Mélanges Robert Patry (1988) 381에 실린 전 스위스 연방대법관인 P.A. MÜLLER의 글도 참조. 그에 따르면 법발견에는 《불합리한 찌꺼기》가 남아 있다; WEIMAR, Psychologische Strukturen richterlicher Entscheidung (1996)도 중요하다. 법관의 개인적 또는 정치적 선이해에 관해서는 358면 이하 참조.

43) 유사한 견해로는 F. BYDLINSKI, JBl 1994, 433; ders., Rechtstheorie 1985, 17; PICKER, JZ 1988, 72. 이 글의 전체적인 결론에 대해서는 368면 참조. GOTTWALD, ZZP 98 (1985) 129의 주장도 고려할 가치가 있다; 《방법론적으로 옳은 결정만이 합리적 근거를 갖춘 것이다》. 방법론적 지시뿐만 아니라 다른 중요한 《제도적》, 가령 《절차적》 수단도 법관의 주관주의에 한계를 설정할 수 있음은 물론이다. 절차적 수단으로는 법원조직의 형성(공개재판, 구술심리, 복수의 법관으로 재판부를 구성, 상소를 통한 상급법원의 심사)과 법관선발절차가 있다. 이에 관한 타당한 지적으로는 REIMER, §4 N185. 법관행동을 《설정하는 제도(settings)》를 언급하는 HASSEMER, 149ff.도 참조. 법관들 사이에서의 합의과정의 영향력에 대한 포괄적 연구로 ERNST, Rechtserkenntnis durch Richtermehrheiten: 《group choice》in europäischen Justiztraditionen (2016).

이처럼 현실적으로 약화된 의미에서 법학방법론을 언급하는 문헌으로는 AARNIO, in: Rechtsnorm und Rechtswirklichkeit. Festschrift für Werner Krawietz (1993) 644:《확실히 우리는 다양한 해석원칙들을 갖고 있다. 그러나 그들 모두는 일종의 방향 지시자일 뿐이다. 그들이 할 수 있는 최선은 우리에게 이 방향으로 가라고 말하는 것뿐이다》; 필자는 HASSEMER, Rechtstheorie 2008, 14의 다음 주장에도 동의한다:《방법론의 합리성은 의문의 여지가 없다; 그러나 방법론의 복잡성은 방법론에 의해 규율되는 법관의 실용주의라는 영역의 복잡성에 훨씬 미치지 못한다》; dens., Festschrift für Heike Jung (2007) 259f. PAPAUX, Introduction à la philosophie du《droit en situation》(2006) 173 참조:《방법》이라는 표현은《너무 많은 것을 요구한다》. 이는 그저《지침》일 뿐이다. DRUEY, Der Kodex des Gesprächs, Was die Sprechaktlehre dem Juristen zu sagen hat (2015) 354ff.도 참조.

7. 법학방법론의 회고적 · 전략적 측면

지금까지는 법학방법론의 전통적 측면, - (법문제에 관한) 법관의 활동을 위해 핵심적인 요소인 법적용의 방법 - 에 대해서만 이야기하였다. 그러나 법학방법론은 이미 존재하는 규범의 해석방법이라는《회고적》측면만을 다루지 않는다; 오늘날에는 이론적으로 오랫동안 소홀히 다루어져 온 *법적 활동의*《장래적》, 창조적, *전략적 측면*이 점점 더 많은 주목을 받고 있다.[44] 한편으로는《*법률행위 설계의 방법*》이라는 이론 - 이 이론은 (복잡한) 계약서가 작성되어야 하는 경우(계약목적의 작성, 사실적 · 법률적 제한의 고려 등) 이 업무와 관련된 법률가들(변호사, 공증인, 기업법

---

44) 더 강하게 장래지향적인 법학을 주장하는 문헌으로는 KLOEPFER, Das Recht in Raum und Zeit, Festschrift für Martin Lendi (1998) 266f.

I. 법학방법론,《무엇이고 왜 공부하는가?》

률가와 같은 이른바 《예방법률가들》)이 어떠한 점에 유의해야 하는가라는 질문에 답하려고 한다.45) - 을 통해. 다른 한편으로는 《*입법이론*》46) - 입법이론은 합리적 입법이 고려해야 하는 방법론적 사고(思考)단계를 만들고, 《입법 관련(nomographische)》 (즉 법률문언의 편집에 관한) 기술을 발전시킨다. 이러한 기술을 통해 규범문언이 최대한 명확해지고 구조화되며 체계화될 수 있다. - 을 통해.

법관의 법발견이라는 회고적 방법과 법률행위설계와 입법이라는 장래적 방법을 명확히 구분되는 양자택일의 문제로 이해해서는 안 된다. 우리는 법관의 활동이 *향상* 생산적, 창조적 《*법획득*》(《법정립》)이라는 요소를 - 간단한 《규범구체화 작업》의 경우에도 - 포함하고 있다는 점을 간과해서는 안 된다. 이미 Oskar VON BÜLOW는 《법을 명하는 국가권력의 의사(意思)》는 법률만으로는 《아직 종결되지 않고》; 《법관이 법을 말함으로써》 비로소 《완성된다》는 점을 인정한 바 있다.47) 규범의 내용은

---

45) 이에 관한 선구적 문헌으로는 E. REHBINDER, AcP 174 (1974) 265ff. 스위스문헌으로는 HÖHN/WEBER, Planung und Gestaltung von Rechtsgeschäften (1986); HÖHN, Praktische Methodik, 31ff.도 참조.

46) 이에 관한 문헌은 전세계적으로 매우 많다. 이미 고전(古典)이 되었고 읽을 가치가 높으며 포괄적으로 이 문제를 다룬 문헌으로 NOLL, Gesetzgebungslehre (1973); 최근 문헌으로 MÜLLER/UHLMANN, 곳곳에.

47) VON BÜLOW, 46f. KELSEN, 242ff.는 법관결정의 《구성적》 성격을 언급한다; BARAK, 218도 참조: 《해석은 단지 발견이 아니다. 이는 창조이기도 하다》; WIE-ACKER, Ausgewählte Schriften, Bd.2: Theorie des Rechts und der Rechtsgewinnung (1983) 201에 따르면 《모든 결정은 이미 법의 새로운 형성이라는 선택적 성격을 갖고 있다》; JESTAEDT, 64; 《법관은 *모든* 판단에서 법을 정립한다: *법관법*》(MERKL, Gesetzesrecht und Richterrecht, [1922]을 언급하고 있다. 이 문헌은 MERKL, Gesammelte Schriften, Ⅰ. Bd., 1.Teilbd.[1993]에서 재출판되었는데 재출판된 위 책 319면을 인용하고 있다). 이에 대해서는 각주 539도 참조. 스위스 문헌으로는 MEIER-HAYOZ, JZ 1981, 419; NIGGLI, AJP 1993, 158. H.P. WALTER, ZSR 126 (2007) Ⅰ, 263: 법적용은, 《비록 다른 수단을 사용하기는 하나, 2차적 법정립과 다르지 않다》. 앞서 인용한 말들에 동의하더라도, 《법률의 평가를 재생산하는 것》이 절대적으

법적용자에 의한 해석이 이루어지기 전에는 완전하게 《선존(先存)하고》 있지 않다[48]; 이렇게 본다면 법률은 그저 본래적 규율의 핵심, 《(규범)이 미지의 초안(Bildentwurf)》(그러나 구속력 있는 초안이다), 법적용을 통해 비로소 완성되는 계획일 뿐이다.[49] 법발견자 - 실제로는 《법정립자》, 《보완적 입법자》 - 가 본래적 의미의 법형성을 하는 경우, 즉 새로운 규범을 만드는 경우 - 스위스민법 제1조 제2항의 유명한 공식은 법률의 흠결이 있는 경우 법관에게 이러한 법형성을 하도록 명시적으로 요구한다 - 이 점이 특히 분명해진다: 법관법은 입법과 마찬가지로 《법률을 만드는 과정》에 포함된다. 급속도로 변하는 우리 사회에서 점점 더 중요해지고 있는 이러한 법관활동의 형성적-계획적 측면[50]에 대해서는 앞으로 상세히 살펴보기로 한다.[51]

　지금까지 말한 것을 요약하고 계약해석 방법을 고려대상에 포함시키면[52], 다음과 같은 결론을 내릴 수 있다. 법학방법론은, 앞으로의 서술에서 드러나는 것처럼, 도식적으로 *법정립의 방법*[53]에 관한 이론과 *법적용*

로 우선시되고 《법관 자신의 평가를 생산하는 것》은 소량만 이루어지는 법관의 법발견 영역이 존재한다는 점도 강조할 필요가 있다. 두 개념의 타당한 비교로는 ARZT, 87 FN48.

48) COLNERIC, ZEuP 2005, 225.

49) 같은 취지 LOMBARDI VALLAURI, Saggio sul diritto giurisprudenziale (1967) 509: 법률은 구속력이 있다, 《그러나 단지 현재 〈법적〉 규범의 핵심 또는 틀 또는 계획으로서만》.

50) 법관의 《법획득》이라는 측면에 대하여 최근 독일의 방법론에서는 KRIELE(곳곳에) 가 본격적인 연구를 진행하였다. 마찬가지로 법정립과 법적용의 관계를 상대화하는 문헌으로는 RHINOW, Rechtssetzung (곳곳에); ders., in: EICHENBERGER u.a. (Hrsg.), Grundfragen der Rechtssetzung (1978) 91ff.; ders., ZSR 127 (2008) Ⅰ, 194ff.

51) 249면 이하 참조.

52) 고려대상에 포함시키는 법이론적 근거(단계적 구성 모델)로는 4면 참조.

53) 이에 대한 표준적 저작으로는 MÜLLER/UHLMANN, 곳곳에; HOTZ, Methodische Rechtssetzung (1983)도 참조; 최근문헌으로 KARPEN, JuS 2016, 577ff.

*의 방법*에 관한 이론으로 나뉜다. 이미 언급하였지만, 여기서 다음과 같은 점을 매우 강조할 필요가 있다. 두 영역 사이에는, 즉 법관법의 방법과 법률해석의 방법 사이(A. Ⅲ과 B. Ⅰ 사이)에는 구조적 유사성과 불명확한 경계가 존재한다.[54]

법학방법론				
A. 법정립의 방법(=법획득의 방법)			B. 법적용의 방법(=법해석의 방법)	
Ⅰ. 입법이론	Ⅱ. 법률행위 계획의 방법 (무엇보다도 계약계획)	Ⅲ. 법관법의 방법(법관에 의한 법형성)	Ⅰ. 법률해석의 방법	Ⅱ. 법률행위 해석의 방법(무엇보다도 계약해석)

1판 서문에서 이미 밝힌 것처럼[55] 이 책은 위 표의 B Ⅰ과 A Ⅲ 영역을 주로 다루고, 여론(餘論)으로 B Ⅱ를 다룬다.[56] A Ⅰ은 주변적으로만 언급하고, A Ⅱ는 전혀 다루지 않는다.[57]

---

54) 법관법과 법률해석이라는 두 영역은 지속적으로 서로의 영역을 침범하기 때문에, 우리는 익숙한 상위개념이자 이러한 취지에서 계속 사용되어 온 상위개념인, (법관에 의한) 《법발견》이라는 용어로 두 영역을 통합할 수 있다. 그러나 우리는 이 용어를 사용할 때 다음과 같은 점을 인식해야 한다. 법관법의 틀에서는 (무엇보다도 《법률을 초월하는 법관법》의 경우[249면 이하 참조]) 이미 (잠복하여) 존재하는 무언가가 발견되는 것이 아니고, 새로운 해법이 발전된다. 즉 진정한 의미의 법창조가 이루어진다.

55) 원래 책의 9면 참조.

56) 141면 이하 참조.

57) 법적 방법의 모든 측면(《사실 관계를 법적으로 다루는 특별한 방법》도 포함)을 포함하여 전체적으로 설명하는 문헌으로 Jean-Louis BERGEL, Méthodologie juridique (2009).

II

고전적 해석요소들과 본래적 의미의 법률해석 영역에서 그 해석요소들 간의 순위

Juristische Methodenlehre

II

고전적 해석요소들과 본래적 의미의 법률해석 영역에서 그 해석요소들 간의 순위

1. 개념설명

전통적인 방법론으로서 독일어 문헌에서 압도적 다수인 방법론은 *본래적 해석*(종종 좁은 의미의 해석 또는 법적용이라고 표시되기도 한다)과 *법관법*(법관에 의한 법형성) *영역*을 구별한다. 본래적 해석은 규범의 가능한 문언의미 틀 내에서 움직이고(《*법률문언 내부의*》 *해석*), 추상적 규범의 문언의미 안에서 구체화하고 《설명하고 발전하는 해석》[58]이다. 법관법은 문언의미 한계를 넘어서거나(《*법률문언을 넘어선*》 *해석*) 문언의미에 어긋난다(《*법률문언에 반하는*》 *해석*). 비록 여러 사람들이 이러한 구별에 반대하는 것으로 보이지만, 이러한 구별[59]은 아래 서술에서도 기초가 된다.

---

58) SPIRO, 3. LOOSCHELDERS/ROTH, 130ff.는 《문언내재적 해석》이라 말한다.

59) 이에 대해서는 가령 LARENZ/CARNARIS, 143: 《가능한 문언의미 범위 안에 있지 않은 해석은 더 이상 해석이 아니고, 본래적 해석의 변경(Umdeutung)이다》. 187도 참조. 해석의 한계로서 《문언의미한계》에 대해서는 FIKENTSCHER, Bd. IV, 297ff.; ZELLER, 153ff. 문언의미한계라는 기준에 반대하는 논거에 대한 철저한 분석으로 KREY, 146ff.; NEUNER, 90ff. 이미 로마법에서(법무관의 고시의 기능에 관하여) 《시민법을 *보조하는* 고시》와 《*보충하는* 고시》 그리고 《*수정하는* 고시》가 구별되었다 (PAPINIAN, Dig. 1,1,7,1). 단지 *보조*만이 법을 구체화하는, 본래적 의미의 해석이다. 법률보충, 법률수정기능은 이 책 제3, 4장에서 다룰 법관법의 영역이다.

한편으로는 두 영역 사이의 경계가 불명확함은 물론이다: 문제된 해석을 여전히 문언의미의 확대해석으로 부를 수 있는가? 아니면 이 경우 문언의미를 넘어선 흠결보충이 문제되는가?[60] 다른 한편으로는: 두 영역 사이의 구별이 사법(私法)상 판례영역[61]에서는 어느 경우든 결과적으로 원칙적으로 결정적 역할을 하지 않는다. 왜냐하면 다음 서술이 다툼의 여지없이 정당하기 때문이다. 사법상 판례는 특정 요건 하에 법률상 규율의 가능한 문언의미를 넘거나, 심지어 문언의미에 반하기도 한다.[62]

그럼에도 불구하고 *문언의미한계 기준*에 기초한 구별은 좋은 근거를 갖고 있다. 한편으로, 단지 정도의 차이에 불과하고 유동적 기준이라는 반론은, 실무에서 법발견 문제 대부분이 둘 중(본래적 해석과 법관법) 어느 하나의 영역에 명백히 귀속될 수 있는 문제라는 점에서 - 이 점은 거의 다툼이 없다 -, 결정적 논거가 될 수 없다.[63] 다른 한편으로, 문언의미한계 기준에 기초한 구별은 다음 고려를 통해 적극적으로 정당화된다: 해석문제의 설득력 있는 해법이 문언의미 해석의 틀 내에서 발견될 수 있

---

60) 가령 DU PASQUIER, 26:《창조적 활동과 해석적 적용을 나누는 경계의 불명확성》. 문언의미한계라는 기준의 유용성에 원칙적으로 반대하는 최근 스위스문헌으로 무엇보다도 RHINOW, Rechtsetzung, 124ff.; LOCHER, 117ff.; ARZT, 83도 참조. 이에 대해서는 - 의미론적《3가지 영역 모델》과 연결하여 - 39-40면에서 한 번 더 살펴본다.

61) 형법은 상황이 다르다. 형법상 유추금지의 해석에 대해서는 12면 참조.

62) 독일의 통설에 반대하여 MÜLLER/CHRISTENSEN, 303ff,는 - 규범문언이《판단규범》형성에 관하여 단지 지시적 효과만을 갖고 있음을 인정하면서도 - 문언은《허용되는 구체화라는 활동공간》에《경계를 설정하는 효력》를 갖는다는 입장이다; F. MÜLLER, in: Richterliche Rechtsfortbildung (Festschrift der Juristischen Fakultät zur 600-Jahr-Feier der Ruprecht-Karls-Universität Heidelberg, 1986) 84 FN64. 여기서 MÜLLER는 유추를 정당한 것으로 보지만 유추를 넘어선《법관법적 설정》은 정당하지 않은 것으로 본다. 스위스 학설 중 엄격한 문언구속성을 주장하는 것으로 Edward E. OTT, SJZ 1987, 198; ders., Kritik der juristischen Methode (1992) 곳곳에; ders., Juristische Methode in der Sackgasse? (2006) 곳곳에.

63) 같은 취지로 LARENZ/CANARIS, 143f.; CANARIS, Feststellung von Lücken, 23; BYDLISNKI, Methodenlehre, 470.

는 한, 방법론적 정당화전략은 불필요해진다. 이러한 전략은 법관의 *법률문언을 넘어선* 또는 *법률문언에 반하는* 법형성 영역과 특히 관련이 있다.[64] 이러한 논거는《법률초월적 법관법》이 문제되는 경우 완전히 분명해진다; 점점 더 중요해지는 이러한 현상의 분석을 위해서는 전적으로 독자적인 고려,《통상적 해석》의 경우 원칙적으로 할 필요가 없는 고려가 필요하다.[65]

그러나 이 경우 둘 사이의 경계가 유동적임을 강조할 필요가 있다. 가령 일반조항[66] 구체화의 경우 규범구성요건의 문언의미 틀 내에서, 즉 - 형식적으로 보면 - 좁은 의미의 해석 영역에서 움직이지만, 내용적 지시의 불명확성이라는 측면에서 이러한 구체화는 결과적으로 본래적 법관법에 이르게 됨이 명백하다.[67] 법관의 두 활동영역 사이의 매우 근본적인 연동은 최종적으로 다음 상황으로부터 발생한다. 목적론적 고려(규율의 법정책적 목적과 관련된 고려)는 본래적 해석에서뿐만 아니라, 실정화된 평가에 기초한《구속적 법관법》에서도 근본적인 것이다.[68]

---

64) 타당한 지적으로 BYDLISNKI, Methodenlehre, 470:《규범문언이 사안관련 맥락에서 말하는 것이 무엇인지 더 이상 문제되지 않고, 오히려 필요한 사고(思考)의 단계가 (문언의 틀을 벗어나) 오로지 - 개별적으로 구체화되어야 하는 - 입법목적에 의해 확정되는 경우, 적절한 법획득소재와 관련하여 명백한 방법론상 중심이동, 쉽게 확인할 수 있는 문언으로부터 벗어나는 중심이동이 발생한다》. 문언의미한계라는 방법론상 논거를 고수하는 것을 옹호하는 견해로 EMMENEGGER/TSCHENTSCHER, Art.1 N236ff.

65) 이에 대해서는 183면 이하 참조. 법관법의 방법론은 오랫동안 법적용 방법이라는 전통적 학설의 그늘 아래 있었다; 법관법은《통상적》해석작업에 대한 예외로 취급되었고, 그에 따라 방법론적으로 불충분한 주목만을 받아왔다. 타당한 지적으로 BERKEMANN, KritV 1988, 33.

66) 일반조항의 개념에 대해서는 47면 참조.

67) HASENBÖHLER, 107; 따라서 이 경우에도 법관법적 발전의 정당화를 위해 이루어진 고려가 기준이 된다. 이에 대하여 260면 이하 참조.

68) 본래적 법률해석 시 목적론적 해석에 대해서는 146면 이하 참조;《구속적 법관법》에

2. 개별 해석요소들

a) 서론

전통적 해석요소들(종종 해석기준 또는 해석카논이라고 언급되기도 한다)로는 사비니[69])에 따른다면 언어적-문법적 해석, 체계적 해석, 역사적 해석, 그리고 (사비니는 우려스럽게 생각한[70]) 목적론적 해석이 있다. 비록 이러한 요소들에 기초한 방법론에 대하여 언제나, 그리고 부분적으로는 매우 근본적으로 의문이 제기되어 왔고, 지금도 제기되고 있지만,[71]) 아래에서는 전통적 해석론의 기본개념에 기초하여 서술한다. 전통적 해석론을 모르면 그에 대한 비판도 이해할 수 없을 뿐만 아니라, 전통적 방법론의 기본입장 - 정체되어 있지 않고, 새로운 접근법의 영향을 받아 지속적으로 그리고 다양한 색채로 계속 발전해 왔다 - 은 본래적 법률해석 영역에서 여전히 상당히 유용하기 때문이다.[72])

서 목적론적 기초에 대해서는 153면, 183면 이하 참조.

69) SAVIGNY, 213. 그는 문법적, 논리적, 체계적 그리고 역사적 해석을 말한다. 사비니 방법론의 현안(懸案)성에 대해서는 U. HUBER, JZ 2003, 1ff. 사비니의 《논리적》요소 (이에 대해서는 U. HUBER, JZ 2003, 5f.)는 오늘날 체계적 요소에 귀속시킬 수 있다. 사비니에 대해서는 무엇보다도 MEDER, Missverstehen und Verstehen. Savignys Grundlegung der modernen Hermeneutik (2004); RÜCKERT, in RÜCKERT/SEINECKE, 53ff.; Chr. BALDUS, in: RIESENHUBER, §3 N30ff.

70) SAVIGNY, 220: 《법률의 근거를 법률해석을 위해 활용하는 것은, 비교할 수 없을 정도로 더 의심스럽다. 이러한 활용은 큰 주의를 기울인 경우에만 허용된다》. 객관적 목적론적 해석은 실제로 법관의 자기평가가 상대적으로 넓은 활동공간을 차지한다는 것을 의미한다. 이에 대해서는 152면 참조.

71) 이에 대한 소개는 19면 이하 참조; 결론은 349면 이하 참조.

72) 같은 취지 MÖLLERS, 111 (N33). 심지어 전통적 방법론에 대하여 여러 문헌에서 매우 근본적으로 의문을 제기했던 에써도, 법적용 과제《100개의 사례 중 99개의 사

b) 언어적-문법적 해석(《문언해석》)

aa) 머리말: (쓰여진) 법의 문언과 그로부터 도출되는 《문언의미》는 당연히 모든 해석의 《출발점》이다[73](입법자는 그의 《입법이유서》를 전달하기 위해 법률문언이라는 수단을 최종적으로 사용한다). 동시에 문언의미는 통상적으로, 밝혀져야 하는 《규범의미》에 대한 가장 중요한 《징표》이다.

가령 HÖHN, Praktische Methodik, 208 참조. 그에 따르면 《규범의미》가 일의적인 《문언의미》에 부합하지 않는다고 주장하는 사람이 논증부담을 겨야 한다. 《문언의미》와 《규범의미》(=《법의미》)를 매우 명확히 구별하는 문헌으로 GYGI, recht 1983, 75ff.; 최근 문헌으로 MOOR, plädoyer 4/07, 53: 《규범문언과 규범은 구별되는 두 개의 모멘트이다》; GÄCHTER, 73ff.도 같은 취지. 때때로 (가령 TUOR/SCHNYDER/SCHMID/ JUNGO, §5 N10 참조) - 스위스민법 제1조 제1항의 잘못된 규정화(《문언 또는 해석》)에 좇아 - 문언요소에 따른 해석이 본래적 해석에 속하지 않는다고 주장된다. 이는 문언이 명백한 경우 더 이상 해석이 필요하지 않다는 오해를 야기하는 잘못된 주장이다. 타당한 견해로 HÄFELIN, Festschrift Hegnauer, 116f. 이에 대해서는 64면 이하 참조; 상세한 서술로 ZK-ZGB/DÜRR, Art.1 N59ff.

통상적으로 관찰되는 법률 문언의미의 모호성 또는 중의성 때문에, 그

례》는 전통적 해석방법에 의해 완수될 수 있다고 말한다(ESSER, Grundsatz und Norm, 59); 전통적 방법론상의 논증형식의 불가결성에 대해서는 ESSER, JZ 1975, 555도 참조. 전통적 해석카논의 현안(懸案)성에 대해서는 (요약하여) ALEXY, 306f.; MORLOK, in GABRIEL/GRÖSCHNER (Hrsg.), Subsumtion (2012) 179ff.도 참조.

73) IRTI, Rivista di diritto civile 2018, 1042는 법률문언의 좋은 비유로 최근, 해석자의 《출입문》이라는 표현을 사용한다.

리고 모호하거나 중의적인 문언의미로부터 도출된《가정적 규범의미》
의 잠정성 때문에, 추가적인 《규범의미징표》를 끌어들일 필요성이 직접
적으로 생긴다.

규범의미징표라는 표현을 사용하는 것은, 실제 해석작업은《〈추측적:indi-
ciaire〉 논리》- 셜록홈즈와 지그문트 프로이드의 활동을 연상시키는 논리
- 라는 특징을 갖고 있음을 암시한다. 같은 취지로 타당한 서술로는 MOOR,
in: Aux confins du droit. Essai en l'honneur du Professeur Chalres-Albert
Morand (2001) 382(이탈리아 예술사가 C. GINZBURG를 언급하고 있다); dens.,
Pour une théorie micropolitique du droit (2005) 170은 규범의미를 《연속적
단계로 이루어진 점진적 암호해독》을 통해 밝혀야 한다고 말한다.

원칙적으로《구성요건》과《법효과지시》(《제재》)라는 두 부분으로 이루
어진74) 규범의 문언을 분석하면, 우리는 매우 다양한 종류의 《규범문언
요소》를 구별할 수 있다. 무엇보다도 법률상 구성요건에 관하여 전통적
으로75)《기술적》구성요건요소와《규범적》구성요건요소가 구별된다.
이러한 구별은 당연히 같은 방식으로 법효과지시에도 적용될 수 있다.

  bb) 기술적(記述的) 구성요건요소와 의미론적 《3가지 영역 모델》: 기술
적 구성요건요소는 《현실의 사실관계》를 가리킨다. 스위스채무법 제56

---

74) 규범구조의 법이론적 근본문제에 대해서는 여기서 더 살펴보지 않는다. 이에 관한
   입문단계의 서술로 ENGISCH, Einführung, 41ff.; ADOMEIT/HÄHNCHEN, N19.
75) 이에 대하여 RÜTHERS/FISCHER/BIRK, Rechtstheorie, §5 N176ff.; MÖLLERS, 117
   (N56ff.). 규범적 구성요건요소의 형법특수적 의미에 대하여 KOCH/RÜSSMAN, 201f.
   구성요건요소들의 유형학에 대하여 OTT, 111ff.도 참조. P. KOLLER, 207ff.는 독자
   적 유형화를 시도한다: 그는 모호한 개념, 평가개념, 예측개념 그리고 비교개념으로
   구분한다.

조의 《동물》, 스위스채무법 제58조의 《건물》 또는 스위스채무법 제198
조의 《가축》이 그 예이다. 이러한 구성요건요소는 물리적 유형물(有形物)
과 관련이 있기 때문에 다소간 일의적이라고 생각할 수 있다.[76] 그러나
단지 몇몇 사례만 보더라도 그렇지 않은 경우가 매우 많음을 즉시 알
수 있다. 산림입법에서 《숲》[77]은 무엇인가(나무들의 그룹은 언제부터 숲이
되는가)? 도로교통입법에서 《황혼(黃昏: Dämmerung)》은 무엇을 의미하는
가?[78] 미생물은 《동물》인가?[79] 《부모》에는 《조부모》도 포함되는가?[80]
《인간》[81]은 무엇인가?(이는 잘 알려진 것처럼 특히 다툼이 있다) 《죽음》의

---

76) ARZT, 63: 《개념이 기술적일수록, 일반적으로 그 의미는 더 명확하다》.

77) 스위스 산림법 제2조의 숲 개념에 대하여; 《질적인》 숲 개념에 대하여 BGE 124
   II 165ff.; 스위스민법 제699조 제1항의 《숲과 목초지》 개념에 대하여 BGE 141 III
   195 (199).

78) 스위스도로교통법 제41조 제1항에 따르면 특정 차량은 저녁황혼시점부터 일광(日
   光)시점까지 조명을 켜야 한다. 황혼개념의 해석에 대한 유용하고 정보가 풍부한
   서술로 BGE 97 IV 161 (164f.); SCHAFFHAUSER, Grundriss des schweizerischen
   Strassenverkehrsrechts, Bd. I , 2.Aufl. (2002) N903; 위 책에서 저자는, 장난처럼 들리
   지만 꽤 진지한 의도에서 《민간의 황혼시간:civil twilight》이라는 개념을 사용한다!

79) 방법론적으로 주의깊게 근거를 설정하는 분석으로 DÖRDELMANN, VersR 2018,
   1236ff. (독일민법 제833조 제1문에 따른 책임에 대하여); 스위스법에 대하여 (스위스
   채무법 제56조에 따른 책임을 부정하는) BK-OR/BREHM, Art.56 N5. 《가정 영역》에
   서 기르는 동물(스위스채무법 제43조 제1bis항)의 해석에 대하여 BGE 143 III 646ff.
   《동물》처럼 스위스연방헌법 제120조 제2항의 《창조물:creature》도 해석이 필요하다.

80) 이 문제는 가령 스위스민법 제273조에 관하여 제기된다. 위 조항에 따르면 부모는
   미성년 자녀와의 적절한 인적 교류에 대한 청구권을 갖는다. 이에 대해서는 BGE 54
   II 4 참조(과거 법상황을 기초로 한 판례이다).

81) 가령 유럽인권협약 제2조의 의미에서. 독일기본법 제2조(《모든 사람은 생명권...을
   갖는다》)의 해석에 대하여 BVerfG NJW 1975, 573ff.(낙태판결). 유럽인권협약 제2조
   에 따른 아직 태어나지 않은 생명의 보호에 대하여 EGMR NJW 2005, 727ff. 참조.
   유럽인권재판소(EuGRZ 2002, 234ff.)의 다음 판례도 참조. *Pretty v. United Kingdom*:
   유럽인권협약 제2조가 보장하는 생명권을 근거로 (《문언을 왜곡하지 않고서는》) 죽
   음의 권리가 도출될 수는 없다.

시작은 언제 인정되는가?[82] 입법자는 이러한 사례들을 명확히 하기 위해 때때로《법적 정의(定義)조항》을 마련한다. 그러나 이를 통해 어느 정도 명확해질 수는 있어도, 일의성을 획득할 수는 없다.

법적 정의조항으로는 가령 자동차 개념에 대한 스위스도로교통법 제7조, 가축개념에 대한 스위스채무법 제198조(이에 대한 Cour de Justice Genf SemJud 2003, 125 [126]의 판시:《스위스채무법 제198조는 완결적이고...그곳에서 개는 언급되지 않는다》), 형법의 특수한 언어사용에 관한 스위스형법 제110조 참조.《철도》라는 개념을 한 번에 명확하게 정의하려는 독일제국법원의 노력은 감동적이다:《사람 또는 물건을 전적으로 의미가 없지는 않을 정도의 거리를 넘어 반복적으로 이동시키는 것을 목표로 하는, 그 일관성, 구조 그리고 부드러움을 통해 큰 중량을 운송하거나 상대적으로 의미있는 운송속도 달성이 가능할 수 있도록 특정된, 그리고 이러한 특성을 통해 운송운동을 생성하는 데 사용되는 자연력(증기, 전기, 동물 또는 인간의 근육 활동, 선로 경사면에서는 운송컨테이너 및 짐의 자체 무게 등)과 결합하여 동일한 사업 운영 시 상대적으로 강력한 효과를 낼 수 있는(상황에 따라서는 목표한 방식에 한정하여 유용하거나, 또는 사람의 생명을 빼앗고 사람의 건강을 해칠 수도 있는) 금속적 기초를 근거로 한 사업》(RGZ 1, 252).

언급한 사례들은 기술적(記述的) 구성요건요소들이 통상적으로《의미론적 활동공간》을 열어두고 있음을 보여준다: 이 활동공간은 - 필립 헥 (Philipp HECK)[83]의 유명한 구별에 따라 -《개념의 핵》과 이를 둘러싼

---

82) (독일법에 따른) 죽음개념에 대하여 HEUN, JZ 1996, 213ff.; STEFFEN, NJW 1997, 1619f. 스위스의 경우 스위스장기이식법 제9조.

83) HECK, Gesetzesauslegung und Interessenjurisprudenz, 107. LOOSCHELDERS/ROTH, 23은 이에 기초하여《규범의 핵》과《규범의 뜰》을 말한다. HART, 123은《확실한 핵》을 둘러싼《모호한 주변부》를 말한다.

모호한 《개념의 뜰》을 포함하고 있다. 또는 분석적 언어이론의 용어에 따르면: 모호한 표현의 활용으로 인해 다음 상황에 이른다: 몇몇 대상에 관하여 문제된 표현이 그 대상에 적용된다는 점이 명확히 결정될 수 있다(*적극적 후보자*); 몇몇 다른 대상에 관하여는 그 표현이 의문의 여지없이 적용되지 않을 수 있다(*소극적 후보자*); 마지막으로 적용여부를 결정할 수 없는 일련의 대상들이 남는다(*중립적 후보자*).[84] 이 경우 문제된 법률상 표현의 《사용규칙》(의미론상 규칙)은 어떠한 근거에 기초하더라도 표현의 적용가능성 여부에 대한 결정을 허락하지 않는다.[85]

우리가 오늘날 넓게 전파된 《*3가지 영역 모델*》을 따른다면,[86] 친생부모는 스위스민법 제273조 제1항상 《부모》의 적극적 후보자임이 명백하고, 조부모는 《부모》의 개념의 뜰에 속하는 중립적 후보자이며, 형제자매는 명백히 소극적 후보자이다. 일정량의 독버섯과 같은 천연물은 다툼의 여지없이 스위스채무법 제58조에 따른 《건물 또는 기타 공작물》의

---

84) KOCH, ARSP 1975, 34f.(이탤릭체가 부가되었다); KOCH/RÜSSMANN, 194ff.도 참조. 기존문헌으로 이미 PODLECH, AöR 95 (1970) 188.

85) KOCH, ARSP 1975, 35. 법률상 표현은 이러한 의미에서 《모호하다》. 이에 반해 《동일한 단어에 대하여 다양한 의미론적 사용규칙이 존재》해서 《한 단어가 다양한 맥락에서 다양한 의미를 획득할 수 있는 경우》, 그 표현은 《중의적》이다. (SEELMANN/DEMKO, §6 N31). (법개념의 《상대성》에 대한) 사례로는 44면 이하 참조. 《모호성》, 《중의성》 그리고 《경합가능성》의 차이에 대하여 상세히 WALDRON, 82 Cal. Law Rev. (1994) 509ff.; WANK, Begriffsbildung, 25ff. '배'라는 단어는 교통수단, 과일, 신체일부 등을 뜻할 수 있으므로 중의적이다. '오렌지색'은 노란색과 빨간색 사이의 어딘가에 있는 색으로서 노란색, 빨간색과의 경계가 불분명하므로 모호하다. '민주주의'라는 단어는 촉진되어야 할 긍정적인 그 무엇으로서, 대의민주주의를 뜻할 수도 있고 직접민주주의를 뜻할 수도 있다. 따라서 민주주의라는 단어는 대의민주주의를 촉진하자는 뜻에서 사용될 수도 있고, 직접민주주의를 촉진하자는 뜻에서 사용될 수도 있다. 이러한 측면에서 민주주의는 '경합가능성'이 있는 단어이다. (역자 주)

86) 스위스학설로는 가령 ZELLER, 99ff.; HÖHN, Praktische Methodik, 189ff.; PROBST, Grenze, 261ff.; BSK-HONSELL, Art.1 N31; HAUSHEER/JAUN, Art.1 N69; PIAGET, Le contrat d'édition portatnt sur une publication numérique (2004) 74ff.

소극적 후보자이고, 기술적으로 정비된 스키슬로프는 (아마도 여전히) 중립적 후보자이다.

후보자가 소극적인지, 즉 문언의미에 명백히 포함되지 않는지 여부에 관한 결정은 무엇보다도 형법에서 중요하다. 형법상 존재하는 유추금지 원칙 때문이다.[87] 이에 반해 사법에서는 소극적 후보자가 존재하더라도 해당 사안이 법률상 규율에 포섭되는지 여부가 부정적으로 선(先)판단되지 않는다. 왜냐하면 이 경우 유추가 (그리고 목적론적 확장이) *법률문언을 넘어서* 원칙적으로 가능하기 때문이다. 따라서 연방대법원은 가령 BGE 104 Ⅱ 15에서 과책과 무관한 스위스민법 제679조에 따른 임차인의 책임을 인정하였다. 비록 임차인은 명백히 《토지 소유자》가 아니고, 따라서 이 법률상 구성요건요소[88])에 관하여 소극적 후보자임에도 불구하고. 반대로 우리는 심지어 법률상 지시의 개념의 핵에 포함되는 적극적 후보자를, 그 적극적 후보자가 목적론적 고려에 따를 때 불합리하다는 이유로, 법률상 규정에 포섭시키지 않을 수 있다.[89]

위와 같이 간략하게 제시된 《3가지 영역 모델》은 오직 분류하는 의미만을 갖는다. 이 모델의 장점은 무엇보다도, 주요한 방법론적 형상을 비교적 정확하게 개념화하는 것을 돕는다는 점에 있다. 따라서 의미론적 경계영역의 후보자(중립적 후보자)가 포섭되지 않는 경우, 즉 규율이 적극적 후보자 영역, 개념의 핵에 한정되는 경우, *제한해석*이 이루어진 것이다. 중립적 후보자도 포착되는 경우 *확대해석*이 이루어진 것이다; 유추의 경우 우리는 - 동일한 또는 비교가능한 평가를 통해 - 소극적 후보자

---

87) 독일법에서 주장되는 문언의미한계에 엄격하게 연결되는 유추금지원칙의 경우, 특히 소극적 후보자인지가 중요하다. 이러한 독일법의 입장에 대하여 12-13면 참조.

88) 본문 사례에서 구성요건요소는 《기술적(記述的)》이지 않고 《규범적》이다. 그러나 이 경우에도 동일한 고려가 적용된다. 43면 이하 참조.

89) 목적론적 축소에 관하여 230면 이하 참조.

도 의미에 부합하게 법률상 규정에 포함시킨다. 목적론적 축소의 경우 적극적 후보자가 포섭되지 않는다.[90)]

스위스 문헌 일부에서(대표적으로 BK-ZGB/MEIER-HAYOZ, Art.1 N51, 228; 각주 616의 광범위한 전거도 참조), 그리고 많은 판례에서(가령 BGer ASA 30 [1961/62] 50 [53]; BGE 107 I a 112 [117]) 유추와 (이 책이 이해하는 의미에 따른) 확대해석이 혼동되고, 《확대해석》(또는 《의미에 부합하는》 해석)을 (법관에 의한 법형성을 포함하는) 폭넓은 개념으로 이해한다(이에 반해 확대해석과 유추를 명확히 구별하는 판례로 가령 BGE 98 I a 35 [39f.]). 이 경우 법적으로 구속력 있는 이미 주어진 개념이 문제되지 않으므로, 원칙적으로 이러한 언어관용 (확대해석을 폭넓게 이해하는 것)에 대하여 이의를 제기할 수 없다. 그러나 유추를 통한 흠결보충의 특별한 구조가 (유추적용되는 규범의 도움없이 이루어지는) 문언의미의 단순한 해석에 대한 관계에서 모호해지는 것은, 개념실용주의 관점에서 타당하지 않다. 이에 대하여 이미 32-33면 참조. 해석과 흠결보충의 차이는 이미 BK-ZGB/MEIER-HAYOZ (Art.1 N137ff.)도 강조한다; ders., Richter als Gesetzgeber, 42: 《이에 따르면 문언은 2중의 과제를 갖는다: 문언은 법관의 의미탐구의 출발점이고, 동시에 법관의 해석활동의 한계를 설정한다》. 형법에서는 확대해석의 넓은 개념은 유추금지원칙의 우려스러운 약화를 가져온다. 스위스 학설과 실무에서 유추금지원칙의 의미는 문언의미한계 기준을 거부함으로써 실제로 극도로 상대화되어 있다(12-13면 참조).

그러나 여기서 제시된 모델의 3가지 영역 사이의 경계는 유동적이라는 점을 한 번 더 언급할 필요가 있다. 즉 후보자가 적극적인지 중립적인지, 중립적인지 소극적인지 명확히 말하기가 때때로 어렵다. 정비된

---

90) 231-232면 참조.

스키슬로프는 《공작물》(스위스채무법 제58조)의 중립적 후보자인가, 아니면 소극적 후보자인가? 공격도구로 사용된 염산은 구 (독일)형법 제223a조의 《무기》의 중립적 후보자인가?[91] 그러나 《경계사안》이 존재한다는 점이 위 도식 전체가 무용하다는 것을 뜻하지 않는다.[92] 왜냐하면 의문의 여지없이 압도적 다수의 사례에서, 객관적으로 확정가능하고 (상대적으로) 안정된 일반적 언어관용[93]으로 인해 유형분류(어떠한 후보자에 속하는지 분류하는 것)가 상당히 일의적이기 때문이다. 《최종적으로 어떤 합리적인 사람도 황혼을 언급하며 낮과 밤의 구별을 부정하지 않는다》[94]; 마찬가지로, 《고양이나 애완용 곰이 소극적 후보자로서 〈개〉 개념으로부터 탈락하는 것은 아니라고 주장》하는 사람은 조롱을 받을 것이다.

같은 취지로 NEUNER, 102(HENKEL을 근거로 든다). BYDLINSKI, Methodenlehre, 43의 다음과 같은 타당한 지적도 참조: 《인간의 언어적 의사소통은 실제로 다음 사정에 기초하여 이루어진다. 일정한 한계 내에서 특정한 단어는 관련 언어공동체 구성원들에 의해 동일한 관념과 연결되어 있다》; 같은 취지 MATTEOTTI, ZSR 129 (2010) Ⅰ, 230. 본격적인, 언어철학적 근거를 갖춘 법의 의미론적 해석의 재생으로는 KLATT (곳곳에). 명확한 문언

---

91) BGHSt 1, 1ff.(무기에 포함된다); 이에 대하여 ENGISCH, Einführung, 198; 승용차가 《공공위험이 있는 도구》(독일형법 제211조)에 해당한다는 BGH NStZ 2016, 167도 참조. 스위스법에 따른 더 좁은 무기개념으로 BGE 129 Ⅳ 348 (무기법 제4조 제1항 제d호 관련 판례).

92) 그러나 다른 견해로는 KUNTZ, AcP 215 (2015) 448f.; 해석과 법형성 《사이를 가르는 명확한》 경계는 존재하지 않기 때문에, 이 책에서 주장하는 의미론적 모델은 유지될 수 없다고 한다.

93) 비트겐슈타인의 다음 문장이 유명하다: 《단어의 의미는 언어에서 그 단어의 사용에 있다》 (WITTGENSTEIN, Philosophische Untersuchungen, in: Werkausgabe Bd. Ⅰ, 1984, 262[Nr.43]). 문언의미관련성을 부정하는 사람들(비트켄슈타인을 포함하여)에 대해서는 349면 이하 참조.

94) CANARIS, VersR 2005, 579; 유사한 견해로 HOCHHUTH, Rechtstheorie 2001, 229.

의미한계만 인정하고, 이 한계가 불분명한 경우 문언의미한계와 규칙구속성을 전적으로 부정하는(또는 가상적인 것으로 보는) 언어플라톤주의 및 규칙플라톤주의를 거부하는 타당한 견해로 NEUMANN, Rechtstheorie 2001, 253:《규칙회의주의자는 기본적으로, 실망에 빠진 규칙플라톤주의자이다》. 이에 반해 LÜDERSSEN, Genesis und Geltung in der Jurisprudenz (1996) 100f.은 총체적인《의미론에 대한 환멸》에서 출발한다. 우리는 이러한 입장을, 르네 마그리트의 유명한 파이프 그림(《이것은 파이프가 아니다: Ceci n'est pas une pipe》)과 연결하여, 초현실주의적 해석이론이라 부를 수 있을 것이다. 규칙회의주의에 대한 필자의 결론적 입장은 351면 이하 참조.

cc) 규범적 구성요건요소: 기술적 요소와 달리 규범적 구성요건요소(일반적으로: 규범문언요소)는 물리적 현실 차원이 아니라 추상화 또는 평가와 관련된다.

(1) 가장 좁은 의미의 규범적 구성요건요소는 법률언어에서 활용되는 -《소유권》,《점유》,《해제》,《담보책임상 해제》,《해지》,《계약위반》과 같은 - *법적 전문용어(termini technici)*이다. 이러한 용어의 의미는 때때로 *법의 정의규정*을 통해 정교화된다. 가령 스위스민법 제642조 제2항(《구성부분》), 스위스민법 제644조 제2항(《종물》), 스위스민법 제919조 제1항(《점유자》), 스위스채무법 제187조 제1항(《동산매매》), 스위스민사소송법 제32조 제2항(《소비자계약》), UN매매법 제25조(《본질적 계약위반》); 그러나 이러한 법의 정의규정에 대해서는 드물지 않게 의심스러운 질문들이 제기된다.[95]

---

95) EU법에서는 종종 지침이나 명령에 (법적 행위를 위해 중요한) 개념규정들의 긴 목록이 부가된다. 회원국들의 서로 다른 법적 전통을 고려할 때, 이러한 명확화는 쉽게 이해할 수 있다.

스위스 사법입법은 일반적으로, 정교한 수준의 법적 개념을 활용한다
는 특징을 갖고 있지 않다. 정교한 수준의 법적 개념 활용은 전 세계적
으로 독일민법이 유명하다. 스위스에서는 때때로 명백한 오류나 부정합
성이 발견되기도 한다.[96] 스위스채무법 제190조 제1항은 인도(引渡)청구
의 포기를 말하면서, 법률의 가장자리 열(列)의 표시(Randrubrik)는 《해
제》를 말한다[97]; 스위스채무법 제375조 제2항과 제404조 제2항은 해제
를 말한다. 실제로는 장래를 향한(ex nunc) 해지를 뜻함에도 불구하고[98];
스위스채무법 제206조 제1항은 종류물 대신 《대체물》을 말한다.

동일한 법개념은 그 개념이 활용되는 다양한 사실맥락 및 평가맥락에
따라 서로 다른 내용을 가질 수 있다는 점(《법개념의 상대성》[99]) - 이는
의문의 여지없이 혼란스러울 수 있지만, 어느 정도 불가피하다 - 에 유
의해야 한다. 형법에서 《과실》은 책임법에서의 과실과 완전히 동일한
의미를 갖지 않는다.[100] 형법에서 《문서》는 민사소송법에서의 문서와

---

96) 이에 대하여 많은 사례와 함께 CARONI, 105f.

97) 이 모순의 극복에 대하여 BK-OR/GIGER, Art.190 N32ff.

98) 이에 대해서 가령 GAUCH, N977. 스위스보험계약법 제42조 제1항 및 제54조 제3항
에 따른 《해제》도 실제로는 *장래를 향한* 해소를 뜻한다.

99) 이에 대해서는 MÜLLER-ERZBACH, Jherings Jahrb. 61 (1912) 343ff. 이에 대하여
ENGISCH, Einführung, 95; LARENZ/CANARIS, 142f.; 상세히는 WANK, Begriffs-
bildung, 110ff.; DEMKO, Zur 《Relativität der Rechtsbegriffe》 in strafrechtlichen
Tatbeständen (2002). 스위스법에서 사업개념의 상대성에 대하여 AMSTUTZ, in:
Aktuelle Fragen zum Wirtschaftsrecht (1995) 87ff.; 사회보험법과 가족법에서 《가족》
개념이 조화를 이루는 것(연방보험법원은 이러한 조화를 강조하고 있다)이 상대화되
는 현상을 생생히 설명하는 문헌으로 Th. KOLLER, Anm. AJP 1995, 1081f. 스위스법
의 추가 사례로 EMMENEGGER/TSCHENTSCHER, Art.1 N215. 서로 다른 맥락에서
다양한 내용을 담아 사용된 표현들은 의미론의 측면(각주 85 참조)에서 《중의적》이
다. 단지 명확화를 위해 다음 사정이 강조되고는 한다. 다양한 법률들에서 사용된 동
일한 법개념은 동일한 의미를 갖는다는 전제에서 일반적으로 출발할 수 있다. 이러한
의미에서 BGE 118 Ⅱ 50 (53); ZIPPELIUS, 43.

100) 책임법은 원칙적으로 객관적 과실기준(주의깊은 가장(家長)의 기준)에서 출발한다.

무조건 동일한 의미를 갖지 않는다.

 일견(一見) 일상적 언어관용의 일반적 개념을 갖는 것으로 보이는 문언이, 법률맥락에서 전문법률적 형태 - 해석 시 이러한 형태를 존중해야 한다 - 를 띠는 경우가 드물지 않다:《가장 무해한 문언이 법률용어가 되는 순간, 그 문언은 순진무구함(Unschuld)을 잃는다》.[101] 즉 법적으로 《낯설어진다(verfremdet)》. 가령 책임법적 의미에서《손해》는 전문특수적 이론(《차액설》,《규범적 손해개념》이론)이 법적-개념적으로 명확히 해야 하는 개념유형에 속한다[102]; 법적 의미에서《물건》은 다양한 사법질서에서 서로 다르게 정의된다[103]; EU법 중 항공여행법 관련 규율에 따르면 비행기의《착륙》은, 일상언어와 부합하지 않는 매우 특수하고 세부적 의미를 갖는다.[104] 법률언어는 종종 다른 학문의 개념을 수용한다. 가령 《경쟁》(스위스 부정경쟁방지법 제1조)이나 건강위해(스위스 마약법 제19조 제2호 제a관)의 경우처럼; 이로 인해 해석자에게는 이러한 전문분과(위에서 사례로 든 경제학과 의학)의 학문적 인식에 방향을 맞춰야 하는[105] 어려운

이에 대하여 상세히 OFTINGER/STARK, 205ff. 이에 따르면 슬픔, 걱정, 우울, 과로 같은 가해자의 주관적 요소는 책임을 감면하는 방향으로 고려될 수 없다. 형법의 과실기준은 이와 다르다. 이에 대하여 STRATENWERTH, Allgemeiner Teil Ⅰ, §16 N7ff. 무엇보다도 N10. 이러한 맥락에서 책임법과 형법의 근본적으로 다른 시각에 대하여 KRAMER, AcP 171 (1971) 422ff.

101) 타당한 지적으로 SCHWAB, ZNR 2000, 353.

102) HONSELL/ISENRING/KESSLER, §1 N26ff.의 개관 참조.

103) 오스트리아민법 제285조의 광의의 물건개념에 따르면 무형물(가령 채권)도《물건》이다; 독일민법 제90조는 이와 다른 입장이다(이로 인해 전자적으로 저장된 정보가 물건으로서의 특성을 갖고 있는지 문제된다); 동산소유권의 대상에 관하여 스위스민법 제713조 참조. 스위스형법 제139조 제1항(절도)은《타인소유 동산》의 취거(取去: Wegnahme)를 말한다.《타인성》은 물권법 규칙에 따라 해석해야 한다. RÜTHERS/FISCHER/BIRK, Rechtstheorie §5 N182는 따라서《지시하는 규범적 개념》이라 표현한다.

104) EuGH 4.9.2014 - Rs. C-452/13, RIW 2014, 758.

임무가 발생한다.

(2) 스위스법에는, 법적으로 특수하게 만들어진 것이 아니고 *사회적 평가*를 지시하는 규범적 구성요건요소가 많이 존재한다. 이러한 《*가치개념*》[106])의 예는 다음과 같다: 스위스연방헌법 제36조 제3항(그 제한이 추구하는 목적에 《비례하는》 기본권 제한), 스위스민법 제28조 제2항(《우월한 공공의 이익》), 스위스민법 제124b조 제2항(《중대한 사유》), 스위스민법 제125조 제1항(《기대할 수 없는》), 스위스민법 제301조 제1항 및 제307조 제1항(《아동의 복리》를 《위험에 빠트리는 것》)[107]), 스위스민법 제684조 제1항(《과도한 영향》), 스위스채무법 제21조 및 제678조 제2항(《명백한 불균형》), 스위스채무법 제23조(《본질적 착오》), 스위스채무법 제24조 제1항 제3호(《상당히 더 큰 범위》), 스위스채무법 제163조 제3항(《과도하게 높은》), 스위스채무법 제261조 제2항 제a호(《긴급한 자기필요》), 스위스채무법 제340a조 제1항(《경제적 활동에 대한 부당한 제약》; 《특별한 상황》), 스위스채무법 제373조 제2항(《이례적 상황》; 《과도한 제약》), 스위스채무법 제375조 제1항(《비례적이지 않은 초과》), 스위스국제사법 제19조 제1항(《보호가치있고 명백히 우월한 이익》), 스위스 농업임대차법 제13조(《이례적 사고(事故)》), 스위스형법 제197조(《포르노그래피 문서》).[108]) 우리는 이러한 규범문언요소를 《불특정 법개념》 또는 《재량개념》이라 부르기도 한다. 왜냐하면

---

105) 이에 대하여 BYDLINSKI, Methodenlehre, 438f.; BRUGGER, AöR 119 (1994) 23. 도 참조.

106) KOCH/RÜSSMANN, 201ff.; REICHEL, Festgabe Stammler, 311은 《가치개념 또는 평가개념》이라고 표현한다.

107) 방법론의 관점에서 이 개념의 해석에 대하여 MANAI, in: Aux confins du droit. Essais en l'honneur du Professeur Charles-Albert Morand (2001) 97ff.

108) 스위스법에서 불특정 법개념 및 일반조항에 대한 다수의 추가 사례로 MÜLLER/ UHLMANN, 170ff. (N263ff.); 독일사법에 대하여 RÖTHEL, Normkonkretisierung im Privatrecht (2004) 39ff.

이들은 - 정돈되지 않았지만 흔히 사용되는 전문적 표현이 그러하듯 - 높은 정도로 《가치충전을 필요로 하고》[109], 그러한 한도에서 법적용자에게 구체화재량의 넓은 영역을 허용하거나 요구하기 때문이다. 《선량한 풍속》이나 《신의성실》처럼 법률상 규정의 중심적 규율내용을 구성하는 불특정 법개념을, 《일반조항》이라 부른다. 이에 대해서는 곧 별도로(dd) 살펴본다.

(3) 규범적 구성요건요소의 모호성도, 기술적 구성요건요소와 관련하여 이미 설명한 것과 같은 방식으로, 의미론적 3가지 영역 모델에 따라 파악할 수 있음은 명백하다. 일반조항이 문제되는 경우 중립적 후보자 사례가 특히 많은 것이 특징이고, 이에 반해 명백히 포섭가능한 (개념의 핵에 속하는) 적극적 후보자 사례는 비교적 소수이다. 때때로 규범이 본래적 의미의 내용없는 공식(Leerformell)에 불과한 경우에는 적극적 후보자는 0에 가까울 수 있다.[110]

dd) *일반조항*: 방금 언급한 일반조항은 - 사회적 평가와 관련된 조항 -, 특별하게 한정된 모호성을 특징으로 하고 법률상 규율의 중심내용을 이루는,[111] 규범적 구성요건요소이다.

---

109) 국제적 논의에서는 일반조항의 《가치개방성》이 훨씬 더 간략히 언급된다. 가령 PECZENIK, 18 참조.

110) 이에 대하여 GARSTKA, in: KOCH(Hrsg.), Juristische Methodenlehre und analytische Philosophie (1976) 96ff.

111) 《상대적으로 특정된 개념부터 상대적으로 불특정된 개념을 거쳐, 종국적으로 일반조항에 이르기까지의 경계가 유동적》이라는 점은 자명하다(ARZT, 68). 타당한 지적으로 HESSELINK, in: HARTKAMP a.o. (Eds.), Towards a European Civil Code, 4.Aufl. (2011) 639: 《모든 규범은, (그 눈금이) 완전히 열려있는 것부터 완전히 닫혀있는 것까지 걸쳐있는 저울 위에 놓을 수 있다》.

(1) 스위스입법에서 일반조항의 *사례*는 많다: *사법*의 일반조항의 《제왕》[112]은 스위스민법 제2조 제1항(권리행사와 의무이행은 《신의성실》에 따라 이루어져야 한다) 또는 스위스민법 제2조 제2항(《권리의 명백한 남용》금지)이다.[113] 스위스민법 제3조 제2항은 《선의》를 주장할 수 있는 권원을 밝히고 있다; 스위스채무법 제19조 제2항에 따르면 계약내용은 《공공질서, 선량한 풍속, 또는 인격권》을 침해해서는 안 된다(스위스채무법 제20조 제1항도 참조); 스위스채무법 제41조 제1항 전체는 《불법행위법의 일반조항》이다; 스위스채무법 제41조 제2항은 고의에 의한 양속위반 가해행위를 규율한다; 스위스채무법 제269조는 《남용적》 차임을 말한다; 스위스채무법 제271조는 《신의성실원칙》에 반하는 해지를 말하고, 스위스채무법 제337조 제1항은 《중대한 사유》를 근거로 한 근로계약관계의 즉시 해소를 말한다; 스위스채무법 제736조 제4호는 주식법상 회사해산 청구의 소에서 《중대한 사유》를 해산의 요건으로 한다. *공법*의 경우 (무수히 많은 추가사례 이외에) 특히 중심적이고 전통적인 일반조항으로 《공공의 이익》(가령 스위스연방헌법 제36조 제2항)을 들 수 있다.

(2) (법해석자가) *평가를 시도하면* 한편으로 *일반조항 활용의 우려스러운 측면*과 만나게 된다. 일반조항의 활용이 법적 안정성을 침해함은 명백하다. 즉 일반조항의 활용은, 모호한 법률문언으로 인해 법관이 *구체적으로* 어떻게 판단할지 예상할 수 없는 권리추구자들에게 《*방향안정성*》을 *거의 제공하지 않는다.*[114] 스위스민법 제418u조 제1항과 같이 《불특정 법개념

---

112) HEDEMANN, 6은 독일민법의 《제왕과 같은》 조항(특히 신의성실원칙을 규정한 일반조항인 제242조)을 말한다. 여전히 중요한 독일민법 제242조의 구체화라는 기본 문제에 대하여 WIEACKER, Zur rechtstheoretischen Präzisierung des §242 BGB (1956).
113) 방법론의 관점에서 스위스민법 제2조에 대하여 특히 중요한 문헌으로 BK-ZGB/MERZ, Art.2 N1ff. 스위스헌법의 신의성실 요청에 대하여 연방헌법 제5조 제3항 및 제9조 참조.

과 일반조항을 여기저기 난발하는》《고무조항(Gummiartikel)》[115]은 실제로 우려스럽다:《대리상이 자신의 활동을 통해 위임인의 고객의 범위를 *상당히* 늘렸고, 대리상관계 종료 후에도 획득된 고객과의 거래관계로부터 위임인 또는 그 권리승계인에게 *상당한* 이득이 발생한 경우, 대리상 또는 그 상속인은, 그것이 *부당*하지 않는 한, 합의로 제한하거나 포기할 수 없는 *적당한* 보상청구권을 갖는다》. 이 조항의 주석을 단 저자는 타당하게도 다음과 같이 비판한다.[116]《법률이 당사자를 위해 믿을만한 정보원(源)을 만들었다고 주장할 수 없고, 무엇이 정당한지 특정하는 법률의 임무가 충족되었다고 주장할 수도 없다》.《결과적으로 청구권이 법관의 형평감각에 좌우된다면, 당사자에게는 모든 심급을 거쳐 소송을 할 유인이 존재하게 된다》.

방향안정성이라는 공준과 그에 따라 규율의 《*규범적 밀도*》를 최대한 높게 보장하는 것은, 특히 형법규정에서 법치국가적으로 도드라진 역할을 한다: 일반조항은 형법에서 가급적 피해야 한다. 왜냐하면 일반조항은 《죄형법정주의: 법률없이 형벌없다》 원칙(스위스형법 제1조)과 《명확성요청》을 훼손하기 때문이다.

---

114) 그러나 시간의 경과에 따라 (이론을 통해 종종 지도를 받는) 실무에서 《사례군》이 만들어진다. 이 사례군의 도움을 받아 일반조항이 구체화되고, 권리추구자들과 법적용은 이 사례군 쪽으로 방향을 맞출 수 있다. 이로써 사례군은 사법(司法)상의 평등대우에 기여한다. 타당한 지적으로 RAISCH, 167; KAMANABROU, AcP 202 (2002) 662ff. 및 OHLY, AcP 201 (2001) 39ff. (《사례군방법론》에 대한 설득력없는 비판으로 R. WEBER, AcP 192 [1992] 516ff.). 일반조항 해석 시 《선례망(網)》의 발전에 대해서는 WIEDEMANN, NJW 2014, 2410.

115) 타당한 지적으로는 KÖNDGEN, in: EGGER u.a. (Ed.), Internationalisierung des Rechts und seine ökonomische Analyse - Internationalization of the Law and its Economic Analysis. Festschrift für Hans-Bernd Schäfer (2008) 276.

116) BK-OR/GAUTSCHI, Art.418u N4a. 그러나 스위스채무법 제418u조를 옹호하는 문헌으로 Th. KOLLER, in: SAENGER/SCHULZE (Hrsg.), Der Ausgleichsanspruch des Handelsvertreters (2000) 111ff.

불특정 형벌규정의 금지에 대해서는 STRATENWERTH, Allgemeiner Teil I, §4 N14ff.; SCHWARZENEGGER, ZStrR 118 (2000) 368; 독일 법상 황에 대해서는 MIDDELSCHULTE, Unbestimmte Rechtsbegriffe und das Bestimmtheitsgebot. Eine Untersuchung der verfassungsrechtlichen Grenzen der Verwendung sprachlich offener Gesetzesformulierungen (2007). 형법상 명확성원칙의 상대화로는 BGE 138 IV 13 (19). 이에 대하여 BOMMER, ZBJV 152 (2016) 264f. 독일법에 대하여 BGH NJW 2014, 3459 (3460); 특히 독일 형법 제228조("피해자의 승낙과 함께 상해를 가한 자는, 그 행위가 승낙에도 불구하고 선량한 풍속에 반하는 경우에만, 위법하게 행위한 것이다")의 우려스러운 부분에 대하여 MORGENSTERN, JZ 2017, 1946ff. 스위스법의《일반적 경찰조항》(연방헌법 제36조 제1항 제3문에서 명문화되었다) 관련 문제에 대해서는 BGE 126 I 112 (118)의 연방대법원 공식 참조. 이에 대하여 ZÜND/ERRASS, ZBJV 147 (2011) 261ff.; BIAGGINI, ZBl 113 (2012) 35ff.도 참조. 사법에서는 형법적 제재규정인 소비자신용법 제32조 제1항이 우려스럽다. 이 조항은《중대한 위반》(그 내용이 더 상세하게 구체화되지 않았다)의 경우 적용된다. 합법성원칙의 관점에서 법률의 명확성이라는 공준 일반에 관하여 BGE 131 II 13 (31).

일반조항은 국가법상 권력분립모델과도 명백한 긴장관계에 있다. 입법자가 일반조항을 사용하는 경우, 그는 본래적 규범정립이라는 임무를 법적용자에게 미루는 것이다; 일반조항은《입법자가 제기하였으나 답하지 않은 질문에 대하여 법관의 판단을 촉구하고 허용한다》.[117] 우리는

---

117) MERZ, JZ 1962, 588; A. KAUFMANN, Über Gerechtigkeit: dreissig Kapitel praxisorientierter Rechtsphilosophie (1993) 149도 참조:《법이 되기 위해서는 여전히 작업을 필요로 하는 원료》. HEDEMANN, 58은 타당하게도 일반조항을《열려있는 상태의 입법 조각》이라 표현한다; 스위스 방법론에서는 종종《법률내부의 흠결》이라고 표현한다. 이에 대하여 197면 참조.

이러한 의미에서 일반조항의 《위임기능》을 말하기도 한다.[118] 국회에서는 타협이 강제되고, 스위스헌법의 직접민주주의적 요소로 인해 법률로 명확하게 경계를 설정하는 것이 꺼려지기 때문에, 입법자는 너무 종종 단지 일반조항의 성격을 갖는,《연기적(延期的: 문제해결을 뒤로 미루는) 타협공식》에 만족한다. 이처럼 단지 《상징적 입법》[119]의 경향,《정치적 책임으로부터 입법자가 도피》[120]하는 경향에 대해서는 국가정책적으로 우려가 없지 않다.

다른 한편으로 *일반조항의* 큰 그리고 없어서는 안 될 *장점* - 입법의 다공(多孔)적 요소(《개방적 구조: open texture》)[121]의 장점 - 을 강조할 필요가 있다:《선량한 풍속》과《신의성실》과 같은 일반조항은 입법의 창문을 입법의 기초가 되는 사회적 평가의 지평(地平)에 개방하고, 이로써 입법을 모든 법문화를 구성하는 사회적 기본평가에 연결한다[122]; 일반조

---

118) 같은 의미로 MERZ, JZ 1962, 588은 일반조항을《수권규범(권한규범, 정당화규범)》이라고 말한다. 여기서 언급한 일반조항의 기능에 대하여 본격적으로 TEUBNER, Standards und Direktiven in Generalklauseln (1971).

119) 이에 대하여 HEGENBARTH, ZRP 1981, 201ff. 우리는《법의 피로》의 신호라고 말하기도 한다. ESSER, Wege der Rechtsgewinnung (1990) 143.

120) DIEDERICHSEN의 글 제목이다. Die Flucht des Gesetzgeber aus der politischen Verantwortung im Zivilrecht (1974); 이 제목은 HEDEMANN의 자주 인용되는 논문《일반조항으로의 도피: Die Flucht in die Generalklauseln》에 기초한다. 이 논문의 역사적-정치적 배경에 대해서는 HAFERKAMP, AcP 214 (2014) 80f. (명확한 방향지시를 가능한 한 피하는 오스트리아 입법안과 관련하여) 입법자의《사직(辭職)》위험에 대해서 SPIELBÜCHLER, JBl 2006, 341ff.

121) 본격적으로 HART, 124ff.; 무엇보다도 135. 이에 대하여 BUNIKOWSKI, Rechtstheorie 2016, 141ff.

122) 1991년 캐나다 퀘벡주 신민법에 대한 주석에서 당시 법무부장관 Gil REMILLARD는, 일반조항을《법전이 숨을 쉬고 살아가며 적응할 수 있는 구멍으로》비유하였다 (CABRILLAC, JCP 2004 [Etude Ⅰ 121] 550에서 재인용). 체계이론적 관점으로 TEUBNER, 140:《일반조항의 높은 수준의 불특정성은 사회적 부분체계들이 서로 충

51

항은 법률문언에 최종적으로 그리고 일반적으로 적용되는 상황 - 이에 대해서는 다시 살펴볼 것이다[123] - 을 가리키는 특히 명백한 증거이다: 법률문언은 《살아있는 문서》이고, 《법과 생활세계 사이의 〈순환〉 속에서 해를 거듭하며 발전하는 그 무엇》이다.[124]

사회적 평가[125]*의 《수용》*을 통해 - 우리는 이러한 의미에서 일반조항의 *《수용기능》*이라고 말하기도 한다 - 법의 사회적 승인이 본질적으로 촉진된다.[126] 동시에 - 그리고 이는 빠르게 변하는 우리 시대에서 결정적 장점이다 - 일반조항은 《붙박이(built-in) 유연성》이라는 의미에서, 입법자가 개별적으로 개입할 필요없이 사회적 가치변동에 대응하여 법을 지속적으로 해석을 통해 조정하는 것을 허용한다.: 《Tempora mutantur, lex et mutatur in illis!: 시대가 변하고 법도 시대 안에서 변한다!》[127]

돌하는 경우 일반조항이 저촉규범의 역할을 하도록 미리 정해둔 것이다》; 최근 문헌으로 ENDICOTT, The Value of Vagueness, in: MARMOR/SOAMES (Eds.), Philosophical Foundations of Language in the Law (2011) 14ff. AMSTUTZ, in: Marie Theres Fögen Sexagenaria (2007) 47ff.는 《법률문언의 유동적 개방성》(S. 70)을 말한다. 그리고 이러한 유동적 개방성이 《시대에 부합하는 법방법》의 기초가 되는 것은 아니라고 하면서, 《진화적 법방법》을 채택할 것을 촉구한다. 독일사법에서 일반조항의 기능과 이론에 대하여 중요한 문헌으로 M. AUER (곳곳에).

123) 목적론적 해석이 (법률이 제정된 시점이 아니라) 법률이 적용되는 시점을 기준으로 하는 객관적 지향성을 갖고 있다는 점에 대해서는 129면 이하 참조.

124) AMSTUTZ, ZSR 126 (2007) Ⅱ, 265. 본래적 의미의 문언이 《살아있지》 않음은 당연하다. 법적용자의 해석실무(그리고 법적용자를 둘러싼 사회)가 살아있는 것이다.

125) 사회적 평가가 시대의 부정의(不正義)에 종속될 수 있다는 점은 명백하다. 정치적 격변기에 일반조항은 도구화될 위험이 있다. 이를 보여주는 사례로 C. SCHMITT, JW 1934, 717:《모든 불특정 법개념, 이른바 일반조항은 무조건 그리고 유보없이 국가사회주의적 의미로 적용되어야 한다》. 이에 대해서는 각주 1104, 1113도 참조.

126) 사회적 평가를 직접적으로 수용할 뿐만 아니라, 법률에 있는 일반조항의 경우 헌법상 평가도 수용한다. 헌법상 평가는 이러한 방식으로 해석상 《방사효》(BVerfGE 7, 198[207])를 법률에 미칠 수 있다. 이에 대하여 87면 이하, 90면 이하도 참조.

127) 유명한 라틴어 경구를 변형한 것이다!

그러한 한에서 《규범변천》(즉 《해석변천》 그리고 통상적으로 이에 따라 《기능변천》도 함께 일어난다)을 통해 완성된 일반조항의 《*법형성기능*》을 말하기도 한다.[128] 결혼하지 않은 커플에게 호텔방을 임대해주는 것이 법관에 의해 양속위반으로서 스위스채무법 제20조 제1항에 따라 무효라고 판단된 적이 과거에 있었다면,[129] 비록 아주 오래전 과거가 아닐지라도 그 당시에는 이 판결이 그리 놀랄 일은 아니었을 것이다; 그러나 성도덕의 빠른 자유화를 고려할 때 오늘날 이러한 결정은 - 비록 문언상으로 법률상황은 동일하지만 - 기괴한 헛발질로 평가될 것이다.[130] 일반조항은 미래의 발전을 위해 창문을 열고, 따라서 전체적으로 동적 성격을 갖는다. 《학문과 기술의 그때그때의 상태》를 기준으로 하는 스위스제조물책임법 제5조와 같은 종류의 이른바 《동적 일반조항》만 이러한 동적 성격을 갖는 것이 아니다.

(3) 이러한 배경에서, 특히 빠른 사회적 가치변동 또는 빠른 기술발전에 노출된 법적 맥락 속에서, *입법기술상* 입법의 규범적 밀도는 비교적 옅어지게 된다. 이는 일반조항과 불특정 법개념의 활용을 의미한다. 이러한 영역에서 시도되는 법률상 규율을 《*열거주의*》에 따라 사안별로 (《결의적으로(kasuistisch)》) 규율하고, 이러한 개별적 사례해결법에 완결적 (《열거적》) 성격을 부여하는 것은, 부적절하다.

---

128) ZELLER, 110ff.는 《법률이 적용되는 시점에서의 출입문》이라고 말한다; 체계이론적 서술로 TEUBNER, 128: 《법코드는 건드리지 않은 채로 있다. 단지 프로그램 구조가 변하여, 환경시스템의 자기서술에 가능한 폭넓게 적용하게 된다》. 《헌법변천》에 대하여 가령 RHINOW, Festschrift Huber, 429; 《헌법변천의 현상학》에 대하여 상세히 BECKER/KERSTEN, AoR 141 (2016) 1ff.; 헌법변천과 그 한계에 대하여 VOßKUHLE, JuS 2019, 417ff.
129) (독일법에서) 여전한 엠덴 구법원 입장으로 AG Emden NJW 1975, 1363f.
130) 이러한 자유화가 스위스채무법 제20조의 양속위반 판단기준에 미친 결과에 대하여 상세히는 BK-OR/KRAMER, Art.19/20 N182.

독일부정경쟁방지법 입법화의 역사[131]가 좋은 사례를 제공한다. 독일 부정경쟁방지법은 처음에는 (1896. 5. 27. 법률) 경쟁법상 침해행위를 오로지 사안별로 규율하는 것을 시도하였다. 그러나 영리한 사업실무가 항상 새로운 행위방법 - 우리가 침해행위라고 느끼지만, 법률상 개별구성요건의 완결적 목록에 포섭될 수 없는 행위방법 - 을 발전시킨다는 점이 명백해지자, 입법자는 규율방식을 다음과 같이 변경하였고, 이러한 방식이 오늘날까지 유지되고 있다. 입법자는 단지 예시적인(《시범적으로 보여주는: demonstrativ》) 개별적 사례해결법을 일반조항(오늘날은 2015년 부정경쟁방지법 제3조의 형태로) - 이러한 일반조항은 다른 개별규정들이 규율하지 않는 사례들을 포괄적으로 포섭하는 기능(Auffangfunktion)을 한다 - 으로 보충하였다(1909. 6. 7. 개정된 부정경쟁방지법);[132] 이러한 과정은 결과적으로 스위스 경쟁법에도 모범이 되었다.[133]

*예시적 개별사안 해법과 일반조항을 결합*시키는 것은 다양한 규율영역에서 입법기술적 측면에서 특히 추천할 만하다. 왜냐하면 이러한 결합은 《법치국가적 안정성 요청과 미래를 향한 법정립 요청을 가장 잘 고

---

131) 부정경쟁방지법의 역사에 대해서는 KÖHLER/BORNKAMM/FEDDERSEN, UWG Einl N2.1ff.참조.

132) 경쟁법상 일반조항의 구체화 방법론에 대하여 상세히는 OHLY, Richterrecht und Generalklausel im Recht des unlauteren Wettbewerbs (1997) 197ff. 2008년 독일부정경쟁방지법 개정시 구체적으로 금지된 행위방법의 《블랙리스트》를 담은 부록(부정경쟁방지법 제3조 제3항 관련 부록)이 추가되었다.

133) 그러나 스위스의 경우 전개가 거꾸로 이루어졌다: 1943. 9. 30. 부정경쟁방지법 제정 전에는 스위스법은 (지금은 폐지된) 스위스채무법 제48조의 경쟁법적 일반조항으로 만족하였다. 1943년에 비로소 (시범적으로 보여주는) 개별구성요건 목록이 추가되었다. 약관의 내용통제 규율의 경우 위와 같은 전개가 이루어지지 않았다. 이 경우 스위스입법은 여전히 (2012. 7. 1. 발효된 개정된 부정경쟁방지법 제8조에서도 역시) 일반조항으로 만족한다. 유감스럽게도 구체적인 금지조항 목록(독일민법 제308조 및 제309조와 같은 목록. 독일민법에서 이 목록은 독일민법 제307조의 일반조항에 추가하여 마련된 것이다)이 없다.

려할 수 있기 때문》이다.[134) 입법 당시 특히 주목되는 사례들을 규율하는 법률상 개별구성요건은 규범수신자에게 방향안정성을 제공하고, 그와 동시에 법적용자에게 환영받을 만한 예시자료("개별구성요건이 충족되지 않는 경우 법적용자가 어느 방향으로 일반조항을 발전시켜야 하는가?"라는 질문에 대한 예시자료)를 제공한다.[135) 따라서 입법자가 지금 설명한 방법을 매우 종종 사용하는 것은 놀랄 일이 아니다. 스위스 부정경쟁방지법 제2, 3조 이외에 가령, 스위스채무법 제23, 24조, 스위스채무법 제271, 271a조, 또는 주식법과 관련하여 스위스채무법 제685b조 제1, 2항, 제706조 제1, 2항, 및 제728조 제1, 2항을 들 수 있다. 스위스채무법 제272조에 따른 이익형량 모델도 유사한 구조를 갖는다: 제1항의 일반조항에 따르면, 《임대차의 종료》가 임차인 또는 《그 가족에게 가혹한 결과 - 임대인의 이익을 통해 정당화될 수 없는 결과 - 를 초래》하게 될 상황이 존재해야 한다. 이어서 제2항은 법원이 이익형량시 고려해야 할[136) 구체적 사정들을 《예시적으로》 들고 있다.

이에 반해 입법자가 추가적인 일반조항을 마련하지 않고, *예시적 개별사안해법의 목록*으로 만족하는 경우, 법적용자는 자유롭게 개별구성요건 목록을 넘어설 수 있다. 그러나 이 경우 법적용자에게는, 개별구성요건과 그 구성요건의 법관에 의한 확장이 따라야 하는, 방향지시에 관한 조력자로서의 일반적으로 정식화된 《지도적 이념》[137)의 선언이 부존재한다. 이러한 의미에서 스위스채무법 제706b조(주주총회결의의 무효)는 성

---

134) HILL, JZ 1988, 379.

135) BGE 133 Ⅲ 431 (435): 경쟁법상 일반조항의 법률에 부합하는 해석은 《필연적으로 특별구성요건을 지향》해야 한다.

136) 이익형량에 대해서는 299면 이하 참조.

137) BYDLINSKI, Symposion Wieacker, 199는 《필요한 규범자료에 대한 풋말》로서의 일반조항을 말한다. 스위스 부정경쟁방지법 제1, 2조(목적조항, 일반조항)의 형성하는 기능을 매우 강조하는 문헌으로 J. MÜLLER, sic! 2003, 301ff.

공적이지 못한 조문으로 보인다.

스위스입법에서는 *개별구성요건을 완결적으로 열거*하는 사례(《열거적 결의론》)도 상대적으로 많다.

개별구성요건의 목록이 예시적인지 열거적인지는 종종 법률문언만으로 파악하기 어렵다. 무엇보다도 《가령》(또는《특히》)라는 단어가 없다고 해서 그 언급은 *(반대로)* 열거적이라고 자동적으로 결론을 내려서는 안 된다. 비록 이러한 상황에서는 열거적 목록에 해당하는 경우가 통상적임은 의문의 여지가 없지만. 스위스채무법 제336조는 다음과 같은 문언으로 시작하는, 남용적 해지 사례들의 광범위한 목록을 담고 있다:《근로관계의 해지는 다음 경우 남용적이다. 당사자가 해지의사표시를 하는 경우: a...》. 그러나 《이 언급은 완결적이지 않다. 왜냐하면 스위스민법 제2조 제2항이 일반적 법원칙으로서 스위스채무법 제336조에 의해 배제되지 않기 때문》이다 (REHBINDER, 158); 같은 취지 BGE 123 Ⅲ 246 (251); 131 Ⅲ 535 (538). 스위스채무법 제266o조에서 언급한 임대차법에서 해지의 무효사유들도 스위스채무법의 일반적 무효사유를 고려할 때, 열거적이지 않다(타당한 지적으로 BSK-OR/WEBER, Art.266o N4). 스위스채무법 제698조 제2항이 규정한 주주총회의 양도불가능한 권한 목록은 특수한 구조를 갖는다:《이 목록은 사실 가장 중요한 사항들을 담고 있지만 완결적이지 않다. 오히려 제6호가 추가적인 법률상 조항(또는 정관)을 지시하는 일반조항으로서 만들어졌다》. (FORSTMOSER/MEIER-HAYOZ/NOBEL, §22 N8). 최근 판례로 BGE 132 Ⅲ 32 (40): 스위스채무법 제361, 362조의 목록은 무조건 완결적이지는 않다(스위스채무법 제333조를 고려하면). 스위스채무법 제128조 제3호가 직업들을 언급한 것은 《목적론적-기능적》으로 평가해야 한다. BGE 132 Ⅲ 61ff. 참조.

개별구성요건목록으로서 이처럼 법관법을 통해 원칙적으로 확장할 수 없는 목록은, 애초부터 거부되어야 하는 것은 아니다. 어떠한 이유에서

건 법적안정성에 특별히 높은 가치가 부여되어야 하는 경우 어디에나 이러한 목록은 존재한다. 스위스민법 제105조의 혼인무효 사유들의 열거성138)은 정당하다. 스위스채무법 제272a조 제1항(임대차관계 갱신 배제)의 결의론적인 열거성, 주식법 관련 규율인 스위스채무법 제693조 제3항 및 제704조 제1항의 열거성, 또는 스위스강제집행 및 파산법 제92조의 《압류금지재산》 목록의 열거성도 마찬가지이다.

결론적으로 스위스입법의 사례를 기초로 설명된 입법유형(개별사례해결에 주목하는 입법과 일반조항의 성격을 갖는 입법 사이의 긴장관계 속에서의 선택지)은 도식적으로 다음과 같이 요약할 수 있다: a) 열거적 개별사례해결; b) 예시적 개별사례해결(일반조항 없음); c) 일반조항과 결합한 예시적 개별사례해결; d) 일반조항(개별사례해결 없음).

(4) 이미 설명한 것처럼 일반조항 구체화시 법적용자에게는 상당한 해석활동 공간이 남아있다. 그는 *법률문언 내부에서* (보다 정확히: 문언의 미 한계 내에서) 결정한다. 즉 그는 - 형식적으로 보면 - 법적용자이다. 그러나 결과적으로 흠결보충과, *법관법을 통한 본래적인 《보완적 입법》*이 이루어진다.139) 법관법 문제와 관련하여 무엇보다도 법관법이 어떠한 기준을 지향할 수 있는지에 대해, 이후 장(章)에서 중심적으로 살펴본다.140) 해당 장에서는 법관의 재량결정(스위스민법 제4조)도 언급하기로 한다. 스위스법에서는 특히 종종 법관에게 재량결정이 요구된다.

ee) 연방법률의 3가지 언어: (독일, 오스트리아, 프랑스, 그리고 이탈리아의

---

138) (생활동반자법의 시행으로 인해) 예외적으로 이러한 열거성의 파괴를 인정해야 하는 점에 대해서는 105-106면 참조.

139) 《*법률문언 내부의 흠결*》로서 일반조항에 대하여 197면, 293면 참조.

140) 260면 이하 참조.

인접법질서와 비교할 때) 스위스법의 특수성은 연방입법에 3가지 언어가 있다는 점이다. 연방의 3가지 공용어(스위스연방헌법 제70조 제1항) 모두가 법적 기준이 되고 동등하게 존중되어야 한다.[141] 스위스가 비준한 국제조약에도 종종 여러 개의 공식적(《정식으로 인증된》) 조약언어가 있다.[142] 가령 UN매매법의 경우 아랍어, 중국어, 영어, 프랑스어, 러시아어, 스페인어가 공식언어이다. EU법의 경우 심지어 24개의 공적 언어가 동등하게 기준이 된다. 이 경우 유럽연합조약 제55조에 따라 《전면적 언어비교의 방법요청》(그러나 실무상 충족할 수 없는 요청)이 적용된다.[143]

스위스 법률문언의 다(多)언어성[144]은 경우에 따라 해석자에게 다음과

---

141) 스위스의 2004. 6. 18. 연방법령집 및 연방공보에 관한 법률(Publikationsgesetz) 제
   14조 제1항 제2문. REICHEL, Festgabe Stammler, 296의 이론은 다음과 같다: 《3가지
   언어문언으로부터 동등한 도움을 받아 탐구된 법률의 스위스 전체연방적(gesamteid-
   genössische) 의미가 결정적이다》; 상세히는 KELLER, 22f.; B. SCHNYDER, in:
   Mélanges Schüpbach (2000) 37ff.; STEINAUER, in: Le législateur et le droit privé.
   Colloque Gilles Petitpierre (2006) 69f; SCHUBARTH, in: Rapports suisses présentés
   aux XVIIᵉ Congrès international de droit comparé, 2006, 11ff.; BK-ZGB/MEIER-HAYOZ,
   Art.1 N98ff. (칸톤의 법상황도 언급하고 있다); HAUSHHER/JAUN, Art.1 N26. 레토
   로망스어는 이 언어를 사용하는 자들과의 관계에서만 스위스연방의 공용어이다. (스
   위스연방헌법 제70조 제1항 제2문).
142) 국제조약의 공식언어들 사이의 원칙적 동가치성에 대해서는 조약법에 관한 비엔나
   협약 제33조.
143) 모노그래프로 ZEDLER, Mehrsprachigkeit und Methode. Der Umgang mit dem
   sprachlichen Egalitätsprinzip im Unionrecht (2015). EU의 다(多)언어가 해석에 미치는
   결과에 대하여 SCHULTENÖLKE, in: SCHULZE (Hrsg.), Auslegung europäischen
   Privatrechts und angeglichenen Rechts (1999); SCHÜBEL-PFISTER, Sprache und
   Gemeinschaftsrecht, 2004; CREECH, Law and Language in the European Union: The
   Paradox of a Babel 《United in Diversity》 (2005); MARTENS, 337ff.; NEUMAYR,
   Mehrsprachigkeit im Unionsrecht (2017).
144) 스위스법률문화의 다언어성 문제와 그에 따른 기회에 대한 기본적 고찰은
   HUGUENIN, RabelsZ 72 (2008) 755ff. SCHWEIZER/BORGHI (Hrsg.), Mehrsprachige
   Gesetzgebung in der Schweiz (2011)도 참조.

같은 장점이 있다. 하나의 공식언어에 담긴 입법자의 생각이 다른 공식 언어로 규정된 불명확하거나 불합리한 문언의 해석에 도움이 될 수 있다. 가령 방법론적 근본규범인 스위스민법 제1조 중 제3항이 《전승되어 온 것(관습; Überlieferung)》이라고 불명확하게 지시하고 있는 부분은, 프랑스어 및 이탈리아어 판(판례 또는 선례《jurisprudence》; 《giurisprudenza》)의 개념을 통해 명확해진다.145) 반대로 스위스민법 제673조의 독일어 문언 (《...건물 및 토지에 대한 소유권...》)은 너무 광범위한 프랑스어 문언146)보다 합리적이다. 스위스채무법 제47조의 《근친(近親): Angehörige》은 오늘날 사회적 평가에 비추어 너무 좁은 프랑스어 표현인 《가족: famille》보다 더 개방적이다.147) 다른 한편 다언어성이 문언상 오류근원과 해석상 불확실성을 증가시킬 수 있고,148) 결과적으로 다언어성의 장점과 단점이 서로 균형을 이룬다는 점은 분명하다.

ff) 문언논거에 대한 원칙적 결론

(1) 도입부에서 이미 말한 것처럼, 법률의 문언은 규범의미에 관하여 1차적이고 가장 중요한 징표이다. 이로부터 모든 법률해석에 대하여, 식상하지만 너무 종종 간과되는 다음 조언이 직접적으로 도출된다. 규범 문언을 주의깊게 읽어라: 《(1) *법률을 읽어라;* (2) *법률을 읽어라;* (3) *법률*

---

145) B. SCHNYDER, 44f. 이에 대해서는 267면도 참조.

146) 《..."전체"에 대한 소유권이 귀속되어야 한다고 주장할 수 있다...》. 이에 대하여 BGE 78 II 16 (18f.); BK-ZGB/MEIER-HAYOZ, Art.673 N8. 판례상 추가 사례로: BGE 51 II 156 (160); 60 II 313 (315ff.); 69 IV 178 (182); 117 IV 251 (254); BGE 124 II 581 (584); 129 II 114 (120).

147) BGE 138 III 157 (160)도 같은 취지.

148) 특히 생생한 사례로 스위스민법 제501조 및 제502조의 편집역사에 대한 BGE 118 II 273 (278ff.).

을 읽어라》!149) 법률의 어원(《lex》)이 읽다(《legein》)와 관련된 것은 우연이 아니다. 따라서 규범문언요소가 누적적으로(《and》) 연결되었는지 선택적으로(《or》) 연결되었는지 최대한 정확히 심사해야 한다.150) 또한 부정(否定)이 어떠한 규범구성요건과 관련되는지 유의해야 한다.151)

*법률의 문언선택*은 숙련된 해석자에게 여러 관점에서 의미가 있다: 따라서 스위스채무법 제58조 제1항의 《건물 또는 다른 공작물》이라는 표현으로부터 다음 추정이 가능하다. 공작물소유자책임을 발생시키려면, 건물처럼 《다른 공작물》도 지면에 굳건히 결합되어야 한다. 이러한 문언해석은 결코 자명하지 않다; 그러나 우리가 추가 해석단계들을 기초로 문언해석을 심사하면, 문언해석은 최종적 종국적으로 승인된다.152) 스위스민사소송법 제32조 제1항이 (소비자계약의 토지관할에 관하여) 당사자의 《Wohnsitz》를 말할 때, 이로부터 다음과 같은 결론이 도출된다. 자연인만 이 규정에서 말하는 소비자이다. 왜냐하면 법인은 주거지(Wohnsitz)를 가질 수 없고 《본거지; Sitz》를 가질 수 있기 때문이다. 주의깊은 법률가가 스위스채무법 제82조에서 《쌍무계약(zweiseitiger Vertrag)》

---

149) FRANKFURTER 판사의 주장(BAUDE/SACHS, Harvard Law Review 130 (2017) 1082에서 재인용); ADOMEIT/HÄHNCHEN, N82도 참조: 《*첫 번째 조안: 천천히 읽어라.* 대각선으로 날아가듯 읽으면 아무것도 얻을 수 없다》. 우리는 LUTHER의 말도 떠올릴 수 있다: 《법률가가 문언없이 말한다면 부끄러운 짓이다...》(아마도 BARTOLUS: 《Erubescimus si sine lege loquimur》를 따라).

150) 누적적으로 연결된 구성요건요소나 법적효과요소와, 선택적으로 연결된 구성요건요소나 법적효과요소가 결합된 경우(가령 스위스채무법 제21조, 제373조 제2항) 특히 유의해야 한다. 《또는》과 관련하여 《상호배타적인(교집합을 포함하지 않는) 또는》과 《두 영역 모두를 가리키는(교집합도 포함한) 또는/그리고》를 구별해야 한다. HÖHN, Praktische Methodik, 192.

151) 입법자 자신도 때때로 언어의 교활함에 걸려 넘어진다. 연방세에 관한 법률 제20조 제1항의 잘못된 문언화에 대해 상세히는 JAAG/HIPPELE, AJP 1993, 261ff.

152) 학설과 실무상 다툼이 없는 스위스채무법 제58조의 해석도 마찬가지이다. 가령 BK-OR/BREHM, Art.58 N35ff. 참조; 판례로는 BGE 42 II 37.

을 읽는다면, 일반인과 달리 그에게는 다음 사항이 눈에 뜨일 것이다. 위 문구는 모든 계약을 의미하는 것이 아니고(계약은 원래 두 당사자가 하는 것이므로 쌍방적 계약이라는 중복적 표현을 입법자가 사용하였다고 볼 수 없다), 오히려 동시이행관계를 내포한 (완전한 쌍무) 계약이라는 특수한 유형의 계약을 의미한다. 스위스채무법 제272a조 제1항이 (a, b, c, d호에서 언급된) 4가지 사유를 근거로 한 해지시 임대차관계의 갱신이 배제된다고 규정한 경우, 의심스러울 때에는 다음 법명제로부터 출발해야 한다. 이 근거들은 종결적으로 (완결적으로) 열거된 것이다.[153] 왜냐하면 동일한 맥락에서 단지 예시적으로 (보여주는 차원의) 나열을 하는 경우, 입법자는 항상 《가령(insbesondere)》이라고 표현하며 사례를 나열하기 때문이다(스위스채무법 제271a조 제1항; 스위스채무법 제272조 제2항).[154] 스위스채무법 제266a조 제1항은 다음과 같이 규정한다. 기한의 정함이 없는 임대차관계의 당사자들은,《당사자들이 더 긴 해지기한을 약정한 경우가 아닌 한》, 법률상 해지기한을 준수하여 해지할 수 있다. 따라서 이로부터 - 반대로 - 다음 결론이 도출될 수 있다. 당사자들이 더 짧은 해지기한을 약정한 경우 이는 무효이다. 그러나 문언해석에 근거한 이러한 역추론 (*argumentum e contrario*)[155]은 독자적으로는 전혀 자명하지 않고《논리적》이지도 않다. 오히려 이러한 역추론은 추가적인 해석고려에 의해 승인된다.[156]

문언해석의 설득력이 문제되는 경우,《논리적》으로 근거를 갖춘 해석결

---

153) 스위스채무법 제272a조 제1항에 대한 다툼이 없는 해석도 같은 취지이다. ZK-OR/HIGI, Art.272a N8.

154) 이 문제에 관해서는 이미 56면 참조.

155) 이에 관해서는 216면 이하 참조.

156) 학설로는 BSK-OR/WEBER, Art.266a N3.

과라는 표현은 가급적 사용하지 말아야 한다. 문언해석에서는 단지 문법적-의미론적 규칙의 적용, 독자적으로는 "설득력 있는 근거를 갖추고 필연적인" 해석결과에 이르지 못하는 적용이 문제된다. 《논리적》 해석요소는 종종 체계적 해석과 관련하여 언급된다. 이미 SAVIGNY, 227f.; 최근문헌으로 가령 DESCHENAUX, 91; BYDLINSKI, Methodenlehre, 442ff. 그러나 체계해석에서도 이러한 용어(논리적 해석이라는 용어)가 쉽게 오해를 불러일으킬 수 있다. 가령 다음과 같은 잘못된 생각에 이를 수 있다. 《예외는 확대되어서는 안 된다》 또는 《특별법은 일반법을 폐지한다》와 같은 격언은 《논리적》 성격을 갖는다. 실제로 이러한 격언은 목적론적으로 근거를 갖출 때에만 설득력이 있다. 221면 이하, 97면 이하 참조. 개념법학에서 논리에 잘못 의존하는 것에 관해서는 157면 이하 참조. 그러나 논리논거 활용의 자제 - 이 책은 이러한 자제를 추천한다 - 가 해석이라는 작업은 일반적 논리의 법칙으로부터 분리되어 있다는 뜻은 물론 아니다. 이러한 한도에서 KLUG, 8f.에 쉽게 동의할 수 있다.

(2) 문언의미가 갖는 부정할 수 없는 강한 징표효과가, 의미론적 해석논거를 과대평가하거나 - 미국 논의에서는 이런 과대평가를 《문언중심적(textualistic)》이라고 표현한다[157] - 《문언페티시즘》이라는 결과를 낳아서는 안 된다. 문언페티시즘은 주술적 문언의식(儀式)과 함께 법이 기원(起源)하던 시기의 특징이었다. 오늘날에도 여전히 *문언에 대한 순진한 믿음*이 완전한 문외한의 해석과 나쁜 법조인의 해석의 특징이다. 단순 법률문언에서 나오는 해석은 전혀 논리필연적이지 않다. 현실에서 《의미론적으로 명확한 사안이 법률적으로는 불명확하고, 의미론적으로 불

---

157) 미국 논의에 관하여 상세히는 HIESEL, ZoR 68 (2013) 183ff. (문언중심적 저작인 SCALIA/GARNER, Reading Law: The Interpretation of Legal Texts, 2012를 다루고 있다). 각주 294도 참조.

명확한 사안이 법률적으로는 명확한 경우》가 그리 드물지 않다.158) 문언이 - 차분하게 관찰해보았을 때 - 분명히 해석공간을 열어둔 경우, 특히 제한해석이나 확대해석이 가능한 경우에는, 종종 지나치게 꼬투리잡는 《문자놀음》159)은 애초부터 설득력이 없다. 제한해석이나 확대해석이 가능한지 여부는 *정의를 통해*(ex definitione) 문언으로부터 결론을 내릴 수 없다.160) 여기서 해석자는 추가적인 해석단계에 의존한다.161) 법률문언을 넘어서거나(praeter verba legis) 법률문언에 반하는(contra verba legis) 결

---

158) KLATT, ARSP 2004, 58.

159) BYDLINSKI/BYDLINSKI, 48; 연방대법원도 종종 이러한 문자놀음에 빠진다. 법률이론가들도 당연히 이러한 문자놀음에 빠진다. 상속계약을 통해 재단을 설립할 수 있는지에 관하여 BGE 96 Ⅱ 273 참조. 위 판례는 스위스민법 제481조 제1항("피상속인은 처분자유의 한계 내에서 종의(終意; letztwillig)처분(유언)이나 상속계약을 통해 자기 재산 전부 또는 일부를 처분할 수 있다.") 및 제512조 제1항("상속계약이 유효하려면 공정증서에 의한 종의처분의 방식을 필요로 한다.")과 연결된 구 스위스민법 제81조 제1항("재단은 공정증서나 **종의처분으로** 설립된다.")을 순전히 문언중심적으로 해석함으로써, 상속계약을 통해 재단을 설립할 수 없다고 보았다. (역자설명: 구 민법 제81조 제1항은 '공정증서나 종의처분'이라고 규정하고 있었다. 판례는 여기서 **공정증서는 '생전처분'만을 뜻한다**고 보았다. 따라서 생전처분도 아니고 종의처분도 아닌 상속계약으로는 재단을 설립할 수 없게 된다. 그러나 공정증서와 종의처분이 '또는'이라는 연결어를 중심으로 병렬적으로 규정되어 있다고 해서 공정증서에 생전처분만 포함되고 사인처분인 상속계약은 포함되지 않는다고 해석하는 것이 타당한지는 - 역자로서는 - 의문이다. 참고로 현 스위스민법 제81조 제1항은 "재단은 공정증서나 **사인처분으로** 설립된다."고 개정되었다) 여기서 우리는 HECK, Gesetzesauslegung und Interessenjurisprudenz, 98에서 이미 비꼬아 표현하였던, 법학의 《셜록 홈즈 방법》을 확인하게 된다. 위 연방대법원 판례에 대한 상세한 비판으로는 ZEITER, Die Erbstiftung (Art.493 ZGB), 2001, 96ff.

160) 따라서 해석을 제한적 해석 또는 확장적 해석이라고 식별(識別)하는 것은 근거설정에 기여하는 것이 없다. 이러한 식별은 해석결과 - 이러한 해석결과의 근거를 문언에서 찾을 수는 없다 - 를 표시하는 것일 뿐이다. 타당한 지적으로 BURCKHARDT, Methode, 287.

161) 타당한 지적으로는 BURCKHARDT, Methode, 272: 《언어학의 과제가 끝난 곳에서 비로소 법학의 과제가 시작된다》.

정을 할 수 있는지가 문제되는 경우도, 물론 더욱 그러하다.

(3) 스위스 연방대법원162)이 타당하게 판시한 것처럼, 문언은《법규범을 있는 그대로 드러내지 않는다》. 이로부터 다음 결론을 도출할 수 있다. 고립적으로 해석할 때 *문언*이 사실상 *명백*하더라도, - 꽤 드문 상황(그러나 문언이 숫자와 양을 표현하는 경우에는 상정가능한 상황)이다163) - 그로부터 도출된 규범의미는 항상 비판적으로 탐구해야 한다.

형식주의적인 《*명백성규칙(acte clair-Doktrin, sens clair-Doktrin)*》 - 로마법 속담인《문언에 모호함이 없으면 의도를 물어보는 것은 허용되지 않는다: cum in verbs nulla ambiguitas est non debet admitti voluntatis quaestio》 (Dig. 32, 25, 1 [PAULUS]) 또는 격언인《명백한 문제에서는 해석을 위한 자리가 없다: in claris non fit interpretatio》 (학설사에 대해서는 SCHOTT, in: SCHRÖDER[Hrsg.], Theorie der Interpretation vom Humanismus bis zur Romantik - Rechtswissenschaft, Philosophie, Theologie [2001] 155ff.)와 같은 의미에서 명백한 문언의미를 해석적으로 의문의 대상으로 삼지 않으려는 견해 - 은 완전히 극복된 이론이라고 보아야 한다(비록 여러 성문민법 - 콜롬비아민법 제27조 제1항, 루이지애나 민법 제9조 - 에서 아직도 명시적으로 언급하고 있지만). 상세히는 VAN HOECKE, 71ff.; 명백성규칙에 반대하는 견해로 이미 REICHEL, Festgabe Stammler, 295; BETTI, Interpretazione della legge e degli atti

---

162) BGE 141 Ⅲ 281 (283); 144 Ⅲ 100 (103).

163) 숫자를 표시하는 단어를 사용하는 경우에도 명백성이 항상 존재하는 것이 아니라는 점에 대한 사례로는 MÜLLER/CHRISTENSEN, 304f. RÖHL/RÖHL, 614는《그 자체로 의미론상 명백하고, 어떠한 경우에도 그 외연에 의문이 없는 개념, 보다 정확히 말하면 Prädikator(모든 종류의 서술어표현에 대한 집합개념)는 없다》고 한다. 그러나 그들의 견해에 따르면,《입법자는 모든 참가자들이 법률의 문언을 동일한 의미로 이해할 정도로 명확히 표현하는 것에 드물지 않게 성공한다》. 이 책에서도 명백성이라는 개념은 이와 같은 실용적 의미로 이해해야 한다.

giuridici, 2.Aufl. (1971) 283ff.; MEIER-HAYOZ, Richter als Gesetzgeber, 42; BK-ZGB, Art.1 N178; BSK-ZGB/HONSELL, Art.1 N4; CR CC Ⅰ/WERRO, Art.1 N59; ARZT, 80; PICHONNAZ, ZSR 130 (2011) Ⅱ, 206ff. HÖHN, Praktische Rechtsanwendung, 208도 참조. 그에 따르면《명백한 문언의미로부터 벗어나는 것》도《전적으로 가능》하다; 그러나《문언으로부터 벗어나는 것이 허용되려면, 명백한 문언과 배치되는 해석을 지지하는》,《분명히 설득력이 있는 논거》를 밝혀야 한다; 비슷한 견해로 HÄFELIN, Festschrift Hegnauer, 120; PERRIN, 246ff.은 247면에서《명백한 문언의 의미로부터 도출되는 반증가능한 추정》이라고 표현한다.

따라서 BGE 114 Ⅴ 219 (220)의 다음 판시는 거부되어야 하고 유지될 수 없다:《그러나 문언이 명백하지 않으면..., 문언의 진정한 범위를 모든 해석요소를 고려하여 탐구해야 한다...》; 결과적으로 같은 취지로는 BGE 122 Ⅲ 414 (415). 이 판례는《명백한, 해석이 필요하지 않은 법률의 문언》이라고 표현한다(문언이 명백하지 않은 경우, 완전히 또는 절대적으로 명백하지 않은 경우 추가 해석단계를 밟아야 한다는 판시도 같은 의미이다. BGE 107 Ⅴ 214 [216]; 113 Ⅱ 406 [410]; 122 Ⅲ 469 [474]; 125 Ⅱ 192 [196]; 125 Ⅲ 425 [428]; 131 Ⅱ 697 [702]; 131 Ⅲ 710 (715); 132 Ⅲ 226 [237]); 135 Ⅲ 640 [644]; 137 Ⅲ 344 [348]; 137 Ⅲ 470 [472]; 138 Ⅱ 440 [453]; 139 Ⅲ 135 [137]; 142 Ⅴ 457 (460); 143 Ⅲ 453 (455); 144 Ⅱ 29 (34). 명백성의 한계(그러나 깨질 수 있는 한계)를 매우 강조하는 판시로는 BGE 127 Ⅴ 1 (5):《명백한, 즉 일의적이고 오해의 여지가 없는 문언으로부터 단지 예외적으로만 벗어날 수 있다...》; BGE 140 Ⅲ 501 (508); 143 Ⅰ 272 (280). 덜 엄격한 판례로는 BGE 99 Ⅰb 505 (507):《그러나 문언이 그 자체로 명백하다는 점으로부터 바로, 의미에 부합하는 해석을 위한 공간이 없다는 결론이 도출될 수는 없다》; BGE 111 Ⅰa 292 (297)에 대해서는 각주 167 참조; BGE 130 Ⅲ 76 (82); 131 Ⅱ 13 (31)도 참조. (목적론적 축소를 통해) 명백한 문언에서 벗어나는 것 그리고 이에 관한 스위스 법원실무에 관하여 상세히는 우선 234면 이하 및 각주 721, 723 참조. 계약해석에 관하여 연방대법원은《명백성규칙》과 거리를 두고 있다. BGE 127 Ⅲ 444 (445).

《명백성규칙》과 마찬가지로 《암시이론》 - 해석결과가 문언에 적어도 암시되어야 한다는 이론 - 도 거부되어야 한다. 우리가 암시이론을 따른다면, *법문언을 넘어선* 법발견, 특히 유추는 불가능할 것이다; 형법상 유추금지라는 특별한 상황에 대해서는 12-13면 참조.

법률의 명백한 문언의미는 무조건《법상황》도 명확하다는 것을 뜻하지는 않는다.[164) 경우에 따라서는 다음과 같은 추가적 해석상 고려 - 문언의미와 일치하는 규범의미는 설득력이 없다 - 로부터 다음 결론이 도출된다. *법문언에 반하여* 더 설득력 있는 규범의미를 선택해야 한다. 이러한 관점에서 볼 때, 스위스민법 제1조 제1항의 양자택일 - 위 조항에 따르면 (《문언 또는 *해석에 따를 때* 법률이 법문제에 관하여 조항을 두고 있는 경우》), 법률은 그러한 법문제 일체에 적용된다. - 이 적어도 오해의 소지가 있다는 점을 분명히 해야 한다[165): 《문언》과 《해석》은 스위스민법 제1조 제1항이 암시하는 것처럼 대등한 지위에 있는 것이 아니다. 오히려 문언은 여러 해석요소 중 하나이고, 의문의 여지 없이 실질적으로

---

164) 각주 158의 KLATT을 인용한 부분 참조. 법상황이 명백한 경우 약식절차에서의 권리보호에 관해서는 스위스민사소송법 제257조 제1항 및 SPICHTIN, Der Rechtsschutz in klaren Fällen nach Art.257 ZPO, Diss. 2012의 무엇보다도 53ff. 참조.

165) 스위스민법 제1조 제1항에 대한 타당한 비판으로 REICHEL, Festgabe Stammler, 294; 이 문제를 명확히 밝히는 MEIER-HAYOZ, Richter als Gesetzgeber, 41. 따라서 연방대법원이 BGE 110 Ⅰ b 1 (8) 및 114 Ⅴ 219 (220)에서 판례실무상《다음 경우에만 - 문법적 해석으로부터 의문의 여지 없이 실질적으로 타당한 해법이 도출되는 경우에만 - 오로지 문법적 해석을 기준으로 한다》고 판시한 것은 타당하지 않다. 어느 해법이 실질적으로 타당한지 여부는, 문언논거에 추가하여 다른 해석상 고려, 특히 목적론적 고려 - 문언의미를 규범의미로 승인하는 다른 해석상 고려 - 가 이루어질 때에만 그 근거를 갖추게 된다.

1차적 해석요소이다. 그러나 문언은, 추가 해석단계를 없어도 되는 것으로 만든다는 뜻에서,《유일하게 옳은》해석요소는 결코 아니다. 위대한 로마의 법률가 켈수스가 말한 것처럼,《*Scire leges non hoc est verba earum tenere sed vim ac potestatem*》.166) 연방대법원은 더 건조하게 다음과 같이 판시하였다:《결정적인 것은...피상적으로 명백한 문언이 아니다...승인된 해석규칙을 통해 탐구해야 하는 진정한 법의미가 결정적이다》167)

(4) 문언해석에 대한 두 가지 근본문제는 여전히 남아있다. 첫 번째 문제: 법률은 *일반적 언어관용*(일상적 언어로 표현하면《일상의미》)에 따라 해석해야 하는가? 아니면 *전문특수적 의미*에 따라야 하는가? 입법자가 법적 *전문용어*나 그 밖에 전문적 언어관용상 표현을 사용한 경우, 원칙적으로 이러한 용어에 대해서는 전문특수적 의미를 기준으로 해야 한다.168) 이에 반해 일반적으로 사용되는 단어는 원칙적으로 일반적 언어

---

166)《법률을 이해한다는 것은 그 문언에 집착하는 것이 아니라, 그 효력과 권능을 아는 것이다》(Dig. 1, 3, 17). 전적으로 비슷한 취지로는:《율법조문은 죽이는 것이요 영은 살리는 것이니라》(고린도후서 3장 6절). 괴테의 작품 속에서 파우스트가 서재에서 번역연습을 하는 것도 참조:《이렇게 쓰여 있다:〈태초에 *말씀*(Wort)이 있었다!〉나는 이미 여기서 막힌다! ... 나는 *말씀*을 그렇게 높게 평가할 수 없다...》.

167) BGE 111 I a 292 (297); 독일판례로는 BGHZ 2, 176 (184):《법률의 목적과 의미가 법률의 문언보다 더 높은 위치에 있다》.

168) 루이지애나 민법 제11조 제2항은 이를 명시한다:《예술 관련 단어와 기술적 용어에는, 법이 기술적 문제를 다루는 경우, 그 기술적 의미를 부여해야 한다》. 학설상 상세한 논의로는 BRUGGER, AöR 119 (1994) 23f.; LARENZ/CANARIS, 142f.; ZELLER, 322f.; NEUNER, 119ff.; KOCH/RÜSSMAN, 189; EMMENEGGER/TSCHENTSCHER, Art.1 N213도 참조. 그러나 이러한 사례에서도 법관은 경우에 따라서는 입법자가 의도한 의미와 부합하지 않는 해석을 옹호해야 한다. 권리를 추구하는 자의 입장에서 전문용어가 불명확한 경우(비일관적인 경우)에는. 슈비츠 칸톤의 법에서 권리를 재판상《행사》하는 것에 관해서는 BGE 114 I a 25 (28): 신의성실원칙과 자의금지원칙은 《이러한 조항들이 다음과 같이 해석될 것을 요청한다. 권리를 추구하는 자들이 합리

관용에 따라 해석해야 한다169); 그러나, 이미 언급한 것처럼,170) 이 경우에도 외관상 일반적인 표현에 전적으로 특수한 전문의미가 법률문맥을 고려해 부여될 수 있다.171)

두 번째 문제: 법률 제정 시점의 문언의미가 기초가 되어야 하는가? 아니면 *오늘날의 언어관용*을 기초로 해야 하는가? 여기서도 상황을 나눌 필요가 있다. 규범문언의 전문특수적 요소가 문제되는 경우, (적어도 사법(私法)에서는) 의심스러운 때에는 규범문언의 역사적 의미를 기준으로 해야 한다.172) 역사적 의미에서 벗어난 법적 용어의 현재적 의미가 *지금 여기*를 기준으로 의미있는 해석결론으로 이어지는 경우를 제외하고.173) 전문특수적이지 않은 규범문언요소는 전적으로 원칙적으로 오늘날의 언어관용에 따라 해석되어야 한다: 《왜냐하면 어쨌든 오늘날의 독

적 방식으로 그 조항을 이해할 때, 이 조항에 귀속되어야 할 의미대로》.

169) 설득력 있는 설명으로 SCHMITT GLAESER, Vorverständnis als Methode (2004) 153; 《언어에서 합의는 민중의 의사를 반영하고 정치는 언어에 의해 만들어진다. 따라서 정치의 결과인 법은, 법의 언어가 일상적 언어로서 효력이 있도록 해석되어야 한다》. 칠레민법 제20조는 다음과 같이 명시한다(《단어의 일반적 용법》). BECKER/MARTENSEN, JZ 2016, 786에 따르면 형법에서는 일상적 언어의 개념에, 예견할 수 없는, 비관습적 의미가 부여되어서는 안 된다. 언어관습 확정 문제에 관해 상세히는 KOCH/RÜSSMAN, 188ff.; 《언어변용(變容)이 다양한 점》을 고려할 때 의미탐구가 어렵다는 점을 강조하는 문헌으로 HEGENBARTH, Juristische Hermeneutik und linguistische Pragmatik (1982) 148ff.; 비트겐슈타인적인 언어의 사용이론에 대해서는 이미 각주 93 참조. 비트겐슈타인의 방법론적 결과에 대해서는 349면 이하 참조.

170) 45면 참조.

171) 리투아니아 민법 (2001년) 제1.9조 제2항이 이를 명시한다: 다음 경우를 제외하고는 단어의 《일반적 의미》를 기초로 해야 한다. 《맥락을 고려할 때 단어나 단어조합이 특별한 - 법적, 기술적 또는 그 밖의 특별한 - 의미로 사용되었음이 명백할 때》.

172) LARENZ/CANARIS, 144: 《우리가 막바로 현재 의미에서 출발하면, 우리는 아마도 입법자의 의도를 놓치게 될 것이다》.

173) 무엇보다도 다음 사안의 경우. (순전히 기술적인 전문용어와 대비되는) 《평가적 관점에서 개방적인 전문용어》 - 가령 《인격권》,《위법성》,《언론의 자유》 - 가 문제되는 경우.

자는 규범의 의미를 그의 현재 언어이해에 따라 파악하기 때문이다. 그런 까닭에 현재 언어이해를 기초로 전문특수적이지 않은 규범문언이 해석되더라도 그가 예상치 못한 일을 당하지는 않는다》.174)

c) 체계적 해석

aa) 일반론

(1) 전체법률의 구조, 법질서 일부영역의 구조, 전체법질서의 구조에서 개별 법률 규율의 체계적 위치는 규범의미175)와 직접적 관련성을 갖는다. 《*맥락없는 (법률) 문언은 없다*》.176)

이로부터 해석에 관하여 매우 기본적인 다음 결론이 도출된다: 개별규범들은 무정형의 혼돈 속에서 서로를 구속하지 않은 채 놓여있는 것이 아니다. 오히려 *법질서는 이상적으로는 단일체로*, 최대한의 정합성이 있는 가치판단들의 체계로,《의미구조》로 - 이 의미구조의 개별구성부분은 고립적으로, 그 규범적 맥락177)에 대한 고려없이 해석하면 안 된다

---

174) LARENZ/CANARIS, 145; KREY, 162f.; 다른 견해로는 POTACS, 159. 그는 입법시점의 통상의 언어관용을 기준으로 한다. 형사법 관련 판결인 BGH NJW 2007, 524 (526)에서 법원은, 독일마약법 제2조 제1항의 식물개념 해석을 위해 교과서, 사전 그리고 인터넷자료를 참조하였다. 이를 통해 우리는 (일상언어의) 현재 언어관용의 전체 스펙트럼에 관하여 정보를 얻을 수 있다. BAG NJW 2015, 1262 (1264)에서도 Brockhaus 백과사전과 Duden 사전 등을 참조하였다.

175) 전체 규범의미 뿐만 아니라 개별적인 규범구성요건의 의미, 즉 각 구성요건에서 활용된 개별적 언어요소의 의미와도 직접적 관련성을 가짐은 물론이다.

176) HÄBERLE, EuGRZ 2005, 685; MOOR, 274는 문언의《상호문언성(intertextualité)》을 말한다. ECO, Lector in fabula, 3. Aufl. (1985) 51에 따르면《문언》의 복잡성은 문언이《말하여지지 않은 것들》로 짜여져 있기 때문에(《è intessuto di *non-detto*》) 발생한다. 말하여지지 않은 것들은 MOOR, 276에서 말하는 전제된《메타문언》이라고 표현할 수 있다.

- 생각해야 한다.

법질서의 통일성이라는 생각에 대한 본격적 문헌으로 ENGISCH, Die Einheit der Rechtsordnung (1935); MASCHKE, Gerechtigkeit durch Methode. Zu Karl Engischs Theorie des juristischen Denkens (1993) 73ff. 전체를 다룬 문헌으로 K. SCHMIDT 편집, Hamburger Ringvorlesung: Vielfalt des Rechts - Einheit der Rechtsordnung? (1994); FELIX, Die Einheit der Rechtsordnung (1998). 스위스 연방대법원도 법질서의 통일성을 원용하고 있다. 가령 BGE 126 Ⅲ 129 (138); 143 Ⅱ 8 (23) 참조. 법질서통일성 사상을 학설사의 관점에서 서술한 문헌으로 M. BALDUS, 곳곳에. RHINOW, Rechtsetzung, 126ff. 는 해석시 전체 법질서를 고려하라는 지시를 《통합적(integral) 해석의 요청》이라는 근사한 용어로 요약하였다. 이러한 요청의 준수는 해석자에게 《숙제로 부과된 것》이다; BIAGGINI (Verfassung, 255)의 격언과 같은 의미에서. 이 격언에 의하면 법질서의 통일성은 《이미 주어진 것》이 아니라, 《숙제로 부과된 것》이다. 그러나 이러한 격언이 다음과 같은 잘못된 결과로 이어지면 안 된다. 규율들이 충돌하는 상황에서 규율들 사이의 화해(해석론상 유지될 수 없는 화해)를 억지로 시도하는 것. 타당한 지적으로는 OPEL, BJM 2016, 8.

법질서의 통일성 사상의 특수한 형태로 《헌법의 통일성》이라는 해석상 지도원리가 있다. 이에 대해서는 무엇보다도 H. HUBER, ZBJV 170 (1971) 183; 헌법의 통일성으로부터 다음 결론이 도출된다. 충돌하는 기본권 조항들은 고립적으로 해석하면 안 되고, 오히려 가급적 이들 사이에서 《실제적

---

177) 앞으로 이 책의 서술은 1차적으로 규율의 《실제 맥락》이 아니라 규범적 맥락을 기준으로 한다. 실제 맥락에는 입법과 관련된 《현실》이 포함된다. 또한 광의(廣義)의 실제 맥락에는 입법과 그 입법의 해석 안에 함입된 사회적 평가의 지평(地平)도 포함된다. 이러한 《실제 맥락》의 의미에 대해서는 173면 참조.

조화(praktische Konkordanz)》가 이루어져야 한다. 가령 RHINOW, Festschrift Huber, 434 참조. 판례로는 BGE 139 Ⅰ 16 (24). 헌법규범의 위계(位階)화(그리고 이에 따른 근본적 규정의 우선적 지위)에 관한 최근 문헌으로 J.P. MÜLLER/BIAGGINI, ZBl 2015, 247.

오직 이러한 방식을 통해서만 - 적어도 착안점상으로는[178] - 평가모순적인, 목적론적으로 비일관된 해석 - 이러한 해석은 전체 법질서의 설득력과 수용성을 훼손할 것이다[179] - 을 피할 수 있다. 종국적 결론은 사실상 다음과 같다. Rudolf STAMMLER[180]가 말한 것처럼, 법률의 개별조항을 적용하는 사람은 그로써 종국적으로 전체 법질서를 적용하는 것이다:《전체 유기체 안에서는 같은 피가 흐른다》.[181]

그러나 국제적 통일법(예: UN-매매법)과 EU지침(회원국이 국내법으로 전환한 지침)[182]의 증가하는 중요성을 고려할 때,《같은 피》라는 아름다운 이미지는 강하게 상대화되어야 한다. 현대 유럽의 입법은 점점 더 다층화되고 있고, 국내적, 국제적, 초국제적 차원들로 이루어져 있다;《아무리 의제적으로 보더라도, 국내 법질서, 국제적 통일법, EU법의 병존은 더 이상 단일한 입법자의 의사로 귀속되지 않는다》.[183] 이러한 이질성,

---

178) 해석을 통해 제거할 수 없는 평가모순에 관해서는 154면 이하 참조.

179) COING, 29:《평가모순적인 법질서는 모든 사람들에게 통일적 기준을 적용한다는 사회의 공리를, 그리고 법 앞의 평등 요청을 훼손한다》. 체계적 해석과 목적론적 해석의 관계에 대해서는 150면 참조.

180) Theorie der Rechtswissenschaft (Halle a. d. S. 1911) 24f. STAMMLER의 법질서의 통일성 사상에 대해 상세히는 M. BALDUS, 94ff.

181) LEPAULLE, 35 Harvard Law Review (1921/22) 853.

182) 국제적 통일법과 (스위스에서)《자율적으로 시행한》EU사법을, 진정한 의미의 국내 토착법 체계를 근거로 삼아 해석하면 안 된다는 점에 대해서는 329면 이하 참조; 각주 1040 참조.

183) KATSAS, in: AJANI/EBERS (Ed.), Uniform Terminology for European Contract

그리고 이질성을 통해 발생가능한 체계파괴는 체계해석이 매우 필요함을 - 여기서는 이러한 필요성을 단지 언급만 한다 - 뜻한다.[184] 스위스법에서도 이러한 체계해석이 점차 중요해지고 있다.

다음을 강조할 필요가 있다. 우리 법질서의 내부 《네트워크》는 부분적 법분과 안에서만 준수되어야 하는 것이 아니고, *개별분과를 넘나드는 고려*를 요구한다. BGE 143 II 8 (23)에 따르면, 법질서의 통일성 원칙은 《다양한 법분과들이 서로 만나는 영역에서 의미를 갖는다》. 무엇보다도 다음을 유의해야 한다. 사법과 공법은 서로 고립된 《자율적》 소우주가 아니고,[185] 다층적 법적 상호의존 관계에 있다. 이러한 상호의존관계가 부분적으로 차이가 있는 목적을 추구하는 것을 배제하지 않음은 명백하다.[186]

법질서의 전체 체계 내에서 부분적 법분과들 사이의 이러한 네트워크는 목적론적 분석, 평가모순을 가급적 회피하는 분석을 강제한다. 세금 관련 과징금을 부과받은 자가 과징금 상당액을 일종의 손해로서 은행

Law (2005) 100. 이에 관해서는 AMSTUTZ, in: JOERGES/TEUBNER (Hrsg.), Rechts-verfassungsrecht (2003) 213ff.; LADEUR, in: VAN HOECKE (Ed.), Epistemology and Methodology of Comparative Law (2004) 91ff.; HERRESTHAL, in: Jb. Junger Zivil-rechtswissenschaftler 2008, 139ff. 통일사법 및 스위스가 《자율적으로 시행한》 EU사법의 해석에 있어 특수문제에 대해서는 328면 이하, 334면 이하 참조.

184) 개별문제에 관해서는 KRAMER, JBl 2019, 201ff.

185) 이로부터 다음과 같은 결론이 도출된다. 이 두 영역 사이에서 유추도 가능하다. 스위스채무법 제23조 이하를 행정계약에 유추하는 것에 관하여 BGE 132 II 161 (164).

186) BYDLINSKI, System, 17ff.는 시스템의 개별 부분들의 《규범적 특수성》을 말한다. 그러나 이러한 부분들과 그 부분들의 평가는, 그들에게 상호보완적 기능을 부여함으로써, 서로 조화를 이루어야 한다. 세법과 관련하여 《상대적 자율성》을 언급하는 WALZ, Steuergerechtigkeit und Rechtsanwendung (1980) 234ff. 스위스법에서 유의해야 할 세법과 사법 사이의 맞물림에 관해서는 무엇보다도 Th. KOLLER, 곳곳의 본격적 연구 참조.

- 그 은행의 직원이 고객정보를 과세관청에 전달하였다 - 으로부터 환급받을 수 있다면, 과징금의 예방목적에 명백히 배치될 것이다.[187] 한편으로 상호의존성은 법률적으로 다음과 같은 묵시적 전제 위에 있다; 형법상 절도죄 조항(스위스형법 제139조)은 물권법상 재산 귀속을 고려하지 않고 해석될 수 없다. 우리는 여기서 《형법의 민법종속성》을 말할 수 있다. 그러나 다른 한편으로 법질서의 두 부분영역들 사이의 조화는 명시적으로 규정되어 있다. 가령 스위스채무법 제60조 제2항은 형법상 공소시효와 민법상 소멸시효를 조화시키고 있다.[188] 또한 스위스채무법 제342조 제2항에 따르면 공법상 의무로 인해 사용자 또는 근로자의 민법상 이행청구권(공법상 의무를 부담하는 상대방에게 그 공법상 의무이행을 청구할 권리)이 발생할 수 있다. 매우 기본적인 조항으로 스위스채무법 제19조 제2항이 있다. 이에 따르면 계약은 《공공질서》를 침해해서는 안 된다.[189] 전체적으로, 《법질서의 단계구조》 내에서 규범의 위계상 지위를 특히 존중해야 하고, 그로부터 헌법적 (특히 기본권과 관련된) 평가가 사법의 영역에서도 중요하다는 결론을 도출할 수 있다. 이러한 생각은 사법(私法)입법자도 물론 유의해야 한다.[190]

---

187) 세금관련 과징금을 전가할 수 없다는 점에 대해서는 BGE 134 Ⅲ 59 (64f.). 이 판례에 대해서는 Anm. Th. KOLLER, AJP 2008, 1295ff.

188) 이에 관한 중요한 판례는 BGE 127 Ⅲ 538ff.

189) 공공질서라는 기준의 해석에 관해서는 BK-OR/KRAMER, Art.19/20 N151ff. 계약내용의 위법성이라는 기준(스위스채무법 제19조 제2항, 제20조 제1항) - 《백지규범》이다 - 도 공법상 금지규정 위반을 포함한다. 마찬가지로 책임법도 가해행위의 위법성이라는 기준(스위스채무법 제41조 제1항)을 통해 공법과 연결되어 있다. 사법에서 세법상 평가를 고려할 필요성에 대해 근거를 제시하는 인상적인 문헌으로 Th. KOLLER, 102ff.

190) 이러한 한도에서 기본권의 사법에 대한 직접적 효력을 말할 수 있다. 타당한 지적으로 CANARIS, AcP 184 (1984) 212; G. MÜLLER, ZBl 79 (1978) 242; J. P. MÜLLER, Elemente, 86; ZÄCH, SJZ 1989, 1; BGE 111 Ⅱ 245 (254)도 참조. 90-92면도 참조. 하위법 해석시 헌법에 주목할 필요성(《헌법합치적 해석》) 및 기본권의 《제3

(2) 체계해석의 요청은 오래전부터 알려져 있고, 원칙적으로 다툼이 없다. 이미 로마법률가들[191]도 체계해석을 알고 있었고, 개별 성문법에 명시적으로 규정되기도 하였다.[192] 또한 체계해석은 법적 해석이론의 특별한 요청이 아니고, 정신과학적 해석이론(해석학) 일반의 공리이다.[193]

bb) 법의 《외적》 체계와 《내적》 체계: Philipp HECK[194]으로 소급하고 최근 방법론에서는 무엇보다도 LARENZ[195]와 CANARIS[196]가 수용하고 정교화한 개념형성에 따르면, 법의 《외적》 체계와 《내적》 체계는 구별해야 한다. 《외적 체계》는 법률의 형식적 구성, 법소재를 (법적 개념의 구성요소들에 기초해서) 분류하는 것을 말한다[197]; 내적 체계는, 가치판단의 일관된 체계로 이해된, 법의 내적 구조물을 뜻한다. 두 체계개념은, 법질서의 외적 체계가 실제로 투명해지기 위해 법질서의 내적 구조를 최대한 적절히 반영해야 하는 점에서, 원칙적으로 서로 관련이 있다.[198]

자효》에 대해서는 87면 이하 참조.

191) CELSUS, Dig. 1, 3, 24: (《전체를 보지 않고 법률의 부분만을 떼어내서 판단하는 것은 허용되지 않는다》). LIEBS, 101 (J 40)도 참조.

192) 오스트리아민법 제6조; 이탈리아민법 《법 일반에 관한 규정》 제12조 제1항(조항내용은 17-18면 참조); 스페인민법 제3조 제1항. EU에 관해서는 유럽연합의 기능에 관한 조약 제7조의 《정합성원칙》 참조.

193) 일반적 해석학에서 《전체성이라는 해석카논》에 대해서는 BETTI, Allgemeine Auslegungslehre als Methodik der Geisteswissenschaften (1967) 219ff. STAIGER, Die Kunst der Interpretation (1955) 11: 《오래전부터 해석학은 다음과 같이 가르쳤다. 우리는 부분으로부터 전체를 이해하고, 전체로부터 부분을 이해한다》.

194) HECK, Begriffsbildung und Interessenjurisprudenz, 139f.; 《충돌하는 결정들의 체계》로서 내적 체계에 대해서는 HECK, 앞의 문헌, 149ff; 이에 대해서는 M. AUER, ZEuP 2008, 532f.

195) LARENZ/CANARIS, 263ff.; 302ff.

196) CANARIS, Systemdenken, 19ff.; PAWLOWSKI, Methodenlehre für Jüristen, 3.Aufl. (1999) 120ff.

197) 외적 체계라는 개념의 개별적 변용(變容)에 대해서는 SCHLUEP, Festschrift, 570f.

cc) 스위스사법의 외적 체계

(1) *스위스사법 법전(法典)화* 체계는 착안점상으로 지난 세기 독일이론에서 발전된 《판덱텐체계》를 따른다.

전통적 판덱텐체계는 5개로 나뉘고(총칙, 인법 및 가족법, 물권법, 상속법, 채권법), Georg Arnold HEISE에 의해 1807년 발전되었다. 그전까지 지배적이었던 체계상 착안은, 즉 3부분(사람, 물건, 소권)으로 나뉘는 《인스티투치온체계》는 GAIUS의 저서 《Institutionen》(기원 후 2세기)에 연원을 두고 있다. 이에 대해서는 가령 HONSELL/MAYER-MALY, 284f. 학설사 측면에서 논거를 갖추어, 독일민법의 법소재를 새롭게 분류할 것을 주장하는 문헌으로 BOENTE, Nebeneinander und Einheit im Bürgerlichen Recht (2013).

그러나 스위스법은 독일민법과 달리 사법의 《총칙》을 포기하였다; 스위스민법과 스위스채무법의 일반원칙 사이의 연결은 스위스민법 제7조의 전체지시("계약의 성립, 이행, 해소에 관한 채무법의 일반적 조항들은 다른 민법상 법률관계에도 적용된다.")를 통해 달성된다.199) 또한 독일법뿐만 아니라 오스트리아법 및 프랑스법과도 달리, 상법이 채무법이라는 민법상 근본입법(뿌리법전: Stammkodifikation)으로 통합되었다. 즉 스위스에서는 독자적 상법전이 존재하지 않는다(《독특한 법전》의 체계).200) 우리 시대의

---

198) E. MEYER, Grundzüge einer systemorientierten Wertungsjurisprudenz (1983) 96ff.: 《타당한 평가관점으로 이르는 길을 지시해주는 자로서 법질서의 외적 체계》. F. BYDLINSKI, in: Festschrift für Claus-Wilhelm Canaris (2007) 1040: 《내적 체계와 외적 체계는 상호의존적이다》.

199) 스위스민법 제7조가 스위스민법에 존재하지 않는 총칙부분을 보충하는 역할을 하는 점에 대한 상세한 분석으로 BK-ZGB/FRIEDRICH, Art.7 N6ff.(1.Aufl.)

모든 비교가능한 법질서와 마찬가지로, 스위스법에도 사법상 근본입법 이외에 다수의《부속법률》이 존재한다. 원심력을 갖는 이러한《*탈법전화(decodificazione)*[201])》경향은 최근 특히 뚜렷해졌다.[202] 이러한 탈법전화 경향으로 인해 사법상 평가의 통일성이 위협받을 수 있고, 이러한 위험은 과소평가할 것이 아니다: 이러한 파편화로 인해 평가모순이 슬며시 들어오게 되는 것은 거의 피할 수 없다. 부분적으로는 이미 입법 그 자체[203]로 인해, 부분적으로는 부속법률(및 거기서 규율된《특별사법》[204])과 근본입법 사이의 관계를 너무 쉽게 시야에서 놓쳐버리는 해석자로 인해.

(2) *입법의 외적 분류*와 이를 통해 표현된《문언네트워크》[205]는 법적용을 위해 여러 방면에서 의미가 있다.[206] 이러한 분류는 개별 조(Artikel) 내부 항(Absatz)들의 순서[207]에서 이미 시작된다. 또한 개별 조문

---

200) 이에 관해서는 가령 MERZ, in: Schweizerisches Privatrecht, Bd. VI/1 (1984) 17ff.

201) Natalino IRTI의 모노그래프 L'età della decodificazione, (1979) 제목에서 사용된 이 표현은, 그 후 국제적으로 통용되는 단어가 되었다.

202) 우리는 EU법상 지침을 근거로 SWISSLEX 프로그램에 도입된 새로운 법률들(스위스 제조물책임법, 소비자신용법, 패키지여행에 관한 법)을 생각해 볼 수 있다; 이에 대해서는 가령 KRAMER, ZEuP 1995, 503f. 독일사법에서는《채권법현대화》(2002. 1. 1. 시행)가 반대반향의 움직임(《재(再)법전화》)을 이끌었다.

203) 특히 우려스러운 것은, 수많은《책임법률》로 인해 발생한 스위스책임법의 다채로운 비통일성이다. 생생한 지적으로 OFTINGER/STARK, 31ff.; 이미 P. WIDMER, ZBJV 110 (1974) 305는《인과책임의 체계적이지 못한 체계》를 말하고 있다.

204) 사법적 체계형성을 위한《특별사법》의 문제에 대해서는 가령 KRAMER, ZSR 102 (1983) I , 263ff.

205) BUSSE, in: HASS-ZUMKEHR (Hrsg.), Sprache und Recht (2002) 252.

206) 이에 관한 요약서술로는 HÖPFNER, 83ff.

207) 많은 다른 사례들을 대신하여 시사적인 판례로 BGE 84 II 542 참조: 스위스채무법 제418g조 *제2항*(특정지역의 고객 또는 특정범위의 고객에 한정하여 위임을 받은 대리상의 보수청구권에 관한 조문이다)을 고립적으로 해석하여 다음과 같은 결론을 도

을 어느 편(Teil), 장(Abteilung),[208] 절(Titel), 관(Abschnitt)에 귀속시키는 것도 당연히 이러한 분류의 일종이다. 분류는 *표제* 및 *법률의 가장자리 열 (列)의 표시*(Randrubriken,《Marginalrubriken》,《Marginalien》)에 의해 명확해진다. 캐논법에서 유래한 낡은 규칙 -《법률의 가장자리 열의 표시는 법률 그 자체가 아니다(rubrica legis non est lex)》- 과 달리, 법률의 가장자리 열의 표시는 법률의 통합적 구성부분으로서 법조문과 동등한 정도로 법적 힘(Rechtskraft)을 가지고,[209] 종종 해석을 위한 매우 가치있는 조력도구가 된다. 따라서 스위스채무법 제542조가 스위스채무법 제531조부터 시작하는 부관(副款: Teilabschnitt, 조문의 가장자리에 위치한다)《B. 조합원들 사이의 관계》에 속해있다는 점으로부터, 다음 결론이 도출된다. 스위스채무법 제542조에 규정된 새로운 조합원 가입에 대한 다른 조합원들의

출하면 안 된다. 특정지역의 또는 특정범위의 고객에 한정하여 위임을 받은 대리상은, 위 조항에서 규정된 거래 - 대리상관계 존속 중 특정지역의 또는 특정범위의 고객과 체결된 거래 (거래성립과 중개 사이에 인과관계가 있는지 여부를 불문하고) - 에 관한 보수만 청구할 수 있다.

왜냐하면 그가 중개대리상으로서 스위스채무법 제418g조 *제1항*에 따라 대리상관계 존속 중 구체적으로 중개한 거래에 대한 보수청구권을 갖는다는 점, 그리고 대리상관계 종료 후에 거래가 성사된 경우에도 일반조항(스위스채무법 제413조 제1항)에 따라 보수청구권을 갖는다는 점은 명백하기 때문이다(**즉 한정된 위임을 받은 대리인이라 할지라도 특정고객이 아닌 다른 고객과 체결된 거래에 관하여 보수를 청구할 수 있다**). 그렇게 보지 않으면 특정지역의 또는 특정범위의 고객에 한정하여 위임을 받은 대리상은,《통상의》대리상과 비교해 차별을 받게 된다. 한정된 위임을 받은 대리상에게 오히려 특권적 지위가 부여되어야 함에도 불구하고.

208) 여기서는 무엇보다도 법률의《총칙》과《각칙》사이, 가령 스위스채무법 제1장과 제2장 사이의《변증법》에 유의해야 한다. 계약이 스위스채무법 제20조에 따라 무효이면, 스위스채무법 제197조 이하의 청구권은 논쟁의 대상이 되지 않는다. 스위스채무법 총칙과 각칙 사이의 관계에 대해서는 PROBST, in: RUMO-JUNGO/KAFKA/RIEMER (Hrsg.), Festschrift für Erwin Murer (2010) 625ff.

209) 가령 SPIRO, 102ff.; BK-ZGB/MEIER-HAYOZ, Art.1 N97; GERMANN, Probleme, 55; 모순적인 형법상 실무에 대해서는 STRATENWERTH, Allgemeiner Teil Ⅰ, §4 N35.

동의요건은 조합원의 업무집행권한에 관하여 단지 조합내부관계에서만 적용되고, 가입계약 체결의 대리권은 위 동의와 다른 차원의 문제이다. 가령 합명회사의 경우 이 문제는 스위스채무법 제564조 제1항에 의해 규율된다. 스위스채무법 제271조부터 시작하는 임대차법 제3관 안에 있는 스위스채무법 제273조의 위치로부터, 의심스러울 때에는, 다음 결론을 도출할 수 있다. 스위스채무법 제273조에서 규정한 30일이라는 임대차계약해지 취소가 가능한 기간은 제3관에 규정된 취소에만 적용되고, 다른 사유에 따른 해지의 무효 또는 취소에는 적용되지 않는다.[210]

법률상 *지시*[211]는 법률의 외적 체계를 연결하고 동일한 규범의 반복을 피하는데 기여한다. 스위스민법 제7조가 스위스채무법의 일반적 조항들을 《*전체지시*》하는 것은 이미 언급하였다.[212]

스위스민법 제7조의 전체지시를 통해 (많은 개별지시와 마찬가지로) 대부분의 사례에서, 스위스채무법 규율의 준용, 의미에 부합하는(즉 무조건 문언에 따르지는 않는) 적용이 이루어진다. RIEMER, §7 N5ff.; CARONI, 245. 스위스채무법 제221조는 동산매매에 관한 규정을 토지매매에 《준용》한다고 명시적으로 말한다. 스위스채무법 제99조 제3항은 불법행위책임의 성립 및 그 범위에 관한 규정을 계약책임에 《준용》한다고 명시적으로 말한다; 등록된 동반자에 관한 법(생활동반자법) 제33조 및 제34조 제4항은 이혼법 규정을 《의미에 부합하게》 적용한다고 말한다; 스위스 민사소송법 제219조는 통상적인 절차에 관한 규정을 《다른 모든 절차에 법률이 달리 규정하지 않는 한》《의미에 부합하게》 적용한다고 말한다. 스위스민법 제740a조 제1항은 공동소유에 적용되는 규율을 복수의 용익권자에 대하여 의미에 부합하

---

210) BGE 121 Ⅲ 156 (161).
211) 법정립 기술로서 지시에 관해 상세히는 MÜLLER/UHLMANN, 227ff.(N360ff.).
212) 각주 199 참조.

게 적용할 것을 지시한다. (실질적 의미의) 회사법의 경우 스위스채무법 제714조 참조. 오스트리아 조합법의 경우, 오스트리아민법 제1175조 제4항이 포괄적으로 민법상 조합에 관한 규정 모델을 지시하고 있다. 《다른 조합에 대하여 특별한 규정이 존재하지 않고, 민법상 조합에 관한 규정의 적용이 각 조합에 적용되는 원칙을 고려할 때 적절한 경우》에 한정하여. 이에 관해서는 KOPPEN-STEINER, wbl 2015, 301f. 이런 모든 지시는 유추(대부분은 개별유추[211면 참조])를 명시적으로 법률에 규정한 것으로 볼 수도 있다. 따라서 위에서 언급한 스위스민법 및 스위스채무법 규정의 프랑스어 및 이탈리아어 판은 통상 《준용(entsprechende Anwendung)》이라는 표현 대신, 《유추에 의한(par analogie/per analogia)》 적용이라고 표현하고 있다. 가령 스위스채무법 제99조 제3항 참조.

개별지시 사례로는, 스위스민법 제91조 제2항(부당이득에 관한 규정), 제714조 제2항(점유보호에 관한 규정), 스위스채무법 제119조 제2항(부당이득에 관한 규정), 제364조 제1항(근로계약법), 제412조 제2항(단순위임에 관한 규정), 제557조 제2항(단순조합에 관한 규정), 제799조, 제800조, 제801조(주식법 규정)가 있다.

위에서 언급한 스위스민법 제91조 제2항에서는 《법적 효과의 지시》 - 부당이득법에 따른 청산의 방법만을 지시할 뿐이고, (《법적 요건의 지시》에서와 같이) 부당이득반환청구권의 발생요건을 지시하지 않는다 - 가 이루어진다. 두 지시의 차이(독일민법 관련)에 대해서는 LORENZ, in: J. von Staudingers Kommentar zum Bürgerlichen Gesetzbuch (2007) Vorbem. zu §§812ff. N33f. 스위스민법 제28a조 제3항이 이득반환청구권(스위스채무법 제423조)과 관련하여 법적 요건을 지시하는 규정인지, 법적 효과를 지시하는 규정인지에 관한 문제로는 WERRO, in: Mélanges Pierre Tercier (2008) 500f.

동적 지시(해당 시점에 효력이 있는 조항을 지시하는 것)와 정적 지시 사이의 차이에 관해서는 CLEMENS, AöR 1986, 80f.; 묵시적 동적 지시에 관해서는 HOTZ, in: Der Verfassungsstaat vor neuen Herausforderungen, Festschrift für Yvo Hangartner (1998) 199ff. 독일법상《지시이론》일반에 관한 모노그래프로 KARPEN, Die Verweisung als Mittel der Gesetzgebungstechnik (1970); DEBUS, Verweisungen in deutschen Rechtsnormen (2008).

때때로 전체적인 *지시의 연쇄*도 일어난다. 지시의 연쇄를 따라서 시행하는 것은 법적용자에게 부담이 될 수 있다. 가령 스위스채무법 제418b조는 제412조 이하, 제425조 이하를 지시하고, 이 규정들은 다시 보조적으로 스위스채무법 제394조 이하를 지시한다. Josef KOHLER[213]는 법률상 지시들이 이처럼 줄지어 놓여있는 것을 재치있게《숨바꼭질》과 비교한다. 지시의 연쇄는《부활절 계란 찾기》와 비슷하다.《우리는 구석 깊숙한 곳에서 계란을 찾으려 하지만, 결국 숨겨진 장소에서 메모(어디에 계란이 숨겨져 있는지 말하는 메모)만 발견하게 된다》. 이러한 사안에서는 개별 법률상 규율들을 반복하여 규정하는 것이, 입법기술적으로 통상 더 나을 것이다.

dd) 스위스사법의 내적 체계

(1) 법률이 일차적 법원(法源)인 법역(法域)에서 법질서는, 외부에서 보았을 때 투명한 구조물(법률상 명령들로 이루어진 구조물)이어야 할 뿐만 아니라, - 종국적으로 법 앞의 평등 원칙에 근거한 - 가능한 한 정합성을 갖춘 가치판단의 내적 체계, *법원리들의《목적론적》* 또는 《*가치론적 (axiologisch)》 체계*여야 한다. 오늘날에도 여전히 의미있는 사비니의 견해에 따르면,《일반적 법원리를 감지하고, 일반적 법원리로부터 출발하

---

213) 1910. 10. 22.자《Berliner Tagblatt》(GAYE, ZSR 80 [1961] Ⅰ, 66에서 재인용)

여 모든 법적 개념과 법적 명제의 내적 관련성 및 관계의 종류를 인식하는 것은, 우리 학문의 가장 어려운 과제이다. 이것이야말로 우리 작업에 학문적 성격을 부여하는 것이다》.214) 이러한 법원리215)와 법원리로 구성된 가치질서는 *가급적 귀납적*으로 법률상 규율로부터 도출되어야 하고, 해석자의 이론적 선이해를 근거로 현행법에 연역적으로《덮어씌워져서는》안 된다는 점은 자명하다.

귀납적 접근을 강조하는 것은 다음과 같은 의미도 갖는다. 해석을 통해 극복할 수 없는 불완전성과 평가모순216)은 *현행법 해석론의 차원에서* 수인해야 한다. 일반적 법원리를 근거로 한 논의를 통해 이러한 문제를 손쉽게 해결해서는 안 된다.

뿐만 아니라 다음과 같은 점도 분명하다. 내적 체계는 언제나《닫혀있는》체계가 아니라《개방적》또는《동적》체계이다. (무엇보다도 CANARIS, Systemdenken, 61ff.); WINDISCH, Rechtstheorie 2013, 67은 민주주의에 기초한 법률에 있어《복수의 원칙들의 개방적 네트워크(땋은 머리처럼 원칙들이 서로 밀접히 연결되어 있는 상태)》를 말한다. 내적 체계의 개방성은 입법의 진화를 통해서뿐만 아니라, 사회의 (특히 기술적) 진화 그리고 이러한 진화가 해석 및 법관법적 발전에 미치는 영향을 통해서도 발생한다. 이러한 측면에서 《반응적 법도그마틱》(GRÜNBERGER, AcP 218 [2018] 243ff.)이라고 말할 수 있다. 법도그마틱의 개념과 기능에 대해서는 168면 참조. 평가관점의 내적 체계는 개방적일 뿐만 아니라, 즉 새로운 평가에 열려있을 뿐만 아니라, 개

---

214) SAVIGNY, Vom Beruf unserer Zeit für Gesetzgebung und Rechtswissenschaft, 3.Aufl. (1840) 66.

215) (《규칙》과 반대되는) 법원리의 특수한 구조에 대한 본격적 문헌으로 DWORKIN, Bürgerrechte ernstgenommen (1984) 56ff. 이에 대해서는 폭넓은 전거와 함께 274면 이하 참조.

216) 이에 대해서는 154면 이하 및 무엇보다도 157면 참조.

별 평가요소가 *개별 사건에서* 서로 다른 강도로 실현될 수 있다는 점에서 《동적》이기도 하다. 어느 요소가 《약하게》 구성된 경우 - 입법이 엄격한(유연하지 않은) 구성요건을 설정함으로써 이러한 보완을 불가능하게 만들어 놓지 않는 한 - 다른 요소가 《강하게》 실현됨으로써 보완이 이루어질 수 있다. 따라서 가령 책임법의 경우 인과관계요소가 약하게 구성되더라도("상당인과관계가 없는" 형태로) 귀책요소가 강하게 구성됨으로써(고의!) 보완이 이루어질 수 있다. 비교관계(komparative Relationen: 비교를 통해 법률관계를 결정하는 것)도 가능하다. 개별 사안에서 사적자치의 원칙이 더 명확히 실현되는 경우, 급부의 적절한 균형을 통제할 필요성은 더 떨어진다. 이러한 《동적 체계》에 대한 본격적 문헌으로 WILBURG, Die Elemente des Schadenrechts (1941); ders., Entwicklung eines beweglichen Systems im Bürglichen Recht (1951); WILBURG의 시도에 대해서는 많은 후속문헌들이 있다. 가령 P. KOLLER, in: Wertung und Interessenausgleich im Recht: Walter Wilburg zum 30. Dezember 1975 gewidmet von Assistenten der Grazer rechts- und staatswissenschaflichen Fakultät (1975) 1ff.; OTTE, in: Jb. für Rechtssoziologie und Rechtstheorie, Bd. II (1972) 301ff.; BYDLINSKI, Methodenlehre, 529ff.; F. BYDLINSKI u.a. (Gesamtredaktion), Das Bewegliche System im geltenden und künftigen Recht (1986); WESTERHOFF, Die Elemente des Beweglichen Systems (1991); MICHAEL, 50ff.; KOZIOL, Austrian Law Journal 3/2017, 164ff. 참조. 동적 체계사고에 반대하는 견해로는 REISCHAUER, in: Interdisziplinäre Rechtswissenschaft - Schutzansprüche und -aufgaben im Recht, Festschrift für F. Kerschner (2013) 73ff.

(2) 이러한 관점에서 *사법*[217])을 보면, 사법의 내적 체계, 사법의 《설계

---

217) 특히 중요한 문헌으로 BYDLINSKI, Rechtsfindung, 곳곳에; ders., JBl 1996, 683ff.; 포괄적 문헌으로 ders., System, 곳곳에.

도》는 1차적으로 중심적인 사법상 자유의 기둥들: 소유권자유(스위스민법 제641조 제1항), 결사의 자유(스위스민법 제60조 제1항), 유언의 자유(스위스민법 제467조, 제470조), 계약자유(스위스채무법 제11조 제1항, 제19조 제1항)에 근거하고 있다. 사법 안에는 다시 내적《하부체계》가 있다: 의사원칙, 신뢰원칙, 계약공정의 원칙(급부와 반대급부의 균형), 계약충실의 원칙(《약속은 지켜져야 한다》)이 미묘하게 상호작용을 하면서[218] *계약법*이 만들어진다. *책임법*에서 특징적인 것은 기본적인 귀속원칙들(과실책임, 위험책임, - 특별한 맥락에서 - 조직책임 및 형평책임)이다.[219] 스위스에서 *상법*[220])의 내적 체계(위 cc)에서 언급한 것처럼 스위스는 독자적 상법전이라는 외적 체계가 없다)는 특별한 신뢰보호 및 거래보호를 하는 것(《법외관책임 원칙》), 거래의 신속한 진행 및 거래의 유상성을 특히 강조하는 것이 특징이다.

(3) *내적 체계와 관련된 위와 같은 원칙탐구가* 현행법의 일상적 해석에 관하여 갖는《*효용*》을 과소평가해서는 안 된다.[221] 가령 *보통거래약관(AGB)의 내용통제가* 문제되는 경우, 해석자는 자신이《약화된 계약자유》[222])의 영역, 약관사용자의 상대방이 계약내용형성의 자유(그리고 이에

---

218) 이러한 상호작용은 다른 누구보다도 BYDLINSKI, Privatautonomie에 의해 발전되었다; CANARIS, Die Vertrauenshaftung im deutschen Privatrecht (1971)도 참조. 독일 법률행위 이론의 원리적 문제에 대하여 SINGER, Selbstbestimmung und Verkehrsschutz im Recht der Willenserklärungen (1995).

219) 스위스 부당이득법의 평가원리들(방법론적으로 F. BYDLINSKI와 연결되어 있다)에 대하여 상세히는 VOSER, Bereicherungsansprüche in Dreiecksverhältnissen, erläutert am Beispiel der Anweisung (2006) 60ff.

220) 상법의《규범적 특수성》에 대해서는 BYDLINSKI, System, 444ff. 스위스 부정경쟁방지법의 내적 체계에 관해 상세히는 SCHLUEP, Fesstschrift, 581ff.

221) 구 스위스채무법 및 스위스민법의 제정 전(및 제정 직후) 연방대법원 실무(원리를 형성하는 실무)의 상세한 법사적 분석으로 DUSS, Gericht, Gesetz, und Grundsatz (2009). 현재 판례 - BGE 142 V 299 (307) - 는《관련 법영역》및《전체법질서》의 내적 체계를 원용하고 있다.

따라 《의사원칙》)를 실무상 행사하지 못하고 따라서 계약에 《정당성보장》223)을 귀속시킬 수 없는 영역에서 활동한다는 점을 인식해야 한다. 또한 해석자는 위 사실로부터 다음과 같은 결론이 도출된다는 점도 인식해야 한다. 계약공정의 원칙(급부와 반대급부 균형의 원칙) - 충분히 협상된 개별계약의 경우 이 원칙의 준수는 원칙적으로 계약당사자들의 자치에 맡겨야 한다 - 이 (결여된 계약자유를) 전보하는 차원에서 강화되어, 강화된 법관의 내용통제224)(임의법규를 기준으로 한 내용통제)라는 방향으로, 적용되어야 한다. BGE 123 Ⅲ 292 (297f.)에서 연방대법원은 전적으로 이러한 의미에서, 《일방에게만 유리한 계약의 일부무효 법리》의 체계적 합성을, 계약법의 목적론적 지도사상을 《원리적-체계적으로》 분석함으로써, 정당화하였다. 스위스법에서 명시적으로 규율하지 않은 문제, 가령 계약당사자가 《표시행위에 대한 인식》 없이 체결한 계약이 무효인지 취소할 수 있는지 여부가 문제된 경우, 의사원칙과 신뢰원칙의 상호작용으로부터 - 스위스채무법 제1조 제1항 및 제23조 이하는 이러한 상호작용을 표현하고 있다 - 다음과 같은 결론을 도출할 수 있다. (스위스채무법 제24조 제1항 제1 내지 3호에 따른 표시행위착오를 근거로 한 취소가능성을 유추하여) 취소할 수 있다고 보는 것이 현행법 해석론상 설득력 있는 해법이고, 계약의 무효 - 의사원칙을 고립적으로 절대화하여 고려할 경우 도출되는 해법이다 - 는 설득력 있는 해법이 아니다.225)

---

222) 타당한 지적으로 BYDLINSKI, Privatautonomie, 106.

223) SCHMIDT-RIMPLER, AcP 147 (1947) 130ff.의 계약이론의 의미에서 정당성보장.

224) 스위스법에서 보통거래약관의 강화된 내용통제에 대하여 가령 BK-OR/KRAMER, Art.19/20 N270ff. 다양한 다른 조문 이외에 신 부정경쟁방지법 제8조에 대하여 SCH-MID, ZBJV 148 (2012) 1ff.; PROBST, in: KRAMER/PROBST/PERRIG, Allgemeine Geschäftsbedingungen (2016) 216ff.(많은 전거와 함께). 계약의 내용통제 관념 일반에 대하여 KRAMER, ZSR 137 (2018) Ⅰ, 295ff.

225) 상세한 근거에 대해서는 BK-OR/KRAMER, Art.1 N50.

*책임법*에 관하여 연방대법원(BGE 104 II 15)은, 관련된 학설의 반대논거를 상세히 분석하면서 고심 끝에, 스위스민법 제679조에 따른 토지소유자의 인과책임(Kausalhaftung: 가해자의 귀책사유에 주목하기보다 위법한 가해행위와 손해 사이에 인과관계가 있는지에 주목하여 가해자의 책임을 인정하는 것)을 유추에 의해(보다 정확히는:《목적론적 확장》[226]의 방법으로) 토지임차인에게 확대하는 결론을 내렸다. 이 판례는 꽤 문제가 있다. 왜냐하면 스위스민법 제679조의 책임원칙은 - Pierre WIDMER가 설득력 있게 서술한 것처럼[227] - 《내적으로》원칙적으로 의문스럽게 보이기 때문이다. 위 조항에서는 분명히 과실책임이 문제되지 않는다. 다른 한편으로 토지소유권이 제3자 일반에 대하여 특히 위험하다고 진지하게 주장하는 것은 가능하지 않다. 따라서 우리는《엄격한 인과책임》(위험책임)의 구성요건을 말할 수 없다. 이러한 상황에서《완화된 인과책임》원리(특히 스위스채무법 제58조의 공작물소유자책임도 마찬가지이다)는 일반적으로 평가적 관점에서 설득력이 없는 것으로 보인다. 완화된 인과책임 원리는 책임법상 귀속원리의 내적 체계와 어울리지 않는다. 스위스민법 제679조가 이러한 의미에서 《체계에 낯선》 규범이라고 해서, *해석론상* 다음과 같은 결론이 도출될 수 없다는 것은 명백하다. 토지소유자의 책임은 《자의적이고》 따라서 헌법에 위반되며 더 이상 적용되어서는 안 된다. 이러한 결론은 연방헌법 제190조("연방대법원과 그 밖의 법적용 관청은 연방법률과 국제법을 적용한다...")의 요청에 명백히 반한다.[228] 우리가 WIDMER의 논거에 따른다면, 평가적 관점에서 의문이 있는 규범은 가급적 제한해석해야 하고, 따라서 연방대법원의 해법은 잘못되었다고 보아야 할지 모

---

226) 유추와 목적론적 확장의 형식적 차이에 관해서는 215면 참조.

227) P. WIDMER, ZBJV 110 (1974) 289ff.

228) 독일은 법상황이 다르다. 독일민법 제640조 제2항의 위헌성(독일기본법 제13조 제1항 위반)에 관한 설득력 있는 문헌으로는 KOHLER, JZ 2003, 1081ff.

른다.229) 매매법에서도 전적으로 비슷한 문제가, 평가적 관점에서 오류인 *스위스채무법 제185조 제1항의 위험부담규칙*과 관련하여 제기된다. 이 조항도 사법의 기본적 가치판단(특히 스위스채무법 제119조 제1항 및 《casum sentit dominus》230)라는 전통적 원리)을 고려할 때 《체계에 낯선》 것이다.231) 이 경우에도, 제한적으로 또는 - 스위스채무법 제185조 제1항에서 언급한 예외에 관하여 - 확장적으로 해석이 이루어져야 한다. 실무에서도 실제로 그와 같은 해석이 이루어지고 있다.232)

(4) *요약하면* 다음과 같이 말할 수 있다: 개별 규율은 문제된 법영역의 내적체계라는 관점에서 그리고 최종적으로는 전체법질서의 내적체계라는 관점에서, 가급적 《체계에 부합하게》 해석해야 한다. 법질서의 내적체계와 실제로 어울리지 않는 규범, 근거없이 독특하고 따라서 체계에 낯설게 보이는 규범은 제한해석을 해야 하고, 이러한 규범을 유추적용(또는 목적론적 확장)해서는 안 된다.233) 따라서 다음과 같은 오래된

---

229) 하지만 그럼에도 불구하고 결론적으로 BGE 104 Ⅱ 15은 지지할 만하다. 이 판결의 상세한 방법론적 분석으로는 KRAMER, Analogie und Willkürverbot, 곳곳에.

230) 《우연적 손해는 소유자가 부담해야 한다》.

231) 가령 CAVIN, in: Schweizerisches Privatrecht, Bd. Ⅶ/1 (1977) 29: 《스위스채무법 제185조는 비논리적이다. 왜냐하면 이 규정은 의무의 상호성이라는 기본원칙과 배치되기 때문이다. 이 규정은 불공평하다. 왜냐하면 이 규정에 따르면 매수인이 위험 - 매도인이 물건을 점유하는 한 매수인이 회피할 수 없는 위험 - 을 부담하기 때문이다》. BGE 84 Ⅱ 158 (161)에 따르면 스위스채무법 제185조 제1항은 《대중들에게 일반적으로 승인된 관념과 배치된다》. 최근의 상세한 분석으로 ATAMER/EGGEN, ZBJV 153 (2017) 744ff. (결론과 *입법론상* 제안)

232) 가령 BGE 84 Ⅱ 158 (161) 참조; 다만 스위스채무법 제185조의 타협적 책임(독일법주의와 프랑스법주의가 대립하는 과정에서 물권변동은 독일법주의를 취하는 대신, 그에 대한 타협으로 위험이전에서는 프랑스법주의를 취하게 된 것이다)을 원칙적으로 승인하는 판례로 BGE 128 Ⅲ 379 (374f.).

233) 가령 CANARIS, Systemdenken, 132; BK-ZGB/MEIER-HAYOZ, Art.1 N349 참조;

법격언 - 《*예외는 확대되어서는 안 된다*》- 은 여전히 의미를 갖는다.[234]

ee) 체계적 해석의 개별문제

(1) *헌법합치적 해석과 기본권의* 《*간접적 제3자효*》《*수평효*》: 국가 규범체계[235]의 위계적 분류에 근거하여, 그리고 다음과 같은 가정 - 헌법과 양립할 수 없는 규율은 일반적으로 입법자가 의욕한 것으로 보아 입법자에게 귀속시킬 수(《zusinnbar》)[236] 없다 - 에 근거하여, 다음 결론이 도출된다. 연방법 중 법률상 규율은 가급적 헌법의 가치판단을 고려하여, 즉 헌법합치적으로 해석해야 한다.

위계(位階)논거 일반에 관해서는 BYDLINSKI, Methodenlehre, 456: 《형식적으로 하위의 법단계에 있는 모든 규범은 가급적, 더 높은 단계의 규범과 모순되지 않도록 해석되어야 한다》. 다른 많은 해석 이외에 특히 헌법합치

또한 이미 REICHEL, Gesetz und Richterspruch, 105. 로마법에서는 다음과 같은 격언 (PAULUS, Dig. 1, 3, 14)이 있었다: 《법의 이성에 반해 수용된 것은 끝까지 일관되게 적용되어서는 안 된다(Quod vero contra rationem iuris receptum est, non est produ-cendum ad consequentias)》. 거의 동일한 내용으로 Dig. 50, 17, 141 pr.; Dig. 1, 3, 15(JULIANUS)도 참조. 이에 대해서는 각주 743도 참조.

234) 이에 반해 《*예외-규칙*》을 예외규정을 유추하는 것을 형식적으로 금지하는 취지로 이해한다면(이렇게 이해하는 것이 통상적이다), 이러한 이해는 거부되어야 한다. 221면 이하 참조.

235) H.P. WALTER, ZBJV 147 (2011) 227은 《수직적 체계》라고 표현한다.

236) 귀속가능성(《Zusinnbarket》)이라는 범주는 POTACS의 해석이론(요약은 92면 참조)의 핵심요소이다. 이에 대해서는 JABLONER, ZöR 73 (2018) 459ff. 입법자가 헌법에 반하는 입법을 의도하지 않았을 것이라는 논거를 드는 판례로는 BGE 130 II 65 (71)도 참조. MATTEOTTI, ZSR 129 (2010) I, 225는 스위스 연방헌법 제5조 제1항("국가행위의 근거와 한계는 법이다.")과 제3항("국가기관과 사인은 신의성실에 따라 행동해야 한다.")을 언급하고 있다.

적 해석에 대해서는 GÖLDNER, Verfassungsprinzip und Privatrechtsnorm in der verfassungskonformen Auslegung und Rechtsfortbildung (1969); BETTER-MANN, Die verfassungskonforme Auslegung; Grenzen und Gefahren (1986); VOßKUHLE, AöR (125) 2000 177ff.; HERRESTHAL, JuS 2014, 295ff.; BYDLINSKI, Methodenlehre, 455ff. 스위스의 법리와 실무로는 IMBODEN, in: Verfassungsrecht und Verfassungswirklichkeit. Festschrift für Hans Huber (1961) 138ff.; N. MÜLLER, Die Rechtsprechung des Bundesgerichts zum Grundsatz der verfassungskonformen Auslegung (1980); HÄFELIN, Festschrift Huber, 곳곳에; HÄFELIN/HALLER/KELLER/THURNHERR, N148ff.; MAT-TEOTTI, ZSR 129 (2010) Ⅰ, 225; J.P. MÜLLER, Verwirklichung, 105ff.

그러나 헌법합치적 해석의 경우 다음 전제가 필요하다. 법률의 의미내용 판단을 위한 기준으로서 실제로 내용상 방향을 지시해주는 기준, 법관의 구체화에 활용될 수 있는 기준을 헌법이 제공해야 한다.237) 이러한 전제하에, 《모든 법명제는 그 해석시 헌법의 상위 가치질서를 기준으로 설정되어야 한다》.238) 즉 이러한 의미에서 모든 법명제는 《헌법화되어야 한다》.239)

이로부터 다음 결론이 도출된다. 헌법합치적 해석 요청은 《해석상 우선적 규칙》으로서, (가능한 여러 가지 가정적 규범의미 중에서) 어떠한 해석을 취해야 할지 판단해야 하는 경우, 결정적 요소로 작용한다.

---

237) SCHUBARTH, ZBJV 136 (2000) 109; 오스트리아에 관해서는 RATZ, ÖJZ 2018, 358: 《개괄적인 기본권조항은 혼란만 일으킨다. 그 대신 민주적 정당성을 갖춘 입법자의 구체화 주도권을 우리는 기억해야 한다.》
238) BGE 116 Ⅰa 359 (369). 법규명령의 헌법합치적 해석에 관해서는 BGE 142 V 299 (307).
239) 독일법에서 (연방헌법재판소의 1958. 1. 15. BVerfGE 7, 198 [205] *Lüth*판결 이래로) 관찰되는 사법의 《헌법화 경향》과 사법의 방법론에 대해서는 HAFERKAMP, AcP 214 (2014) 78ff.

같은 취지 CANARIS, in: Privatrecht und Methode. Festschrift Kramer (2004) 143ff.; M. AUER, in: NEUNER (Hrsg.), Grundrecht und Privatrecht aus rechtsvergleichender Sicht (2007) 32ff. 문제가 되는 규범을 먼저 헌법의 도움없이 해석하고, 그 뒤 생각가능한 해석결과들 중 무엇이 《헌법상 기준에 가장 부합하는 지》 물어보는 방법(BGE 135 Ⅱ 416 [418])과 달리, HÖHN (Praktische Methodik, 236f.; ders., in: Festschrift für Ulrich Häfelin zum 65. Geburtstag [1989] 257ff.)은 스위스법에서 《헌법관련성이 있는》 해석을 주장한다: 헌법은 여러 해석요소 중 *하나의* 해석요소 - *선험적으로* 다른 요소들보다 우선하는 것은 아닌 요소 - 로서 해석에 즉시 포함되어야 한다. 그 결과 헌법에 가장 부합하는 해석이 항상 관철되는 것은 아니게 된다. 이러한 주장에 대한 비판으로는 EMMENEGGER/TSCHENTSCHER, Art.1 N272f. 오스트리아법에 관하여 KERSCHNER/KEHRER, §§6, 7 N79는 헌법합치적 해석을 해석이라는 전체관념 내로 통합된 《방법상의 보조절차》로 이해한다. 국내법의 국제법합치적 해석에 대해서는 HANGARTNER, AJP 1995, 134ff. 사법에서 유럽인권협약 상 평가의 중요성에 대해서는 HAUSHEER/JAUN, Art.1 N178.

그러나 헌법합치적 해석은 주장가능한(vertretbar) 가정적 규범의미들의 틀 내에서 이루어져야 하고, *법문언에 반하여*(더 정확히 표현하면 *법의 목적에 반하여*) 명백히 수정하는 해석으로 이어져서는 안 된다[240]; 스위스 법

---

240) HÄFELIN, Festschrift Hegnauer, 121: 《목적론적, 체계적 그리고 역사적 해석으로부터 다음과 같은 준거점이 도출되지 않으면 - 문언이 법규범의 진정한 의미를 반영하고 있지 않다 -, 법관은 헌법으로 소급함으로써 문언의 구속력으로부터 벗어날 수 없다》; 상세히는 HÄFELIN, Festschrift Huber, 252ff.; KÄLIN, Das Verfahren der staatsrechtlichen Beschwerde, 2 Aufl. (1994) 16f.; 헌법합치적 해석과 그 한계에 관한 실무의 입장에 대해서는 BGE 95 Ⅰ 330 (332); 99 Ⅰa 630 (636); 102 Ⅳ 153 (155); 107 Ⅴ 214 (216); 115 Ⅱ 193 (201); 124 Ⅲ 321 (331); 131 Ⅱ 697 (705); 140 Ⅰ 2 (14). 헌법합치적으로 해석할 수 없는 연방법률의 경우, 그 위헌성(연방헌법 제190조를 고려

상황에 따르면 헌법합치적 해석 원칙은 《위장된 헌법재판으로 변질되어 서는 안 된다》.[241] 칸톤의 법률규정이나 헌법규정을 연방헌법의 기준에 따라 심사하는 경우에도 마찬가지이다.[242] 이의가 제기된 칸톤(또는 코뮨) 규정들은, 《모든 헌법합치적 해석의 가능성이 부정될 때에만 연방대법원에 의해 폐지되고, 헌법합치적 해석들 중 하나와 주장가능한(vertretbar) 방법으로 어울리는 경우에는 폐지되지 않는다》.[243]

이른바 *기본권의 간접적 제3자효(《수평효》)*도 헌법합치적 해석의 사법적 특수문제이다.

이러한 의미에서 가령 BGE 111 II 245(255)는 다음과 같이 판시한다: 《... 적어도 사법상 규범의 헌법합치적 해석 요청이라는 의미에서 간접적 제3자효는 거의 보편적으로 인정되고 있다...》 (독일연방헌법재판소의 최근 판례를 기초로) 헌법합치적 해석으로서 제3자효에 관해서는 KULICK, NJW 2016, 2236ff. 기본권의 제3자효에 관한 과거 독일학설 중 특히 중요한 것으로는 DÜRIG, in: Vom Bonner Grundgesetz zur gesamtdeutschen Verfassung: Festschrift zum 75. Geburtstag von Hans Nawiasky (1956) 157ff.; 최근 문헌으로는 무엇보다도 CANARIS, Grundrecht und Privatrecht (1999); 오스트리아 학설로는 WELSER/KLETEČKA, 36ff. (N120ff.); KOPPENSTEINER, wbl 2016, 718 다양하고 폭넓은 전거와 함께; 스위스 문헌으로는 가령 G. MÜL-

---

할 때 엄밀히 말하면 외관상 위헌성에 불과하다)에도 불구하고 법원은 연방헌법 제190 조에 따라 위 법률을 준수해야 한다. 《기본권의 요청과 관련하여 법률에 흠결이 있는 경우》, 기본권합치적 해석을 옹호하는 견해로는 J.P. MÜLLER, Verwirklichung, 120ff.

241) H.P. WALTER, ZBJV 147 (2011) 228.

242) 아펜젤이너로덴주 칸톤헌법과 관련하여 BGE 106 I a 136 (137); 116 I a 359 (381). 쥐라주 헌법의 보장에 관한 1977. 4. 20. 연방평의회 법률안 제안설명서도 참조. BBl 1977 II 264 (273): 《모든 연방헌법합치적 해석의 가능성이 부정되는 경우에만 칸톤헌법규범의 보장이 거부된다》.

243) BGE 106 I a 136(137). 최근 판례로 BGE 133 I 77(79).

LER, ZBl 79 (1978) 233ff.; J.P. MÜLLER, Elemente, 79ff.; J.P. MÜLLER, Verwirklichung, 126ff.; SCHEFER, Die Kerngehalte von Grundrechten (2001) 298ff.; EGLI, Drittwirkung von Grundrechten, Diss. 2002; ARNET, Freiheit und Zwang beim Vertragsabschluss (2008) 113ff.; ZK-ZGB/MARTI, Vorb. vor Art.5/6N 187ff. 판례로는 무엇보다도 BGE 111 Ⅱ 245 (255). 이 판결에 이어 스위스 학설에서는 헌법이 사법에 미치는 영향에 대하여 열띤 논의가 이루어졌다. BUCHER(SJZ 1987, 37ff.)는 - 간접적 제3자효라는 생각에 대해 서는 원칙적으로 의문을 제기하지 않은 채 - 헌법적 생각이 사법에 강한 영향을 미치는 것에 대하여 매우 조심해야 한다고 강한 어조로 경고하였다; 독일법에서 유사하게 방어적인 입장으로는 DIEDERICHSEN, Jura 1997, 57ff. (《기본법에 대한 사법의 자기주장》); 제3자효 이론을 전적으로 부정하는 견해로는 SANDOZ, SJZ 1987, 214ff. 제3자효라는 생각을 큰 틀에서 부정 하는 견해로는 HONSELL, in: Jb. Junger Zivilrechtswissenschaftler 2008, 15: 《기본권은 사법에서 이해관계가 충돌하는 상황의 해결에 적합하지 않 다》. 이에 대해서는 무엇보다도 SALADIN, SJZ 1988, 373ff.; 사법의 관점 에서 세분화된 설명을 하는 문헌으로 ZÄCH, SJZ 1989, 1ff.; 25ff.

오해를 피하기 위해 다음 사실을 다시 명확히 할 필요가 있다(이미 각주 190 참조): 사법상 법률규정들이 공법상 법률규정들과 마찬가지로 기본권요 청에 직접적으로 종속됨은 명백하다. 타당한 지적으로는 JESTAEDT, in Festschrift für Rolf Stürner, Ⅰ. Teilbd. (2013) 932: 《국가의 민법은 기본권준 수의무와 관련하여 국가의 경찰법률보다 더 약한 준수의무를 부담하지 않 는다》.

연방헌법 제35조 제3항("관청은 기본권이 - 그 성질에 부합하는 한 - 사인들 사이에서도 유효할 수 있도록 배려해야 한다")에 기초한 이러한 스위스의 관 념에 따르면, 기본권은 국가-시민의 《수직적》 관계에서만 - 이러한 수직 적 관계는 기본권의 역사적 기본관념에 부합한다 - 효력이 있는 것이 아니다; 오히려 기본권보호요청이, 《그 성질에 부합하는 한》(연방헌법 제35조 제3항), 사법상 관계(수평적 관계)에서도 관철되도록 도와야 한다. 그러나 이러한 말을 다음과 같은 의미로 이해하면 안 된다.《사인은, 스스로 권한을 부여함으로써, 자신의 기본권위치를 다른 사인에 대하여 법적 구속력이 있게 강제로 관철》할 수 있어야 한다.244) 왜냐하면 이것이 허용되면 - 사법상 관계에서도 헌법상 평등의 원칙은 통합적으로 관철된다 - 계약자유(이 또한 종국적으로 헌법상 보장된다)가 수인한도를 넘어 제한되기 때문이다.245) 기본권보호임무246)는 - 《방사효》라는 의미에서 - 간접적으로 고려되어야 한다. 특히 사법상 재량개념과 일반조항 - 그 예로는 무엇보다도 인격권(스위스민법 제27조, 제28조 이하; 스위스채무법 제49조, 제328조 제1항)247), 또는 양속위반과 공공질서라는 통제기준(스위스

---

244) 이러한 생각을 거부하는 견해로 J.P. MÜLLER, Verwirklichung, 127.

245) 예외적으로 구 연방헌법 제4조 제2항 제3문(현행 연방헌법 제8조 제3항 제3문)의 동일임금요청을 근거로 직접적 제3자효를 인정하는 판례로는 BGE 113 I a 107 (110); 114 I a 329 (331); 125 III 368 (370f.). BGE 113 I a 107 (111)에서 연방대법원은 헌법상 동일임금 요청이 《헌법상 권리뿐만 아니라 사법상 규칙도 담고 있다》고 판시하였다. J.P. MÜLLER, Verwirklichung, 130에 따르면 이처럼 《사법이 헌법 안에 담겨 있을지라도》, - 사법만 존재하는 경우와 마찬가지로 - 《단지 사법이 적용되어야 한다》.《간접적》제3자효와 《직접적》제3자효의 구별과 연결되는 사법의 《특수한 지위》를 부정하는 견해로는 HELLGARDT, JZ 2018, 908ff. (《특정 사람들의 경기장 방문금지(Stadionverbot)》에 관한 연방헌법재판소의 2018. 4. 11. 판결 1 BvR 3080/oP, JZ 2018, 930ff.에 대한 글이다)

246) 《기본권영역에서 국가의 보호의무의 한 양식》으로서 제3자효에 관해서는 J.P. MÜLLER, Verwirklichung, 129.

247) 그러나 잘 알려진 판례인 BGE 80 II 26(《Seelig 사례》) - 어느 환영받지 못하는 영화비평가의 영화관 출입허용이 문제되었다 - 에서 연방대법원은, 구 연방헌법 제55조(출판의 자유[언론의 자유에 관해서는 현행 연방헌법 제18조 제1항])를 통해 구체화된 스위스민법 제28조를 근거로 계약체결의무를 지지하는 것을 거부하였다(BGE 80 II 26 [41ff.]). 계약체결의무의 사법상 근거에 관해서는 BGE 129 III 35 (42ff.); 출판의 자유의 간접적 (사법상 인격권보호를 매개로 한) 제3자효를 명시적으로 인정한 판례로 BGE 107 I a 277 (280f.). 같은 맥락에서 《우월한 공익》을 인격권 침해를

채무법 제19조 제2항)[248])을 들 수 있다 - 을 구체화해야 하는 경우 기본권 보호임무가 간접적으로 고려되어야 한다. 이에 관해서는, 해지권 남용이라는 일반조항을 구체화하는 명시적 규정인 스위스채무법 제336조 제1항 제b호를 언급할 필요가 있다.[249])

헌법원리가 법관법적 법형성에 대하여 갖는 의미에 관해서는 별도로 언급한다.[250])

(2) 동일한 (유사한) 문제를 해석대상 규정보다 더 명확하게 또는 더 근본적으로 규율하는 규범에의 의존: 체계적 해석을 위해 규범적 맥락을 구성적으로 고려하는 것은 종종 유추의 성격을 갖는다.[251]) 이는 다음과 같은 경우를 생각해 보면 알 수 있다. 규율의 불명확성이 동일한 (유사한) 맥락에서 규정된 다른 규율을 참조하여 해소될 수 있는 경우. 불명확한 스위스채무법 제368조 제1항("도급계약의 목적물이 상당한 하자가 있거나 계약내용에서 상당히 벗어나서 도급인에게 쓸모가 없거나 공평의 관점에서 도급인의 수령을 기대할 수 없는 경우, 도급인은 수령을 거절하고 수급인에게 과책이

정당화하는 근거로 드는 스위스민법 제28조 제2항도 참조. 스위스민법 제28조의 기본권합치적 해석에 관하여 시사적 문헌으로 HEIERLI/WOLF, 2010, 376; 인종을 이유로 한 차별에 대해서는 GÖKSU, SJZ 2002, 89ff.; ders., Rassendiskriminierung beim Vertragsabschluss als Persönlichkeitsverletzung, Diss. 2003. 사적연금제도 관련 법률과 규정의 헌법합치적 해석(차별금지라는 관점에서)에 관해서는 BGE 134 V 369 (375ff.).

248) 이에 관해서는 가령 BK-OR/KRAMER, Art.19/20 N163ff.

249) 이에 관해서는 GREMPER, Arbeitsrechtliche Aspekte der Ausübung verfassungsmässiger Recht (1993), 32ff.; CAMASTRAL, Grundrechte im Arbeitsverhältnis (1996) 155ff. 구(區)법원 판례에 관해서는 Arbon SJZ 1991, 176. 연방헌법 제28조(노동조합 결성의 자유)의 근로계약에 대한 간접적 제3자효에 관해서는 BGE 132 Ⅲ 122 (132f.).

250) 276면 참조.

251) 해석이 원칙적으로 유추의 구조를 갖는다는 점에 대해서는 무엇보다도 A. KAUFMANN, Analogie und 《Natur der Sache》, 2.Aufl. (1982).

있는 경우 손해배상을 청구할 수 있다.")으로부터 혹여 다음과 같은 결론을 도출할 여지가 있다. 손해배상을 요구하는 도급인은 수급인의 과책을 증명해야 하고, 수급인 스스로 자신의 과책없음을 증명할 필요는 없다.252) 그러나 스위스채무법 제97조 제1항("채무이행이 이루어지지 않거나 채무내용에 부합하게 이루어지지 않은 경우, 채무자는, 자신에게 과책이 없다는 점을 증명하지 못하는 한, 그로부터 발생한 손해를 배상해야 한다.")을 고려할 때, 다음 사실이 분명해진다. 위와 같은 증명책임분배는 아마도 의도되지 않았을 것이다. 만약 의도되었다면 스위스채무법 제368조 제1항은 일반적인(그리고 전적으로 합리적인) 증명책임부담규칙인 스위스채무법 제97조 제1항과 설명할 수 없는 평가모순 관계에 놓이게 된다(채무불이행이 있는 경우 채무자 스스로 무과실을 증명하지 못하는 한 손해배상책임을 지는 것이 원칙인데, '중대한 채무불이행'이 있는 경우 채권자가 채무자의 과실을 증명해야 한다면 이는 평가모순이다: 역자 주).253)

(3) *의심스러울 때에는 다른 규범이 무의미해지지 않게 해석하라:* 특정한 해석가정으로 인해 다른 규율(해석대상이 아닌 규율)이 적용될 수 없게 되거나 그 목적과 기능을 상실하는 경우, 이러한 해석은 가급적 피해야

---

252) 같은 취지로는 E. BUCHER, Obligationenrecht. Besonderer Teil, 3.Aufl. (1988) 210.

253) 따라서 타당한 견해로는 GAUCH, N1891. 도급계약 관련 추가 사례: 스위스채무법 제367조 제1항("도급계약목적물을 인도받은 후 도급인은, 통상적 거래경과에 따를 때 가능하게 된 시점에서 즉시, 그 성상을 조사하고 수급인에게 모든 발견된 하자를 통지해야 한다.")은 매매법 규정인 스위스채무법 제201조와 같은 의미로 해석되어야 한다; 착오법(스위스채무법 제24조 제1항 제4호: "특정 사실관계에 관한 착오로서, 거래질서에서의 신의성실을 고려할 때 착오자가 계약의 필수적 기초로 고려하였던 착오라면, 본질적 착오이다.")의 관점에서 스위스채무법 제375조 제1항("수급인과 합의된 견적이 도급인의 관여없이 상당한 범위를 넘어 초과된 경우, 도급인은 작업 중 뿐만 아니라 작업 후에도 계약을 해제할 수 있다.")을 해석하는 판례인 BGE 98 Ⅱ 299 (303f.)도 참조.

한다. 《왜냐하면 입법자가 적용할 수 없거나 목적을 상실한 규정을 제정할 의사를 갖고 있었다고 보는 것은, 지극히 비현실적이기 때문이다》.[254]

무엇보다도 이처럼 자명한 방법론상 논거를 기초로, 과거 학설과 판례[255]는 《간접손해》의 배상가능성 문제를 해결하려고 하였다. 스위스채무법 제45조 제3항{이 조항에 따르면 망인의 직계비속 등은 《부양손해》(간접손해의 일종임이 분명하다)의 배상을 청구할 수 있다}은 스위스채무법 제41조 제1항이 전제로 하는 원칙{이 원칙에 따르면 간접손해는 원칙적으로 (즉 법률상 예외규정이 없는 한) 배상받을 수 없다}의 예외로 보아야 한다. 만약 간접손해가 원칙적으로 배상가능하다고 보면, - 이 논거의 《논리》에 따르면 - 스위스채무법 제45조 제3항은 불필요한 조항이 된다.[256] 그러나 이러한 관점은 결코 논리필연적이지 않다: 우리는 스위스채무법 제45조 제3항과 거기서 규정한 권리를, 간접손해 중 특수하고 특별히 중요한 사안유형을 규범화한 것으로 볼 수도 있다. 이와 같은 규범화를 통해 이러한 사안에서 어떠한 구체적 간접손해가 배상될 수 있고 배상될 수 없는지가 분명해진다.[257] 이러한 착안점에 따르면, (다른 사안에서, 특히 제3자의 절대권을 침해한 사안에서) 간접손해가 원칙적으로 배상가능한가라는 질문에 대한 묵시된 입장을 스위스채무법 제45조 제3항에서 찾을 수 없음이 분명하다.[258]

---

254) BYDLINSKI, Methodenlehre, 444. 판례 중 시사적인 것으로 BGE 112 II 167 (170).

255) 무엇보다도 OFTINGER, Schweizerisches Haftpflichtrecht, Bd. I, 4. Aufl. (1975) 479; BGE 82 II 36 (39); 99 II 221 (223).

256) 오스트리아법에 관하여 - 스위스법과 법상태가 유사하다 - BYDLINSKI, Methodenlehre, 444도 이러한 논거를 든다.

257) 따라서 사망사고를 통해 당분간 대체할 수 없는 전문가를 잃은 사용자의 손해는 배상가능하지 않다.

258) 오늘날 스위스연방대법원은 다음을 기준으로 한다. 간접손해가 《순수재산손해》인 경우 보호법률(이러한 순수재산손해 발생을 방지하려는 법률)이 침해되었는지 여부를 기준으로 한다(BGE 101 I b 252[256]; 102 II 85 [88]); 간접손해가 절대권과 관

이에 반해 다음 논증은 설득력이 있다. 합의된 계약상 급부와 반대급부 사이의 현저한 불균형만으로는 원칙적으로 계약내용의 양속위반(스위스채무법 제19조 제2항 및 제20조 제1항)이 인정될 수 없다. 왜냐하면 이것이 양속위반의 근거가 된다고 보면, 특별한 요건들과 연결된 스위스채무법 제21조 제1항의 불공정법률행위 구성요건이 무의미해지기 때문이다.[259]

입법자가, 앞서 언급한 것처럼[260], 예시적 사례와 - 다른 개별규정들이 규율하지 않는 사례들을 포괄적으로 포섭하는 구성요건(Auffangtatbestand)으로 기능하는 - 일반조항을 결합시킨 경우, 이러한 결합은 일반조항을 《개별규범과 연결하여 좁게 해석하는 것》을 《강제한다》.[261] 무엇보다도 일반조항에 의존함으로써 개별구성요건이 손쉽게 무시되면 안 된다.[262] 따라서 비교광고가 부정경쟁방지법 제3조 제e호가 뜻하는 《부정확한, 오해를 야기하는, 불필요하게 상대를 깎아내리거나 편향적인 방법으로》이루어진 광고가 아니라면, 원칙적으로 일반조항(부정경쟁방지법 제2조)을 근거로 부정하다고 판단할 수 없다.[263] 특별구성요건이 언급하지 않은, 경쟁행위 전체를 일반조항에서 말하는 바와 같은 부정한 행위로 보이게 하는, 추가적·침해적 요소가 부가되어야 한다.[264] 사안에 따라서는 일

련된 경우(충격손해의 경우처럼), 직접적 가해행위가 존재하는 것이다(*Hunter 비행기 추락* 사례 BGE 112 Ⅱ 118 [124ff.]. 비행기 사고로 자녀 두 명을 잃은 아버지가 정신적 충격을 입은 경우 - 그 사고를 직접 목격하지는 않았다 - 손해배상을 긍정하였다); BGE 138 Ⅲ 276에서도 간접손해가 인정되었다(아들의 죽음에 따른 부모의 정신적 충격에 대한 배상가능성 긍정).

259) BK-OR/KRAMER, Art.19/20 N205.

260) 54면 참조.

261) BYDLINSKI, Methodenlehre, 446.

262) 그렇지 않으면, 《특별법》인 개별구성요건이 전적으로 무의미해질 위험이 있다. 이에 관해서는 본문 (4)도 참조.

263) 구 부정경쟁방지법을 기초로 한 타당한 판례로는 BGE 87 Ⅱ 113 (116f.).

반조항에 의존함으로써, - 고립적으로 관찰하면 - 무차별적인 개별구성요건을 명확하게 해석할 수도 있다.265) 다음과 같은 가정적 사례를 생각해 보자: 스위스채무법 제24조 제1항 제3호("착오자가 그의 의사보다 상당히 큰 범위의 급부 또는 상당히 작은 범위의 반대급부를 약속한 경우")가 《상당히》라는 제한을 - 급부 또는 반대급부의 더 큰 또는 더 작은 범위와 관련하여 - 두고 있지 않더라도, 착오의 《중대성》이라는 일반조항(스위스채무법 제23조)의 요건으로부터 동일한 결과가 도출되어야 할 것이다.

(4) 《특별법은 일반법을 폐지한다》 그리고 청구권경합이라는 추가 문제: 실무에서 특히 빈번히 발생하는 문제로서 체계적 해석 영역에 귀속시킬 수 있는 문제는 다음 경우에 발생한다. 동일한 사실관계에 대하여 - 고립적으로 보았을 때 - 복수의 법률상 구성요건(이러한 구성요건들은 보통 서로 다른 법적 효과와 연결되어 있다)이 적용될 수 있는 것처럼 보이는 경우. 이러한 《법률경합》(《규범경합》 또는 《규범충돌》) 사안의 경우 - 사법에서는 보통 《청구권경합》으로 귀결된다 -, 규범들 중 어느 하나가 경합하는 더 특별한 규범보다 더 광범위한 (더 일반적인) 적용범위를 갖고 있을 수 있다. 이러한 상황에 대하여 오래전부터 다음과 같은 격언이 주장되었다.266) 《특별법은 일반법을 폐지한다(lex specialis derogat legi

---

264) 아마도 BGE 102 II 292 (294)도 이러한 취지로 이해해야 한다; 일반조항의 《규범적 우선성》을 강조하는 견해로는 J. MÜLLER, 2003, 301ff. 그러나 그의 견해에 따르더라도, 일반조항 해석시 특별구성요건의 평가가 《함께 고려되어야》 한다. 전체적으로는 BAUDENBACHER, in: BAUDENBACHER (Hrsg.), Das UWG auf neuer Grundlage (1989) 35도 참조(무엇보다도 원가 이하 매도의 경쟁법적 평가에 관하여); FERRARI HOFER, in: HEIZMANN/LOACKER (Hrsg.), UWG. Kommentar (2018) Art.2 N19.

265) BYDLINSKI, Methodenlehre, 446도 참조(오스트리아법 사례와 함께).

266) 형법에서 특별성원칙은 《부진정 경합》이라는 (오해의 소지가 있는) 제목 하에 다루어진다. 무엇보다도 STRATENWERTH, Allgemeiner Teil I, §18 N1ff.

generali)[267]》특별성원칙은 일상적으로 활용되기 때문에 종종 너무나 명백한 것으로, 《법적 논리》(그러나 실제로는 가짜논리인 경우가 많다)의 표현으로 받아들여지고, 더 이상 탐구되지 않는다.[268] 그러나 차분하게 현실을 관찰하면 특별성 원칙은 결코 자명하지 않다.

도대체 언제 *특별한 관계*를 인정할 수 있는가라는 질문이 이미 어려움을 야기한다. 우리가 경합하는 구성요건을 《T1》(*특별법*)과 《T2》(*일반법*)로 표시한다면, 다음과 같은 경우 특별성이 존재한다. 개별적으로 해석할 때, T1에 포섭할 수 있는 모든 사례(사실관계)를 동시에 T2에도 귀속시킬 수 있는데, *그 역은 성립하지 않는 경우.* 즉 T2의 적용범위가 T1의 적용범위를 완전히 포함하고, 나아가 그 범위를 넘어서는 경우.[269] 이러한 설명[270]에 기초하는 경우, 전통적으로 순수한 특별관계에 있다고 언급되는 많은 상황들은 실상, 유보가 담긴 특별성이 있을 뿐이다. 왜냐하면 이러한 사례들에서 더 일반적 규범은 더 특별한 규범의 적용범위를 완전히 포함하지 않기 때문이다. 즉 실제로는 *겹치는 관계*가 부분적으로 존재할 뿐이기 때문이다.

가령 많이 논의되는 스위스채무법 제24조 제1항 제4호(착오취소)와 매매법상 물건담보책임에서 즉시해제에 대한 규칙 사이의 관계는 이러한 겹치는

---

267) 이는 마찬가지로 종종 사용되는 다음 격언과 동일한 의미이다: 《Specialia generalibus derogant》.

268) 이에 반대하는 문헌으로 이미 ROSS, 134; REIMER, N209도 참조. BGE 125 Ⅲ 425 (429)는 실제로 《논리》를 근거로 든다; OFTINGER/STARK, 670도 참조: *특별법*의 배타성 원칙은 《본래 자명한 것》이다. 이탈리아형법 제15조는 명시적으로 특별성 원칙을 정초(定礎)한 법률조항이다.

269) LARENZ/CANARIS, 88.

270) 불명확한 설명으로 ZIPPELIUS, 31f.(그리고 최근문헌으로 BARCZAK, JuS 2015, 973): 일반규범은 - 그곳에서 서술된 내용과 달리 -《개념적으로》특별규범의 모든 구성요건적 특징을 담고 있다. 비록 이러한 특징들은 단지 일반적 형태로만 언급되지만.

관계의 한 예이다. 이 경우 다음을 유의해야 한다. (특정물)의 하자가 계약체결 후 (인도 전에) 비로소 발생하였고 매수인이 (스위스채무법 제185조에 따른) 매매목적물에 대한 위험을 부담하지 않는 경우(특히 매도인 또는 그의 이행보조자가 매매목적물을 유책하게 훼손시키거나, 위험이전시기가 당사자의 합의에 따라 매수인에 대한 인도시로 정해졌는데 인도 전에 목적물이 우연한 사고로 훼손된 경우)에도 담보책임청구권은 가능하다(스위스채무법 제201조, 제210조의 형식적 허들을 준수한다는 전제 하에). 이 경우 담보책임과 경합가능한, 계약체결시점에 이미 존재하는 매수인의 성상(하자)에 대한 착오는 가능하지 않다. 그러한 한도에서 애초부터 경합관계는 존재하지 않는다. 다른 견해로는 HONSELL, SJZ 2007, 138f.; ders., Obligationenrecht, 138. 그러나 결론적으로 스위스채무법 제24조 제1항 제4호와 물건담보책임법의 즉시해제에 대한 규칙의 구성요건이 완전히 겹치는 규율영역에서는, HONSELL이 옹호하는 담보책임 규율의 배타성(독일법의 통설이다)에 동의해야 한다.

스위스민법 제679조 제1항과 스위스채무법 제41조 제1항 사이에도 순수한 특별관계는 존재하지 않는다. 즉 스위스민법 제679조 제1항은 토지소유자에 의한 귀책사유없는 가해행위 사례도 포함하는데, 이러한 가해행위는 애초부터 스위스채무법 제41조 제1항에 귀속될 수 없다. 그러나 토지소유자에 의한 귀책사유 있는 가해행위의 경우 스위스민법 제679조 제1항이 스위스채무법 제41조 제1항에 대한 *특별법*이다. 스위스채무법 제97조 제1항은 채무의 내용에 부합하지 않는 이행이라는 일부 구성요건에 관하여, 스위스채무법 제208조 제3항(《확대손해에 대한 매도인의 책임》)에 대하여 *일반법*이다.

그러나 특별성 원칙은 순수한 *일반법/특별법* 관계가 다툼의 여지없이 존재하는 경우에도 무비판적-기계적으로 적용되어서는 안 된다.[271] 그

---

271) ENGISCH, Einführung, 275f.; LARENZ/CANARIS, 88; VOGEL, 63도 평가적 고려가 필요하다는 점을 강조한다.

렇다면, 목적론적으로 관찰할 때[272]), 도대체 무엇이 *특별법*의 우선성(《배타성》)을 정당화할 수 있는가?

때때로 다음과 같은 견해가 주장된다. 더 구체적인 규율은 사안에 더 적합하고,《사안의 실질과 더 가까운》규율이라고 어느 정도 추정할 수 있다. 또한 입법자의 의사는 *특별법*에서 더 명확하고 더 구체적으로 표시된다[273])고 말할 수 있다. 그러나 의문의 여지없이 다음 논거가 더 중요하다. *특별법*에 우선권이 인정되지 않는 한, *특별법*이 적용되지 않을 위험이 존재한다.[274]) 반대로 *특별법*이 우선하는 경우 - *특별법*이 규율하지 않는 영역에서는 - *일반법*의 적용이 위협을 받지 않는다. 이러한 고려에 따르면 *특별법*에 대한 *일반법*의 배타적 우선성을 인정하는 것은 애초부터 불가능하다. 그와 같이 진지하게 주장하는 견해도 없다. 그러나 두 청구권 사이에서 자유롭게 선택할 수 있는 경우(《택일적 관계》)에도, 앞서 언급한 어느 한 쪽의 유명무실화 위험 때문에 주의가 필요하다.

Hans MERZ가 담보책임과 착오취소 사이의 관계에 관한 그의 본격적 논문[275])에서 설명한 것처럼, *특별법*의 우선과 그에 따른 특별법의 배타성(청구권 경합시)은 다음과 같은 경우 항상 긍정해야 한다. *특별법*이 청구권 행사를 *일반법*보다 전체적으로 더 제한적인(더 불리한) 조건에 연결시키는 경우. 이 경우 *일반법*으로 도피하는 대안을 허용하면, *특별법*(그리고 특별법을 통해 의도하였던 입법적으로 설정된 목적)은 실무상 무의미해질 것이다.[276]) 이에 반해 《*유리함을 비교하여*》 *그 차액을 계산해 보니*(per

---

272) 목적론적 고려에 기초하여 채무법상 경합문제를 해결하는 것을 옹호하는 문헌으로 MAUCHLE, AJP 2012, 933ff.

273) MAYER-MALY, Rangordnung, 139.

274) 이 논거에 대해서는 이미 94면 이하 참조.

275) MERZ, in: Vom Kauf nach schweizerischem Recht: Festschrift zum 70. Geburtstag von Theo Guhl (1950) 94ff. 독일법상황에 대한 유사한, 방법론적 분석으로는 VOGEL, 64ff.

saldo) *일반법*이 더 유리하지 않은 경우, 권리자에게 *특별법*과 *일반법* 사이에서 선택할 권리를 부여하는 것은 원칙적으로 가능하다. 왜냐하면 이 경우 더 특별한 규정이 배제(또는 대체)될 위험이 명백히 부존재하기 때문이다.277) 따라서 판례에서 그리고 부분적으로 학설에서 주장되는278), 위험책임(엄격한 인과책임) 원칙에 따르는《책임법률》이 그보다 더 완화된 일반적인 과실책임(스위스채무법 제41조)에 대하여 배타성을 갖는다는 견해는 애초부터 이해하기 어렵다. 제조물책임법 제11조 제2항이 - 법해석자가 특별성원칙에 의존하는 오류에 빠지는 것을 막기 위해 - 명시적으로《채무법에 근거한 손해배상청구권은 피해자에게 그대로 남

---

276) (독일법에 관하여) 이에 동의하는 견해로는 MÖLLERS. 137 (N134).

277) (법률행위의) 기초사정에 대한 착오를 이유로 한 취소와 매매법상 물건담보책임 사이의 경합(98-99면 참조)에 관하여, 스위스채무법 제201조 및 제210조의 형식적 허들(그리고 규정들의 배후에 있는 *입법목적*인 거래안전의 보장)은 담보책임법의 배타성을 지지한다. 그러나 연방대법원의 확고한 실무(《피카소-판결》에서 승인되었다. BGE 114 Ⅱ 131)는 잘 알려진 것처럼 이와 다른 입장을 취한다. 스위스보험계약법 제6조에 따른 피보험자가《위험사실》을 구체적으로 고지할 의무를 위반하였음을 이유로 한 보험계약의 취소는, 착오 및 사기를 이유로 한 취소에 대한 *특별법*이다. 스위스보험계약법 제6조는 (스위스채무법 제31조의 제척기간에 비해) 짧은 4주라는 제척기간을 두고 있다. 따라서 스위스채무법 제23조 이하 규정을 적용함으로써 스위스보험계약법 제6조를《무력화시켜서는》안 된다: BGE 61 Ⅱ 281 (284). 스위스채무법 제271조(*특별법*: 임대차관계에서 해지는 그 해지가 신의성실원칙에 반하면 취소할 수 있다는 조항)와 스위스민법 제2조 제2항의 권리남용금지 원칙 사이의 관계에 대한 최근 판례로는 BGE 133 Ⅲ 175 (179f.): (스위스채무법 제271조를 위해 마련된) 스위스채무법 제273조 제1항의 실권기간(해지통지를 받은 상대방은 통지수령 후 30일 내에 중재관청에 해지의 취소를 신청해야 한다)은 명백히 권리남용적인 해지의 경우에도 준수되어야 한다.

278) BGE 106 Ⅱ 75에 대한 나의 비판적 평석으로는 recht 1984, 128ff. 참조. OFTINGER/STARK, 670ff.의 견해도 따르기 어렵다. 이 문헌은 한편으로는, 인과책임 원칙에 따르는《책임법률》을 스위스채무법 제41조에 대한 *특별법*으로 보는 것은《합리적》이지 않다고 한다(N7); 다른 한편으로는 다음과 같이 주장한다(N11). 스위스채무법 제41조와 인과책임구성요건은《본디》택일적 관계(선택가능성)에 있어야 한다; 그러나 최종적으로는(N11) 인과책임구성요건의 배타성을 옹호한다.

아있다》고 규정한 것은, 이러한 배경을 고려하면 이해할 수 있다.

다음과 같은 방식의 청구권경합도 당연히 있을 수 있다. 특별관계가 애초부터 문제될 수 없고, *부분적으로 경합하는 동등한 무게의 규범들(규범복합체)*이 존재하는 경우. 가령 많이 논의되는 불법행위책임과 계약책임의 경합 시 원칙적으로 이러한 규범복합체가 존재한다. 이 경우 계약책임을 *특별법*으로 성질결정하고 이를 기초로 경합하는 불법행위책임에 대하여 계약법의 배타성을 주장하는 것은, 진지하게 논의될 수 없다.[279] 만약 우리가 이러한 생각을 기초로 매매법상 단기(短期)인 하자통지기간 및 담보책임기간이 경과한 피해자가 불법행위책임을 묻는 것도 불허한다면, 가해자에 의해 계약외적으로 *그리고* 그와 동시에 계약적으로 피해를 입은 피해자[280]는 오로지 계약외적으로 피해를 입은 자보다 더 불리한 상황에 놓이게 된다. 이는 전적으로 불합리한 결론이다. 계약책임과 불법행위책임 경합시 원칙적으로 각 청구권 근거의 독자성(독립성) 원칙으로부터 출발해야 한다. 이는 결과적으로 각 청구권들 사이에서 자유로운 선택이 가능하다(택일적 관계)는 결론에 이른다.[281]

경합하는 규범들의 법적 효과 지시가 평가적 관점에서 서로를 배척하는 경우에는, *경합하는 규범들의 《누적적》 적용*(청구권의 누적)은 애초부터 가능하지 않다. 무엇보다도, 규범이 부여한 청구권들이 법적으로 또는 적어도 경제적으로 볼 때 동일하고, 따라서 누적적 적용을 하면 이중

---

279) 같은 취지 H.P. WALTER, ZBJV 132 (1996) 295.

280) 가령 《*튀김기계*-결정》 BGE 90 Ⅱ 86에서와 같이.

281) 이미 같은 취지로 BGE 64 Ⅱ 254 (259); OFTINGER/STARK, 682ff.; 독일법에 대하여 KRAMER, in: Münchener Kommentar zum BGB, Bd. 2, 5. Aulf. (2007) §241 N26ff. BGE 114 Ⅱ 131 (136)은 다음과 같은 일반적 규칙을 제시하였다. 법률경합시, 어느 하나의 규범이 《특별규정》으로서 다른 규정보다 우선한다는 결론이 해석을 통해 도출되지 않는다면, 법적 구제수단들의 선택가능성이 《추정》된다. 그러나 이러한 추정을 정당화하는 근거를 제시하는 것은 어려워 보인다; 어느 경우든 결정적인 것은 개별문제와 관련된 목적론적 고려이다.

변제에 이르는 경우가 그러하다.[282] 이에 반해 청구권들이 평가적 관점에서 합리적으로 서로를 보충하는 경우에는, 청구권들의 누적이 가능하다. 따라서 환경보호법 제59a조에 따른 손해배상청구권은 스위스민법 제679조에 따른 방해배제청구권 및 부작위청구권과 누적될 수 있다.

(5) 《*신법은 구법을 폐지한다*》; 《*상위법은 하위법을 폐지한다*》[283]: 위 (4)에서는 《내용상의 법률경합》이 문제된 반면, 여기서는 《*시간상의 법률경합*》[284]이 문제된다: 나중의 규범이 동위(同位)또는 하위의 기존 조항에 어긋나게 법문제를 규율한 경우 - 동위 또는 하위의 기존 조항을 형식적으로 폐지(《형식적 폐지》)[285]하지 않은 채(폐지하는 것이 통상적이다) - (비록 이러한 결론이 법논리상 필연적인 것은 아니지만) 원칙적으로 《*실질적 폐지*》, 즉 신규범을 통한 구규범의 묵시적 배제가 이루어졌다고 보아야 한다. 양립할 수 없음이 명백한 두 규범을 동시에 유효하다고 인정하는 것은 가능하지 않다; 대부분의 경우 《신법 입법자》는 모순되는 구법의 형식적 폐지 필요성을 단순 간과하였을 것이다.

*신법*원칙에 따른 실질적 폐지를 명시적으로 규범화한 사례로는 교회법전

---

282) 포괄적으로는 가령 OFTINGER/STARK, 684. 이에 따르면, 동일한 손해를 - 한 번은 계약책임에 근거하여, 다른 한 번은 경합하는 불법행위책임에 근거하여 - 중복배상하는 것은 당연히 허용되지 않는다; 손해배상과 이득상환의 누적 가능성에 대해서는 BGE 129 Ⅲ 422 (425); 133 Ⅲ 153 (157ff.). 이에 대해서는 HAUSHEER/AEBI-MÜLLER, ZBJV 143 (2007) 341ff.

283) 《lex posterior derogat legi priori》; 《lex superior derogat legi inferiori》

284) 종종 이러한 맥락에서 《규범충돌》이라고도 표현한다. 규범충돌의 법이론 일반에 관해서는 WIEDERIN, Rechtstheorie 1990, 310ff. 《폐지명제》(*신법원칙*과 *상위법원칙*)에 관해서는 HECKMANN, Geltungskraft und Geltungsverlust von Rechtsnormen (1997) 157ff.; VRANES, ZaöRV 65 (2005) 391ff.도 참조.

285) 아주 많은 사례가 있지만 우선 스위스근로중개법(Arbeitsvermittlungsgesetz) 제42조.

제20조 및 제21조; 포르투갈 민법 제7조 제2항; 판례로는 BGH NJW 2019, 368 (375); 학설로는 본격적으로 MERKL, AöR 37 (1918) 56ff.; 상세히는 BYDLINSKI, Methodenlehre, 572ff. 이 책은 신법이 *일반법*이고 구법이 *특별법*인 경우 제기되는 해석문제를 언급하고 있다. *일반법*이 *특별법*을 사실상 폐지할 의도를 갖고 있는가? 일반적으로는 《일반법인 신법은 특별법인 구법을 폐지하지 않는다》는 원칙으로부터 출발해야 한다: 이에 관하여 BOBBIO, 230f.; BGH NJW 2019, 368 (375). 명시적으로 이러한 의미를 규범화한 사례로 포르투갈 민법 제7조 제3항(다만 오해의 소지가 없이 명백한 입법자의 의사로부터 다른 결론이 도출되는 경우는 제외한다). 법률행위에서도 *신법률행위*원칙이 적용된다. 사인(死因)처분에 관하여 명시적으로 스위스민법 제511조 제1항.

이러한 의미에서 (구) 스위스연방헌법 제31조(6) 제2항(신헌법 제97조 제2항)(단순한 프로그램 규정에 불과한 조항이 아니다) - 부정경쟁방지법 영역에서 소비자보호단체에 직업단체 및 경제단체에 부여된 청구권과 동일한 청구권을 부여하고 있다 - 은 *신법*으로서 당시 부정경쟁방지법(오늘날 10조에 의해 개정되었다) - 구 부정경쟁방지법에 따르면 소비자보호단체는 그 회원이 피해를 입은 경우에만 부작위 및 방해배제 청구를 할 수 있었다. 이에 반해 경제단체는 이러한 제한이 없었다 - 을 실질적으로 폐지한 것이다.[286] UN매매법 도입으로 인해 스위스채무법 제210조의 매매법상 담보책임기간과의 관계에서, 매우 특수한 *신법*-문제가 발생하였다. UN매매법 제39조 제2항은 하자통지와 관련하여 매수인에게 2년의 기간을 부여하고 있다. 그러나 매수인의 청구권의 소멸시효 규율에 대해

---

286) 그러나 이러한 실질적 폐지는 광범위하게 간과되었다. SCHLUEP, in: Wirtschafts-freiheit und Konsumentenschutz (1983) 196. 다만 이 문제는 오래전에 스위스부정경쟁방지법 제10조 제2항에 의해 해결되었다.

서는 열어두고 있다. 그 결과 스위스법을 기준으로 하면 그 당시 스위스 채무법 제210조 제1항에 따른 기간(1년: 2012년 개정되었다)이 적용되고, 다음과 같은 전적으로 불합리한 결론이 도출된다. UN매매법 제39조의 하자통지기간이 아직 지나지 않았음에도 불구하고 매수인의 청구권의 소멸시효 기간은 이미 도과할 수 있다. 이러한 딜레마를 해결하는 방법으로, 국제물품매매에서 매수인의 청구권의 소멸시효에 관하여, UN매매법이라는 *신법*을 통해 스위스채무법 제210조가 실질적으로 부분폐지 되었다고 보는 방법이 있었다. 그로 인해 발생하는 법률상 흠결은 - 비교법적 흠결보충 방법287)이라는 의미에서 - 이미 *해석론상으로* EU소비자매매법의 소멸시효 규정(2년)을 받아들임으로써 보충할 수 있었다.288) 그 후 입법자는 이 문제를 고려하여 스위스채무법 제210조 제1항의 기간(1년)을 《유럽상의》 기간(2년)으로 대체하였다. 지금도 문제되는 사례로는 혼인무효 사유를 열거적으로 언급한 스위스민법 제105조 사례가 있다. 2007. 1. 1. 스위스 생활동반자법이 시행될 당시, 혼인성립당시 이미 등록된 생활동반자관계가 존재하는 경우를 스위스민법 제105조 제1호의 무효사유(중혼)로 추가하는 것이 이루어지지 않았다(간과되었다). 그결과 스위스민법 제105조의 열거적 성격으로 인해 *해석론상으로* 위 경우 혼인무효 사유인 중혼에 해당하지 않는다고 주장할 수 있다. 그러나 다음과 같은 견해가 타당하다. *후법*인 생활동반자법 제26조 - 이에 따르면 등록된 생활동반자 관계에 있는 자는 혼인을 할 수 없다 - 를 근거로, 그럼에도 불구하고 이루어진 혼인은 무효라는 결론을 도출할 수 있다.289) 후법에 의한 실질적 폐지로 인해, 스스로 완결적인 스위스민법

---

287) 이에 관해서는 280면 이하 참조.

288) 이 문제에 관하여 WILL, in: Festschrift für Werner Lorenz zum 80. Geburtstag (2001) 623ff.; Th. KOLLER, recht 2003, 41ff.; ders., recht 2009, 179ff(스위스연방대법원 실무를 언급한다).

제105조의 열거적 목록에 흠결이 발생하게 된다; 스위스민법 제105조 제1호는 등록된 생활동반자 관계의 경우 유추적용되어야 한다.

앞서 언급한 스위스부정경쟁방지법에 따른 직업단체 및 경제단체의 제소(提訴)권한 사례의 경우, *신법*(스위스연방헌법의 소비자보호조항)일 뿐만 아니라, 더 높은 위치에 있는 *상위법*이기도 하다. 따라서 《*상위법은 하위 법을 폐지한다*》는 격언을 적용할 수도 있다. 그러나 스위스법290)에서는 이 격언의 활용시 주의가 요청된다: 헌법규정에 반하는 연방법률이 (*후 법*으로서) 제정된 경우, 연방법률은 그 위헌성에도 불구하고 스위스연방 헌법 제190조를 근거로 일단 존중되어야 한다.

이에 반해 연방법- 칸톤법 관계에서는 자동적 폐지가 이루어진다:《연방 법은 칸톤법을 깨뜨린다!》스위스연방헌법 제49조 제1항 참조. 칸톤법이 *신법*인 경우도 마찬가지이다:《위계적 기준이 시간적 기준보다 우선한다》 (BOBBIO, 230). 스위스연방헌법 제49조 제1항이 어떻게 실행되는지에 관해 서는 HANGARTNER, ZSR 128 (2009) Ⅰ, 434ff. 국제법에 반하는 연방법률 의 취급에 관해서는 원칙적으로 *신법*에 대해서도 국제법이 우선한다고 보 아야 한다(가령 BGE 119 Ⅴ 171 [177]; 122 Ⅱ 234 [239]; 122 Ⅱ 485 [487]; 125 Ⅱ 417 [425]; 131 Ⅱ 352[355] 참조); 스위스 연방대법원의《슈버트 실무(Shu-bert-Praxis)》(BGE 99 Ⅰb 37[44]; 이를 정교화하는 판례로 BGE 138 Ⅱ 524[533ff.]) 에 따라 국제법 우선원칙은 제한된다. 이에 따르면 국제법 우선원칙은 연방 법률이 의식적으로 국제조약 위반(일반적으로: 국제법 위반)을 감수하지 않는 한 적용된다. (직접적용되는) 국제법과 연방법률의 충돌에 대하여 상세히는 HANGARTNER/LOOSER, in: EHRENZELLER u.a. (Hrsg.), Die schweize-

---

289) 결과적으로 같은 취지 FamKomm Eingetragene Partnerschaft/MICHEL, Art.26 N6.
290) 스위스 법상황에 따른 *상위법* 원칙을 종합적으로 설명한 문헌으로 IMARK, Aufhe-bung von Rechtssätzen in der Schweiz (1992) 25ff.

rischen Bundesverfassung, 3.Aufl. (2014) Art.190 N33ff.;《슈버트 실무》에 대하여 BAUMANN, AJP 2010, 1009ff.; AUER, ZSR 132 (2013) Ⅰ, 432ff.; SCHÜRER, ZBl 116 (2015) 130f. 유럽인권협약의 절대적 우선성(유럽인권협약에 반하는 나중에 제정된 헌법조항에 대해서도)에 대해서는 각주 292 참조. 헌법 전부 또는 일부 개정시 강행적 국제법의 우선성에 대하여 스위스연방헌법 제193조 제4항 및 제194조 제2항 참조.

  법적용자는 스위스 연방헌법 제190조를 고려하여, 가능한 최대한도에서의 헌법합치적 해석을 통해 모순을 한계 범위 내로 유지하려고 시도할 수 있을 뿐이다.291) 이에 반해 연방대법원은 유럽인권협약과 관련하여 협약에 배치되는 연방법률(신법이더라도 마찬가지이다)에 대한 협약의 절대적 우위를 긍정한다. 따라서 유럽인권협약에 배치되는 연방법률은 개별사안에서 적용되면 안 된다.292)

---

291) 87면 이하 참조.

292) BGE 125 Ⅱ 417 (425) - *PKK 판결*. 이에 대해서는 많은 문헌을 대신해 CHIARI-ELLO, 64ff., 79ff., 116ff.; BENOIT, ZSR 128 (2009) Ⅰ, 464ff. 유럽인권협약에 반하는 규율 중에서 나중에 제정된 헌법규범(구체적으로 스위스연방헌법 제121a조 제3 내지 6항[외국인추방 주도권])이 문제되는 경우, 스위스연방대법원은 이 경우에도 원칙적으로 국제법(유럽인권협약)의 우선성 원칙에 구속된다. BGE 139 Ⅰ 16 (31). 이에 대하여 HANGARTNER, AJP 2013, 698ff.; BIAGGINI, ZBl 2013, 316ff.; THÜRER, ZSR 133 (2014) Ⅰ, 8. BGE 142 Ⅱ 35 (39f.)에 따르면 스위스-EU간 이동 자유협약에 대해서도 동일한 원칙이 적용된다. 이에 대해 비판적 견해로 BIAGGINI, ZBl 2016, 169f. 유럽인권협약이 민사법 규범(가령 스위스민법)에 대해서도 우선하는 지에 관해 열린 문제로 남겨두는 판례로 BGE 122 Ⅲ 414 (416); 125 Ⅲ 209 (218).

d) 역사적 해석요소

aa) 기본적 문제제기

(1) 지금까지는 방법론의 근본질문, 특히 *해석의 목표*에 대한 질문이 단지 암시되었다. ENGISCH[293]는 이 질문을 다음과 같이 표현한다:《법률의 실제내용과 최종적 〈해석목표〉가 역사적 입법자의 종전, 한 때의 〈의사〉에 의해 정해지고 확정되며, 따라서 법교의학자는 법사학자의 발자취를 따라야 하는가? 아니면 법률의 실질적 내용은 법률 그 자체에 그리고 그 〈문언〉에 〈법률의 의사〉로서, 객관적 의미 - 역사적 입법자의 주관적 의견 및 의사와 무관하고 필요한 때에는 자유롭게 움직일 수 있고, 발전할 수 있는 의미 - 로서 담겨있는가?...》즉 법률은 《제정시점을 기준으로》(*소급하여*) 해석해야 하는가? 아니면 《적용시점을 기준으로》(*장래를 향하여*) 해석해야 하는가? 이 두 가지《해석이론》, 즉 역사적 입법자의 의도에 주로 관심을 두는《주관주의자들》[294]과, 문언과 체계로부터 도출되고 *오늘날* 합리적으로 법률에 귀속될 수 있는 의미를 주로 참조하는《객관주의자들》사이의 대립은, 방법론에 관한 이론의 역사 전체를 관통하고 있다.

자세한 설명으로는 ENGISCH, Einführung, 160ff.; LARENZ, 32ff.; MEIER-HAYOZ, SJZ 1952, 213ff. 각 이론들의 입장을 상세히 설명한 것으로는

---

293) ENGISCH, Einführung, 160.

294) 영어권 논의에서는《주관주의자》또는《주관주의》라는 표현대신《의도주의자》(《의도주의》) 또는《원전주의자(Originalisten)》(《원전주의(originalism)》)라는 표현이 사용된다. 미국연방대법원의 현재 실무상《원전주의》(원전주의는 단어의 원래 의미를 기준으로 한다)에 대해서는 J. REICH, Jb. des öffentlichen Rechts NF 65 (2017) 713ff.

HASSOLD, ZZP 94 (1981) 192ff. 다만 현재 확립된 표현인《객관적》또는《주관적》해석이라는 단어는 그 타당성이 의심스럽다. 과학이론적으로 우리는 발생사(發生史)와 경험적-분석적으로 연결된 해석을《객관적》해석방법이라고 부를 수 있고, 법률의 오늘날《합리적》의미를 기준으로 하고 그에 따라 법적용자에게 상당한 평가여지 및 조정여지를 허용하는 해석은 이러한 측면에서 강한《주관적》요소를 포함하고 있기 때문이다. 이미 같은 취지로 ROSS, 122; VALLENDER, Objektive Auslegung, 71ff.; BUSSE, 39; MEDER, in: SENN/FRITSCHI (Hrsg.), Rechtswissenschaft und Hermeneutik (2009) 35 FN61; KERSCHNER/KEHRER, §6, 7 N12.

오스트리아민법 제6조 - 이에 따르면 법률에는《문언의 맥락상 그 문언의 고유한 의미로부터 도출되며, 또한 입법자의 명확한 의도로부터 도출되는》의미를 부여해야 한다 - 의 솔로몬식 해법은 딜레마를 드러낼 뿐, 딜레마를 해결하지 못한다.295)

(2) 여기서 단지 실무상 결론에 차이를 가져오지 않는 이론대립만 문제되는 것이 아님은 분명하다; 오히려 실무의 해석활동과 직접 관련이 있는 방향결정이 문제된다.296)

---

295) (오스트리아민법 제6조가 문언과 역사적 입법자의 의사 중 어느 쪽을 우선하고 있지 않음에도 불구하고) 반대견해로는 KERSCHNER/KEHRER, §§6, 7 N14: 오스트리아민법 제6조에 따르면《입법자의 명확한 의도》의 탐구가 결정적이다. 이에 대한 타당한 반론으로는 L. SCHMID, Rechtstheorie 2016, 211. 이에 따르면 오스트리아민법 제6조로부터 문제의 해법을 도출할 수 없다; KODEK, §6 N6도 같은 취지. 두 개념 사이의 대립이 단지 말로 무마되고《법률에 드러난 입법자의 객관화된 의사》를 말하더라도(독일연방헌법재판소의 공식, BVerfGE 11, 1129f.), 이는 지금보다 진전된 해법이 아니다.

296) WÜRDINGER, JuS 2016, 4. FRIELING, 4ff.는 독일판례를 사례로 든다.

몇 가지 *사례*가 이 점을 보여줄 수 있다: BGE 76 II 51에서는 주주총회결의 취소에 관한 규율(스위스채무법 제706조)이 경영위원회(Verwaltungs-rat)결정의 취소에 유추될 수 있는지 문제되었다. 연방대법원은 다음과 같은 이유로 아주 간단히 유추 - 이러한 유추는 객관적-법적용시점기준 관찰법에 따라 문제를 고찰하면 충분히 논의할 만하다[297] - 를 부정하였다. 입법자료[298]를 보면 입법자가 경영위원회결정의 취소를 의도하지 않았음이 명백하다.[299] BGE 112 II 1에서는 다음과 같은 논란이 많은 쟁점이 문제되었다. 스위스민법 제57조 제3항 - 이에 따르면 위법한 목적을 추구한다는 이유로 해산된 법인의 재산은 《국가(Gemeinwesen)》에 귀속된다 - 이 주식회사에도 적용될 수 있는지. 연방평의회의 법률안 제안설명서상 주식회사는 포함되지 않음이 명백함에도 불구하고, 연방대법원은 객관적-법적용시점기준 해석에 따라 규율의 《문언, 의미 그리고 목적》에 초점을 두고, 주식회사도 포섭시켰다.[300] 많이 인용되는 바트(Waadt) 칸톤에서 여성의 투표권에 관한 결정에서, 연방대법원[301]은 다음과 같은 논거로 여성도 포함하는 쪽으로 칸톤헌법(칸톤헌법 제23조: 《...20세가 지난 모든 스위스사람들은(tous les Suisses âgés de vingt ans révolus)...》)

---

297) 상세한 근거로는 STAUBER, Das Recht des Aktionärs auf gesetz- und statutenmässige Verwaltung und seine Durchsetzung nach schweizerischen Recht (1985) 165ff.

298) BGE 76 II 51 (61): 연방대법원은 특히 스위스 상원 보고자의 발언을 참조하였다. (스위스채무법 제545조의 명확한 입법사에 근거한) 유사한 논증으로는 BGE 94 II 119f. (스위스채무법 제545조는 조합의 해산사유를 규정하고 있을 뿐이다. 단순 조합의 경우 입법자는 의식적으로 중대한 사유에 따른 조합원 탈퇴 - 법정탈퇴 - 에 관하여 규정하지 않았다. 따라서 조합원 탈퇴는 계약상 근거를 통해서만 가능하다)

299) 《부정적 입법자료》에 관해서는 각주 658도 참조.

300) 견해들의 개관으로는 FORSTMOSER/MEIER-HAYOZ/NOBEL, §55 N133ff.; BGE 115 II 401도 BGE 112 II 1을 승인하였다.

301) BGE 83 I 173 (179). *Antoinette Quinche*(스위스 여성운동가)와 관련된 이 판결에 대한 방법론적 비판으로는 무엇보다도 H. HUBER, ZBJV 94 (1958) 465ff.; GER-MANN, ZSR 81 I (1962) 207ff.

을 해석하는 것을 거부하였다. 역사적 입법자는 《tous les Suisses》가 명확히 남성 스위스인만을 뜻하는 것으로 이해하였다.302) 그러나 잘 알려진 것처럼 30년이 지나 아펜젤이너로덴주의 칸톤헌법 해석이 문제된 사안에서, 연방대법원은 정확히 반대입장을 취하였다: 《국민(Landleute)》과 《스위스인(Schweizer)》(칸톤헌법 제16조 제1항)이라는 표현은 - 역사적 입법자의 명백한 반대의사에도 불구하고 - 객관적으로 시대에 부합하게 그리고 헌법에 합치되게 여성시민도 포함하는 것으로 이해해야 한다.303) 추가 사례로는 - 이번에는 - 독일헌법에 관한 사례가 있다: 독일민법 상 혼인개념에 동성혼을 포함시키는 것(신 독일민법 제1353조 제1항 제1문)이 독일기본법 제6조 제1항(《혼인과 가족은 국가질서의 특별한 보호를 받는다》)과 배치되는가라는 질문에 대하여, - 우리가 독일기본법을 역사적으로 해석한다면304) - 의문의 여지없이 배치된다고 답해야 한다; 이에 반해 객관적으로 시대에 부합하게 해석한다면, 헌법변천 그리고 이에 따른 열린 혼인개념, 동성간 결합을 포함하는 기본법상 혼인개념을 말할 수 있다.305)

---

302) *Kempin*(스위스 여성법률가)과 관련된 BGE 13, 1 (4)도 순전히 역사적인 해석을 하였다: 구 스위스연방헌법 제4조로부터 여성과 남성의 완전한 법적 평등이 도출된다는 견해는 《대담한 만큼 새로운》 견해이고, (역사적으로 해석한) 과거 규율과 배치된다.

303) BGE 116 Ⅰ a 359. 이 판결은 A. AUER, ZSR 108 (1998) Ⅰ, 141ff.의 논거에 강하게 의존하였다; 이에 반하여 연방대법원의 방법을 비판하는 견해로는 BIAGGINI, recht 1992, 65ff.

304) 이러한 입장은 이 책에서 필자가 취하는 방법론적 입장(128면 이하 참조)과 배치된다.

305) BROSIUS-GERSDORF, NJW 2015, 3557ff. 참조; 반대입장으로는 Chr. SCHMIDT, NJW 2017, 2225ff.; (비판적인) 상세한 입장으로 BÄCKER, AöR 143 (2018) 339ff.도 참조; 그러나 결론에서 동의하는 견해로 SCHAEFER, AöR 143 (2018) 393ff. 오스트리아의 경우 오스트리아민법 제44조의 혼인개념에서 《다른 성》이라는 문구가 2017. 12. 4. 헌법재판소 결정(G 258/2017)으로 삭제되었다; 헌법재판소의 근거설정에 대하

bb) 학설사 고찰과 용어 정리

(1)《주관적》입장과《객관적》입장은 과거에도 그리고 오늘날에도 여전히 다양한 형태로 주장되고 있다. 이러한 다양한 입장은 용어상으로 극도로 다양한 이름을 갖고 있고, 이로 인해 일정부분 혼란을 초래한다.

(2) 절대주의 국가전통(《suprema lex regis voluntas》![306))에서 유래한 《주관적-역사적 방법》- 이 방법에 따르면 역사적 입법자의 사실적 의사에 초점을 두어야 한다 - 은 오늘날의 관점에서 이미 극복된 낡은 역사적 방법에 불과하다. 사비니[307]의 견해에 좇아 위대한 판덱텐 법학자 빈트샤이트[308]는 다음과 같이 주장하였다. 해석자는 《모든 도달가능한 모멘트를 존중하여, 가능한 한 완전히 입법자의 정신 안으로 들어가 생각해야 한다》. 이에 반해 Phillip HECK에 의해 형성된[309] 튀빙겐 학파의 《이익법학》은 심리적 관점에서 역사적 입법자의 사실적 의사에 주목하지 않고 - 의회입법(스위스의 경우 의회입법에 직접민주주의 요소가 강하게 반영되었다)에서 이러한 탐구방법은 애초부터 가능하지 않다[310] -, 1차적으로

여 비판적인 견해로 RUPPE, JBl 2018, 428ff.; 예리한 반대입장으로는 CORNIDES, ZöR 73 (2018) 239ff.; 그러나 결과적으로 찬성하는 견해로는 CZECH, ZöR 73 (2018) 219ff.

306) 《왕의 의사가 최고의 법이다》.

307) 무엇보다도 SAVIGNY, 213(《...입법자의 처지에서 생각해보고 입법자의 활동 자체를 인위적으로 반복해보는 것...》).

308) WINDSCHEID, Lehrbuch des Pandektenrechts, Bd. Ⅰ, 7.Aufl. (1891) 52.

309) HECK의 방법론에 관한 주된 업적으로는: Das Problem der Rechtsgewinnung (1912); Gesetzesauslegung und Interessenjurisprudenz (1914); Begriffsbildung und Interessenjurisprudenz (1932).

310) 미국적 관점에서 상세히는 DWORKIN, Law's Empire (1986) 317ff. ALLAN, The Cambridge Law Journal 63 (2004) 693도 참조: 입법자의 의도를 기준으로 한다는 것은 《본질적으로 비유적이다》. 왜냐하면 입법자의 의도는 《어느 특정한 저자에게 귀

법률의 의미에 주목하였다. 여기서 법률의 의미는 《역사적인 기원(起源) 일체를 고려함으로써》,[311] 역사적 기원으로부터 설명가능한 입법자의 《이익충돌상황에 대한 결정》을 고려함으로써, 역사적으로 도출된다.[312] 달리 표현하면, 모든 활용가능한 참고사항, 특히 법률제정에 관한 서류로 된 《입법자료》를 기초로, 그러나 이를 넘어 일반적으로 당시의 역사적 (정치적, 이념적, 사회적, 경제적) 맥락을 기초로, 이러한 맥락에 따라 이해된 *입법 상황(occasio legis)*[313]과 입법 배후에 놓인 《입법상의 추구목적》[314]을 기초로, 법률의 의미가 탐구되어야 한다. 《해석의 목표는 역사적 규범목적을 탐구하고 실현하는 것이다》.[315] 이러한 입장 - 현대 스위스 방법론에서는 누구보다도 MEIER-HAYOZ[316]가 주장하는 입장 - 은 일반적으로 《*객관적-역사적 방법*》이라고 부른다; 그러나 (객관적-)《입법시점을 기준으로 한》 해석 또는 《역사적(=주관적)-목적론적》 해석이라고 부르기도 한다.[317]

속되는 것이 아니기 때문》이다. 이에 대하여 SÄCKER(Einleitung N127)는 《역사적 입법자의 실제 의사를 지향하는 해석》을 옹호한다. WISCHMEYER, JZ 2015, 960ff. 는 입법자의 의사를, 거의 현실에 근접하는 (근접한다고 불리는!) 《집합적으로 의도적인 활동》이라고 표현한다.

311) BK-ZGB/MEIER-HAYOZ, Art.1 N151.

312) HECK은 법률을, 충돌하는 이익을 고려한 형량결정으로 정의한다. 이에 대해서는 M. AUER, ZEuP 2008, 517ff.

313) 자유롭게 번역하면 다음과 같다: 입법을 야기한 사회적/정치적 기본조건들(Rahmen-bedingungen)

314) MEIER-HAYOZ, SJZ 1952, 214.

315) HÖPFNER/RÜTHERS, AcP 209 (2009) 7.

316) BK-ZGB/MEIER-HAYOZ, Art.1 N151ff.; 같은 취지로 가령 A. KELLER, 225ff.; RIEMER, §4 N50ff.; HÜRLIMANN-KAUP/SCHMID, N106; TUOR/SCHNYDER/ SCHMID/JUNGO, §5 N13; STEINAUER, 111ff.

317) BYDLINSKI, Methodenlehre, 451f.

(3) 이에 대하여 다음과 같은 입장도 있다. 법률은 입법에 관여한 자들의 의사에 따라 《주관적으로》 해석해도 안 되고, 당시 법정책적 노력의 결과물로 해석해도 안 된다. 법률에서 사용된 단어의 객관적 의미 및 법률의 체계에 따라, 그리고 -《객관적-목적론적으로》- 시대에 부합하는, 법률의 제정시점과 비교하면 종종 변동되는 고려목적을 기초로 법률을 해석해야 한다. 이러한 《객관적-시대에 부합하는》 방법 - (객관적-)《법적용시점을 기준으로 한》 또는 《객관적-목적론적》 해석방법이라 부르기도 한다318) - 은 19세기말 경 독일학설에서, 특히 다음 3사람의 석학 (BINDING, WACH, KOHLER319))에 의해 주창되었다. 최근 독일 방법론에서는 - 적어도 경향상으로는 - 가령 LARENZ,320) CANARIS,321) ZIPPE-

---

318) 용어상 혼란의 척도를 완성시키기 위해 우리는 《주관적-시대에 부합하는》 방법을 생각해 볼 수 있다. 이 방법은 《시대에 부합하는 입법자라면 오늘날 무엇을 의도하였을 것인가》를 물어본다. (HÖHN, Praktische Methodik, 122). T. WALTER, Zeitschrift für Internationale Strafrechtsdogmatik 2016, 747f.는 이처럼 현재 입법자의 가정적 의사를 지향하는 해석방법을 옹호한다. 민주주의 이론의 측면에서 이러한 해석방법이 설득력이 없는 것은 아니다. 그러나 실무적 관점에서 다음 문제에 부딪힌다. 현재 입법자의 가정적 의사를 조사하는 것은 (현재 입법자가 아직 입법을 하지 않았다는 점을 고려할 때) 대부분의 경우 단지 의제적인 결과에 이를 뿐이다. 현재 입법자의 가정적 의사에 관한 명확한 징표가 실제로 존재하는 경우, - 이를 해석의 기준으로 삼는다면 - 이 책에서 주장하는 필자의 견해에 따르면 이는 객관적-시대에 부합하는(법적용시점을 기준으로 한) 방법이다.

319) BINDING, Handbuch des Strafrechts, Bd. Ⅰ (1885) 450ff.; WACH, Handbuch des deutschen Civilprozessrechts, Bd. Ⅰ (1885) 254ff.; KOHLER, GrünhutsZ 13 (1886) 1ff. 《1885/1886년의 소란스러운 전환》의 역사적-정치적 배경에 관한 생생한 설명으로 CARONI, 92ff.

320) LARENZ/CANARIS, 139: 《이에 따르면 법률해석의 목표는 종국적으로... 오늘날 법적으로 적절한, 즉 법률의 규범적 의미의 탐구일 수밖에 없다》. 그러나 법률의 규범적 의미는 역사적 입법자의 규율의도도 고려하여 확정해야 한다.

321) 무엇보다도 CANARIS, Feststellung von Lücken 참조. 이 책 전반(全般)에서 법률의 《내재적》 평가, 입법이유 또는 《법률에 있어 규율목적에 반하는 (객관적) 불완전성》을 말하고 있고, 역사적 입법자의 설정목적 또는 법률에 있어 의도에 반하는 흠결을

LIUS[322])가, 오스트리아에서는 Armin EHRENZWEIG[323])가, 스위스에서는 - 부분적으로 강조점의 차이는 있지만 - EGGER,[324]) GERMANN,[325]) MERZ[326]) 그리고 최근에는 EMMENEGGER/TSCHENTSCHER[327])가 주장하고 있다.[328])

cc) *연방대법원의 입장*

(1) 지금까지 언급한 이론대립에 관하여 연방대법원이 입장을 표명한 경우는 매우 많다.[329]) 그러나 이러한 입장들은 - 아래에서 보는 바와 같

말하고 있지 않다. 독일연방헌법재판소의 지도적 판결인 BVerfGE 1, 299 (312)도 객관적 해석이론을 명시적으로 받아들이고 있다.

322) ZIPPELIUS, 17ff.; 19ff. 간명하면서도 풍부한 설명으로 Chr. BALDUS, in: BALDUS/THEISEN/VOGEL, 26:《규범이 효력이 있는 것이지 규범설정자가 효력이 있는 것이 아니다》. 그러나 객관적-목적론적 해석방법을 날카롭게 거부하는 견해로는 RÜTHERS/FISCHER/BIRK, Rechtstheorie, §22 N806ff.

323) EHRENZWEIG, 78f.; WELSER/KLETEČKA, 27ff.도 참조. 이 책은(N99) 다음 명제로부터 출발한다. 객관적-목적론적 해석은《법률해석에서 중심적 역할》을 한다. 다른 견해(역사적 해석의 우선성)로는 KERSCHNER, in: FENYVES/KERSCHNER/VONKILCH (Hrsg.), 200 Jahre ABGB. Evolution einer Kodifikation (2012) 128f.; 133; KERSCHNER/KEHRER, §§6, 7 N39, N100. 이에 대해 비판적인 견해로서 다른 견해(객관적 해석요소의 우선성)로는 KODEK, §6 N138ff.

324) EGGER, Art.1 N15f.; 이전에는 특히 GMÜR, 곳곳에.

325) GERMANN, Probleme, 74ff.

326) MERZ, AcP 163 (1963) 317ff.

327) Art.1 N173ff.

328) 동일한 기본적 경향으로는 OFTINGER, SJZ 1967, 353ff., 358f.; YUNG, 64ff.; PERRIN, SemJud 1983, 609ff.; ders., 243ff.; STRATENWERTH, Festschrift Germann, 곳곳에.

329) 과거 실무의 분석으로 PERRIN, SemJud 1983, 609ff. 방법론상 질문에 대한 연방대법원의 최신 실무를 상세히 설명한 것으로 HÜRLIMANN-KAUP, ZBJV 155 (2019) 79ff.

이 - 통일적이지 않다. 비록 부분적으로는 항상 반복되는《지도적 문구 (Stehsätze)》가 활용되었지만.[330] MEIER-HAYOZ[331]는 연방대법원의 이 러한 동요(動搖)를《원칙적 무원칙성》이라고 비판한다. 이러한 비판이 전적으로 부당하다고 할 수는 없다.

(2) 이른바 현실적 필요로 인해 다음과 같은 판결이 미덕이 된다. 이 러한 판결은 의도적으로 자기 자신을 구속하지 않은 채, 모든 생각가능 한 해석기준을 각 기준의 무게를 서로 비교하지 않고 나란히 배치하거 나,[332] 솔직한《방법결단주의》라는 의미에서 방법론상 논거 -《법원이 볼 때, 개별 사안에서, 규범의 진정한 의미를 도출하는데 가장 적합한 논거》- 를 선택한다. 역사적 논거가 이른바《규범의 진정한 의미》에 가장 도움이 되는 논거라면, - 이미 언급한 BGE 83 Ⅰ 173 (178f.)처럼 - 역사적 논거가 전면에 등장한다. 반대로《문언적-문법적》논거가 가장 도움이 되는 논거라면, - 가령 BGE 110 Ⅰb 1(8)처럼 - 문언적-문법적 논거가 기준이 된다. 최근 판례는 이처럼 취사선택을 하는 태도를《*실용 적 방법다원주의*》라고 표현한다.[333] 이는 - 특히 포스트모던 방법주 의[334]에서는 - 타당한 입장처럼 보이지만, 법치국가적 관점에서는 유쾌

---

330) 연방대법원의 상이한 방법론상 시험용 블럭들을 매우 비판적 관점에서 목록화한 것으로 HOTZ, 33ff.

331) MEIER-HAYOZ, SJZ 1956, 173. 최근 문헌으로 STEINAUER, 110:《...우리 최고법 원의 방법론상 지침의 전적인 결여...》. (입법자료의 중요성에 관한) 독일 판례의 경향 에 대해서는 FRIELING, 3:《자의(恣意)가 지배한다!》

332) BGE 130 Ⅱ 65 (71).

333) BGE 110 Ⅰb 1 (8); 114 Ⅴ 219 (220); 121 Ⅲ 219 (225); 125 Ⅱ 326 (333); BGer ZBGR 2003, 91 (96); BGE 127 Ⅲ 415 (416); 128 Ⅰ 34 (41); 130 Ⅲ 76 (82); 133 Ⅲ 175 (178); 133 Ⅲ 645 (651); 134 Ⅴ 170 (174); 135 Ⅲ 112 (116); 136 Ⅲ 283 (284); 138 Ⅱ 440 (453); 138 Ⅲ 694 (698); 139 Ⅲ 411 (415); 140 Ⅲ 206 (214); 141 Ⅱ 262 (272); 143 Ⅲ 646 (649); 143 Ⅳ 49 (54).

하지 않은 입장335)이다. 설령 연방대법원의 *방법기회주의*(이는 실제로 관건이 된다)가,《합리적》결론을 도출하기 위해 노력하는 과정에서 자신의 손을 묶어 두는 것을 원하지 않는336) 법원의 관점에서 납득할 수 있는 것이기는 할지라도. 이러한 관점에서는 엄밀히 말해 방법론상 규칙들은 단지, 일단 감정적으로《공평하다》고 인정되는 해석결론을 *사후적*으로 정당화하는 기능만을 한다. 따라서 방법론상 규칙들은 법원의 해석활동을 객관화하는 어떠한 조종기능도 갖고 있지 않게 된다.337)

---

334) 이를 전형적으로 보여주는 문헌으로 FEYERABEND, Wider den Methodenzwang, 10. Aufl. (2007).

335) 타당한 지적으로 H. HUBER, ZBJV 94 (1958) 466f.: 연방대법원이(BGE 83 I 173[178f.]에서)《법원이 볼 때 개별사안에서 규범의 의미를 가장 잘 드러내는 모든 해석방법이 법원 입장에서 환영받는다고 판시할 때, 우리는 경악해야 한다. 왜냐하면 해석방법의 결정은 재량에 맡길 수 없고, 선재하는 것이어야 하기 때문이다. 즉 허용되는 방법과 허용되지 않는 방법이 존재한다...》; SCHÜNEMANN, 171f.도 같은 취지: 방법선택이 개별문제에 의존한다면, 해석의 과정은 명백히《순환적이게 된다. 왜냐하면 개별문제를 결정하는 해석방법의 선택이 개별문제에 의해 조종되고, 그에 따라 모든 논증이 선결문제의 오류에 빠지기 때문이다》. 연방대법원의《방법다원주의》에 비판적 견해로는 PICHONNAZ/VOGENAUER, AJP 1999, 417ff.도 참조(《방법이 없는 방법》). AMSTUTZ, ZSR 126 (2007) II, 272에 따르면 방법다원주의는《거의 한계가 없는 법발견의 자유》로 귀결된다. BIAGGINI, Ratio legis, 67은《방법다원주의》에 호소하는 것을 우려스럽게 바라보지만, 연방대법원이 실제로는 (방법다원주의의 뒷받침을 받는)《규칙에 기초한 해석실용주의》를 취하고 있다고 본다; ders., Symposium Rhinow, 44. 연방대법원의 방법다원주의를 정당화하는 설득력있는 시도로는 H.P. WALTER, recht 1999, 157ff.; ders., ZBJV 147 (2011) 225. 여기서는《해석기준들의 다원주의》라고 말한다; 이에 동의하는 견해로 CR CC I/WERRO, Art.1 N61ff.; EMMENEGGER/TSCHENTSCHER, Art.1 N201ff. SEILER, Praktische Rechtsanwendung, 129에 따르면 연방대법원이 사용하는《전통적 방법이...그 방법에 대한 평판보다 낫다》.

336) H.P. WALTER, in: EHRENZELLER u.a. (Hrsg.), Präjudiz und Sprache - Precedence and its Language (2008) 143은 개별사안의 공평이라는 공준(公準)과 관련하여 이러한 관점을 강조한다. 따라서 HOPF가 오스트리아 최고법원 판례를 분석하여 다음과 같은 결론에 이른 것 - 오스트리아 최고법원은 방법문제에서《방법실용주의》를 따르고 있다 - 에 놀랄 필요가 없다. HOPF, 1074.

(3) 입법시점을 기준으로 한 해석과 법적용시점을 기준으로 한 해석 사이의 관계에 대하여 의견을 제시하는 일련의 연방대법원 판례들은 모두, (상대견해보다) 더 원칙적인 입장확정에 이르려고 시도한다.

한편으로는 다소 비타협적으로 *객관주의*를 따르는 판례가 있다. 이러한 입장을 취하는 대표적 판례는 BGE 81 Ⅰ 274 (282)이다:《입법자료에 있는 것 또는 입법관청에서 입법조언이 이루어지는 과정에서 언급된 것들은 해석기준이 될 수 없다》; 오히려《일반적 법관념에 비추어 법률로부터 도출할 수 있는 것 - 이 과정에서 현재의 관계들이 고려되어야 한다 -》만이 해석기준으로 적합하다.338) 연방대법원이 법률은《그 자체로부터》해석되어야 함을 강조할 때에도, 연방대법원은 원칙적으로 객관주의 관점에서 출발하는 것이다.339)

BGE 112 Ⅱ 1 (4)로 대표되는 다음과 같은 입장은 *보다 타협적으로*

---

337) 연방대법원《방법》의 결과지향성은 특히 다음 지도적 문장에서 명시적으로 드러난다:《규범적 구조 내에서 실질적으로 정당한 결정, 입법목적의 만족스러운 결과를 기준으로 설정된 결정이 요청된다. 이 사안에서 연방대법원은 실용적 방법다원주의를 따른다...》(BGE 121 Ⅲ 219 [225]도 같은 취지; 최근 판례로는 가령 BGE 135 Ⅲ 112 [116]; 144 Ⅲ 100 [103]). 이러한《*사후적* 방법》에 대한 타당한 설명으로는 STRATENWERTH, Allgemeiner Teil Ⅰ, §4 N34:《규범의〈진정한 의미〉- 해석을 통해 비로소 탐구되었어야 할 의미 - 가, 어떠한 해석방법이 구체적 사안에서 규범의 진정한 의미를 확정하는데 가장 적절한지에 대하여 결정하게 된다》. 이미 각주 335의 인용도 참조.

338) 착안점이 명백히 객관주의적이라는 점에서 유사한 판례로는 가령 BGE 63 Ⅱ 143 (155f.); 68 Ⅱ 116 (124); 116 Ⅰa 359 (368) 및 각주 350에서 인용한 판례들 참조. BGE 110 Ⅱ 293 (300)도 참조: 입법자의 명확한 의도에도 불구하고 객관적-목적론적으로 해석해야 한다; BGE 103 Ⅰa 394 (403) 및 107 Ⅰa 234 (237):《사실관계의 변화》는, 이러한 해석이 법률문언과 합치하는 한. 객관적-시대에 부합하는 해석을 통해 고려되어야 한다. 해석의 조정기능에 관해서는 이미 BGE 82 Ⅰ 150 (153)도 참조. BGE 123 Ⅲ 292 (298):《시대에 부합하는 법적확신》과《법적용시점의 원칙사고(思考)》를 기준으로 삼는 것.

339) 가령 BGE 142 Ⅲ 102 (106); 143 Ⅲ 646 (649).

*객관주의적*이다: 입법을 위한 사전작업은《구속력도 없고 해석에 관하여 직접적으로 결정적이지도 않다》; 가령, 준비과정에 참여한 기관이나 사람의 발언은 법률문언에 표현되지 않는 한, 해석의 기준이 될 수 없다》. 단지《규범 자체, 이를 위해 미리 준비된 형식에 따라 입법관청에 의해 발령된 규범 자체》만이 구속력이 있다. 그러나 이 말이《입법자료를 고려할 필요가 없다는 뜻은 아니다. 불명확하거나 불완전한 규정의 경우, 규범의 의미를 인식하고 잘못된 해석을 피하기 위해 입법자료를 가치있는 보조수단으로 활용할 수 있다》.[340] BGE 115 V 347 (349)는 다음과 같이 덧붙였다. 가령《비교적 최근 법률》[341]에서는 역사적 입법자의 의사를 무시하면 안 된다. 왜냐하면 - BGE 135 III 59 (63) 및 139 III 98 (100)에서 말하는 것처럼 -《입법 이후 지금까지 사회적 관계가 본질적으로 변하지 않았다》는 전제에서 출발해야 하기 때문이다. 그러나 이 경우 입법자료가 명확한 답을 제시해야 하고[342] 법률문언에 입법자료가 반영되었어야 한다.[343]

---

340) 부분적으로 동일한 문언의 판시로는 가령 BGE 100 II 52 (57); 112 II 167 (170); 유사한 판례로는 BGE 116 I a 359 (368); 125 II 192 (196); 134 V 170 (174)도 참조. BGE 100 II 52 (57)에 따르면《규정의 문언이 서로 모순되는 다양한 해석》을 허락하고 입법자료가 이에 대하여《명확한 답》을 주는 경우,《심지어 입법사를 활용하는 것이 요구될 수 있다》. 국제법에서 유사한 내용으로는 조약법에 관한 비엔나협약 제32조.

341) BGE 115 V 347 (349) 이외에 이 논거를 언급한 판례로는 가령 BGE 118 II 50 (53); BGE 127 III 342 (344)는《(최근의) 입법적 의사》를 기준으로 하였다; BGE 131 II 697 (703); 133 V 9 (11); 133 III 273 (278); 134 V 170 (175); 137 III 470 (472); 138 II 440 (453); 142 V 457 (460); 144 I 242 (252); 144 III 29 (40); 145 III 56 (59). 같은 취지 - 부정적 맥락에서 - 로는 BGE 103 I a 288 (290) 및 BGE 116 II 525 (527)도 참조: 오래된 입법자료일수록 그 입법자료를 고려할 필요성은 떨어진다 (BGE 114 I a 191[196]; 116 II 411[415]도 같은 취지).

342) 명확성 논거를 강조하는 판례로는 BGE 100 II 52 (57f.); 103 II 294(304); 114 I a 191 (196); 116 II 525 (527); 122 III 469 (474); 133 III 273 (278); 134 V 170 (175); 139 III 368 (373); 141 III 101 (103); 141 V 25 (28)도 참조.

(4) 다른 판례들은 - 객관주의적 입장을 취하는 판례들의 선명성보다 - 더 뚜렷하게 《*주관주의적 입장*》을 취한다: BGE 68 Ⅱ 106 (111)과 83 Ⅳ 128 (130)은 역사적 입법자의 명확한 의도를 결정적으로 고려하였다.[344] 역사적 입법자의 명확한 의도는 문언과 일치하지 않거나 《실무상 절대로 수용할 수 없는 경우》를 제외하고는 원칙적으로 구속력을 갖는다.[345] BGE 116 Ⅱ 525 (527)[346]는 처음에는 《객관주의》를 강조한다. 《법률은 우선 그 자체로부터 (즉 문언, 의미와 목적) 그리고 그 법률의 근저에 놓인 평가를 기초로 해석되어야 한다》; 따라서 역사적 해석은 《그 자체만으로는 결정적이지 않다》. 이어서 판례는 입법자료의 위상에 관하여 언급한다. 입법자료는 《불명확한 법률조항에 관하여 명확한 답을 주고 법률문언에 반영된 경우에만 중요한 의미를 갖는다》.[347] 그러나 연방대법원은 이렇게 말하면서 MEIER-HAYOZ가 강조한 객관적-입법당시를 기준으로 한 방법의 우선성에 접속한다: 법관은 《우선 입법당시를 기준으로 한 규범의 의미를 탐구해야 한다》. 《비록 법관이 목적론적 해석이나 법형성을 통해 법률을, 입법자가 예상하지 못한 새로운 상황에 맞춰 조정하거나 보충하더라도》, 《규율의도 및 입법자가 자신의 의도를 추구하는 과정에서 내린 가치판단으로서 우리가 인식할 수 있는 것》은 《법관에게 구속력이 있는 가이드라인이다》.

---

343) BGE 115 Ⅴ 347 (349) 이외에 BGE 114 Ⅰa 191 (196); 116 Ⅱ 525 (527); 122 Ⅲ 469 (474); 134 Ⅴ 170 (175); 139 Ⅲ 368 (373)도 참조.

344) 지극히 주관주의적 판례로는 BGE 119 Ⅱ 183 (186): 《...입법자의 의사와 그 의사 아래 놓인 가치판단은 결정적 요소, 법관이 심지어 목적론적 해석의 틀 내에서도 무시할 수 없는 결정적 요소이다》. 최근 판례로는 BGE 127 Ⅲ 342 (344): 《이러한 (최근) 입법적 의사에 연방대법원은 구속된다》. 이 판례에 비판적 입장으로는 RIEMER, recht 2002, 150.

345) BGE 83 Ⅳ 128 (130). 같은 의미로는 BGE 68 Ⅱ 106 (111).

346) 상당부분 동일한 판시로는 이미 BGE 114 Ⅰa 191 (196).

347) 동일한 판시로는 BGE 122 Ⅲ 324 (325).

BGE 134 Ⅲ 273 (277); 135 Ⅴ 319 (321)은 BGE 116 Ⅱ 525 (527)의 위 판시를 문언 그대로 인용하였다; 유사한 판시(《구속력 있는 가이드라인》)로는 BGE 140 Ⅲ 206 (213f.). BGE 116 Ⅱ 525 (527)의 오락가락하는 입장에 대해서는 HÖHN, Praktische Methodik, 214: 인용된 판시는 유감스럽게도 《명확성이 없고 혼란을 일으킨다. 왜냐하면 위 판시는 모순되기 때문이다》. BGE 118 Ⅱ 273 (280)도 명확하지 않다: 《입법사로부터 입법자가 법률문언의 문언해석을 통해 도출되는 결론을 실제로 의도하였는지에 관해 명확한 단서가 발견되지 않는 경우에는 특히, 규범의 목적을 물어보는 것이 전적으로 정당화된다》. BGE 121 Ⅲ 219 (225) 및 127 Ⅲ 415 (416)도 매우 불명확하다: 《법률의 해석이 결정적 의미에서 역사적 성격을 갖는 것은 아니다. 그러나 법률의 해석은 원칙적으로 입법자의 규율의도 및 그와 함께 이루어진 입법자의 가치판단 - 외부에서 인식가능한 가치판단 - 을 기초로 해야 한다. 왜냐하면 법치국가적 규범이해의 목적관련성은 그 자체만으로 정당화 근거를 갖출 수 없고, 입법자의 의도 - 전통적 해석요소의 도움을 받아 탐구될 수 있는 입법자의 의도 - 로부터 도출되어야 하기 때문이다》. 《결정적이지는 않지만》, 《그러나 원칙적으로》: 우리는 위 두 문장을 어떻게 이해해야 하는가? BGE 129 Ⅰ 12(15f.)도 불확정적이다: 법률은 우선 《그 자체로부터》 해석되어야 한다. 《역사적 해석》은 《그 자체로는 결정적이지 않다. 그러나 다른 한편으로 역사적 해석은 입법자의 규율의도, 가령 입법자료로부터 드러나는 규율의도를 보여줄 수 있다. 이러한 규율의도는 그 규율의도를 추구하는 과정에서 이루어진 입법자의 가치판단과 함께 법관에게 구속력 있는 가이드라인이 된다》; BGE 143 Ⅲ 646 (649)도 유사하다. 다양한, 계속 반복되는 연방대법원의 방법공식에 대한 비판으로는 BIAGGINI, Ratio legis, 66도 참조: 《연방대법원은 서로 다른 - 부분적으로 모순되는 - 방법공식과 문언블럭들이 야생의 상태에서 성장하는 것을 종식시켜야 한다》.

dd) 《객관적》 또는 《주관적》 해석방법을 지지하는 논거

(1) 우리가 해석방법의《주관적》또는《객관적》지향에 찬성 또는 반대하는 논거를 고려할 때에만, 꽤 혼란스러운 상황을 해명하는 것이 가능하게 된다. 입장을 표명하는 것이 주저된다는 점은 이미, 무조건의《입법자료 숭배(Materialienkult)》와 같은 비타협적·극단적 해법은 애초부터 수용될 수 없고, 결과적으로 타협적 입장이 아마도 자리를 차지하게 될 것임을 암시한다. 객관적 입장을 지지하는 논거를, 체계적으로 목록화하고 비판적 심사의 대상으로 삼은 것은 Philipp HECK[348])의 공적이다. 다음 내용은 그의 논거들에 기초한 것이다.

(2) 객관적 입장을 지지하기 위해 종종 《해석학적》(즉 일반적 정신과학적 해석이론으로부터 도출되는) 논거가 주장된다. 이에 따르면 법률문언은 다른《정신적 작업물》과 마찬가지로, 무엇보다도 시(詩)라는 작업물과 마찬가지로, 출판과 함께 원작자를 떠나 원작자가 더 이상 통제할 수 없는 자기 자신의 삶을 펼친다.[349]) 연방대법원[350])이 판시한 것처럼, 법률이 시행되는 즉시 《독자적인 현존재, 입법자의 의사로부터 독립적인

---

348) HECK, Gesetzesauslegung und Interessenjurisprudenz, 67ff.; 그에 따르는 견해로 HASSOLD, ZZP 94 (1981) 207ff.

349) 우리는 《정신작업의 초과하는 의미》라고 말하기도 한다. COING, 27; MERZ, AcP 163 (1963) 318f. 정신작업의 《영향사》에 대해서는 GADAMER, 305ff.

350) BGE 115 V 347 (349): 같은 취지로는 가령 BGE 112 II 167 (170); 134 V 170 (174f.); 139 III 368 (373). MEZGER, ZStrW 59 (1940) 573도 참조:《법률은 탄생하자마자, 사회라는 전쟁터로 들어간다. 지금부터 법률은 이 전쟁터로부터 자신의 계속적 효력을 도출할 뿐만 아니라. 내용적 측면에서 자신의 추가적인 모습도 도출한다》.

현존재》가 법률에 귀속된다. 종종 인용되는 라드브루흐351)의 표현에 따르면 이는 해석에 관하여 다음과 같은 의미를 갖는다:《해석자는 입법자가 법률을 이해하였던 것보다 더 잘 법률을 이해할 수 있다. 법률은 입법자보다 현명할 수 있다 - 심지어 법률은 입법자보다 현명*해야 한다*》.

그러나 문언의 원작자로부터 해방된(《자율적》) 해석을 지지하는 해석학적 사물논리 논거는 결코 논리필연적이지 않다.352) 해석자를 가급적 입법자의 의도에 초점을 맞춘 해석에 붙들어 두는 것은, 전혀 비현실적이지 않다. 법률해석 방법에서 결정적인 것은, 입법자에 초점을 둔 해석에 찬성(또는 반대)하는 *법적* 근거가 있는지 여부이다.353) 앞서 인용한 라드브루흐의 촌철살인(Aperçu) - 법률은 입법자보다 현명할 수 있고 현명해야 한다 - 은 우려스러운 점이 있다. 왜냐하면 이는《방법정직성》이라는 관점과 배치되는, 법관의 자기평가의 은폐를 촉진하기 때문이다. 법관은 비유적 표현인《더 현명한》법률 뒤에 자기평가를 숨기고, *법관의 목적*을 근거를 밝히지 않고 편하게 *입법목적*으로 제시할 수 있다.354)

(3) 객관적 해석을 지지하는 법적 논거, 법해석에 특화된 논거로는, 입법자료의 전적인 무관련성을 *일견(一見)* 지지하는《*형식논거*》가 있다.

---

351) RADBRUCH, 207; 그 전에(1885) 이미 같은 취지로 VON BÜLOW(MEDER, in: SENN/FRITSCHI [Hrsg.], Rechtswissenschaft und Hermeneutik, 2009, 32에서 재인용).

352) 무엇보다도 E. D. HIRSCH Jr., Prinzipien der Interpretation (1972) 15ff.; ENGISCH, Einführung, 118도 참조. 상세한 최근 문헌으로 FRIELING, 187ff.도 참조.

353) 종국적으로 결정적인 것은 - 모든 근본적 방법론상 입장설정(14-15면 참조)에서와 마찬가지로 - 법관의 역할 및 기능에 대한 국가이론적 고려이다. 타당한 지적으로는 KOCH/RÜSSMAN, 179:《따라서 *국가이론적 고려가 해석목표의 선택을 위한 근거를 만든다.* 이에 반해 문언의 〈진정한 의미〉가 무엇인지 그리고 〈올바른 이해〉가 무엇인지에 관한 언어철학적 고려나 해석학적 사변(思辨)은 해석목표의 선택을 위한 근거를 제공하지 않는다》.

354) MEIER-HAYOZ, SJZ 1952, 216; SÄCKER, Einleitung N80.

형식논거에 따르면 오직 법률문언(《입법을 위해 제공된 형태에 따라 입법관청이 제정한》[355] 법률의 문언)만이 법적 구속력이 있고, 단순한 사전작업물(*법안준비작업과 관련된 문서:travaux préparatoires*)은 법적 구속력이 없다. 그러나 이러한 결론도 결코 논리필연적이지 않다. 형식논거는, 다양한 해석을 허락하는 법률문언을, 입법자료를 근거로 최대한 역사적 입법자의 의미에 부합하게 해석하는 것을 반대하지 않는다. 입법자료를 고려하는 것은 단지 다음과 같은 경우에만 우려스럽다. 입법자료에서 이루어진 형량이 - 아무리 해석하더라도 - 법률문언에 전혀 나타나지 않고, 이러한 의미에서 한 번도 《암시되지》 않은 경우.[356] 우리가 이러한 한계를 준수한다면, 가능한 한 입법자의 의사에 기초한 해석을 지지하는 헌법상 논거로 다음과 같은 점을 들 수 있다. 오직 이러한 해석상의 지향만이 권력분립원칙과 판례의 법률구속성에 부합한다.[357] 그러나 이에 반대하여 다음과 같이 주장할 수도 있다. 엄격한 권력분립에서 출발하지 않고, 어느 정도 제한된 범위에서 현재에 부합하는 조정을 하는 기능, 지금 시점의 요청에 맞춰 입법을 《업데이트하는》 기능을 사법부에 부여하는 것이 오히려 정당하다(이러한 주장에 대해서도 헌법이론상 오랫동안 다툼이 없었다).[358]

(4) 객관적 해석을 지지하는 《*신뢰논거*》는 시민의 《규범수령자로서의

---

355) BGE 112 Ⅱ 1 (4); 1995. 11. 13. 연방보험법원 판결(BGE 121 Ⅴ 181에서 위 판결 중 일부만 공개되었다). 공표요건의 의미에 관해서는 R. WALTER, 195f.도 참조.

356) 《암시이론》에 관해서는 HASSOLD, ZZP 94 (1981) 208. 포르투갈 민법 제9조 제2항은 다음과 같이 명시한다: 입법자의 의사가 문언에 한 번도 암시되지 않은 경우, 입법자의 의사를 존중해서는 안 된다.

357) BK-ZGB/MEIER-HAYOZ, Art.1 N152. 헌법적 논거는 BIAGGINI, recht 1992, 67에서 강조되었다: 《민주주의 원리의 관점에서 규범적용시 입법자의 규율의도에 결정적 무게는 아니더라도 상당한 무게가 부여되어야 하는 것 아닌가...?》.

358) 가령 SEILER, 297ff. 참조. 더 상세히는 320면 이하 참조.

지평(地平)》과 관련이 있다. 시민은 - 오늘날의 언어관용에 따라 이해된 - 법률문언을 지향할 수 있어야 하고,[359] 따라서 시민에게 해석적 고려 시 입법자료를 함께 포함시키도록 요구해서는 안 된다. 이러한 논거는 법률문언에 암시적인 방법으로도 한 번도 드러나지 않은 입법자료와 관련해서는, 꽤 자명해 보인다. 그러나 이러한 논거가, 문언상 가능한 복수의 해석들 중에서 역사적 입법자의 의사에 가장 부합하는 해석을 선택하는 것을 반대하지 않음은 분명하다. 그러나 현재의 언어관용과 역사적 입법자에 익숙한 언어관용 중 해석은 어느 언어관용을 근거로 해야 하는가라는 질문에 관하여, 신뢰논거는 원칙적으로 오늘날의 언어지평 또는 이해지평과의 연결을 지지한다.[360]

(5) 객관적(-목적론적) 해석을 지지하는 가장 중요한 논거는 《법형성 논거》《보충논거》로 보인다: 《입법자는 어느 날 법을 만들지만, 법은 지속되기 위해 만들어진다》.[361] 오로지 객관적-목적론적 해석과 법형성만이 법률을 현실의 요청, 새로운 《규범상황》에 맞춰 계속적으로 조정하는 것을 허락한다(허락하는 것처럼 보인다). 그렇지 않으면 법률은 어느 의미내용 - 역사적으로는 이해할 수 있지만, 오늘날은 그저 시대착오적으로 보이는 의미내용 - 으로 《돌처럼 굳어질 것이다》.[362] 이미 언급한 것처

---

359) 가령 DESCHENAUX, 84: 《법관은 법률수신자가 그 법률에 합리적으로 부여할 수 있는 의미를 법률로부터 도출해야 한다》; STAUFFER, ZBJV 87 (1951) 7f.; BGE 114 I a 25 (28)도 참조. 직접민주주의의 기능방식을 근거로 한 흥미로운 논거(국민은 국민투표 안건의 *문언*에 대하여 투표를 한다)로는 SPEISER, ZSR NF4 (1885) 559f.
360) 이미 68-69면 참조.
361) YUNG, 68.
362) BGE 82 I 150 (153): 《법률제정 시점의 생각을 완고하게 고집하면, 변화된 사실, 상황, 그리고 견해에 맞춰 법률을 조정하는 것이 방해받을 것이다. 그리고 입법의 급속한 과도노화가 발생할 것이다》; 이에 동의하는 견해로는 OFTINGER, SJZ 1967, 358f.; 아펜젤이너로덴주의 여성투표권에 관한 연방대법원의 유명한 결정도 같은 취

럼363) 《평가에 열려있는》 구성요건요소와 법적효과요소, 특히 일반조항은, 해석자에 의해 새로운 평가지평에 맞춰 유연하게 조정될 수 있다. 오래전 입법된 민법이 - 1804년 프랑스민법 또는 1811년 오스트리아민법을 생각해 보자 - 오늘날 여전히 역사적 입법자가 그 법률에 부여한 의미로 해석된다면, 이러한 민법이 어떻게 급속히 변한 사회환경에서 합리적으로 존속할 수 있겠는가?

GRIMM의 견해 참조, in: Verhandlungen des Funften Osterreichischen Juristentages Wien 1973, Bd. Ⅱ/1 (1974) 116:《...소유권, 책임, 계약과 같은 우리사법의 중심제도는 전(前)산업화시대로부터 기원한다... 이러한 상황에서 법이 조정기능을 잃어버리지 않으려면, 다음과 같은 탈출구밖에 없다. 법적용자가 부족한 부분을 채우고 어느 정도 보완적 입법자로서 활동해야 한다》. 프랑스민법에 관한 생생한 서술로는 KÖTZ, Über den Stil höchstrichterlicher Entscheidungen (1973) 11f.:《우리는 단지 다음을 기억할 필요가 있다. 프랑스민법은 지금 거의 170년간 시행되고 있고, 그 문언 대부분은 1804년 제정 당시와 동일하다. 그리고 우리는 다음을 이해하게 될 것이다. 법전은 완전히 변화된 환경에서 자신의 기능을 유지하기 위해, 매우 두터운 층의 법관법으로 뒤덮이게 된다. 또한 우리는 다음을 이해하게 될 것이다. 우리는 오늘날 확신을 갖고, 건물의 붕괴를 야기하지 않은 채, 법률을 법관법 아래로 옮겨 놓을 수 있다》. 연방대법원 판례의 조정작용의 좋은 사례로 BGE 110 Ⅱ 456 (스위스채무법 제55조에 근거한 제조물책임 관련 《맨홀 프레임 (Schachtrahmen)-판결》).

지이다. BGE 116 Ⅰa 359 (386); 폭넓은 전거와 함께 판례에 대해서는 각주 338 참조. 헌법해석에서 당대(當代)역사를 포함시키는 것에 관한 유익한 문헌으로(아펜젤주의 투표권결정을 소재로 삼고 있다) HAFNER, AJP 1996, 296ff.
363) 51면 이하 참조.

그런데 오늘날 이러한 법형성 필요성은, 입법사에 우선적으로 초점을 둔 해석방법을 지지하는 대부분의 사람들도 부정하지 않는다:《규범의 역사적 해석이 변화된 생활관계를 고려할 때, 만족스럽지 못하거나 전혀 수용할 수 없는 것으로 밝혀진 경우》, MEIER-HAYOZ[364]가 강조한 것처럼, 최종적으로 법관에게《다음 역할이 요청된다. 입법시점을 기준으로 한 해석을 통해 획득된 결과에서 벗어나, 법률문언의 틀을 준수하는 법형성을 통해 새로운 의미를 발견하는 것》. 입법사가《현재시점에 맞춰 법률을 조정하는 것(실질적으로 정당화되거나 강하게 요구되는 조정)을 방해하는 구실이 되어서는 안 된다》. 그러나 이러한 법관의 조정은 법적용자에 의해 독자적으로 선언되고 근거지워져야 한다; MEIER-HAYOZ는 이러한《근거설정강제》가 객관적-목적론적 (법률의 적용시점을 기준으로 한) 접근법 - 이러한 접근법은 비밀리에 다음과 같은 시도를 한다. 즉 법원은 가상적인《더 현명한》법률 뒤에 또는 마찬가지로 가상적인, 상세한 근거가 제시되지 않은, 이른바 현재와 관련된 고려목적 뒤에 숨는다. - 에 대한 원칙적으로 법률의 입법시점을 기준으로 한 해석의 특별한 장점이라고 본다.

BK-ZGB/MEIER-HAYOZ, Art.1 N155 참조; VALLENDER, Objektive Auslegung, 84는《마법의 공식(Zauberformel)》으로서《객관적 해석》이라고 비판적으로 말한다; BUSSE, 33ff.; JESTAEDT, 61(요약하여). VESTING, 121 (N199)에 따르면, 객관주의와 목적주의는《거의 여과되지 않은 현실접속(Wirklichkeitszugriff)을 위한 가능성과 활동공간》을 열어준다.《객관이론》에 반대하는 비판적 입장에 대해 상세히는 RÜTHERS/FISCHER/BIRK,

---

364) BK-ZGB/MEIER-HAYOZ, Art.1 N154; 이미 같은 취지로 LIVER, Wille des Gesetzes, 28f.; 다른 - 법률의 화석화를 명시적으로 감수하는 - 견해로는 GELZER, recht 2005, 47 (요약하여); 이에 반대하는 타당한 견해로는 VAN SPYK, recht 2005, 213ff.

Rechtstheorie, §22 N806ff.; RÜTHERS, JZ 2006, 60도 참조. 여기에서 RÜTHERS는 객관적-목적론적 방법은 헌법에 정면으로 반한다고 대단히 과장하여(비판적인 견해로는 OGOREK, 160f.도 참조) 주장한다. 독일은 《이러한 방법실무를 통해 의회민주주의에서 과두제 법관국가로 변화》하였다; ders., Rechtstheorie 2009, 262f.; ders., Die heimliche Revolution vom Rechtsstaat zum Richterstaat (2014); HILLGRUBER, Journal für Rechtspolitik 9 (2001) 284는 오로지 주관적-목적론적 방법이 헌법에 부합한다는 입장이다. 이러한 입장은 RÜTHERS의 입장과 부합한다. 법관법적 법형성의 헌법상 한계에 대해서는 318면 이하 참조.

ee) 필자의 입장

(1) 우리가 결정적 질문들에서 개별 반대 입장들에 다가간다면, 즉 우리가 《객관주의자》로서 - 주로 입법자료를 통해 확인되는 - 법률의 입법사가 해석과 무관하지 않다는 점을 인정하고, 이미 언급한 것처럼 우리가 《주관주의자》로서 법적용자가 법률을 현재 필요성에 맞춰 조정할 수 있다는 점[365]을 시인한다면, 법학방법에 관한 논쟁의 중요성은 상당부분 의미를 잃게 된다. 따라서 이 책에서 필자의 입장과 같이 *중재(仲裁)하는 입장, 절충적 입장*을 선호한다면, 원칙적으로 객관적 입장을 선호하는지 또는 주관적 입장을 선호하는지 여부는, 실무상 많은 사례들에서 역할을 하지 못한다.[366]

---

365) 명시적으로 명령수정과 명령거절을 긍정하는 문헌으로 HECK, AcP 112, (194) 201ff.
366) 그렇다면 HÖHN, Praktische Methodik, 122가 시대에 부합하는 해석과 역사적 해석 사이의 논쟁의 실익이 《단어들 사이의 대립은 웅장함》에도 불구하고, 미약하다고 언급한 것도 이해가 된다. 하지만 그럼에도 불구하고 이 문제가 방법론상의 《부수적 주제; Nebenschauplatz (HÖHN a.a.O)》는 아니다. 왜냐하면 입장을 정하는 것이 - 비록 최종적으로는 절충설로 기울더라도 - 해석의 시각을 위해서는 결정적이기 때문이다.

(2) 다음과 같은 점은 *법적용 시점의, 객관적 목적론적, 해석관점을 원칙적으로 지지*하는 근거가 된다. 법적용은 일종의 《과거극복(Vergangen-heitsbewältigung)》이나 《해석적 고고학》367)이 아니고, - 현재 사례를 판단해야 하기 때문에 - 현재 또는 미래에 관한 작업이다; 따라서 원칙적으로 분쟁대상 법률은 이러한 기능 - 현재 분쟁상황의 극복 - 을 가장 적절하게 고려하여 해석해야 한다. 위대한 프랑스 법학자 Raymond SALEI-LLES는 다음과 같이 말한다: 법률해석은 《사회적 적응을 탐구하는 것이다; 법률이 적용되는 환경에 해당하는 사회적 조건을 고려하여 법률을 명확히 하는 것이다》.

SALEILLES, De la déclaration de volonté (1901) 215. LARENZ/CANARIS, 139도 참조: 《지금 법률을 해석하는 사람은, 그가 살아가는 시대의 질문에 대한 답을 법률에서 찾는다》; 타당한 지적으로는 WELZEL, An den Grenzen des Rechts: die Frage nach der Rechtsgeltung (1966) 30f.도 참조: 《법은 사회적 삶의 질서를 위한 의미구조의 복합체이다. 이 복합체는 확립된 제도적 형태를 기초로 그 제도적 형태의 현재의 구체적 조건들을 고려하여 부분적으로 계속되고, 부분적으로 새롭게 구성되어 확립된다》; 입법은 이 과정에 판례 및 학설과 마찬가지로 참여한다; 최근 문헌으로 HIRSCH, ZRP 2012, 208; SÄCKER, NJW 2018, 2376f. 스위스문헌으로는 가령 YUNG, 68: 《입법자는 어느 날 입법을 하지만, 법은 계속되기 위해 만들어진다》; J.P. MÜL-LER, Liber amicorum, 1455: 《헌법국가에서 법학방법의 질문은 "이 문언으로 무엇을 의도하였는가?"가 아니다. 법관은 현재 법사회의 구성원으로서, 법문언이 현재 법사회의 이익들, 문제들, 갈등들 중 어느 것에 대하여 의미 있는 답변을 하는지, 합리적인 법참여자라면 현존하는 실무상 과제의 해결

---

367) 《성문법 고고학의 불충분성》에 대해서는 ESKRIDGE, Dynamic Statutory Inter-pretation, (1994) 13ff.

을 위해 문언으로부터 무엇을 도출할 수 있는지 질문한다》; 이미 REICHEL, Gesetz und Richterspruch, 70ff(적용결과지향적인 법적 해석과 철학적 해석 사이의 구조적 차이를 분명히 밝히고 있다; 이에 대해서는 다시 DWORKIN, ARSP 1994, 474도 참조). 스페인 민법 제3조 제1항은 미래지향적이다: 규범 해석자는《그 규범이 적용되는 시대의 사회적 현실》을 고려해야 한다. 이에 관하여 스페인 학설은 해석의《사회적 논거》라고 표현한다. 포르투갈 민법 제9조 제1항도 스페인 민법과 유사하다.

Eugen EHRLICH가 Herbert SPENCER에 찬동하면서 말한 것처럼,[368] 법률은 많은 경우《살아있는 자에 대한 죽은 자의 지배》이다; 이러한 지배는 업데이트를 하는 법적용, 과거와 현재를 교차시키는 법적용을 통해 완화되어야 한다.《낡은 사회적 관점이 현재 사회를 인질로 잡고 있어서는 안 된다》.[369] 이는 해석은 가능한 경우에는 항상, 현재의 평가지평[370]에 따라 이루어져야 한다는 것을 뜻한다. 이 점은 일반조항을 구체화하는 경우 특히 뚜렷해진다.[371] 현재의 평가지평이 현재의 입법으로서, 체계해석에 따를 때 관련성이 인정되는 관계입법에 반영된 경우에는 특히 이러한 평가지평을 법적으로《활용할 수 있고》, 이러한 평가지평을 고려하는 것이 정당화된다.[372] 법률은 현재를 살아가는 시민들

---

368) EHRLICH, 160; 최근 문헌으로 HOERSTER, Was ist Recht? (2006) 126:《수십년 전에 제정된 법규범의 경우, 오래전부터 더 이상 입법자가 아니거나, 이미 죽은 입법자에 왜 구속되어야 하는가?》

369) BARAK, 192.

370) 이러한 의미로는 BGE 94 Ⅱ 65 (71): 법관은《현재의 상황과 정신에 가급적 부합하는 방식으로 법률을 적용하려고 노력해야 한다》; 같은 취지로 BGE 105 Ⅰb 49 (60); BGE 116 Ⅰa 359 (378)도 참조. 이 판례에서 연방대법원은《법률제정 이후 발생한 정신적, 사회적 그리고 정치적 발전상황의 변화를 함께 고려해야 한다》고 강조한다. BGE 123 Ⅲ 292 (298)는《시대에 부합하는 법확신》을 기준으로 한다.

371) 51면 이하 참조.

에게 무엇이 옳고 그른지에 관하여 정보를 제공해야 한다.

타당한 지적으로 EGGER, Art.1 N15: 법률은 《각 세대의 언어로 각 세대에게 말한다. 따라서 법률은 지속되고 살아있는 힘으로서 각 세대의 추구목적과 설정된 목적에 따라 해석해야 한다》; OFTINGER, SJZ 1967, 356도 참조: 《해석은 시대의 변화에 따라 필요한 것으로 드러난 의미를 법률로부터 끄집어낸다》. 우리는 나아가 (자기 나름의 현재의 평가 지평을 갖고 있는) 시민들에게 일종의 직접민주주의적인 해석권한을 부여할 수도 있다. (헌법해석에 관하여) 이러한 착안점으로는 HÄBERLE, JZ 1975, 297ff.(《헌법해석자들의 열린 사회》); 《공적 절차》로서 해석에 대해서는 J.P. MÜLLER, in: Zentrum und Peripherie: Festschrift für Richard Baumlin zum 65. Geburtstag (1992) 103f. GMÜR, 45의 격언도 이미 이러한 방향을 향하고 있다: 법률은 《전체 국민의 영속적 의사표시이다; 따라서 법률은 제정시의 관점이 아니라 이러한 관점에서 그 의미를 탐구해야 한다》.

이러한 논증은 다음 결론도 지지한다. 역사적 규범문언은 《현재시점으로 연장되어야 한다》. 즉 역사적 규범문언은 원칙적으로 다음과 같은 의미로 해석되고 경우에 따라 수정되어야 한다.[373] 오늘날의 법적·사회적 맥락을 근거로, 특히 오늘날의 언어관용과 현재의 법맥락을 근거로

---

372) BK-ZGB/MEIER-HAYOZ, Art.1 N218; 최신 입법의 《파급효(Fernwirkung)》에 대해서는 BYDLINSKI, Methodenlehre, 581f.; BIAGGINI, Ratio legis, 59; CRAMER, AJP 2006, 523. 판례로는 가령 BGE 125 II 192 (202): 규범은 《자신이 놓인 맥락에 근거해서도 의미를 갖는다. 따라서 맥락이 변하면 규범의 법적 의미도 변할 수 있다》. BGE 131 II 13 (31f.)는 법적용시점을 기준으로 해석을 하기 위해서는 현재 입법초안이 관련성이 있음을 지적한다. 법제정 후 이루어진 입법의 새로운 평가를 통해 역사적 입법자의 평가가 폐지되는 것에 관해서는 무엇보다도 MITTENZEI, Teleologisches Rechtsverständnis (1988), 263f.; VAN HOECKE, 171 참조.

373) 목적론적 축소에 관해서는 230면 이하 참조.

규범문언에 가장 설득력 있게 귀속될 수 있는 의미.374) 위에서 언급한 것처럼,375) 이러한 논거는 일반조항을 구체화하는 경우 특히 분명하게 드러난다.376) 그러나 이러한 논거는 법률해석의 과제 전체에 대하여 유효하다.

(3) 그러나 앞선 말한 것으로부터 다음과 같은 결론이 도출될 수는 없다. 해석과정에서 *법률의* 구체적 *입법사* 그리고 - 이를 뛰어넘은 - 법률의 *법사(法史)적 기원(起源)*은 무시해도 된다.

우리가 다루는 다양한 사법(私法) - 로마법을 기초로 하고 있다 - 관련 문제들(특히 채무법 문제들에서)의 경우, 법률의 구체적 입법사뿐만 아니라, 규율 뒤에 놓인 법사적·보통법적 전통을 밝히는 것도 원칙적으로 많은 도움이 된다. 채권법에서 이러한 시도 중 근본적인 것으로 ZIMMERMANN, The Law of Obligation: Roman Foundations of the Civilian Tradition (1996).

---

374) 이러한 취지에서 국가의 헌법을 《살아있는 문서》라고 부른다. 그러나 이러한 이미지는 법률문언 일반에 대해서도 전적으로 타당하다. 《헌법변천》에 대해서는 각주 128의 전거 참조. EGMR 25.4.1978, 5856/72 (Tyrer/GB), EGMR-E1, 268 (N13): 유럽인권협약은 《오늘날의 상황》에 따라 해석해야 하는 《살아있는 문서》이다; EGMR 13.6.1979, 6833/74 (Marckx/Belgien) N41. 유럽인권재판소를 통한 법관의 법형성의 허용성과 한계에 대한 균형잡힌 논의로는 BREUER, ZöR 68 (2013) 729ff.

375) 52-53면, 125-126면 참조.

376) 이는, 특히 기본권 조항의 해석시에도 마찬가지이다. 이 점에 관해서는 이 책에서 깊이 살펴보지 않는다. 현명하게도 대부분의 경우 매우 개방적으로 구성된 기본권 조항의 문언(《열은 규범밀도》: BGE 139 I 16 [24])은 현재의 평가지평에 따라 해석되어야 한다. 이러한 조항의 제정 시점을 기준으로 한 《고정된》 해석(우리는 가령 1867년 오스트리아 국가기본법을 생각해 볼 수 있다!)을 통해서는 그 조항의 기능이 달성될 수 없을 것이다(일반조항에 대해서는 이미 52-53면 참조). 이러한 조항의 해석 시 법원은 불가피하게 《법관 겸 입법자》(jugislateur; SEILER [ZBJV 150, 2014, 304] 가 유럽인권재판소의 판례에 관하여 만든 표현인데, 그는 부정적 관점에서 그리고 공격적으로 논쟁을 하는 차원에서 이 표현을 사용하였다)이다.

그리고 이에 대하여 BUCHER, AJP 1997, 930ff. 스위스채무법 제185조 제1
항의 로마법적 뿌리에 대한 상세한 분석으로는 BGE 128 Ⅲ 370 (372f.); 이
에 대해서는 PICHONNAZ, in: ERNST/JAKOB (Hrsg.), Kaufen nach Römi-
schem Recht. Antikes Erbe in den europäischen Kaufrechtsordnungen (2008)
183ff.; 채무자의 의사에 반하는 제3자변제 문제에 관해서는 FARGNOLI,
ZBJV 146 (2010) 177ff.; 스위스채무법 제208조 제2항의 역사적 근거에 관
해서는 HUWILLER, in: Liber amicorum Nedim Peter Vogt(2012) 141ff.

MÜLLER/CHRISTENSEN, 336ff.는 입법자료를 기초로 한《기원을 찾는》
해석과 현재는 더 이상 적용되지 않는 규범전통을 기초로 한《역사적》해석
을 용어상 구별한다; 같은 취지로는 LOOSCHELDER/ROTH, 155ff.; 157ff.;
VOGEL, 128; GRIGOLEIT, ZNR 2008, 262ff.; REIMER, N347ff. RÖHL/
RÖHL, 619f.는《기원을 찾는 해석》이라는 상위개념 아래, 규범발생의 역사
적이고 사회적인 맥락에 따른《역사적-사회학적 해석》과《도그마틱의 역사
에 따른 해석》, 입법자료를 기초로 한《구체적 역사적 해석》이라는 세 가지
해석방법을 구별하여 설명한다.

이러한 배경지식들은 불명확한 법률을 어떻게 이해해야 하는가라는
질문에 대한 결정적 실마리를 매우 빈번하게 제공한다.[377] 법률의 입법
사로부터 도출되는 논거들은 많은 경우 - 최근 입법인 경우[378]에는 특히

---

[377] BURCKHARDT의 타당한 지적으로는 Einführung, 218:《법률은 입법정책적 문제
  에 대한 대답이고, 이 대답을 올바로 이해하려면, 질문이 무엇이었는지 알아야 한다;
  이는 역사적으로 탐구해야 하는 내용이다》; 같은 취지로 COING, 32.

[378] ZWEIGERT, in: Festschrift für Eduard Bötticher zum 70. Geburtstag (1969) 447에
  따르면 법률의《효력강도》는 (보다 정확히 표현하면: 법률의 역사적 이해의 효력강
  도)《시간의 경과와 함께》감소한다; HILLGRUBER, JZ 1996, 121은 (비판적 관점에
  서)《법률의〈반감기〉이론》이라고 표현한다. 과거 법률에 대한 입법자료가 관련성
  이 덜 하다는 점에 대해서는 가령 TUOR/SCHNYDER/SCHMID/JUNGO, §5 N20;
  HAUSSHEER/JAUN, Art.1 N150; 최근 법률의 경우 입법자료가 더 높은 관련성을

- 《오늘날에도 여전히 적합한 것들》이다.[379] 이러한 논거들을 준수한다면, 그 해석은 역사적 입법자의 의도 - 역사적 입법자의 선호는 특히 헌법적 관점에서 해석에 정당성을 부여한다 - 에 부합할 뿐만 아니라, 법적 분쟁을 *지금 여기를 기준으로* 적합하게 해결한다는 법적용의 기능도 동시에 고려한 것이다. 따라서 해석시 (《기록보관소에서 기록을 찾아야 하는 정도의 수고(archivarischer Fleiss)》를 하지 않더라도 접근할 수 있는[380]) 입법자료를 참조하는 것[381]은 도움이 될 뿐만 아니라 *포기할 수 없는 것*이다.[382]

그러나 입법자료(《법안준비작업과 관련된 문서; travaux préparatoires》)가 항상 충분한 것은 아니다. 《우리는 종종 입법자가 법의 내용에 대하여 확실한 인식을 갖고 있었을 것으로 착각한다》:[383] 다툼이 있는 해석문제에 대해 종종 입법자료는 아무런 언급도 하지 않는다. 입법자료는 논란이 있고, 불분명하거나[384] 모순되는 입장을 표명하기도 하고, 구성원 일

갖는다는 점에 대한 판례상 전거로는 각주 341 참조.

379) 이를 증명하는 사례들은 매우 많다. 방법론적으로 주의 깊게 근거를 든 OGer/BGer ZR 72 (1973) Nr.31이 모범사례이다. 이 판례에서 연방대법원은 스위스채무법 제128조 제3호의 *입법이유*에 관하여 1880년 연방평의회의 법률안 제안설명서를 결정적 기준으로 삼았는데, 이러한 접근은 오늘날에도 설득력이 있다. 스위스채무법 제336c조 제1항 제b호에 대한 BGE 120 II 124 (127)도 참조.

380) 이러한 제한에 관한 타당한 지적으로는 POTACS, 185.

381) 입법자료를 특히 상세히 분석한 사례로는 BGE 131 II 361.

382) 같은 취지로 가령 LIVER, Wille des Gesetzes, 28. 종종 활용되는 연방대법원의 판시(가령 BGE 100 II 52 [57])에 따르면, 규율의 문언이 《다양한, 서로 모순되는》 해석을 허용하는 경우 입법사를 참조할 것이 《요청된다》. 이러한 견해는 너무 협소하다. 문언이 명백한 경우에도 입법사 참조의무는 인정되어야 한다. 타당한 견해로 RÜTHERS, Rechtshistorisches Journal 19 (2000) 646: 《입법자의 원래 의사를 전혀 탐구할 필요가 없다고 생각하는 해석은, 법치국가에서 민주주의 및 권력분립의 원칙으로부터 잠재적으로 이탈한 것이다》.

383) 타당한 견해로는 이미 L. PFAFF/F. HOFMANN, Commentar zum österreichischen allgemeinen bürgerlichen Gesetzbuche, Bd. I (1877) X.

384) 이를 강조하는 판례로는 BGE 141 III 472 (475): 《행정부가 제출한 법률안 제안설명

부의 입장 - 위원회 위원이나 국회의원, 연방평의회 위원의 개별입장 - 으로서 중요하지 않은 입장을 담기도 한다.

BGer ZBGR 1991, 244 (249): 《국회에서의 개별 의견은, 비록 그 의견이 연방평의회로부터 비롯된 것이더라도, 특정 해석을 구속력 있게 지시할 수 없다는 점은 별론으로 하고...》; BGE 140 Ⅲ 404 (409)도 참조. 독일의 경우 BVerfG NJW 1981, 39 (42); 세분화하는 견해로 FRIELING, 208. 심의과정에서 (명시적 또는 묵시적으로) 거부된 국회에서의 투표는 고려할 필요가 더 없다는 점은 자명하다. HAUSHEER, ZBJV 136 (2000) 372f. 참조. 의회투표의 관련성에 대해서는 각주 400의 전거도 참조. 입법안초안에 핵심적으로 관여한 사람을 법관이 증인심문하는 것을 극구 거부하는 오스트리아 판례로 OGH JBl 1950, 507 (508). 이를 허용하면 《판례는 전적으로 무의미해지고, 법원의 헌법상 독립이 훼손》될 것이라고 한다. 이에 대해서는 FLEISCHER, NJW 2012, 2087ff. 영국법의 경우 의회에서 표명된 (《Hansard》에서 확인할 수 있는) 장관의 법률안에 대한 견해는 과거에는 원칙적으로 일체 해석자료로 허용되지 않았다(《배제법칙》). 그러나 영국 귀족원은 《기념비적 판결》인 Pepper v. Hart [1993]에서 (법률문언이 《중의적》이거나 《불합리》한 경우) 위 원칙을 폐기하였다. 이에 대해서는 KLEIN, in: L'éclectique juridique, Receuil d'articles en l'honneur de Jacques Python (2011) 326ff. 그 후 관찰되는 Pepper v. Hart 판결의 상대화경향에 대해서는 KAVANAGH, The Law Quarterly Review 121 (2005) 98ff.; FLEISCHER, American Journal of Comparative Law 2012, 418ff. 미국의 경우 강한 《문언주의적》 흐름(누구보다도 SCALIA, A Matter of Interpretation: Federal Courts and the Law, 1997)은 입법자료의 참조를 전적으로 거부한다. 입법자료의 의미에 대한 비교법적 검토로는 FLEISCHER, AcP 211 (2011) 318ff. FLEISCHER (Hrsg.), Mysterium

---

서의 모호성은 국회 심의과정에서도 계속 유지된다.》

《Gesetzesmaterialien》(2013)에 실린 논문들도 참조; FRIELING, 90ff.도 참조. (오스트리아법의 경우) 서류의 지위상 가치에 따른 중요도 차이에 대하여 HOPF, 1069ff.

공개적으로 접근할 수 있는[385] 입법자료, 그 자료로부터 역사적 입법자가 다툼없이 해당 조항에 어떠한 의미를 부여하려고 하였는지 명확히 확인할 수 있는 입법자료[386]만 참고할 가치가 있다. 이러한 관점에서 특히 의미가 있는 것은 연방평의회가 제출한 법률안 제안설명서에 담긴 진술이다. 이 진술들은 연방평의회 심의 단계에서 명시적으로 승인되었거나, 적어도 이에 대해 (명시적으로 또는 추단적으로) 반대의견이 표명되지 않은 진술이기 때문이다.[387]

그러나 이처럼 역사적 입법자의 의도를 명확히 담고 있는 입법자료에 해석자가 무조건 구속되는 것은 아니다. 이미 언급한 것처럼, *참조의무*가 있을 뿐이고 무조건의 복종의무가 있는 것은 아니다.[388] *입법자료는 단지 《설득적 권위》를 갖는다.* 역사적 입법자의 입장과 그로부터 도출할 수 있는 해석이 오늘날의 법적 상황을 더 이상 고려하지 못하게 되면,

---

385) 타당하게도 이를 강조하는 문헌으로는 J. SCHMID, RabelsZ 78 (2014) 314.

386) 오스트리아민법 제6조는 이러한 취지에서 역사적 해석논거의 적절성과 관련하여 입법자의 《명확한 의도》를 말한다. 스위스연방대법원 실무입장에 관해서는 각주 342의 전거 참조.

387) (헌법상 자의금지 원칙에 대한 판례인) BGE 126 I 81에서 입법자료의 내용은 상당히 명확했다. 그럼에도 불구하고 법원은 (그 타당성이 의심스러운 방법을 통해) 입법자료와 다르게 판단하였다. BGE 141 III 433 (436f.)에서 스위스민사소송법 제168조 제1항 제d호의 구성요건요소인 《감정의견서》에 대한 입법사는 절대적으로 명확하였다.

388) 이에 동의하는 견해로는 MÖLLERS, 215 (N79); 유사한 견해로는 BRAUN, JZ 2013, 271:《입법자의 주관적 의사는 지도원리(가이드라인)가 아니라 단순한 정보이다. 그러나 이러한 정보는 입법자의 의도로부터 독립적이고, 핵심적인 법률의미를 탐구하는데 기여할 수 있다》.

역사적 입법자의 입장은 무엇보다도 규범적 맥락의 변화로부터 도출되는 평가와 배치된다. 따라서 해석자는 무조건 억지로 역사적 의도에 따를 필요가 없다. 해석자가 활동할 수 있는 해석공간이 존재하는 한(이에 관해서는 곧 자세히 설명한다), 해석자는 현재에 부합하는 해석을 할 수 있고, 심지어 그럴 의무가 있다.[389] 그러나 이 경우에도 - 모든 법관의 판단에서 일반적으로 그러하듯이 - 논증의무가 존재한다. 논증은 이른바 《더 현명한》 법률 뒤에 숨어서는 안 된다.[390] 즉《법률에 의미를 집어넣는 방식으로(hineinlesen)》해석을 하면 안 된다(《의미는 추론되는 것이 아니라 확인되는 것이다; Sensus non est inferendus sed efferendus》!). 이는 방법론적 정직성이 결여된 논증이다; 오히려 해석자로 하여금 역사적 평가를 벗어나도록 하는 목적론적 고려가 명시되어야 한다.

이로써 필자가 법관의 무제한적인 《법현대화권한》을 말하는 것이 아

---

389) 이에 관하여 (오스트리아의 관점에서) 비판적 견해로는 TOMANDI, ÖJZ, 2011, 542ff.; 역사적 해석의 우위를 강조하는 문헌으로는 KERSCHNER, JBl 2015, 269ff.; 그러나 결과적으로 필자와 같은 결론으로는 BK-ZGB/MEIER-HAYOZ, Art.1 N155; BSK-ZGB/MAYER-MALY, Art.1 N 17. J. SCHMID, ZBJV 146 (2010) 586ff.는 다음과 같이 설득력 있는 논증을 하고 있다. 소멸시효이익의 포기에 관한 연방대법원 판결(BGE 132 Ⅲ 226: 구 스위스채무법 제141조 제1항은 "소멸시효이익은 미리 포기할 수 없다"고 규정하고 있었다. 그러나 판례는 계약체결 전에는 계약상 채권 관련 소멸시효이익을 미리 포기할 수 없지만, 계약체결 후에는 소멸시효이익을 미리 포기할 수 있다고 판시하였다. 2020년 개정된 스위스채무법 제141조 제1항은 "채무자는 시효기산 후부터는 최대 10년간 소멸시효항변을 포기할 수 있다"고 규정하고 있다)은 역사적 해석과 배치되지만, 더 우월한 체계적 논거 및 객관적 목적론적 논거는 위 판결을 지지한다.

390) 이미 괴테가 시집《온순한 크세니엔》에서 다음과 같이 말한 것처럼:《해석을 할 때는 새로워지고 활발해져라! 해석을 할 수 없으면, 해석을 한 척 해라》.《객관적》규범목적에 의지하는 것이 많은 경우 의제에 불과하다는 점에 대해서는 가령 E. SCHMIDT, in: Dogmatik und Methode: Josef Esser zum 65. Geburtstag (1979) 139. 목적론적 해석의 틀 내에서 이루어지는, 공개적으로 그 근거를 제시해야 하는 해석자의 자기평가에 대해서는 152면도 참조.

님을 강조할 필요가 있다. 모든 그 밖의 해석요소[391])의 도움을 받아 이성적으로 해석된 규범의 의미가 역사적 입법자가 그 규범에 부여한 의미와 같다면, 해석론은 그것으로 충분하다. 비록 해석자의 시각에서 그 의미가 《시대에 뒤떨어졌거나》 입법목적에 부합하지 않는다고 판단되더라도. 이는 입법자에 호소할 문제이다.[392])

법률문언에 명백히 배치되거나(*법률문언에 반하는* 입법자료) 법률문언에 의해 암시조차되지 않은 입법자료(*법률문언을 넘어선* 입법자료)[393])에 대해서는 *특별한 주의*를 기울일 필요가 있다. 이 경우에는 역사적 입법자가 표명한 견해 중 지금까지 언급한 기준에 따라 원칙적으로 관련성이 있는, 즉 명확하고 시대에 부합하는 입법자료만이 논의대상이 된다. 입법자의 위와 같은 고려(법률문언에 배치되거나 법률문언을 초월하는 입법자의 의사)는 - 우리가 객관적 해석방법을 지지하는《형식논거》[394])를 받아들이는 한 - 본래적 의미의 규범적 관련성이 없다.[395]) 그러나 *법률문언을 넘어서는* 입법자의 고려가 존재하는 경우, 경우에 따라서는 이러한 고려가 법관이 *입법자로서* 법형성을 하는데(스위스민법 제1조 제2항) 환영받는 방향지시관점을 제공해 줄 수 있다.[396]) 입법자의 고려가 법률의 문언의미

---

391) 따라서 리히텐슈타인 판결인 OGH LES 2/10, 243 (244)은 역사적 입법자의 의사에 부합하는《명백한 법률문언》이 존재하여《다른 해석방법》의 여지가 없는 경우, 매우 간략한 판시를 하고 있다. (오스트리아의) OGH JBl 2017, 176 (180)도 마찬가지이다. 이로써 현재 입법으로부터 도출되는 체계적 고려와 목적론적 고려는 시야에서 사라진다. 그러나 명백한 문언의미와 문언의미를 승인한 입법자의 명백한 의사를 넘어서는 해석을 설득력있게 근거지우는 것도 매우 드물지만 가능하다. 이 책과 마찬가지 입장으로는 (오스트리아법에 대하여) WELSER/KLETEČKA, 27 (N98).

392) 정당성이 없는, *법의 목적에 배치되는* 판례에 대해서는 242면 이하 참조;《법률의 목적이 소멸하면, 법률 자체도 소멸한다》는 격언에 관해서는 239면 이하 참조.

393) 포르투갈 민법 제9조 제2항에 의하면, 역사적 입법자의 의사는 그것이 법률문언에 비록 불완전할지라도 표현된 경우에 한해서만 관련성이 있다.

394) 123-124면 참조.

395) 문언의 원칙적 우위에 대해서는 POTACS, 186도 참조.

와 배치되는 경우, 법률문언을 축소하는 수정(《목적론적 축소》)397)이 필요한 것이 아닌지 숙고하는 계기가 될 수 있다.

ff) 개별문제

(1) *어떠한 입법자료가 관련성이 있는가?* 현대 입법과정은 다양한 단계를 거친다. 그리고 각 단계마다 입법자료, 즉《법률의 입법사에 대하여 정보를 제공해 주는 모든 종류의 문서》398)가 생산된다.

전문가위원회가 설치된 경우, - 큰 규모의 입법작업에서는 전문가위원회가 설치되는 경우가 많다 - 위원회의 보고서도 (보고서에 접근가능한 경우라면) 종종 입법동기에 관하여 가치있는 정보를 제공해 준다.399) 연방평의회는 연방의회에 자신의 법률안을《연방관보》에 공간된《법률안 제안설명서》와 함께 제출한다. 이 법률안 제안설명서는 종종 입법정책적 동기와 개별 조문의 의미에 관하여 매우 자세한 정보를 제공한다.

---

396) 249면 이하 참조. 유추를 통해 입법자료의 발언과 동일한 결론에 도달하는 경우, 엄밀히 말해 입법자료를 참조하는 것은 필요하지 않다.

397) 230면 이하 참조.

398) FORSTMOSER/VOGT, §2 N85.《법안준비작업과 관련된 문서; travaux préparatoires》에 대한 자세한 개관으로 TERCIER/ROTEN, La recherche et la rédaction juridiques, 7.Aufl. (2016) N222ff., 260ff.; 상세히는 J. SCHMID, RabelsZ 78 (2014) 344ff. 프랑스(행정부와 의회가 작업한 입법자료)에 대해서는 MEUNIER, RabelsZ 78 (2014) 352ff. 독일법에 대해서는 FRIELING, 25ff.; ZIMMERMANN, RabelsZ 78 (2014) 316ff.; ZIMMERMANN, 326은 입법부가 근거로 삼은 원천에 관하여《광의의 입법자료》라고 표현한다:《따라서 독일민법에서 광의의 입법자료로는 드레스덴 초안뿐만 아니라 빈트샤이트의 판덱텐 교과서나 1차 초안에 대한 비판적 견해들도 포함된다》. 오스트리아법에서 입법자료의 개념에 대해서는 HOPF, 1052ff. EU법에서 입법자료개념에 대해서는 MARTENS, 394ff.

399) 가령 BGE 113 Ⅱ 406 (412) 참조(스위스채무법 제268조 제1항의 "영업공간" 임대차의 의미에 관한 판례이다).

특히 중요한 의미를 갖는[400] 연방의회에서의 심의내용은, 《연방의회(하원 또는 상원) 관보》[401])에 회의기록으로 담긴다. 여기에는 개별 위원회보고자의 입장 대부분이 특히 상세하고 풍부하게 담긴다.

(2) *편집상의 과오:* 의회가 결의한 법률안 문언에 실수로 오류가 끼어들어간 경우, 법률의 객관적 문언과 입법자의 본래 의도 사이의 차이라는 문제가 첨예하게 제기된다(《편집상의 과오》).[402] 이러한 오류는 가결된 법률안의 문언에 이미 담겨있을 수도 있고(《본래적 의미의 편집상의 과오》), 공간되는 과정에서 비로소 끼어 들어갈 수도 있다(《공간(公刊)오류》).[403]

　　스위스법은 이러한 오류, 종종 법률의 의미를 중대하게 왜곡하는 오류의 제거를 위해 명시적 규정을 두고 있다(국회법 제58조; 구 법원조직법 제33조[404])): 《최종투표 후 법률안을 공포하는 과정에서, 의회 심의결과가 반영되지 않은 형식적 오류나 단어/문구가 발견된 경우, 편집위원회는 법률이 연방공표법령집에 공간되기 전까지 필요한 수정을 명한다. 이러한 수정은 표시되어야 한다》(국회법 제58조 제1항). 오류가 있는 법률이 공간된 경우 또는 공간(公刊)과정에서 오류가 발생한 경우, 국회법 제58

---

400) 타당한 지적으로는 BGE 143 III 646 (652): 《준비단계의 보고서에 담긴 진술보다 연방의회에서의 진술 자체에 더 중요한 의미를 부여해야 한다》. 의회논의 과정에서의 개별투표를 자세히 분석한 판례로는 BGE 145 I 26 (37ff.).

401) 줄여서 다음과 같이 인용한다: Amtl. Bull. NR bzw. StR; 1966년까지는: Sten. Bull. NR bzw. StR(=Stenographisches Bulletin von Nationalrat und Ständerat)

402) REIMER, §4 N18a-e의 사례들 참조; 특히 교훈적인 조세법 관련 사례에 대해서는 JAAG/HIPPELE, AJP 1993, 261ff. 독일 법상황에 대해서는 RIEDL, AöR 119 (1994) 642ff.; HAMANN, AöR 139 (2014) 446ff.

403) 이러한 구별에 관해서는 BK-ZGB/MEIER-HAYOZ, Art.1 N117; OTT, 187f.

404) 이에 대해서는 가령 JAAG/HIPPELE, AJP 1993, 263f.; HAUSHHER/JAUN, Art.1 N30; (당시) 신법인 주식법을 법원조직법 제33조 제1항을 근거로 수정하는 것에 대하여 FORSTMOSER, SZW 1992, 148.

조 제2항은 다음과 같은 절차를 마련해 놓고 있다:《법률이 연방공표법령집으로 공간된 후, 편집위원회는 명백한 오류의 수정과 법률기술적 성격의 변경을 명할 수 있다. 이러한 수정과 변경은 표시되어야 한다.》중요한 수정의 경우 국회법 제58조 제3항에 따라 연방의회 의원들에게 보고해야 한다. 국회법 제58조의 요건이 충족되지 않는 경우, 통상적인 입법절차에 따른 수정(《본래적 수정》)405)이나 판례를 통한 수정만이 가능하다. 이러한 수정하는 해석406)(*법률문언에 반하는* 해석)은, 입법자의 진의(眞意)가 분명하게 확인되고 이 진의가 - 객관적-목적론적 해석의 우위라는 관점에서 - 법적용 시점에서도 여전히 설득력 있다고 판단되는 경우에, 정당화된다.

gg) 보론: 법률해석의 방법과 계약 및 일방적 법률행위 해석의 방법 사이의 원칙적 비교

(1) 시대에 부합하는, *현재적 법률해석*의 원칙적 우위를 지지하는 논거, 특히 현재 언어관용을 기준으로 하는 해석을 지지하는 논거는, 앞서 살펴본 것처럼,407) 법률문언의 객관적-현재적 의미를 신뢰한 시민은 보호할 필요가 있다는 점이다.《신뢰논거》에 따르면, 법률문언에 의해 한 번도 암시되지 않았거나 법률문언과 모순되는 입법자료는 원칙적으로 고려하면 안 된다.408) 신뢰관점은 최종적으로, 입법은 - 스위스헌법의 직접민주주의적 요소에도 불구하고 - 원칙적으로 법정립의 이질적 형식이라는 점에 근거한다. 법은 고권적으로 시민들《앞에 설정되어 있고》,

---

405) BK-ZGB/MEIER-HAYOZ, Art.1 N120; OTT, 186f.

406) 이에 대해서는 가령 BK-ZGB/MEIER-HAYOZ, Art.1 N130f.

407) 68-69면, 124-125면 참조.

408) 138면 참조.

시민들은 일반적으로 법 제정과정에 직접 참여하지 않는다.

이와 비교해 *계약체결의 경우 상황*이 근본적으로 다르다: 이 경우 당사자들은 계약내용을 합의로, 사적자치에 따라 스스로 정하고, 계약내용은 그들《앞에 이질적으로 설정된 것》이 아니다. 그들은 직접적으로 의사소통을 한다. *규범설정자와 규범수신자는 동일한 사람이다.*409) 이에 따라 계약해석 방법의 경우 초기상황은 법률해석 방법과는 구조적으로 다르다. 계약해석의 경우 다음과 같은 작업이 가능하다. 계약서 문언에서 완전히 벗어나 결과적으로 *소급적-관점에서* (《계약당사자들은 당시 - 계약체결 시 - 실제로 무엇을 의도하였는가》?) 상황 - 계약문언에 전혀 암시되지 않거나 계약문언과 명백히 모순되는 상황 - 을 포함시키고, 이 상황이 해석상 반영되도록 돕는 작업: 스위스채무법 제18조 제1항이 예정하고 있는 이러한 *주관적(《경험적》) 해석*을 근거로, 계약당사자들이 계약체결 시 실제로 의사가 일치하였다는 점(《자연적 합의》)이 확정될 수 있다면, 이러한 계약의미가 기준이 되고, 계약문언의 *잘못된 표시*(falsa demon-stratio) (그러나 무해한 표시)는 기준이 되지 않는다.410) 법률문언으로 포섭되지 않는 입법자료를 법률해석시 참조할 때 즉시 제기될 신뢰보호 문제는, 계약해석의 경우에는 (스위스채무법 제18조 제2항을 일단 제외하면) 원칙적으로 애초부터 제기되지 않는다.

계약체결시 당사자들의 실제 의사가 일치되지 않았거나 그러한 사실적 의사합치가 확인되지 않는다는 점이 확정될 때 비로소, 그리고 이때에만 다음과 같은 문제가 해석절차의 두 번째 국면으로서 제기된다. 계약당사자가 의사표시《수령자관점》에서 계약의미를 객관적이고 (신의성

---

409) 타당한 지적으로 NICHOLLS, The Law Quarterly Review 121 (2005) 590:《계약당사자의 실제 의사에 대응하는 의회의 의사는 존재하지 않는다》. 법률유사적 성격을 갖는 법률행위에 대해서는 본문 (3) 참조.

410) 모든 문헌을 대신하여 BK-OR/KRAMER, Art.18 N83ff.

실에 따라) 정확히 이해하였는지 여부.411) 객관적으로 정확히 이해하였다면 그의 신뢰는 원칙적으로 보호되어야 한다; 이 경우 *신뢰원칙*이라는 의미에서《규범적 합의》가 존재한다. 해석방법의 이러한 (잠재적)《2단계성》412)은 수령을 요하는 일방적 의사표시의 경우에도 준수해야 한다. 이에 반해 수령을 요하지 않는 일방적 의사표시의 경우, - 이 경우 의사표시수령자의 신뢰를 보호할 필요가 없다(대표적 사례: 유언), - 오로지 의사표시자의 주관적 관점(따라서 유언의 경우 오로지 피상속인의 관점)을 기준으로 해야 한다. 즉 *전적으로 주관적으로* 해석해야 한다.413)

(2) 애초부터 출발점이 다르고 그에 따라 주관적 또는 객관적 해석관점의 무게도 서로 다르지만, 그렇다고 해서 계약해석 방법과 법률해석 방법 사이에 원칙적 유사성이 존재한다는 점을 간과하면 안 된다.414) 계약해석의 경우에도 전통적 해석요소로부터, 즉 계약의 문언 및 체계415),

---

411) 이에 대한 요약으로 BK-OR/KRAMER, Art.18 N67; ZK-JÄGGI/GAUCH/HART-MANN, Art.18 N456, 458도 같은 취지.

412) 모든 문헌을 대신하여 BK-OR/KRAMER, Art.1 N120 (신뢰원칙에 따른 해석); Art.18 N50(실제의사에 따른 해석). 그러나 다른 견해로는 Chr. MÜLLER in der Neukommentierung des Berner Kommentars zu Art.1-18 OR (2018) Art.18 N70ff.

413) 유언해석에서《의사원칙》에 대해서는 DRUEY, Grundriss des Erbrechts, 5.Aufl. (2002) §12 N5; BGE 120 Ⅱ 182 (184); 유언해석에 있어 스위스연방대법원 실무의 개별적 문제에 대해서는 BK-OR/KRAMER, Art.18 N52f.; 상세히는 RASELLI, AJP 1999, 1262ff.

414) 오스트리아민법은 최초 판에서 이러한 유사성을 기초로, 계약해석의 경우 단순히 법률해석에 관한 규칙(오스트리아민법 제6, 7조)을 참조하도록 지시하고 있었다. 1916년에 최초로 오스트리아민법 제914조에서 계약해석을 독자적으로 규율하여 오늘에 이르고 있다.

415) 가령 프랑스민법 제1189조 제1항은 명시적으로 다음과 같이 언급하고 있다:《계약의 모든 조항은 각 조항에 전체 법률행위의 정합성을 존중하는 의미를 부여하는 방향으로 서로 연관되어 해석된다》.

계약의 발생사(사전교섭), 그리고 계약의 목적으로부터, 결정적 의미징표를 얻는다. 그러나 이러한 요소들을 평가하는 시각은, 이미 언급한 것처럼, 서로 다르다.

(3) 입법의 경우처럼, 법적 행위의 발생에 관여하지 않은 자들의 신뢰보호 문제(문언에 대한 그들의 객관적-합리적 해석을 보호하는 문제)가 제기되는 *특별한 법률행위*의 경우에는 - 특히 정관이나 합병계약의 경우(이러한 법적 행위를 만드는 과정에 참여하지 않는 사람에 대한 관계에서), 단체협약에서 규범적 부분의 경우, 사회계획의 경우, 그리고 약관의 경우 - 법률해석 방법에 따라 즉 보통의 경우에는 객관적으로 해석해야 한다.[416]

(4) *계약의 흠결*은 뒤에서[417] 살펴볼 법률의 흠결과 매우 유사하다. 여기서도 《계획에 반하는 규율의 불완전성》이 문제된다. 즉 계약에서 《그 계약의 기초가 되는 당사자들의 규율계획을 실현하기 위해 필요한

---

416) (약관에 대하여) 세부적으로 구별하여 설명하는 문헌으로 BK-OR/KRAMER, Art.18 N60ff. 약관에서 《계약당사자들이 의사합치 하에 규율의 개별적 해석(약관조항의 객관적 의미에 반하는 해석)에 기초하는 상황은 분명 자주 있는 일은 아니다. 그러나 이러한 상황은 어렵지 않게 생각해볼 수 있다》. (BK-OR/KRAMER, Art.18 N60). 이에 대해 상세히는 PERRIG, in: KRAMER/PROBST/PERRIG, Schweizerisches Recht der Allgemeinen Geschäftsbedingungen (2016) N236ff. 단체협약 해석에 대해서는 BGE 136 III 283 (284) 및 C. WIDMER, BJM 2009, 65ff.; 오스트리아의 경우(단체협약의 규범적 부분의 법률유사적 해석에 관하여) OGH JBl 2016, 58 (59); 사회계획에서 동일한 상황으로는 BGE 133 III 213 (218); 주식인수를 위해 광범위한 대중들을 상대하는 회사의 정관을 법률해석방법에 좇아 객관적으로 해석한 판례로는 BGE 107 II 179 (186); 독일의 경우(공개된 인적회사: Publikumspersonen-Gesellschaft 결의의 《통일적으로 객관적인》 해석) BGH WM 2018, 851 (852). 사적 연기금의 정관과 내부규칙에 대하여 같은 취지로 BGE 134 V 369 (375ff.). 제3자 - 역권설정계약에 관여하지 않은 제3자 - 에 대한 역권설정계약의 객관적 해석으로는 BGE 130 III 554 (557). 이에 대하여 HOHL, ZBGR 2009, 73ff.

417) 183면 이하 참조.

조항》이 빠진 것이다. 그 결과 《계약이 완전화되지 않는 한 적절하고 이해관계에 부합하는 해법을 획득할 수 없게 되었다》.[418] 그러나 법관의 계약보충은 다음과 같은 측면에서 법률흠결의 보충과 구별된다. 계약상 흠결은 많은 경우 임의법규(또는 강행법규)를 통해 보충될 수 있다.[419] 한편 법률상 흠결의 경우처럼, 유사한 문제상황에 대한 계약상 규율을 근거로 - 가정적 당사자의사에 따라 - 유추를 하는 것도 가능하다.[420]

(스위스채무법이나 다른 특별법에 관련 규정이 없는) *비전형계약상 흠결*의 경우, 《*이중흠결*》이라는 현상이 발생한다: 한편으로는 계약에 흠결이 있고, 다른 한편으로는 그 계약을 개별적으로 규율하지 않은 법률에 흠결이 있다. 흠결을 가정적 당사자 의사에 따라, 계약의 목적으로부터(특히 유추적용할 수 있는 계약조항으로부터) 보충[421]할 수 없고, 특별계약법의 법률상 조항을 근거로 유추를 통해 흠결을 보충[422]하는 것도 가능하지 않은 경우, 최종적으로 -《창조설(Kreationstheorie)》에 따라 - 법관 자신이 *입법자로서*(스위스민법 제1조 제2항) 합리적 해법을 모색해야 한다.[423]

---

418) 모범이 되는 명확한 사례로 OLG Nürnberg ZIP 2014, 171 (174).

419) 이 경우 그렇다면 과연 계약상 흠결이 존재한다고 말할 수 있는가라는 개념적인 문제는 여기서 살펴보지 않는다.

420) 이에 대해서는 가령 BK-OR/KRAMER, Art.18 N222; N240.

421) 가정적 당사자 의사를 기초로 계약상 흠결을 보충한 판례로는 BGE 107 II 216ff.

422) 이러한 유추를 한 중요한 실제 사례로 BGE 134 III 497ff.

423) 이에 대하여 BSK-OR/AMSTUTZ/MORIN, Einl. vor Art.184ff. N21. 이 문헌은 타당하게도 다음을 강조한다. 일반적-추상적 해법을 목표로 하는 이러한 방법은, 문제가 되는 계약이 빈번히 활용되어 하나의 계약유형이 되었음을 전제로 한다. 즉 이러한 개방적 문제는 개별계약을 고려하는 것만으로 극복할 수 있는 개성을 갖고 있지 않다. *입법자로서* 흠결을 보충하는 것에 대해서는 249면 이하 참조.

e) 목적론적 해석

aa) 기본적 내용

(1) *잠정적 개념설정:* 《Telos》는 목적, 목표를 뜻한다; 따라서 목적론적(teleologische) 해석방법은 - 적극적으로 정의를 한다면 - 입법정책적(법정책적) 목적, 해당 조항의 근본이 되는 《사상》[424], 규범의 《목적성(Finalität)》, *입법목적(ratio legis)*, 《정신(ésprit)[425]》, 《정책》을 탐구하는 해석방법이다.

스페인민법 제3조 제1항은 규범의 《정신과 목적》에 주목해야 한다고 말한다; 리히텐슈타인 판례(LES 4/16, 267[269])에 따르면, 해석은 《입법목적으로부터 도출된 만족스러운 결과를 지향》한다; 브라질법 규정으로의 도입법(1942년 9월 4일) 제5조는 법률적용시 법률의 《사회적 목적》과 《공공복리의 요청》을 고려하라고 지시한다. 미국법의 경우 통일상사법(UCC) §1-102 제1항은 다음과 같이 규정한다: 《이 법은 그 목적과 정책을 촉진하기 위해 자유롭게 해석되고 적용되어야 한다》. 전통적으로 문언논증이 강조되는(《문언적 규칙》) 영국 커먼로에서도 《목적론적 해석방법》이 부각되고 있다. Lord DENNIG(The Discipline of Law [London 1979] 16)에 따르면, 《문언적 방법》은 《오늘날 전적으로 낡은 방법》이다. 추가 전거로는 KISCHEL, Rechtsverglei-

---

424) 법률상 규율 중 해석이 필요한 평가개념에 관하여, 판례는 그 규율이 근거하고 있는 《지도적 이미지》로부터 출발하여 구체화하는 방식을 때로는 사용한다. 독일연방대법원도 BGH GRUR 2000, 619 (621) 이래로 보호가치 있는 소비자라는 개념에 관하여, 《상황에 맞게 주의를 기울이는 소비자》라는 지도적 이미지를 말하고 있다. 유럽사법에서 소비자의 지도적 이미지에 대해서는 KÄHLER, Rechtswissenschaft 2018, 9ff.
425) 스위스민법 제1조 제1항의 프랑스어 판이 사용하는 단어이다.

chung (2015) §5 N167.

소극적으로 정의한다면 목적론적 해석은 다음과 같은 뜻이다. 해석자는 노예처럼, 생각없이, 형식적으로, 《가치에 눈을 감은 채》, 그 배후가 추가로 탐구되지 않은 규범문언과 공허한 개념을 지향하면 안 된다. 해석자는 《법률상 명령의 배후에 있는 목적 - 그 목적은 종종 복수로 존재한다426) - 을 탐구》해야 한다. 《목적은 전체 법의 창조자이다》; 《실무적 동기인 목적에 기원을 두지 않은 법명제는 존재하지 않는다》고 JHE-RING은 비전을 제시하며 선언한다.427) 해석자가 이러한 목적을 향해 나아갈 경우에만, 그는 규범을, 규범의 《효력과 권능(vis ac potestas)》428) 을 완전히 이해할 수 있다.429)

(2) *목적론적 해석의 두 가지 변용(變容)*: 목적지향적 해석에는 기본적으로 두 가지 변용이 있을 수 있다: 우리는 역사적 입법자가 어떠한 법정책적 목적에 따라 그 법률을 만들었는지 탐구할 수도 있고(《*주관적-목적론적 방법*》430)), *지금 여기*, 오늘날의 평가시각에 따라 - 무엇보다도 오늘날의 법률상황이라는 맥락에서 - 그 규범에 어떠한 목적이 부여되어야 하는지를 《*객관적-목적론적으로*》 탐구할 수도 있다. 이러한 선택지와

---

426) WANK, Begriffsbildung, 93ff.; 스위스채무법 제336a조에 관하여 BGE 123 Ⅲ 391 (393)도 참조.

427) JHERING, Der Zweck im Recht, Bd. Ⅰ, 3.Aufl. (1893) Ⅷ. 이미 BARTOLUS (LIVER, Wille des Gesetzes, 22에서 재인용)도 참조: 《입법목적이 법 그 자체이다》.

428) CELSUS의 문장에서 인용. 67면 참조.

429) HOBBES, Leviathan (1651) 2.Teil, Kap. XXVI: 《약간의 또는 많은 단어로 이루어진 어떠한 성문법도 그 법이 만들어진 최종목적을 완전히 이해하지 않으면, 제대로 이해할 수 없다.》

430) 용어상 문제에 관해서는 113면 참조.

관련하여 앞선 서술에서 필자의 입장을 상세히 밝혔다. 필자는 객관적-목적론적 관찰법의 우위에 찬동한다.431) 그러나 - 다시 강조하건대 - 객관적-목적론적 관찰법이, 역사적 입법자가 상정한 목적이 해석자에게 관련이 없다는 뜻은 전혀 아니다. 입법자료(특히 연방평의회의 법률안 제안 설명서)가 입법의 배후에 존재하는 입법자의 입법정책적 의도432)에 관하여 명확하고 자세한 정보를 제공하는 경우는 드물지 않다. 이러한 (입법자)의 입장은, 앞서 언급한 것처럼,433) 새로운 상황을 고려할 때 이러한 입장이 낡은 것이라는 점이 증명되지 않는 한 오늘날에도 여전히 존중되어야 한다.

(3) *목적론적 해석요소와 지금까지 살펴본 해석기준들 사이의 관계*: 언어적-문법적 해석요소와의 관계는 다음과 같다. 법률상 명령의 목적은 일반적으로 - 명시적 목적조항이나 프로그램 조항(가령 스위스부정경쟁방지법 제1조, 스위스카르텔법 제1조, 스위스환경보호법 제1조, 스위스데이터보호법 제1조, 스위스 가격공시에 관한 명령 제1조)을 제외하면434) - 법률문언으로부

---

431) 128면 이하 참조.

432) BK-ZGB/MEIER-HAYOZ, Art.1 N208; 역사적 해석에서 목적론적 모멘트에 대해서는 ZELLE, 286, 368; BGE 116 II 525 (527)도 참조.

433) 136-137면 참조.

434) 목적조항의 기능에 대해서는 MÜLLER/UHLMANN, 220ff. (N351ff.); 법사적-비교법적 분석으로는 SCHMIDT-GABAIN, Die Seelen der Gesetze - Eine Untersuchung über Zweckbestimmungen in den Gesetzen der Schweiz, Deutschlands und Frankreichs vom 18. Jahrhundert bis heute, Diss. 2013. 본문에서 언급한 사례가 보여주는 것처럼, 《목적을 특정하여 구성된》 목적조항과 이에 따른 법률상 《목적프로그래밍》은 경제법에서 특징적으로 발견된다. 각주 945도 참조. 유럽법의 경우 무엇보다도 지침(유럽연합의 기능에 관한 협약 제288조)이라는 전적으로 새로운 법형식이 대부분, 상당히 광범위하고 자세한 전문(前文; recitals. 독일어 텍스트로는 입법이유[Erwägungsgründe])을 활용하고 있다. 전문에는 법적 행위(Rechtsakt)의 법정책적 목적이 서술되어 있다. 이처럼 법적 행위 앞에 나오는 전문은 입법자료가 아니고, 구속력 있는 법적 행위의

터 직접 도출되지는 않는다. 다음 두 개의 간단한 사례를 보면 이 점을 알 수 있다: 스위스채무법 제459조 제1항은 다음과 같이 규정하고 있다. 지배인은 선의의 제3자에 대하여 다음 권한을 갖고 있는 것으로 본다. 《어음에 서명함으로써 사업주에게 의무를 부담시킬 권한. 사업주의 영업이나 거래의 목적에 부합하는 모든 종류의 법적 행위를 사업주의 이름으로 수행할 권한》; 그러나 위 조항은 *왜* 이러한 규정을 두고 있는지 말하지 않는다. 즉 위 조항은 다음과 같이 입법의 동기를 밝히는 방식으로 시작되지 않는다: 《*상인과의 거래에서 최대한 거래안전을 보장하기 위해*, 지배인은 다음 권한을 갖는다...》. 스위스채무법 제201조 제1항도 앞부분에서 입법의 동기를 밝히지 않는 것은 마찬가지이다: 즉 위 조항은 《*매도인의 처분의 안정성을 촉진하기 위해*》, 매수인은 《통상적인 거래경과에 따를 때 조사를 할 수 있는 경우 즉시, 수령한 물건의 품질을 조사해야 한다》고 규정되어 있지 않다. 매도인의 처분의 안정성을 촉진하기 위해라는 표현은 조문에 없다. 《법률은 지시하지, 가르쳐주지 않는다》![435]

법률의 목적을 탐구하는 해석자는 어디에서 출발해야 하는가? 이미 살펴본 것처럼, 법률의 목적은 법률문언에 직접적으로 표현되지 않는 경우가 대부분이지만,[436] 그렇다고 해서 법률문언의 의미가 법률목적의 확정과 무관하다는 뜻은 아니다. 개별 문언의미의 해석이 필요한 모든 상황이나 수정이 필요한 일정 상황에서, 해석자는 입법수단, 즉 법률상

일부이다.

435) 《Lex moneat, non doceat》! LIEBS, 122 (L24 및 26)

436) 따라서 우리는 종종 규범목적은 《규범 배후에서》 찾아야 한다고 말한다. LOOS-CHELDERS/ROTH, 40. LIETH, 100은 목적론적 해석은 《문언외부의》 요소를 활용한다는 점을 강조한다. HAVERKATE, Normtext-Begriff-Telos: zu den drei Grundtypen des juristischen Argumentierens (1996) 39: 《...목적은 규범 바깥에 있다》.

명령으로부터 가설적 추론을 한다. 이러한 추론은 많은 경우《법률상 명령 뒤에 놓여 있는》입법자가 추구하는 명령의 목적437)에 대한, 해석자의 비교적 설득력 있는 제1가설을 가능케 한다; 이러한 추론은 다시 - 해석학적 순환에 따라 - 규범의미의 고정을 위해 필요한 상세한 논거를 찾아낸다. 그러나 규율의 맥락도 고려해야 한다: *입법목적*은 고립적으로 탐구하면 안 된다; 개별규정의 *목적*은 법률의 그리고 종국적으로는 모든 법질서의 전체 맥락 속에서 해명되어야 한다. 이처럼 목적론적 전체시스템438)을 고려할 때에만, (적어도 착안점상으로는) 법질서의 무모순성(無矛盾性)을 보장할 수 있다.

법률의《전체목적》은, 본문 (3)에서 처음에 들었던 사례가 보여주듯이,《목적조항》을 통해 기술된다. 그러나 법률의《전체목적》(또는 법질서 중 일부 영역의 전체목적)은 개별 법률상 명령의《부분목적》과 모순될 수 있다. 오늘날 스위스의회의 입법에서 법률이 마지막 부분까지 목적론적으로 정합성을 갖춘 경우는 드물다(같은 취지 LEPSIUS, JZ 2009, 262). 오히려 법률은 타협으로 인해《찌그러져 있는》경우가 많다. 이러한 상황에서 우리가 개별조항의 부분목적 - *입법론의 관점에서* 아마도 꽤나 유감스러운 부분목적 - 을 법률의 전체목적을 고려해 해석적으로《다림질을 한다》면, 이는 의회의 활동과 배치될 것이다. 이에 대해서는 KRAMER, in: KRAMER/MAYRHOFER u.a., Konsumentenschutz im Privat- und Wirtschaftsrecht (1977) 10; HÖHN, Festschrift Tipke, 221f.; 연방평의회의 (법률의 전체목적에 대한) 법률안 제안설명서가 개별적·구체적인 개정제안과 배치되는 경우, 이 법률안 제안설명

---

437) 목적론적 해석의 구조에 관한 타당한 설명으로는 BK-ZGB/MEIER-HAYOZ, Art.1 N207: 이는《수단》(법률상 명령)으로부터《목적》(입법정책적 의도)을 도출하는 것이다.《획득된 것으로부터 우리는 다시 법률내용으로 돌아간다(목적으로부터 수단을 도출하는 것)》. 이미 A. KELLER, 131f.도 참조. 판례로는 BGE 124 Ⅲ 321 (324).

438) 이에 관한 요약으로는 86면 참조.

서에 주목할 필요가 없다는 점에 대해서는 ZÄCH, in: ZÄCH/WEBER/
HEINEMANN (Hrsg.), Revision des Kartellgesetzes (2012) 45ff. 반대경향(《법
률의 정책》이 가능한 한 폭넓게 달성되도록 도와야 한다)으로는 STEINDORFF,
217ff. 유럽사법(司法)재판소의 - 유럽공동체법의 목적을 최대한 효율적으로
실행하는 것을 기준으로 삼는 -《효율적 효과(effet utile)》논거도 이와 유사
하다. 이에 대해서는 가령 BENGOETXEA, 254f.; SEYR, Der effet utile in
der Rechtsprechung des EuGH (2008); MARTENS, 472ff.; REBHANH, N97ff.

적지 않은 사례에서 입법자료는 명령 뒤에 놓인 (그리고 설득력 있는)
고려목적에 대한 결정적 정보를 제공한다.[439] 이뿐만 아니라 다음과 같
은 점도 명백하다. 해석자는 *입법목적*을《고정》하려고 노력하는 과정에
서, 스위스민법 제1조 제3항이 의미하는《확립된 학설》과 선례를 지향
하게 된다.[440]

바로 위에서 설명한 것과 같은 의미에서, 지금까지 살펴본 모든 해석
요소는 법률목적의 확정에 초점을 맞추고 있다. 즉 *목적론적 지향*을 갖
고 있다(문언해석, 체계해석, 역사적 해석을 통해 법률목적을 확정할 수 있다는
뜻이다).[441] 그러나 그리 드물지 않은《*어려운 사례들(hard cases)*》[442]에서
는, 모든 도움(문언해석, 체계해석, 역사적 해석을 통한 법률목적 확정작업)에도

---

439) 가령 BGE 130 Ⅲ 76 (84):《목적론적 해석요소》는《우선 입법자의 의도로부터 추
론할 수 있다》; 133 Ⅴ 9 (13): 해석해야 하는 규범의 의미와 목적은《특히 입법사로
부터》도출된다.
440) 스위스민법 제1조 제3항의 지시가 스위스민법 제1조 제2항에 따른 법관법적 흠결
보충시 준수되어야 할 뿐만 아니라, (이를 넘어서는) 포괄적 의미를 갖는다는 점에
대해서는 오늘날 이론이 없다. 가령 BK-ZGB/MEIER-HAYOZ, Art.1 N423ff. 참조.
441) 연방대법원은 BGE 142 Ⅲ 102 [106]에서 다음과 같이 판시하였다. 해석이 지향해
야 하는 *입법목적*은《전통적 해석수단을 근거로》탐구해야 한다.
442) 가령 BGE 134 Ⅲ 16 (24):《스위스재판관할에 관한 법률 제19조 제1항 제c호의
입법목적은 쉽게 인식할 수 없다》.

불구하고 추가적인, 공개적으로 설명해야 하는, 실용적인 *자기평가* - 어떠한 목적이 *지금 여기*를 기준으로 법률조항에 가장 적합한지에 관한 자기평가 - 가 불가피하다.[443] 이러한 자기평가가 불가피하게 《선이해로서의 성격을 갖는다(vorverständnisgeprägt)》는 점은 명백하다.[444]

해석자의 자기평가에 따라 해석대상 조항의 《목적프로그램》이 구축되고[445] 《재구성》되면, 이러한 목적프로그램은 다시 다음과 같은 질문으로 돌아가 그 질문에 결정적 영향을 미친다. 그 규율에, 문언의 가능한 의미라는 틀 내에서, 종국적으로 어떠한 의미(《규범의미》)가 부여되는가? 특히 그 규율을 제한해석할 것인가 아니면 확장해석할 것인가?

지금까지의 서술로부터 다음과 같은 점이 분명해진다. 규범의 《의미》와 《목적》은 동일시해서는 안 된다(비록 종종 동일시되지만, 특히 《의미와 목적》이라는 표현에서). *규범목적*을 고려하는 것은 적절한 *규범의미*를 확립하기 위한

---

443) LOOSCHELDERS/ROTH, 170ff.에서 설파한 것처럼, 자기평가는 자신의 모습을 숨긴 채 《입법자의 추정적 가치판단》(역사적 입법자의 추정적 가치판단)을 기준으로 이루어지는 경향이 있다. 법치국가원리를 근거로 목적론적 해석요소의 《독자성》을 부정하는 견해로는 ZELLER, 367ff. 목적론적 지향을 갖는 법관의 자기평가의 정당성에 대한 (오스트리아의 관점에서 본) 근본적 우려(무엇보다도 헌법적인 우려)로는 TOMANDL, ÖJZ 2011, 542ff. (이 책의 입장을 다루고 있다)

444) 선이해의 의미에 대한 상세한 검토로는 355면 이하 참조. BGE 121 III 219 (225) 및 129 III 335 (340)에서 사용한 다음과 같은 표현은, *입법목적*에의 호소가 갖는 결과지향성이 선이해와 관련이 있음을 잘 보여준다: 《...입법목적으로부터 도출되는 만족스러운 결과...》; BGE 116 I b 151 (154)는 이와 유사하게, 법률상 규율의 《의미와 목적》에 부합하는, 《간명하고 이성적인 해법》이라고 표현한다. 객관적-목적론적으로 근거를 갖춘 언명(言明)이 위에서 인용한 판례문구와 마찬가지로, 우려스럽게도 《반증불가능하다(falsifizierungsresistent)》는 점(HASSEMER, Rechtstheorie 2008, 10f.)은 어렵지 않게 시인할 수 있다.

445) 연방대법원 실무 중 특히 좋은 사례로는 BGE 100 II 52 (60ff.); 128 III 137 (142): 추가 사례로는 DUBS, in: Die Bedeutung der 《Ratio legis》(Kolloquium der Juristischen Fakultät der Universität Basel [2001]) 22ff.

여러 해석요소 중 하나일 뿐이다. 이러한 설득력 있는 지적으로는 HÖHN, ASA 56 (1987/88) 468ff.; 같은 취지로는 EICHENBERGER, in: Die Bedeutung der 《Ratio legis》(Kolloquium der Juristischen Fakultät der Universität Basel [2001]) 13f.(그러나 여기서 사용하는 용어와 달리, 입법목적을 규범의미와 동일시하고 있다); JAUN, ZBJV 137 (2001) 36.

스위스채무법 제459조 제1항 사례로 돌아가보자: 《사업주의 영업이나 거래의 목적》을, 제한적으로, 즉 기업의 정관이나 상업등기부상 목적에 한정하여 해석해야 하는가? 아니면 확장해서, 거래 상대방의 시각을 고려해, 즉 거래상대방에게 기업의 실제 활동반경이 어떻게 표시되었는지를 고려해 해석해야 하는가? 스위스채무법 제459조 제1항 및 지배인(그리고 이와 유사한 상법상 형식대리권(Formalvollmacht: 대리권의 범위가 법률로 강제되고 제3자에 대한 관계에서 대리권의 범위를 제한할 수 없는 대리권)[형식대리권의 사례로는 스위스채무법 제459조 제1항에 따른 지배인 이외에 스위스채무법 제564조 제1항에 따른 대표권있는 사원, 스위스채무법 제718a조 제1항에 따른 주식회사의 대표자 등이 있다]) 제도의 일반적 목적 - 거래안전의 최대한의 보장 - 을 고려할 때, 논란의 여지가 있는 구성요건요소는 확장해석하는 것이 타당하다.446)

(4) 《구속적 법관법》을 보는 관점: 규범의 목적에 대한 질문은, 《구속적 법관법》에 관한 장에서 장차 언급되겠지만, 본래적 해석의 영역에서만 결정적 의미를 갖는 것이 아니고, 어느 규범을 규율되지 않은 사례에 유추적용할 수 있는지 또는 반대로 《역추론》할 수 있는지447)라는 질문

---

446) 주식법상 대리권(스위스채무법 제718a조 제1항이 규율하고 있는 대리권)에서 유사한 문제에 관해서는 BGE 111 II 284 (288f.) 참조.
447) 216면 이하 참조.

에 관해서도 핵심적이다. 《목적론적 축소》라는 표현이 이미 보여주듯이, 규범의 목적에 대한 질문은 다음 경우에도 결정적이다. *입법목적을 초과하는, 입법목적과 더 이상 어울리지 않는 문언의미를 법률문언에 반하여* 제한하는 것이 문제되는 경우.[448]

(5) *목적론적 모순*(평가모순): 체계해석의 요청으로부터(그리고 종국적으로 법 앞의 평등 원칙의 결과로서) 이미 살펴본 것처럼[449] 다음과 같은 결론이 도출된다. 해석자는 가급적 개별 법률조항을 정합성을 갖는 평가체계(《내적 체계》)의 구성부분으로 이해하려고 노력해야 한다. 그러나 평가의 일관성이라는 해석학적 지도사상은 적지 않은 사례들에서 - 《누구도 완벽하지 않다》, 입법자도 마찬가지이다. 또는 다음과 같이 표현하는 것이 아마 더 나을 것이다: 이미 입법자는 전혀 완벽하지 않다! - 한계에 부딪힌다. 해석자가 최선의 노력에도 불구하고 해석을 통해 제거할 수 없거나 완전히 제거할 수는 없고, 현실을 직시하고 차분히 볼 때 *해석론상으로는* 그저 주어진 것으로서 수인해야만 하는 평가모순을 확인해야 하는 경우가 바로 이러한 한계상황이라 할 수 있다.

특히 두드러지는 그러나 드물게 발생하는 상황은, 본래적 의미의 이율배반이 존재하는 경우, 즉 동일한 사실문제에 관한 법률상 규율들이 *정면으로 모순되는 경우*이다.[450] 훨씬 더 빈번히 관찰되는 모순은 목적론

---

448) 230면 이하 참조.

449) 80면 이하 참조.

450) 이에 관해서는 200면 참조. 공개된 (너무나 당연히 모순임이 증명되는) 모순의 특별한 형태는 오스트리아법의 경우, 오스트리아민법 제44조의 혼인개념을 동성의 배우자에게 개방함으로써(각주 305 참조), 발생한다. 오스트리아민법 제44조에 담긴, 착오로 삭제되지 않았음이 분명한 《자녀를 출산할》 배우자의 의무는, 혼인개념 개방이라는 중심적 규범내용을 통해 묵시적으로(그리고 실질적으로) 폐지되었다. 이에 대해서는 SCHODITSCH, ÖJZ 2018, 381.

적 모순, 평가의 분열이다. 이는 충돌하는 법률조항들이 비교가능한 (그러나 동일하지 않은) 사실문제들을 차별적으로 규율하는데, 이러한 차별에 대한 설득력 있는 실질적 근거를 찾기 어려운 상황이다.[451) 체계에 낯선 《예외적(outlier) 규범》이라는 특히 제한된 문제상황을 다루는 방법에 대해서는 이미 앞에서[452) 입장을 밝혔다. 그러나 목적론적 모순의 통상적 상황에서는, 충돌하는 규정들이 체계에 낯설다고 말할 수 없다. 이에 관한 몇 가지 *사례*: 계약책임의 문제에서 다음과 같은 상황은 목적론적으로 주목할 가치가 있을 뿐만 아니라, 모순된다. 스위스채무법 제100조 제1항은 채무자가 중과실인 경우 책임면제약정을 무효로 보는데, 스위스채무법 제199조는 매도인에게 기망의 고의가 있는 경우에만 담보책임면제약정을 무효로 본다.[453) 다음 경우에도 평가모순이 존재한다. 즉 스위스채무법 제210조 개정 후 소비자매매계약에서 법정 담보책임기간 (2년)을 단축하는 약정은 무효이다(중고물 매수는 제외)(스위스채무법 제210조 제4항). 그런데 평가적 관점에서 훨씬 중한 사례인 담보책임청구권 포기의 경우(전부 포기도 포함) 소비자매매계약에 대해서도 스위스채무법 제199조가 적용되어, 청구권의 (일부 또는 전부) 포기약정은 (매도인이 기망의 고의가 있는 경우를 제외하고) 유효하다.[454) 목적론적으로 다음 경우도 정합성이 없다. 즉 스위스채무법 제107조는 원칙적으로 계약의 해제 시 추완기간설정을 요건으로 한다. 그러나 스위스채무법 제205조 제1항에 따른 (담보책임의 효과로서 매수인에 의한) 계약의 즉시해제(Wandelung des Vertrages)의 경우 추완기간설정을 요건으로 하지 않는다. 다음 경우도 목

---

451) HÖPFNER, 34ff.는 《평가모순과 원리모순》이라고 표현한다. SEILER, Praktische Rechtsanwendung, 43에 따르면 이러한 모순은 《법질서 내부의 일상적 현상이다》.

452) 85면 참조; 223면도 참조.

453) 이에 관해서는 가령 BSK-OR/HONSELL, Art.199 N1 참조. HONSELL이 제안한 것처럼 제199조를 우선하는 *특별규정*으로 해석하더라도, 평가모순은 여전히 남아있다.

454) 이에 관해서는 KRAMER, recht 2013, 52.

적론적으로 비일관적이다. 즉 도급계약(스위스채무법 제368조 제2항) 및 UN매매법(제46조 제3항)과 달리, 스위스채무법의 매매계약 관련 규정은 매수인의 법정(法定) 개선(改善, 수리)청구권을 규정하고 있지 않다. 또한 매수인의 인과책임청구권은 규정되어 있는데(스위스채무법 제208조 제2항: 하자 있는 물건의 인도로 직접 발생한 손해의 배상), 도급계약(스위스채무법 제368조 제1항)에서는 도급인에게 이에 상응하는 청구권이 규정되어 있지 않다. 심화되는 국제화 및 유럽화 과정에서(특히 사법과 경제법의 국제화 및 유럽화 과정에서), 국내입법자가 국내입법과정을 통해 그 내용이 만들어진 것이 아닌 개별조항들을 (관련된 법영역의 전체개정 없이) 선택적으로 자국 법질서에 편입시킨 이상, 이러한 평가모순은 이미 예정되어 있음이 자명하다.[455] UN매매법에서 규정한 매수인의 개선(수리)청구권 사례는 이미 언급하였다. 스위스채무법 제201조에 따르면 매수인(비직업적 소비자도 포함)은 매매목적물의 하자를 발견한 후《즉시》통지해야 하는데, UN매매법 제39조 제1항은 유연하게《적정 기간》을 부여하고 있고, UN매매법 제44조는 심지어 통지를 하지 않은 매수인에게 여전히 담보책임청구권을 열어두고 있다. 이 또한 평가모순이다. UN매매법의 적용대상인 매수인은 원칙적으로 영업자로서 계약을 체결하는 자라는 점을 생각하면, 이러한 평가모순은 더욱 뚜렷해진다. 사법의 다른 영역 및 스위스법질서 전체에도[456] 많은 추가사례들이 있다. 이러한 사례로 인해 흠결목록(평가모순이 기재된 목록)은 길어질 수 있다.

이 모든 사례들에서, 적절한 방법론상 조력수단(제한해석 또는 확장해석,

---

455)《법질서의 통일성》이라는 생각이 갖는 이러한 위험성 일반에 대해서는 이미 70면 참조. 통일사법 및 EU사법 해석시 특수한 방법론적 문제에 대해서는 327면 이하 참조.
456) 국민들이 헌법개정안을 발의할 수 있는 제도를 채택하고 있기 때문에 스위스 연방 헌법에서 발생하는 평가모순에 대해서는 SCHINDLER, ZöR 2014, 543.

충돌규칙457)의 적용, 유추나 목적론적 축소458))을 통해 모순이 제거될 수 없 거나 모순을 완전히 제거하기 어려운 경우, 최종적으로 *법률문언에 반하는 해석을 통해* 손쉽게 모순을 《조화시키는 방법을 선택》해서는 안 된 다; 이 경우 오직 입법자에 호소하는 방법만이 남는다.

bb) 이론사 고찰(《개념법학에서 이익법학으로》); 문제설정의 현안(懸案) 성; 올바르게 이해한 법도그마틱의 기능

(1) PUCHTA*부터* JHERING*과* HECK*에 이르기까지:* 오늘날 거의 자명 한 해석의 목적지향성이 과거에 항상 인정되었던 것은 결코 아니다.459) 19세기 중반에는 여전히 독일 판덱텐법학을 근거로 한 《개념법학적》 방 법460)이 융성하였다. 이 방법은 조항의 의미를, 순전히 형식논리적인 방 법을 통해 오로지 법적 개념으로부터, 특히 개념의 《논리적》 관련으로 부터, 도출할 수 있다고 주장하였다. 이에 따라 전체 개념체계(《개념피라 미드》)가 구축되었고, 이 개념체계로부터 《기하학 정신》(Blaise PASCAL) 의 도움을 받아, *기하학적 방법으로*461), 가치평가에서 자유로운 연역이 이루어진다. 이러한 사고방식의 가장 중요한 창시자인 PUCHTA462)가

457) 97면 이하 참조.

458) 205면 이하, 230면 이하 참조.

459) 목적론적 해석에 반대하는 사비니의 회의론에 대해서는 이미 각주 70 참조.

460) 개념법학을 예리하게 분석한 BUCHER, ZBJV 102 (1966) 274ff.; WIEACKER, 430ff.; WILHELM, Zur juristischen Methodenlehre im 19. Jahrhundert (1958) 70ff.도 참조. HECK, Grundriß des Schuldrechts (1929) Anhang §1 (471ff.)도 특히 중요하다.

461) 17, 18세기 이성법의 기하학적 방법(《mos geometricus》)에 관해서는 M. WINKLER, ZSR 136 (2017) Ⅰ, 187ff.

462) PUCHTA, Cursus der Institutionen, Bd. Ⅰ (1841) 36f. 그의 중요성에 대해서는 MECKE, ARSP 2009, 540ff. HAFERKAMP, in: RÜCKERT/SEINECKE, 96ff. 빈트샤 이트를 판덱텐법학의 개념법학자로 낙인찍는 것을 상대화하는 견해로 FALK, Ein

쓴 것처럼,《학문의 임무는, 법명제들을 그들의 체계적 관계 속에서 - 개별 명제의 계보를 추적하여 위로는 그 명제들의 원칙까지 올라가고 아래로는 원칙에서부터 그 명제들의 새싹으로까지 내려갈 수 있도록 - 서로가 조건이 되고 서로가 기원(起源)이 되는 것으로 인식하는 것이다. 이러한 작업을 통해 법명제가 인식되고 표면으로 드러난다. 이러한 법명제는 민중들의 직접적 확신이나 그들의 행동에서 드러나지도 않고, 입법자의 표현에서 드러나지도 않는다. 학문적 연역의 산물로서 비로소 우리가 볼 수 있게 된다》. 심지어 젊은 날의 JHERING은 (그의《Geists》 1판463)에서)《더 높은》또는《구성적인 법학》의《자연사(自然史)적》방법464)을 말하고 있다. 그는 이러한 방법을 당시를 지배하던 권위 있는 화학과 비교하였다.465) 법규칙(《원료》)으로부터《증류된》법개념은《법적 본체》이고, 이 법적 본체는 - 구성(構成)법학466)의 사고작용 안에서 -《유용하다》(《...개념은 생산적이다. 개념들은 서로 짝을 짓고 새로운 개념을 생산한다...》467)). 다시 이를 통해 지금까지 전혀 알려지지 않았던 법명제가 밝혀질 수 있다. 이러한 법명제의 존재는 실무상 필요로부터 도출되지

Gelehrter wie Windscheid (1989); 최근 문헌으로는 RÜCKERT, JZ 2017, 662ff.; HAFERKAMP/REPGEN, Wie pandektistisch war die Pandektistik? (2017)도 참조.

463) JHERING, Zweiter Theil, 2.Abteilung (1858) 384ff.; Erster Theil, 12ff.; 39ff.도 참조. 여기에서는《법유기체의 해부학적 그리고 생리학적 고찰》을 말하고 있다. 1. Bd. von Jherings Jahrb. (1857)에서 예링의 서문도 참조.

464) 이어지는 요약은 LARENZ, 24ff.에서《자연사적》방법을 설명한 부분에 상당 정도 의존하였다.

465) BAUMGARTEN, in: Festgabe der Juristischen Fakultät der Universität Basel zum achtzigsten Geburtstag von Paul Speiser 1926 (1926) 114는 타당하게도 예링의《특별한 종류의 연금술》이라고 표현하다.

466) 19세기 후반 독일 국법학 문헌 중에서 무엇보다도 LABAND(Staatsrecht des deutschen Reiches, Bd. Ⅰ, 1876)가 사법에서의 판덱텐법학을 좇아, 도그마틱의 과제는 법제도의 "구성" 및 법제도의《일반적 개념》으로의 회귀라고 본다.

467) JHERING, Erster Theil, 29.

않고, 전적으로 *개념의 생산적 논리*, 《개념강제》로부터 도출된다. 이는 HEGEL과 똑같은 의미이다: 《머릿속에서 만들어진 것》이 현실에서 그에 대응하는 것을 발견하지 못한다면, 《사실이 (관념보다) 훨씬 더 나쁜 것이다!》 이러한 사고과정의 맹목적 추종자들이, 전설적인 HUSCHKE가 《Bovigus》를 발견한 것처럼, 완전히 비상식적인 발견에 이르게 되는 것은 놀라운 일이 아니다.

이에 대해서는 《법학에서의 농담과 진담》(1.Aufl., 1884; 10.Aulf., 1909, 191f. 에서 재인용)에서 예링의 보고 참조: 《이 학자의 이름[후슈케]을 알지 못하는 나의 독자들을 위해 다음과 같은 짧은 설명을 덧붙인다. 그는 순수한 생각을 통해 동물원을 *Bovigus*로 채운 사람이다. Bovigus는 나중에 멸종된 동물로서 그에 대한 화석 유적은 존재하지 않는다. 하지만 그럼에도 불구하고 Bovigus는 *이성적 근거*로 인해 존재*했어야만 하는* 동물이다. 그의 책 〈Verfassung des Servius Tullius〉 (1838)에서 후슈케는, 로마인들의 5개의 계급과 조화를 이루려면 *악취물*(握取物; res mancipi)에 속하는 동물은 다섯 종류여야 한다는 확신, 4명의 복음서기자(Evangelist)가 각자 자신의 동물을 갖고 있는 것처럼 모든 계급은 각자 자신의 동물을 갖고 있다는 확신에 이르렀다. 그러나 로마인들은 악취물에 속하는 동물을 단지 4개(말, 나귀, 노새, 소)만 알았다. 하지만 이 점이 후슈케를 실망시키지는 않았다. 그는 부족한 다섯 번째 동물을 발명함으로써 결함을 보완하였다. 그는 다섯 번째 동물의 논리적 필요성에 대한 근거를 제시한 뒤, 위 책 252면에서 실제 피조물 영역에 위 다섯 번째 동물을 포함시키고, 이를 시각적으로 묘사하였다》.

그러나 JHERING은 《코페르니쿠스적》 전환을 하였다. 이 전환은 우선 날카로운 조소(嘲笑) - 예링은 (오늘날에도 여전히 읽을 가치가 있는 책인!)《법학에서의 농담과 진담》468)에서 개념법학의 《개념하늘》을 조롱하였다469)

- 를 통해 준비되었고 최종적으로는 그의 법이론적-법사회학적 주저(主著)인 《법에서의 목적》[470]을 통해 실현되었다. 이 책의 모토 - 목적이 《전체 법의 창조자》이다[471] - 는 오늘날 우리에게 자명한 생각이다.

이를 기초로 《*이익법학*》이 성립되었다. 이익법학은 Philipp HECK[472]의 주도로, 무엇보다도 튀빙겐대학에서 만들어졌다(《튀빙겐 학파》[473]). 개념법학이 《논리의 숭배》를 통해 구성된 반면, 이익법학은 《*생활탐구와 생활평가의 우선성*》[474]으로부터 출발한다. 법률은 《모든 법공동체에서

---

468) 《오늘날의 법학에 관하여 알려지지 않은 것들》 중 첫 번째 편지는 이미 1861년에 나왔다. 이 편지들에 에세이들(무엇보다도 《법학적 개념하늘 안에서》라는 풍자적 에세이가 포함되어 있다)이 추가되어 1884년에 《법학에서의 농담과 진담》이라는 제목으로 공간되었다. 최근 판은 Max LEITNER의 서문과 함께 2009년에 나왔다.

469) 예링은 《농담과 진담》에서 자신의 상태를 다음과 같이 서술하였다: 나는 《지금 내가 서 있고, 다음과 같이 요약할 수 있는 지점》에 도달하였다: 《위험에 빠지지 않고 이론을 사용할 수 있으려면, 우리는 우선 이론에 대한 믿음을 완전히 잃어버려야 한다》. (10.Aufl. 1909, 54에서 재인용). 《농담과 진담》을 통해 준비된 예링의 전환에 대한 구체적 서술로는 LARENZ, 44f.; WIEACKER, 450f.; 최근 문헌인 JANSEN/ REIMANN, ZEuP 2018, 103ff.은 예링이 본래적 의미의 전환을 시도하였다기보다, 단지 그의 생각의 강조점이 《구성에서 목적으로》 이동하였다고 본다.

470) JHERING, Ⅰ.Bd., 1. Aufl. (1877).

471) JHERING, Ⅰ.Bd., 1. Aufl. (1877) Ⅷ. 예링의 2번째 단계에 대해서는 FIKENTSCHER, Bd. Ⅲ, 237ff.

472) 그의 주저는 이미 각주 309에 인용되었다. 헥에 대해서는 가령 SCHOPPMEYER, Juristische Methode als Lebensaufgabe. Leben, Werk und Wirkungsgeschichte Philipp Hecks (2001); M. AUER, ZEuP 2008, 517ff.; RÜCKERT, JZ 2017, 968ff.

473) 이 학파의 입장을 따르는 자들로는 가령 Max RÜMELIN과 Heinrich STOLL이 있다. MÜLLER-ERZBACH의 《유인적(有因的) 법사고》도 이 학파의 직접적 영향 하에 있었다. 이에 대해서는 WIEACKER, 574ff.; FIKENTSCHER, Bd. Ⅲ, 373ff. 모노그래프로는 EDELMANN, Die Entwicklung der Interessenjurisprudenz (1967); DOMBECK, Das Verhältnis der Tübinger Schule zur deutschen Rechtssoziologie (1969); ELL-SCHEID/HASSEMER(Hrsg.) Interessenjurisprudenz (1974); HAßLINGER, Max von RÜMELIN (1861-1931) und die juristische Methodenlehre (2014). 이익법학의 이론적 기초에 대해서는 DORNDORF, ARSP 1995, 542ff.

서로 직면하고 있는, 승인을 받기 위해 투쟁하는, 통상적으로 대립하는 이익들 - 물질적, 국가적, 종교적, 그리고 윤리적 이익들 - 의 결과물》475) 로 해석된다; 입법자는 이러한 《유인적(有因的) 이익들》476)의 《변환자》 이다. 여기서도 HECK477)은 이미 이러한 변환은 가치판단 없이 일어날 수 없다는 점을 분명히 하였다.

해석이론과 관련하여 HECK은 그의 이론적 전제로부터 다음과 같은 결론을 도출한다. 해석자는 우선 《역사적 이익탐구》478)를 해야 한다; 그는 《법률을 야기시킨 실제 이익을 역사적으로 올바로 인식하고 사례판단시 이렇게 인식된 이익을 고려해야 한다》479). 따라서 HECK과 그를 따르는 학파는 《객관적-역사적》 해석방법을 정초하였다. 이 해석방법은 - 이미 언급한 것처럼480), 오늘날에도 상당한 지지를 받고 있다. 그러나 예링과 이익법학이 정초한 모든 규정의 이익관련 목적의 고려는 동시에, 《객관적-목적론적》 해석방법의 이론적 근거도 당연히 된다. 그러나 객관적-목적론적 해석방법의 경우 역사적으로 설정된 목적은 더 이상 무조건적으로 결정적 역할을 하지 않는다. 오히려 현재의 이익상황과 그 이익상황에 대한 평가(동의를 얻을 수 있는 평가)를 기초로 규범을 《사

---

474) HECK, Begriffsbildung und Interessenjurisprudenz, 2. O.W. HOLMES, The Common Law (1881) 1의 다음 문장도 유명하고 (더 오래되었다): 《법의 핵심은 논리가 아니다: 줄곧 경험이었다》.

475) HECK, Gesetzesauslegung und Interessenjurisprudenz, 17.

476) HECK, Gesetzesauslegung und Interessenjurisprudenz, 8; 64. 《유인적(有因的) 법사고》는 누구보다도 MÜLLER-ERZBACH가 강조하였다(종합하는 문헌으로: Die Rechts-wissenschaft im Umbau [1950]).

477) 가령 HECK, Gesetzesauslegung und Interessenjurisprudenz, 94f.는 《관찰된 이익들의 형량》을 말하고 있다.

478) HECK, Gesetzesauslegung und Interessenjurisprudenz, 8.

479) HECK, Gesetzesauslegung und Interessenjurisprudenz, 60.

480) 각주 316 참조.

회에 적합하게》 해석하려는 시도가 중요하다.481)

(2) *개념법학의 무엇이 잘못되었는가?* 이론의 역사를 돌아보는 것만으로는, 개념법학 고유의 《사고오류》가 발생하는 원인을 명확히 파악하기 어렵다. 이를 명확히 파악하는 것은 다른 무엇보다도 다음과 같은 이유에서 필요하다. 개념적으로 산만하고 모호한 논증은 목적론적 논증을 하는 현대 법률가들 입장에서도 당연히 눈살을 찌푸릴만한 것임에 틀림없다. 명확한 개념이 없는 상태에서 현대 법률가는 자신의 임무를 수행할 수 없다. 그리고 *이러한 의미에서* - 이 점이 종종 간과되는 것으로 보인다 - 현대 법률가는 여전히 《개념법학자》여야 한다.482)

*개념법학 고유의 문제*는, 개념법학이 법적 개념을 《선험적인 것》, 자기 자신의 삶을 영위하는 독립된 개체로 이해한다는 점이다. 그러나 현실에서 개념은 개별 실정법으로부터 귀납적으로 도출된다. 또한 개념은 개별 입법자의 평가적 결정과, 입법자에 의해 개념에 부여되었고 해석을 통해 계속 발전하는 (개념의) 기능(목적) - 특정 사회적 이익의 보호, 촉진 또는 억제 - 을 통해 상대화된다.483) 《따라서》, KÖTZ484)가 말한

---

481) 이러한 측면에서 《평가법학》이라 불린다. 이익법학과 평가법학의 비교로는 PETER-SEN, Von der Interessenjurisprudenz zur Wertungsjurisprudenz (2001); 최근 문헌으로 HAFERKAMP, ZfPW 2016, 319ff.

482) 이미 JHERING (Scherz und Ernst [각주 468에 인용됨], 347). WIEACKER, Rudolf von Jhering (1942) 27은 타당하게도 다음과 같이 말한다: 《19세기의 잘못된 개념법학에 대한 정당한 투쟁 이후 오늘날, 순수한 개념의 적용은 너무 악명이 높아지게 되었다. 그로 인해 우리는 순수한 개념의 적용이 모든 전문적 법사고에 추가될 필요가 있다는 점을 쉽게 망각한다.》. RÜCKERT, in: RÜCKERT/SEINECKE, 548도 참조.

483) 이미 JHERING, Geist des römischen Rechts, Teil III, 1. Abt (1865) 302f.:《삶은 개념이 아니다. 개념이 삶 때문에 존재한다. 논리가 요청하는 것이 아니라, 삶, 거래, 법감정이 요청하는 것이 - 그것이 논리적으로 필요한지 불가능한지를 불문하고 - 이루어져야 한다》.

484) ZEuP 2011, 108.

것처럼, 《개념은 결국 수공구에 불과하고, 단지 도구적 기능을 가지며, 그 자체만으로 사안의 올바른 해결을 보장할 수 없다. 그러므로 개념은 전적으로 목적에 의존적이고 열려있는 것으로, 단지 잠정적이고 가변적인 것으로 취급해야 한다》. 이와 같은 기능을 항상 염두에 둘 경우에만 우리는 법적 개념을 합리적으로 사용할 수 있다;[485] 다른 모든 것들은 상상 속의 존재를 《가치평가에 눈감고》, 형식적으로, 《가장(假裝)논리적으로》 계산하는 것이다. 이러한 의미에서 개념법학의 《개념선험주의》와 구별되는 법적인 《개념실용주의》를 말할 수 있다.

(3) *잘못된 개념법학적 논증의 사례; 현대 법률가들의 《개념법학적 시도》; 올바르게 이해한 《법도그마틱적》 이론구축의 실무적 효용*

a) 개념법학적 논증의 *고전적 사례*는 사비니[486]가 사람 자신에 대한 권리(이른바 절대적 《인격권》)를 부정한 것이다. (그가 보기에) 선험적으로 주어진 주관적 권리 이분론(절대적 물권과 상대적 채권)을 근거로, 사비니는 다음과 같이 연역하였다. 즉 사람 자신에 대하여 절대적 효력을 갖는 권리를 인정하면, 이 권리는 앞서 언급한 도식적 이분론에 따르면 물권에 포함되어야 하고, 따라서 필연적으로 자살할 권리 - 사비니가 보기에 도덕적 관점에서 수용하기 어려운 권리 - 를 인정해야 한다. 왜냐하면 물권자는 그 권리의 대상을 파괴하는 것이 허용된다는 점이 물권(소유권)의 핵심내용이기 때문이다. 사비니의 《개념구속성과 체계합치성》은 - Eugen BUCHER[487]가 적절히 지적한 것처럼 - 다음과 같은 점을 전제로

---

485) MEIER-MALY, JZ 1986, 562도 참조:《우려스러운 개념법학은 다음과 같은 경우에 비로소 등장한다. 적용되는 규범에 담긴 평가와 동떨어진 결론의 출발점을 향해 추상화가 이루어질 때》.

486) SAVIGNY, 335f.

한다. 사비니는《이미 발견되어 선재하고 있는 개념(물권, 소유권)을 고정된 중요가치, 그리고 완결된 질서로 파악》한다.《이 개념 외부에서 법을 새롭게 형성하거나 법을 계속적으로 형성하는 것은 전적으로 불가능》할 것으로 보인다.《왜냐하면 이는 사물의 내적 논리와 배치될 것이기 때문이다》.

b) 그러나 개념법학적 논증은 19세기 판덱텐법학자들의 문헌에서만 발견되지 않는다. 오히려 *법도그마틱에 의해 논증을 하는 현대법률가들* 도 - 비록 오늘날 개념법학이《법학방법론의 대죄(大罪)》488)로 낙인찍혔음에도 불구하고 - *개념법학적 논증을 계속 시도*하고 있다. 이러한 시도는 우선 다음과 같은 이유에서 이루어진다. 개념법학적 논증은 논증부담을 현저히 낮춰준다. 즉 개념법학적 논증은, 생각하고 근거를 설정하기 게을러 하는 해석자를, 논증과정에서 종종 매우 품이 많이 드는 평가적 근거설정의 부담으로부터 해방시켜 준다. 그리고 이와 동시에《개념수학적으로》정확히 계산하였다는 지적 만족감을 해석자에게 준다489); 개념법학적 논증의 시도는 다음과 같은 해석자를 위해서도 유용하다. 철저히 숙고한 자기평가를 드러내길 원하지 않고, 이를 상상적인《개념논리적 불가능성》,《법제도의 본질》490) 또는 법규범의《근본평가》뒤에

---

487) BUCHER, ZBJV 102 (1966) 282.

488) BUCHER, ZBJV 102 (1966) 274.

489) 이에 관한 LEITNER의 타당한 지적으로는 그가 편찬한 JHERING,《Scherz und Ernst in der Jurisprudenz》(2009) 신판의 머리말 참조. EHRLICH, Grundlegung der Soziologie des Rechts (1913; zit. nach der 4.Aufl. 1989) 277f.은 (비판적 관점에서)《법적 개념수학》이라고 표현한다. 사비니에 따르면(Vom Beruf unserer Zeit für Gesetzgebung und Rechtswissenschaft [1814] 29), 법적 개념을 통해《계산을 하는 것》,《수학 외부의 영역에서는 찾아보기 어려운》확실성을 갖고 계산을 하는 것이 로마법률가들의 장점이었다고 한다.

490) BGE 94 Ⅱ 231 (237):《구분소유(propriété par étages)의 법적 구조로부터 다음과

숨기는 것을 선호하는 해석자; 마지막으로 개념법학적 논증 시도는 다음과 같은 해석자에게도 유용하다. *해석론으로 도저히 불가능한 해석, 즉 법률에 반하는 해석을 법률에 부합하는 해석인 것처럼 보이게 하려고 개념을 남용적으로 조작하는 해석자.*

BGE 46 II 468 (471)이 개념법학에 대한 《좋은》 사례를 제공한다. 이 판례에서 연방대법원은 - 조합법이 개정되기 전의 사례이다. 위 사례에서 쟁점이 된 법적 문제는 현재는 스위스채무법 제568조 제3항 제2문(조합을 위해 이루어진 조합원의 연대보증책임은 유효하다)에 의해 해결되었다 - 합명회사(스위스채무법 제552조) 조합원(사원)의 조합채무에 대한 보증을 다음과 같은 전적으로 개념적인 논거를 들어 불허하였다. 이러한 보증은 《인적조합의 본질》에 반한다. 자기자신의 채무에 대하여 보증채무를 부담하는 것은 《개념논리상》 불가능하다.[491] BGE 53 II 35 (38f.)에서도 연방대법원은 개념법학적 논증을 하였다. 위 판례는 계약의 기초에 대한 착오를 제한적으로 해석할 것을 주장하고 있다. 왜냐하면 위 착오는 개념상으로 동기의 착오의 하위 사례이므로, (위 착오를 제한적으로 해석하지 않으면) 스위스채무법 제24조 제1항 제4호{착오가 특정 사실관계 즉, 거래계의 신의성실을 고려할 때 착오자가 계약의 필수적 기초로 고려하였던 사실관계에 관한 것이라면, 그 착오는 본질적 착오이다. (계약체결시 본질적 착오를 한 자에 대하여 그 계약은 구속력이 없다: 스위스채무법 제23조)}가 스위스채무법 제24조 제2항에 근거한 일반원칙(동기의 착오는 취소

같은 결론이 도출된다.》; 이에 대하여 비판적인 견해로는 LIVER, ZBJV 106 (1970) 59: 《...개념법학적 또는 단지 문언법학적 서술...》. 《본질논거》를 《암호논거: 전통적 법적 논거를 숨기는 논거》로 남용하는 것에 대하여 상세히는 SCHEUERLE, AcP 163 (1963) 429ff.

491) 이에 관한 설득력있는 지적으로는 MEIER-HAYOZ/FORSTMOSER/SETHE, §2 N177ff. 합명회사가 법인인지 아닌지라는 질문의 지위가치에 대한 타당한 지적으로는 BUCHER, ZBJV 102 (1966) 296.

권 발생의 근거가 될 수 없다)을 깨뜨리는 결과가 되기 때문이다.[492] 과거 독일학설에서는 다음과 같은 견해가 주장되었다. 의사표시가 존재하려면 표시행위에 대한 인식이 필요하다. 따라서 표시행위에 대한 인식이 없으면 구속력 있는 의사표시가 존재할 수 없다.[493] 계약법에서 전통적 《무효개념》(실제법률에서는 무효개념이 정확히 정해지지 않았다)에 공리처럼 의존하는 것도 개념법학적 경향의 예이다.[494] 다음 주장도 개념법학적 주장으로서 거부되어야 한다. 무효인 계약은 동시에 (가령 의사흠결을 이유로) 취소할 수 없다거나, 소비자보호라는 정책적 근거에 기초해 만들어진 법률상 철회권의 대상이 될 수 없다는 주장. 이미 1911년 Theodor KIPP 이 말한 것처럼,[495] 법에는 《이중효》가 존재한다. 일견(一見) 이러한 이중효가 개념상 불가능할 것처럼 보일지라도.[496] 형성권이나 형성소권을 (스위스채무법 제164조 이하를 유추하여) 양도하는 것은 개념상 불가능하다는 주장도 (형성권의 《본질》을 근거로 하는 다른 무차별적 주장과 마찬가지로) 오늘날 더 이상 설득력이 없다.[497] 계약법에서 묵시적(또는 추단적) 의사

---

492) 계약기초에 관한 착오를 계약의 구속력을 부정할 수 있는 사유에 포함시킴으로써, 입법자는 《공평을 고려하여》《엄격한 법적 논리에서 벗어나는 것》을 허용한 것이다.

493) 오늘날 학설상황에 대해서는 ARMBRÜSTER, in: Münchener Kommentar zum BGB, Bd. I, 8Aufl. (2019) §119 N93ff. 여전히 매우 개념법학적인 견해로는 HÜBNER, Allgemeiner Teil des Bürgerlichen Gesetzbuches, 2Aufl. (1996) §32 N677f.

494) 독일법에서의 유연한, 법효과지향적인 무효개념을 설득력있게 옹호하는 문헌으로 CAHN, JZ 1997, 8ff.

495) In: Festschrift für von Martitz (1911) 211ff. 이에 대해서는 WÜRDINGER, JuS 2011, 769ff.

496) 계약의 무효와 취소가능성 사이의 선택적 경합에 관한 스위스판례로는 BGE 129 III 320 (324); 무효인 통신판매계약에서 철회권에 대한 독일판례로 BGH NJW 2010, 610 (611). 이에 대해서는 가령 FAUST, JuS 2010, 424ff. 이와 반대입장인 오스트리아 판례로는 OGH (EvBl 2017 Nr.37): 《'무(無)'는 취소될 수 없다》.

497) 이에 관해서는 가령 BSK-OR/GIRSBERGER/HERMANN, Art.164 N5a. 순전히 개념적 근거를 들어 종종 주장되어 온 형성의 의사표시의 철회불가능성에 대한 목적론

표시라는 의제적 구성을 통해 개념을 남용하는 것은[498], 특히 《유서깊은》 전통이다. 급부부당이득법(스위스채무법 제62조 이하)에서는 삼각관계에서 부당이득청구권관계 획정 문제가, 독일 부당이득법 도그마틱에 의해 《구성된》 목적적 급부개념으로부터 순전히 기술적으로 도움을 받아, 종종 극복된다. 이 과정에서 어떠한 이익 또는 위험이 문제되는지, 이러한 이익이나 위험은 누구에게 가장 적절히 귀속될 수 있는지와 같은 질문은 이루어지지 않고 있다.[499]

c) 이 마지막 사례가 다음과 같은 인상을 불러일으켜서는 안 된다. *법*

적 정당화 및 상대화에 대해서는 BGE 128 III 70 (75f.).

498) 이에 관한 타당한 지적으로는 F. BYDLINSKI, in: Festschrift für Herbert Hausmaninger (2006) 82ff.

499) 따라서 BGE 117 II 404 (407)는 방법론적으로 우려스럽다. 이에 대한 타당한 지적으로는 KÖNDGEN, SZW 1996, 37; 이미 KOPPENSTEINER/KRAMER, Ungerechtfertigte Bereicherung, 2.Aufl. (1988; Reprinted 2013) 8f.도 참조. 순전히 개념적 논증으로는 BGE 121 III 149도 참조: 가장혼인은 구 스위스민법 제142조(혼인관계 파탄으로 인한 이혼)에 따라 해소될 수 없다;《파탄의 발생》과 연결된 명확한 법률문언은 가장혼인의 해소를 금지한다. 가장혼인처럼 《처음부터 혼인공동체를 구성할 의사가 없었던 경우, 혼인관계의 파탄도 논리적으로 성립할 수 없다》(판결문 151). 그러나 평가적 관점에서 보면, 구 스위스민법 제142조를 근거로 소에서 대/대에서 소로의 추론(Grössenschluss; 이에 관해서는 213면 참조)은 아닐지라도, 유추가 강제된다: 우리가 법률로부터 다음과 같은 *입법목적(ratio)* - 내용이 없어진 혼인은 보호할 필요가 없다 -을 도출한다면, 혼인이 처음부터 내용이 없었던 경우에도 동일한 조문이 적용되어야 함은 명백하다! BGE 121 III 149에 대한 비판으로는 B. SCHNYDER, ZBJV 133 (1997) 38ff.도 참조. BGE 121 III 453 (458)도 개념적-형식적 논거를 사용하고 있다: 문헌에서는 평가적 고려를 근거로 다음과 같은 주장이 제기된다. 종류물매매에서 《*이질적 물건*의 인도(aliud-Lieferung)》가 이루어진 경우 담보책임이 문제될 수 있다. 그러나 위 판례는 이러한 주장을 받아들이지 않았다.《왜냐하면 스위스채무법 제197조 가장자리 열의 기재내용에 따르면 물건담보책임에 관한 규정은 매매목적물에 관한 것이고, 종류물매매의 경우 인도된 목적물이 합의된 종류와 일치하는 경우 비로소 매매목적물이 인도된 것이기 때문이다》. 이에 대해서는 KRAMER, recht 1997, 78ff.

도그마틱적 이론, 학설과 판례를 *法도그마틱적으로 구성하는 것* - 이러한 학설과 판례의 도움을 받아 법률의 불명확성과 흠결이 제거되거나 메워진다[500] - 은 형식적이고 개념법학적인 비정상으로서 거부되어야 한다;[501] 사정은 정반대이다: 명확하게 규정되지 않은 특정 문제영역을 위해 논리일관된 해법을 사고(思考)를 통해 개발하고, 이 해법을 법적용을 위해 기능적으로 유용한 《이론》, 관념, 개념으로 요약하는 것은, 본질적인 그리고 법실무를 안정화시킬뿐만 아니라 법실무의 부담을 덜어주는, 《*법도그마틱의 실무적 효용*》[502]이다. 이러한 측면에서 법도그마틱은 《*복잡성완화*》에 기여한다(LUHMANN).

따라서 결과적으로 HASSOLD(AcP 181 [1981] 131ff.)의 도그마틱적 구성을 위한 변명도 이해할 수 있다; TUOR/SCHNYDER/SCHMID/JUNGO, §15

---

500) R. STÜRNER, AcP 214 (2014), 11은 타당하게도 도그마틱을, 《개별사안별 해결법과 기본규칙 및 기본원리 사이에 존재하는 일종의 중간층으로서 정교한 체계가 발전한 것》이라고 표현하다. 이러한 《중간층》은, 본문에서 설명한 것처럼, 학설(학문)을 통해서뿐만 아니라, 판례(특히 최고법원 판례)를 통해서도 발전한다. 판례도 규율을 구체화하거나, 흠결을 보충하거나, 이론적 관념을 개발하는 경우, 법도그마틱적으로 논증을 한다. 그러나 법원의 법도그마틱적 논증은 - 그 내용(특히 최고법원 판결의 경우)이 다른 판결에 선례로 작용하는 점을 고려하더라도 - 학설의 도그마틱에 비해 강하게 사안관련적이다(이미 5-6면 참조). 도그마틱적으로 논증을 하고 그 과정에서 지속적으로 서로 관계를 맺는 학설과 판례의 관계에 대해서는 269면, 272면 참조.

501) 《도그마틱》은 그 자체로 보통 (권위적인 《교조주의》 같은) 의문스러운 분위기를 풍긴다. 그러나 법학에서 도그마틱은 바로 다음과 같은 의미이다. 《도그마틱적》 해석을 할 때에는, 해석대상인(또는 정당한 방법으로 《계속 생각하여 발전시킬 대상인》) 법이 규범적으로 유효하고 따라서 *해석론으로* 그 법의 틀을 현저히 벗어나면 안 된다는 전제로부터 출발해야 한다.

502) WIEACKER, in: BUBNER/CRAMER/WIEHL(Hrsg.), Hermeneutik und Dialektik, Aufsätze II (1970) 311ff. 이미 WIEACKER, Vom Römischen Recht (1944) 27도 참조: 도그마틱적 개념은 《단순한 추론을 통한 올바른 판단》을 가능하게 한다. 최근 문헌인 ERNST, 40ff.도 같은 취지이다.

N7도 참조: 《학문에 의해 발전된 법개념》은 종종 《복잡한 사실관계를 위한 실무적 약어(略語)》이다; STRUCK, JZ 1975, 85: 《일응의 대략적 규칙(Faustregel)으로 응축된 논증복합체》로서의 이론; 도그마틱의 《안정화》 효과에 관해서는 ROELLECKE, JZ 2011, 646도 참조. 법도그마틱의 기능에 관해 상세히는 RÜTHERS/FISCHER/BIRK, Rechtstheorie, §7 N321ff.; RÜTHERS, Zeitschrift für Rechtsphilosophie 2005, 1ff.; Beiträge in: KIRCHHOF/MAGEN/SCHNEIDER (Hrsg.), Was weiss Dogmatik? (2012); BUMKE, Rechtsdogmatik (2017). 이에 대해서는 JANSEN, AöR 143 (2018) 623ff. 《사법(私法)도그마틱의 관점》에 대해서는 LOBINGER, AcP 216 (2016) 28ff. 그러나 LOBINGER는 도그마틱을 너무 좁게 법학적으로 발전되어온 도그마틱에 한정시키고 있다. 최고법원 판례도 - 그 판례가 단지 개별사안의 정의만을 추구하는 경우가 아닌 한 - 도그마틱적 작업을 한다(각주 500 참조). 법도그마틱은 현행법의 특정 문제에 대한 학설*과* (최고법원) 판례를 합친 것이다. 최종적으로 JANSEN, AöR 143 (2018) 627도 참조(STOLLEIS를 인용한다). 그에 따르면 연방헌법재판소와 그 밖의 최고법원들이 《〈생각의 지평, 언어, 도그마틱적 형상〉을 정하는 경우가 점차 늘어나고 있다》.

HASSEMER, Rechtstheorie 2008, 15는 법도그마틱이 《방법론의 강력한 경쟁자》라고 말한다. 그러나 이는 적어도 오해이다. 우선 법도그마틱이 설득력이 있으려면 - 현행법을 기초로(그리고 현행법을 정당한 방법으로 형성하면서[이에 대해서는 320면 이하 참조]) - 방법론적 근거를 갖추어야 한다; 자율적이고, 법률과 병존하거나 법률을 초월하는, 《자유롭게 움직이는》 법도그마틱의 이미지는 거부되어야 한다. 이러한 법도그마틱이 어떻게 정당화될 수 있겠는가? 다른 한편 방법론 그 자체는, 앞서 언급한 것처럼(11면 이하 참조), 법도그마틱적 메타규율로서 그 성질이 결정되어야 한다(qualifizieren). 따라서 LENNARTZ의 모노그래프 제목인 Dogmatik als Methode (2017)은 적어도 오해이다. 도그마틱은 방법론이 아니고, 방법적으로 정당화된 해석과 법형성의 결과물이다. 독일의 전통적 법도그마틱을 비판하고 개혁할 필요성에 관하여 시사적인 문헌으로 LEPSIUS, in: KIRCHHOF/MAGEN/SCHNEIDER (Hrsg.), Was weiss Dogmatik? (2012) 39ff.

법도그마틱의 실무상 효용을 긍정적으로 평가하기 위해서는 한편으로는, 문제가 되는 이익상황을 차별적으로 평가하고(다른 이익상황은 다르게 평가하는 것) 최대한 귀납적으로 법률상황을 지향하여 이익상황을 평가하는 것에 기초하여 법도그마틱의 이론을 형성해야 한다; 다른 한편으로는, 법도그마틱이라는 관념이 《오류가능성이 있어야 한다》. 즉 이론에 《미리 반영》되지 못한 평가[503]를 강제하는 문제, 따라서 결과적으로 이론을 《논박》(또는 《부분적으로 논박》)하는 문제가 - 무엇보다도 새로운 사안으로 인해 - 제기된 경우, 우리는 법도그마틱을 기계적으로 《계속 신성시》해서는 안 된다.

cc) 특별한 목적론적 논거들; 특별한 맥락에서 법률 목적의 고려

(1) 특별하고, 오래전부터 알려져 왔으며, 수사(修辭)적으로 특히 설득력이 있는 목적론적 논거는 《수인불가능성기준(Untragbarkeitskriterium)》(귀류법: argumentum ad absurdum 또는 reductio [deductio] ad absurdum)[504]이

---

503) 도그마틱적 이론형성에 관한 이론으로는 ESSER, AcP 172 (1972) 97ff.; CANARIS, JZ 1993, 377ff.(무엇보다도 법이론의 《논박》에 관하여); ALEXY, 315ff. 다음과 같은 타당한 지적으로는 CANARIS, JZ 2003, 835: 해석으로 《불규칙한》 결론이 도출되면 (도그마틱에 따른 기존 분류와 배치되기 때문에 불규칙한 것이다), 《원칙적으로 해석이 아니라 도그마틱이 바뀌어야 한다》. 따라서 새로운 독일매매법에 따른 추완이행청구권(독일민법 제439조)의 일종인 하자 없는 물건의 인도청구권이 특정물매매의 경우에는 인정되지 않는다는 견해는 - 이 견해는 그러한 청구권은 도그마틱적으로 《불가능하다》(이미 하자 있는 물건으로 매매목적물이 특정되었으므로)는 단순한 논거를 든다 - 오류이다.
504) 이에 대해 상세히는 DIEDERICHSEN, in: Festschrift für Karl Larenz zum 70.

다. 수인불가능성기준은 다음 사항이 증명되는 경우 활용된다. 해석 -
특히 오직 문언에 기초한 해석 - 이, 일관되게 끝까지 생각하여 도출된
모든 《내적 논리》와 배치될 때,[505] 완전히 비실천적일 때,[506] 전적으로
불합리한 결론 - 《입법자가 의도할 수 없었고》[507] 따라서 포기해야 하
는 (경우에 따라서는 부분적으로 포기해야 하는) 결론 - 에 이를 때.[508]

Geburtstag (1973) 155ff.; BYDLINSKI, Methodenlehre, 457ff.; SIMON, 488ff.; 이론사
에 대해서는 HORAK, Rationes decidendi (1969) 267ff. 스위스학설로는 가령 HÖHN,
Praktische Methodik, 1274f. HÖHN은 《불합리성-논거》라고도 표현한다. 이에 상응하
는 영미법의 《황금률》에 대해서는 전거와 함께 POTACS, 175.

505) 베른 행정법원 MBVR 1971, 339 (345); BGE 122 Ⅲ 176 (194)도 해석변용의 《수
용할 수 없는 실무상 결과》를 언급한다. BGE 123 Ⅲ 292 (300)도 참조; 최근 판례로
는 BGE 142 Ⅲ 16 (19): 스위스채무법 제699조 제3항 제2문의 문언("액면가 100만
스위스 프랑의 가치를 갖는 주식을 보유한 주주는 심의대상 안건 상정을 요구할 수
있다")은 《입법자의 과오》에 근거한 것이다; 이 법률문언을 존중하면 명백히 의도하
지 않은, 불합리한 결론에 이른다. 영미보통법의 《결과주의 논증》에 대해 상세히는
MACCORMICK, Legal Reasoning and Legal Theory (1995) 108ff.

506) BGE 100 Ⅳ 252 (255): 법률해석은 《실천가능한》 해법을 추구해야 한다. 《적어도》
《그 해법이 실무에서 전적으로 수용불가능한 것》이어서는 안 된다; BGE 120 Ⅱ 112
(117)도 참조. 이 판례는 《법의 실천가능성이라는 해석원칙》을 말하고 있다; BGE
136 Ⅱ 113 (119)는 《실천가능한 결과》를 기준으로 한다. BGE 141 Ⅱ 262 (272)는
《합리적이고 실천가능하며 만족스러운 결과, 문제해결 필요성을 고려한 결과》를
언급하고 있다. BGE 132 Ⅲ 226 판결의 실천가능성에 대해서는 WALTER/HURNI,
Anwaltsrevue 10 (2007), Heft 6/7, 286.

507) BGE 130 Ⅲ 76 (82); 131 Ⅲ 314 (316); 144 Ⅳ 97 (106).

508) 이에 관한 시사적 사례로는 EVGE 1951, 205 (207f.) 참조. 이 판례에서는 남편을
살해한 처(妻)의 유족연금청구권이 문제되었다. 위 처는 유족연금덕분에 《다른 연금
수급권자와 비교할 때 재정적으로 현저한 이익을 누리게 될 것이다. 왜냐하면 수형기
간 동안에는 생계를 위해 위 연금급부에 손댈 필요가 없고, 따라서 연금급부를 자본
화할 수 있기 때문이다》. 이에 반대하는 (방법론의 측면에서 *추상적으로는* 그 자체로
설득력이 있는) 판례로는 스위스채무법 제66조에 관한 BGE 102 Ⅱ 401 (411f.): 스위
스채무법 제66조가 규정한, 형사벌적인 동기에 기초한, 부당이득반환금지로 인해 《계
약당사자 일방을 정의관념에 반할 정도로 우대》하는 결과가 된다. 그러나 이러한 결
론은 《위법하고 양속에 반하는 행위를 예방하고자 하는 스위스채무법 제66조에 부합

따라서 BGE 106 Ⅱ 213 (220)에서 연방대법원은 BGE 101 Ⅱ 321 (322)에서 취한 다음과 같은 입장을 받아들이지 않았다. 스위스채무법 제60조 제2항("형사처벌이 가능한 행위로 인해 소를 제기하는 경우 그 행위에 대하여 형법이 더 긴 (공소)시효를 규정하고 있다면, 이 시효는 민사상 청구권에 대해서도 적용된다.")이 말하는 형사처벌이 가능한 행위는, 《객관적으로 형사처벌이 가능한》 행위가 존재하면, 행위자가 과책이 없어 형사법원에서 무죄가 선고된 경우도 포함한다. 이러한 해석은 스위스채무법 제60조 제2항의 의미와 목적 - 피고가 형사적으로 소추되는 것이 가능한 경우에는 민사상 소의 소멸시효 완성은 저지되어야 한다 - 에 반한다. 연방대법원은 논거를 강화하기 위해 *귀류법* 논증을 덧붙였다. 즉 연방대법원은, BGE 101 Ⅱ 321 (322)처럼 객관적 처벌가능성에만 주목할 경우 - 그리고 객관적 처벌가능성이라는 문언자체를 존중한다면 - 이르게 될 불합리한 결과를 지적하였다: 《절도(스위스형법 제137조)나 사기(스위스형법 제148조)와 같은 범죄의 구성요건은 장물죄와 마찬가지로, 무엇보다도 주관적 요소(불법이득의사, 악의적 기망)를 포함하는 특징을 갖는다. 스위스채무법 제60조 제2항 적용 시 이러한 주관적 요소를 고려하지 않는다면, 가령 보증된 고유의 특성을 갖추지 못한 물건에 대한 모든 매도행위는 형법상 시효에 걸리게 된다. 왜냐하면 매도인이 매매목적물의 흠을 알지 못한 경우에도 〈객관적으로 볼 때〉 사기죄의 구성요건은 충족된 것으로 보아야 하기 때문이다. 주관적 요소가 개별 처벌규정 자체에 규정되어 있지 않고, 스위스형법 제18조로부터 도출되는 경우도 마찬가지이다. BGE 101 Ⅱ 322에 따르면 가령 교통사고가 발생한 경우, 과실이

한다. 법률이 자체적으로 더 나은 해법을 예정하고 있지 않다면, 이러한 결론은 감수해야 한다》. 연방대법원이 스위스채무법 제66조의 *목적*을 지나치게 무차별적으로 바라보는 것은 아닌지, 매우 의심스럽다. BGE 134 Ⅲ 438 (444f.)에서 위 판례는 변경되었다(위법하거나 양속에 반하는 행위를 촉진하거나 보상하기 위해 급부가 이루어진 경우에만 부당이득반환청구가 배제된다).

없는 경우에도 스위스도로교통법 제83조 제1항에 따른 형사처벌이 가능한 행위가 존재하고 더 긴 시효기간이 적용된다고 보아야 한다》.

(2) 스위스문헌은 Eugen HUBER[509]의 의견에 좇아 종종 독자적인 《*현실적*》(또는 《*사회학적*》) *해석요소*를 언급한다.[510] 해석을 할 때에는, 입법의 사실적 영역으로서 규범화와 관련된 부분, 무엇보다도 경제적 현실, 학문적 인식, 자연과 기술에 주목해야 한다. 입법의 《현실》, 또는 *입법의 《현실맥락》*[511]에 주목하는 이러한 제안은 의심의 여지 없이 지지되어야 한다. 법관에게 《생활사태의 인식》은 《개별 분쟁의 이해를 위해서뿐만 아니라, 규범자체의 해석을 위해서도》 필수불가결하다.[512] 해석자는 스위스부정경쟁방지법과 카르텔법을 해석할 때, 경쟁의 기능에 관한 일반인 수준의 일상이론에만 근거해서는 안 되고, 경제적 경쟁이론의 기본지식을 갖추어야 한다. 그렇지 않으면 해석자가 어떻게 《왜곡되지 않은 경쟁》(부정경쟁방지법 제1조)이나 《시장지배력》(카르텔법 제2조 제1항) 같은 구성요건을 합리적으로 해석할 수 있겠는가?[513] 기술적 또는 의학적 영역 관련 법률, 또는 《아동의 복리》를 기준으로 한 조항(스위스

---

509) HUBER, 281ff. 법의 《현실요소》 이론에 대해서는 무엇보다도 SCHLUEP, in: Zum Wirtschaftsrecht (1978) 37ff.; 상세한 그리고 생생한 서술로 FORSTMOSER/VOGT, §11 N1ff.

510) 가령 BK-ZGB/MEIER-HAYOZ, Art.1 N210ff.; ZK-ZGB/DÜRR, Art.1 N167ff.; A. KELLER, 136; TUOR/SCHNYDER/SCHMID/JUNGO, §5 N15; RIEMER, §4 N48f.; BGE 126 Ⅲ 129 (138). 독일방법론에 대해서는 무엇보다도 MÜLLER/CHRISTEN-SEN, 526ff. 이 문헌은, 《규범프로그램》이 규율영역으로 《선택》한 《규범영역》이라는 개념, 즉 사회현실 일부를 잘라낸 조각이라는 개념을 사용하고 있다. 이에 대해서는 LARENZ/CANARIS, 154f.

511) 《규범적 맥락》에 관해서는 69면 이하 참조.

512) 스위스 연방대법관의 타당한 지적으로는 KLETT, recht 2010, 85.

513) 경쟁제한법에서 기능적-현실관련적 논증의 필요성에 대해서는 AMSTUTZ, SZW 2001, 248ff. (BGE 127 Ⅱ 32에 대한 평석).

민법 제298조 제1항, 제301조 제1항, 제307조 제1항)처럼 심리학적 지식이 요구되는 규정도 마찬가지이다. 필요하면 법원은 실질적 근거를 갖춘 판결을 할 수 있도록,[514] 관련분야 전문가의 전문지식을 활용하거나, 감정의견서를 받거나 전문가 의견을 직접 듣는 자리를 마련해야 한다.[515]

현실적으로 해석자는 이러한 방식을 통해, 《사물의 본성》[516]이라는 종종 언급되는 개념에 접속해야 한다. 다만 사물의 본성을 기준으로 삼는 것은, 우리가 법소재의 《사물논리적 구조》로부터, 즉 법규정이 관계된 현실로부터 직접 규범적 결과를 도출할 수 있다는 뜻[517]이라면, 그 타당성이 의심스럽다.

입법의 《현실》에는 부분적으로 사회적 평가와 그 평가의 변동도 포함된다.[518] 해석자가 이러한 현실로부터 고립되면 안 되고, 《가치충전을 필요로 하는》 구성요건요소, 특히 일반조항을, 대표적인 사회적 가치평가에 비추어 해석해야 하며, 해석자 개인의 《특수도덕》, 사회적 동의를 전혀 얻을 수 없는 특수도덕을 근거로 해석하면 안 된다는 점은 이미 앞에서 예를 들면서 강조하였다.[519]

입법의 현실을 참조하는 것은 이처럼 지지할 가치가 있다. 그런데 다

---

514) 《법외부》 논거의 중요성에 관해서는 많은 전거와 함께 284면 이하 참조.

515) (신체손해시) 장래 일실이익 산정 및 적용할 이자율에 관한 BGE 125 Ⅲ 313 (315)에서 제1민사부의 요청으로 이러한 전문지식 활용이 이루어진 바 있다.

516) ZELLER, 255 FN18; LARENZ/CANARIS, 236 FN120의 많은 전거 참조.

517) DERNBURG, Pandekten, Bd. Ⅰ, 7. Aufl. (1902) 84의 고전적 정식화는 다음과 같다: 《생활관계는 자체적인 척도와 질서를 갖고 있다. 생활관계 및 그 목적에 부합하는, 생활관계 내부에 존재하는 이러한 질서를 우리는 사물의 본성이라 부른다》; DESCHENAUX, 109도 사물의 본성을 기준으로 삼는다. 그는 《사물의 본성의 건강한 관찰》을 말한다. 세분화하여 평가하는 문헌으로는 BK-ZGB/MEIER-HAYOZ, Art.1 N397ff.; BYDLINSKI, Methodenlehre, 51ff. 《자연주의 오류》에 대해서는 각주 905 참조.

518) BK-ZGB/MEIER-HAYOZ, Art.1 N211.

519) 각주 130 참조. 이에 관해서는 366면도 참조. 《시대정신》 문제에 대해서는 각주 1104 참조.

른 한편으로는 다음과 같은 점도 명백해 보인다. 입법의 현실을 참조하는 것은 독자적 해석요소가 아니고, 목적론적 해석방법의 한 단면이다. 바로 이러한 의미에서 이미 HECK은, 앞서 인용한 것처럼,[520]《생활탐구의 우선성》과 《생활관계의 탐구》 - 생활관계의 탐구를 통해 합당한 판결을 준비할 수 있다 - 를 말하였다.

(3) *개별 법영역과 관련된 특별한 방법론* - 가령 세법에서 발전된《경제적 관찰법》, 회사법 · 노동법 · 계약법에서의《유형적 관찰법》, 경제법에서의《기능적 방법》, 통일사법에서의《통일적 해석》요청 - 은 여기서 상세히 언급하지 않는다. 이러한 방법론은 목적론적 해석방법의 특수한 형태에 불과하다.

(회계에서) 경제적 관찰법에 대해서는 BÖCKLI, Schweizer Aktienrecht, 4. Aufl. (2009) 912:《우리가 〈경제적 관찰법〉이라고 부르는 것은, 올바로 표현한다면 기능적 경제법적 관찰법이다》; BÖCKLI, Neue OR-Rechnungslegung (2014) 54 (N 223).《경제적 관찰법》은 해석대상인 법률적 근거가《경제적 연결점을 선택한 경우》에만 의미가 있다는 점(BGE 126 Ⅲ 462 [466])은 - 우리가《경제적》이라는 표현을 광의로 해석한다면 - 명백하다. 이 점을 더 분명히 밝힌 판례로 BGE 115 Ⅱ 175 (179). 경제적 관찰법에 대해서는 225면도 참조. 유형적 관찰법 일반에 관해서는 LEENEN, Typus und Rechtsfindung (1971); PAWLOWSKI, Rechtstheorie 1999, 263ff.; 회사법의 경우 다른 무엇보다도 Arnold KOLLER, Grundfragen einer Typuslehre im Gesellschaftsrecht (1967); MEIER-HAYOZ/SCHLUEP/OTT, ZSR 90 (1971) Ⅰ, 293ff.; 노동법의 경우(관리자급 근로자 개념을 사례로 들고 있다) P. JUNG, in: Festschrift für Jean-Fritz Stöckli (2014) 338ff.; 계약법의 경우 KRAMER, in: KRAMER (Hrsg.),

---

520) 각주 474 참조.

Neue Vertragsformen der Wirtschaft: Leasing, Factoring, Franchising, 2.Aufl. (1992) 40f. 경제법의 기능적 방법에 관해서는 SCHLUEP, in: SCHLUEP/ SCHÜRMANN, KG+PüG (1988) 300ff.; in: Aspekte des Wirtschaftsrechts: Festgabe zum Schweizerischen Juristentag 1994 (1994) 173ff.; BAUDEN-BACHER, ZHR 144 (1980) 145ff. 그러나 경제법의 기능적 방법을 부정하는 견해로는 KUNZ, recht 2017, 151f. 국제사법의 성질결정 문제를 해결하는 데 목적론적-기능적 관찰법이 중요하다는 것에 대해서는 SCHWANDER, Einführung in das internationale Privatrecht. Allgemeiner Teil (1990) N271.

(4) 채무법 도그마틱의 경우 다음과 같은 특수한 맥락에서는, *계약법과 책임법 규범의 목적*에 의존하는 것이 결정적 역할을 한다: 강행규정에 위반한 계약이 (전부 또는 일부) 무효인지 문제된 경우, 그 강행규정이 이 문제를 명시적으로 언급하지 않는다면, 관련 규율의 목적을 고려해야 한다.[521] 방식규정에 위반한 계약이 무효인지 문제된 경우도 마찬가지이다.[522] 책임법에서는 손해의 귀속이 문제되는 경우, 전통적이지만 그 모호성으로 인해 종종 만족스럽지 못한 다음과 같은 질문(상당인과관계가 있는 손해결과가 발생한 것인지?) 대신에, 다음과 같은 고려(구체적으로 발생한 손해를 방지하는 것이 위반된 《보호규범》의 목적인지?)가 이루어진다. 연방대법원은 《간접손해》 겸 《순수재산손해》가 발생한 경우, 즉 간접피

---

521) BK-OR/KRAMER, Art.19/20 N322; N345ff.

522) BK-OR/SCHMIDLIN, Art.11 N111: 《방식의 목적이 더 이상 방식강제와 어울리지 않는 곳에서, 법률상 방식강제는 자신의 무효효과를 잃어버리게 된다》. 실무입장으로는 BGE 116 II 117 (129); BGE 140 III 583 (587)은 BGE 120 II 341 (347)과 같은 취지에서, 스위스채무법 제270조 제2항("주거가 부족한 경우 칸톤은 관할구역 전부 또는 일부에 대하여 새로운 임대차계약 체결시 제269d조에 따른 계약서 형식을 사용하도록 명할 수 있다.")에 대하여 《목적론적 축소해석》을 하였다. 건축이론 상 유명한 격언(《형식은 기능을 따른다》)을 방식규정의 해석 문제에 재치있게 전용(轉用)한 것으로 ARNET, ZBJV 149 (2013) 391ff.

해자의 절대권과 관련이 없는 손해가 발생한 경우523)에도, 이러한 《위반된 규범의 보호목적 이론》(《규범목적이론》)524)을 적용한다.

f) 해석요소들의 순위 문제

법학방법론이 최소한 착안점 차원에서라도 해석요소들의 순위(위계)를 스케치하는데 실패한다면, 법학방법론은 도그마틱으로서의 설득력을 잃게 된다525); 즉 해석요소들이, 연방대법원의 《방법다원주의》526)라는 의미에서, 마치 방법론적 《무인상점》527) - 법적용자가 자신의 필요(즉 자신이 추구하는 해석결론)에 따라 자유롭게 선택을 할 수 있는 무인상점 - 에

523) BGE 101 Ⅰ b 252 (256); 102 Ⅱ 85 (88).

524) 다른 모든 문헌을 대신하여 OFTINGER/STARK, 121f.; 개별사례에서 결과손해의 귀속이 문제되는 경우 상당인과관계이론과 보호목적이론 사이의 관계에 대해서는 KRAMER, JZ 1976, 343ff.; 무엇보다도 346 참조.

525) 타당한 지적으로 BYDLINSKI, Methodenlehre, 554: 《다양한 종류의 논거들 중에서의 〈선택〉이 실제로 자의적이거나 단지 개별 판단자의 〈선이해〉, 필연적으로 매우 개인적일 수밖에 없는 〈선이해〉에 좌우된다면, 법학방법론은 아무런 소용이 없게 될 것이다》; 《해석방법의 혼합주의(Synkretismus)》를 비판하는 SCHÜNEMANN, 171f.도 참조. 그렇다면 (위계화를 완전히 포기한 방법론에 관하여) KRAWIETZ, Juristische Entscheidung und wissenschaftliche Erkenntnis (1978) 196이 《방법없는 방법론》이라고 표현하는 것도 수긍할 수 있다. 《방법혼란》에 대한 비판으로 WIPRÄCHTIGER, recht 1995, 148도 참조.

526) 이에 대한 비판은 116면 이하 참조. 방법다원주의에 따라 연방대법원은 해석요소들의 《위계적 우선질서》를 인정하지 않는다.

527) 〈방법〉에 대한 《쇼핑몰 접근법》에 비판적 입장으로 PETERS, German Yearbook of International Law 44 (2001) 36f. 더 격렬한 비판으로 KOZIOL, AcP 212 (2012) 55. 그는 법학방법론이 《모든 희망을 충족시키는》, 《느슨하고 구속력이 없는 법적 매춘부(賣春婦)로》 변할 수 있다고 본다. (다른 맥락이기는 하나 방법다원주의에도 적용될 수 있는》 비슷한 취지의 비판으로 EMMENEGGER, ZBJV 143 (2007) 569. 《판례는 법적 칵테일바의 성격을 갖는다. 그곳에서 우리는 단서들이 어떻게 조합되어 구체적 사례에서 우리에게 제공되는지 정확히 알지 못한다》.

서와 같이, 구속력을 갖지 않은 채 진열대 위에 전시되어있는 한.

순위를 개략적으로나마 정하는 법학방법론의 능력은 매우 종종, 방법론 문헌에서 부정되거나 애초부터 회의적으로 평가된다. 무엇보다도 ESSER, Vorverständnis und Methodenwahl, 124ff.; KRIELE, 85ff.; STEINDORFF, 228; HASSEMER, ARSP 1986, 204; OGOREK, in: Rechtsanswendung in Theorie und Praxis: Symposium zum 70. Geburtstag von Arthur Meier-Hayoz (1993) 32f.; KLEY-STRULLER, recht 1996, 192; 이러한 확정은 종종 전혀 합리적이지 않거나 바람직하지 않다고 여겨진다. 가령 BRUGGER, AöR 119 (1994) 32; CARONI, 101. 그러나 최종적으로 순위문제를 (어느 정도) 명확히 할 필요가 있다고 강조하는 문헌들도 많다. OTT, ZSR 92 (1973) Ⅰ, 253; GERN, Verwaltungs-Archiv 80 (1982) 421f.; ZELLER, 372ff.; 특히 상세한 문헌으로 BYDLINSKI, Methodenlehre, 553ff.; ders., JBl 1994, 438; (논거의 《규범에 대한 거리》에 따라) 논거의 구조화를 시도하는 문헌으로 HÖHN, 160ff.; LOOSCHELDERS/ROTH, 192ff.; KEHRER, 71ff. BYDLINSKI/BYDLINSKI 에 따르면 *추상적 차원에서는* 《확정된 순위관계》가 존재한다. 이에 반해 개별 해석요소들의 《동가치성》을 말하는 견해로 HAUSHEER/JAUN, Art.1 N 150. CANARIS, in: Festschrift für Dieter Medicus zum 70. Geburtstag (1999) 60도 같은 입장이다. 즉 해석기준들은 원칙적으로 동등한 순위의 논거들로서, 그 숫자와 강도에 따라 상호작용하고 서로 형량되어야 한다. 그런데 방법론에서 해석요소들의 순위를 요구하는 것이 왜 《이성의 사고법칙(논리칙)》을 훼손하는지(A. KLEY, ZBJV 141 [2005] 347), 필자는 이해하기 어렵다. 가령 입법자가 역사적 해석요소의 절대적 우위를 미리 규정하는 것도 충분히 생각할 수 있다.

"역사적 해석요소에 어떠한 순위를 부여해야 하는가"528)라는 방법론적 핵심문제에 대해 우리가 입장을 일단 표명한 이상, 적어도 순위의 윤곽 - 또는 다음과 같이 표현하는 것이 아마도 더 나을 것이다: 임무의 성격으로부터 도출되는 이해과정에서의 일련의 단계들의 윤곽 - 은 드러난다:

서류상 문언의 해석시 1차적으로 문언에서 출발해야 한다는 점은, 서류상 문언의 의사소통 기능에 전적으로 부합하는 기초적 내용이다. 이러한 문언을 고립적으로 해석하면 안 되고 맥락의미를 기준으로 해야 한다는 점은 해석학에서 공지의 사실에 불과하다. 그리고 모든 법률가는 다음과 같은 경험적 사실을 잘 알고 있다. 문언과 체계는 통상 《규범의미결함》을 열어두고 있고, 따라서 법조인은 해석대상 규범의 법정책적 목적을 질문해야 한다는 압박을 느끼게 된다. 이 질문을 기초로 문언의미의 틀 내에서 규범의미를 정교화하거나, 문언의미를 넘어서는 또는 문언의미에 어긋나는 해법에 이르기 위해. 또한 이러한 목적론적 문제설정은 이미 강조한 것처럼, 모든 경우에 이루어져야 한다. 즉 법률문언에 기초할 경우 규범의미가 명백하게 보이는 경우에도 목적론적 문제설정은 이루어져야 한다.[529] 법률의 입법사는 종종 규범목적에 대하여 매우 결정적인 실마리를 제공한다. 그러나 이러한 실마리는 - 이 책이 주장하는 바와 같이 - 모든 경우에 해석자를 구속하는 것이 아니고, 법률적용시점의 목적론적 고려를 기초로 통제되어야 한다.

---

528) 이러한 핵심문제에 대한 답변을 제외하면, 해석요소들(그리고 이해과정에서 해석요소들을 끌어들이는 순서)은 실제로 《거의 자명하다》. 같은 취지의 타당한 지적으로 HASSEMER, ZRP 2007, 215. 비슷한 견해로 RÖHL/RÖHL, 631f.(《해석방법의 순위와 순서》).

529) ALEXY, 293은 해석요소 활용에 관하여 《포화의 필요성》을 말한다. 포화의 필요성은 단지 하나의 해석요소를 기초로 해석을 뒷받침하는 것을 애초부터 배제한다.

Ⅲ

법관법 일반; 흠결 개념; 《구속적 법관법》 영역에서의 흠결보충

III

법관법 일반; 흠결 개념;《구속적 법관법》 영역에서의 흠결보충

1. 개념적 기초

a) 지금까지는 앞서[530] 밝힌 것처럼, 본래적 의미의 해석, 즉 문언의 가능한 의미 안에서 해석대상 규범을 법적으로 적용하는 것에 대해 살펴보았다. 이번 장에서는 우선 문언의 의미 밖에서, 즉 문언의 개념의 핵과 개념의 뜰 밖에서(*praeter verba legis*), 이루어지는 법관의 법발견을 살펴본다. 이미 종종 언급된[531] 연방대법원 판례를 상기해 보자: 스위스 민법 제679조는 토지소유자의 책임만 언급하고 있고 임차인은《토지소유자》라는 개념에 포섭되지 않음이 명백한 소극적 후보자[532]이지만, 판례는 임차인을 스위스민법 제679조에 포섭시키고 있다(위 조항이 규율하지 않는 사안과 규율하는 사안이 평가적 관점에서《유사》하기 때문에).[533] 유추와 경상(鏡像)의 관계에 있는 이른바《목적론적 축소》의 경우에도 법률 문언의 의미에서 벗어난 법발견이 이루어진다. 목적론적 축소의 경우

---

530) 31면 이하 참조.

531) BGE 104 Ⅱ 15에 관한 40면 참조.

532) 39면 참조.

533) 유추에 관한 개별내용은 205면 이하 참조.

문제된 사안의 사실관계요소가 법률상 구성요건에 포섭됨이 명백한 적극적 후보자[534])이지만, 즉 법률문언의 개념의 핵에 속하지만, 해당 사례는 *법률문언에 반하여(contra verba legis)* 그 법률에 포섭되지 않는다; 이는 다음을 전제로 한다. 법률상 지시가 너무 무차별적이어서 - 법률의 *(해석론상)* 근간을 이루는 *입법목적*을 고려할 때 - 논란이 되는 사안을 고려하여 예외를 설정하는 것을 놓쳤다는 전제.[535]) 이러한 의미에서 연방대법원[536])은 무상위임을 스위스채무법 제402조 제2항의 (위임인의) 책임규정에 포섭시키지 않는다. 비록 해당 법률문언은 (스위스채무법 제394조와 결합하여 읽어보면) 분명히 유상위임과 무상위임 모두를 포함하고 있지만.[537])

법관의 모든 결정은 독자적 법정립이라는 성격을 어느 정도 갖고 있기 때문에,[538]) 본래적 의미의 법적용과 법률문언의 범위를 벗어난 법관에 의한 법발견 사이의 경계는 유동적이다. 우리가 법관에 의한 독자적 형성의 '정도 차이'를 개념적으로 의미있게 바라보는 한,[539]) 이러한 사실 (경계가 유동적이라는 사실)이 (법관법적 법발견이라는) 개념에 반대하는 원칙적 논거가 될 수 없다.[540])

b) 여기서는 법관법적 법발견을 두 종류로 나누고자 한다[541]): 법관이

---

534) 39면 참조.

535) 목적론적 축소에 관한 개별내용은 230면 이하 참조.

536) BGE 61 Ⅱ 95; 이러한 입장은 BGE 129 Ⅲ 181ff.에서 다시 지지되었다.

537) 이 사례에 대해서는 233면도 참조.

538) 각주 47의 전거를 포함하여 25-26면 참조.

539) JESTAEDT, 64는 법관은 모든 판례에서 법을 적용할 뿐만 아니라 법을 정립한다는 타당한 발견으로부터 출발하여, 법관의 모든 언어에 법관법의 성격을 부여한다. 개념상으로는 이러한 설명에 반대할 것이 없다. 이처럼 폭넓은 법관법 개념 하에서는 추가 세분화(구별)가 필요할 수밖에 없다는 점을 우리가 인식한다면.

540) 32면도 참조.

541) 같은 취지로 가령 LARENZ/CANARIS, 187f.; DECKERT, 58ff.; WIEDEMANN,

Ⅲ. 법관법 일반: 흠결 개념: 《구속적 법관법》 영역에서의 흠결보충

《사유하는 복종》542)으로서 현행법에서 이미 구체적으로 확인할 수 있는543) 평가에 의거할 수 있고 이 평가를 《끝까지 생각》544)하는 경우를 《*구속적 법관법*》(또는 《법률내재적 법관법》)이라고 부른다. 이 경우 실무상 *유추*(와 *목적론적 확장*)에 의한 흠결보충이 근간을 이룬다545); 스위스 이론에서 오랫동안 간과되어 온 수정하는 *목적론적 축소*도 구속적 법관법 영역에 속한다. 그러나 현행법이 방향지시관점을 아예 제공할 수 없거나 구체적 관점을 제공할 수 없는 경우에도, 법관에 의한 법정립을 통해 흠결을 보충할 시급한 필요성이 있는 경우가 종종 존재한다. 따라서 법원이 *입법자로서*(modo legislatoris), 즉 스위스민법 제1조 제2항의 유명한 공식에서 말하는 《그가 입법자라면 설정하였을 규칙》에 따라 판결을 해야 하는 영역이 있다. 독일학설은 《*법률초월적 법관법*》546)이라고 표현

NJW 2014, 2407ff. H.P. WALTER, recht 2003, 6도 유사하게 구체화하고 보충하는 법관법과 수정하는 법관법을 구별한다.

542) 이 유명한 HECK의 표현은 Gesetzesauslegung und Interessenjurisprudenz, 20.

543) ENGISCH, Einführung, 260은 타당하게도 《법률의 목적론적 〈확장력〉》이라고 표현한다. CARNELUTTI, 144ff.는 《법의 자기통합적, 스스로에 의한 흠결보충》이라고 말한다. 이러한 측면에서 DERNBURG, Pandekten, Ⅰ. Bd.6. Aufl. (1900) 82에 대해서도 동의할 수 있다. 그는 법을 《자기 자신으로부터 벗어나 자신을 완성시키는 능력을 가진》 체계라고 표현한다. 그러나 이러한 자기완성시마다 덧붙여지는 법관의 평가요소를 간과해서는 안 된다.

544) RADBRUCH, 207.

545) 해석과 *입법자로서의* 법관법의 중간에 위치한 유추의 특징을 DU PASQUIER, 32는 타당하게도 다음과 같이 표현한다: 《이 경우 법관은 판례상 해법을 순전히 창조하는 자가 아니다》; CARNELUTTI, 145도 이미 같은 취지이다: 《유추는 자유로운 탐색과 해석 사이의 중간단계에 위치하고 있다》.

546) 각주 541 참조. 독일 학설에 따라 스위스 연방대법원(BGE 114 Ⅱ 239 [246])도 법관에 의한 《법률초월적》 법형성이라고 말한다. 《법률초월적 법관법》 대신에 독일 이론은 《법률을 대신하는 법관법》(가령 BAGE 23, 292 [320]; STERN, Rechtstheorie 1990, 8)이라고 표현하기도 한다. 법률초월적 법관법은 종종 《본래적 법관법》 또는 《협의의 법관법》이라고 불리기도 한다.

하는데, 이러한 표현은 (법률이 미리 예정한) 《*법률내부의*(intra legem) 흠결》(일반조항, 형평과 법관의 재량을 지시하는 규정)을 법관법에 의해 보충하는 경우547)도 포함한다. 이 책도 이러한 표현을 사용하기로 한다.548)

이번 장에서는 우선 구속적 법관법을 살펴본다; 법률초월적 법관법에 대해서는 별도의 장549)을 마련하였다. 그러나 여기서 다음과 같은 점은 강조할 필요가 있다. 두 법관법 영역 사이의 차이는 분명하지 않고 단지 강조하는 부분이 다를 뿐이다.550) 가령 법관이 법형성을 하면서 일반적 법원칙551)을 따르는 경우, 이러한 법형성이 구속적 법관법인지 법률초월적 법관법인지는 전적으로 열린 문제이다. 일반조항의 해석이 문제되는 경우, - 형식적으로 보면 - 본래적 의미의 법적용이라고 할 수 있다. 왜냐하면 해석이 문언의미의 틀 내에서 이루어지기 때문이다.552) 그러나 이 경우 결과적으로 법관법이 문제된다는 점은 의문의 여지가 없다. 일반조항의 입법자가 해당 일반조항이 적용되는 구체적 사례도 함께 규정하였다면553) 우리는 구속적 법관법이라고 표현할 수 있고, (스위스민법

---

547) 《*법률내부의* 흠결》 개념에 대해서는 197면 참조. 일반조항을 구체화하는 것과 관련하여 구속적 법관법과 법률초월적 법관법을 구별하는 것에 대해서는 바로 이어지는 본문에서 언급하기로 한다!

548) 《구속적 법관법》과 《법률초월적 법관법》 사이의 개념적 대비를 통해 《법률초월적 법관법》은 법에 구속되지 않는다는 결론에 이르러서는 안 된다. 이러한 측면에서 RÜFFLER, Journal für Rechtspolitik 10 (2002) 62 FN9의 용어에 대한 우려를 이해할 수 있다. 《법률을 초월한다》는 것은 단지, 법관법을 위해 활용할 수 있는 구체적 내용을 담은 법률규정(《구속적》 법관법에서는 이러한 법률규정이 존재한다)이 존재하지 않는다는 것을 뜻한다. 그러나 이 경우에도 법적 근거를 갖춘 경구는 꽤 존재하고 규범적으로 의미가 있다. 261면 이하 참조.

549) 아래 Ⅳ. (249면 이하 참조).

550) 각주 554 참조.

551) 이에 대해서는 274면 이하 참조.

552) 이미 57면 참조.

553) 그 예로는 55면 참조.

제2조처럼) 법률에 어떠한 구체적 예시자료도 없는 경우 우리는 법률초월적 법관법이라고 표현할 수 있다.

c) 각 개념 사이의 경계가 유동적이라는 점554)은 항상 반복적으로 강조될 필요가 있다. 그럼에도 불구하고 《법관에 의한 법발견의 3단계 모델》- 본래적 의미의 해석으로부터 구속적 법관법을 지나 최종적으로는 법률초월적 법관법까지 - 은 적절한 측면이 있다.555) 따라서 이 책에서는 이 모델을 기초로 설명을 한다. 이러한 3단계 모델이 1차적으로 기술적(記述的)으로-구성(構成)하는 역할을 한다는 점은 이미 앞에서556) 강조하였다.

2. 현실 그리고 법이론적 반대논거

a) *법문언을 넘어선* 또는 *법문언에 반하는*557) 법관의 법발견 가능성은 오늘날 - 예외적으로 유추금지를 준수해야 하는 법영역을 제외하고는

---

554) 이미 타당하게도 PFAFF/HOFMANN, Commentar zum österreichischen allgemeinen bürgerlichen Gesetzbuche, Bd. I (1877) 192: 《진정한 해석부터 법률에 대한 (외관상) 전적으로 자유로운 취급에 이르기까지, 단지 정도의 차이가 있을 뿐인 일련의 다양한 활동들이 존재한다》. 최근 같은 견해로 ZK-ZGB/DÜRR, Art.1 N274. 이 문헌은 판단하는 사실관계에 대한, 《입법자가 더 많이 또는 더 조금 〈존재〉하는 입법자 존재의 연속선》이라고 말한다.

555) 스위스 문헌 중에서는 이미 GMÜR가 이러한 주장을 하였다. 그는 *입법자로서(modo legislatoris)* 이루어지는 법관에 의한 법발견을, 당시 유행하였던 《자유로운 법발견》이라고 부른다. 자유로운 법발견은 《법적용의 세 번째 단계》에 해당한다. GMÜR, 103ff.

556) 40면 참조.

557) *입법목적에 반하는* 부당한 판결과 혼동해서는 안 된다. 이에 대해서는 242면 이하 참조.

- 일반적으로 인정된다. 왜냐하면 오늘날처럼 빠르게 변화하는 사회에서는 법률 구석구석에 흠결이 존재하기 때문이다(이러한 사실은 더 이상 진지하게 거부할 수 없다).

생생한 지적으로 ENZENSBERGER, Mittelmaß und Wahn (1988) 203:《처음보면 이러한 많은 법률과 규정은 흠결이 없다는 인상을 준다. 우리가 이들을 상세히 연구해야 비로소, 우리는 법률과 규정이 제정된 원리를 인식하게 된다. 법률과 규정의 문언은 스위스 치즈의 구조를 갖고 있다(여기저기 흠결이 있다는 점에서)》. 방법론적 이론사에서 법률의 흠결은 무엇보다도《자유법운동》(이에 대해서는 316면 참조)에 의해 강조되었다.《GNAEUS FLAVIUS》(=칸트로비츠), 15의 다음 격언이 유명하다:《실제 사안에서 법률의 흠결이 이곳 그리고 저곳에 존재하는 것은 아니므로, 우리는 확신을 갖고 다음과 같이 주장하는 것이 허용된다. 단어 수만큼 많은 흠결이 존재한다고》. 각주 613의 RÜTHERS를 인용한 부분도 참조. 유사한 견해로 KRIELE, 209. 그에 따르면 독일민법은 문제를 풀기보다는 그대로 두었다.

법관법은《근본적 의미를 갖는 법문제》(스위스연방대법원법 제20조 제2항)와 관련이 있을 수 있다.[558] 그러나 우리는 HEGNAUER[559]처럼 - 그는《법률에 있는 것은 중요하지 않고, 중요한 것은 법률에 없다》고 말하였다 - 너무 나아갈 필요가 없다. 19세기 법률실증주의에서 그리고 법률실증주의의 무흠결성도그마에서 주장되었던 것과 같은, 법률이《전지전능하다》는 관념(《법률은 언제나 말한다; lex semper loquitur》)은 모든 경우에서 명백히 환상에 불과하다.

---

558) 법률초월적 법관법의 한계에 대해서는 316면 이하 참조.
559) FamRZ 1994, 730.

Ⅲ. 법관법 일반; 흠결 개념;《구속적 법관법》영역에서의 흠결보충

무흠결성도그마가 가져온 방법론상 왜곡에 대하여 구체적으로 HECK, Gesetzesauslegung und Interessenjurisprudenz, 98 FN141: 그는 해석의《셜록 홈즈 방법》을 말한다. 이 방법은 입법자를,《분별력 있는 법관이 입법자가 부주의한 틈을 타 그를 체포해 결론적 생각을 숨긴 죄로 유죄판결을 선고하기 전까지, 결론을 잘 알고 있지만 악의적으로 이를 숨겨온》《완고한 범죄자》로 취급한다.

그런데 19세기 방법론 모두가 무흠결성도그마에 의해 만들어진 것은 아니다. 프랑스에서 PORTALIS는 민법안 초안에 대한 그의 훌륭한《서론: Discours préliminaire》에서 극히 현대적인 방법론을 주장하였다(PORTALIS, Discours et rapports sur le Code Civil [1844] 1ff.에서 재출판되었다). 이에 대하여 그리고 극도로 문언에 충실하고 실증주의적인《주석학파》의 반작용에 대하여 FIKENTSCHER, Bd. I, 431ff. 주석학파의《성문법 페티시즘》에 대해서는 GENY Bd. I, 70f.

많은 성문법에서 법률의 흠결은 명시적으로 인정된다.《흠결에 대한 용기》, 보다 정확히 표현하면: 성문법의 흠결을 공개적으로 인정하는 용기는 스위스민법 (제1조 제2항) - RABEL[560])이 말한 것처럼 이 조항은《불완전성을 추구》한다 - 이 최초가 아니다. 이미 이보다 훨씬 전에 오스트리아민법(제7조)[561])이 이를 명시적으로 인정하였다; 그 외에 이탈리아민법 서두 규정 제12조 제2항[562])과 스페인민법 제4조를 들 수 있다.

---

560) Streifgänge im Schweizerischen Zivilgesetzbuch I (1910); RABEL, Gesammelte Aufsätze, Bd. I (1965) 182에서 재인용.

561) 법문언은 17면 참조. 리히텐슈타인법의 경우 오스트리아민법(보다 정확히: 오스트리아민법의 리히텐슈타인판)에 대해서는 위 법 제6, 7조의 방법카논이 적용된다. 이에 반해 리히텐슈타인 물권법(SR)과 인(人) 및 회사법(PGR)에 대해서는 스위스민법 제1조의 방법론적 체제가 적용된다. 이러한 규범의 다양성으로 인해 발생하는 문제에 대하여 BAUR, LJZ 1998, 20ff.; BÖSCH, LJZ 2017, 24ff.

562) 번역은 18면 참조.

b) 그러나 *법이론적으로 볼 때* 법률의 흠결을 인정하는 것은 보다 구체적 근거를 필요로 한다. 법이론적 측면에서 켈젠은 그의 저작《순수법학》563)에서 법률의 흠결을 규범이론적으로 불가능하고 의제적인 관념이라고 보아 거부하였다. 켈젠은, 법실증주의 선구자564)들과 마찬가지로, 법률은 적극적 규율뿐만 아니라《소극적》규율도 할 수 있다는 점에서 출발한다. 켈젠에 의하면 가령 형법에서는 특정 행동방식에 대하여 범죄구성요건이 예정되어 있고, 공법에서는 관청의 권한이, 민법에서는 청구권이 부여될 수 있다. 또는 범죄구성요건이 예정되지 않고, 관청의 권한이나 청구권이 부여되지 않을 수도 있다. 후자의 경우(형벌없음, 권한 없음, 청구권 없음)에도 법률상 규율(이른바《일반적 부정문》565)의 의미에서 부정적인 방식으로)이 존재한다; 이러한 의미에서 법률의 침묵은 항상《말하여진》침묵으로 해석할 수 있다.566) 실정법의 이러한 이진법 체계는 항상 답을 제공해주기 때문에(부정적 또는 긍정적 답변), 법률의 흠결을 인정하는 것은 법논리적으로 가능하지 않다. 따라서 이른바 법률의 흠결에 호소하는 것은 위장(僞裝)하는 기능을 갖는다. 이는《법률의 구속으로부터 벗어나기 위한 이념적 구축물이다》.567)

이러한 법률실증주의적 관점은 결과적으로 다음과 같은 상황과 실제로 부합한다. 유추가 금지되는 사례 또는 열거적 구성요건(열거적 구성요

---

563) KELSEN, 251ff.

564) 특히 BERGBOHM, Jurisprudenz und Rechtsphilosophie, Bd. Ⅰ (1892) 373:《...실정법은 흠결이 없다》.

565) 무엇보다도 ZITELMANN, 17ff.가 일반적 부정문을 근거로 그의 흠결이론을 수립하였다. 이에 대한 엥기쉬의 비판으로 Festschrift Sauer, 94f.; CANARIS, Feststellung von Lücken, 49ff.도 참조.

566) 스위스학설에서 같은 취지로 OTT, SJZ 1987, 197f.

567) (켈젠에 좇아) 같은 취지로 KUDLICH/CHRISTENSEN, JZ 2009, 947(《흠결-거짓말》이라고 표현한다); JESTAEDT, 60f.도 켈젠을 따른다.

건도 원칙적으로 - *반대해석에 따른 논증* - 유추금지에 기초하고 있다[568])에서 법적용자가 직면하는 상황. 이러한 사안은 구성요건의 가능한 문언의미를 통해 적극적으로 규율되거나 규율되지 않는다; 후자의 경우 법적 효과 (제재)는 발생하지 않는다: 《제3의 가능성은 존재하지 않는다》[569]! 그러나 위에서 언급한 예외상황은 별론으로 하고 《일반적 부정문》의 수용은 원칙적으로 거부되어야 한다.[570] 이는 단순한 문언의미의 제한적 적용범위를 과대평가하고, 그에 따라 동시에 법률의 목적을 경시한다. 결과적으로 판단해야 할 사실관계가 - 비록 법률의 문언의미에 포섭되지 않지만 - 법률에서 적극적으로 규율된 사례와 평가적 관점에서 동일하게 취급할 수 있음이 분명한 경우에도, 법률의 목적이 법적용자를 통해 달성되는 것은 허용되지 않게 된다.

그러나 이 책에서 법실증주의적 무흠결성 모델은 다른 의미에서 원칙적으로 승인된다. 즉 《(법률흠결이 아니라) *법흠결*》의 거부와 관련하여: 법률상 지시의 경우 (그 문언의미에 따라 판단할 때) 별 어려움 없이 흠결이 인정될 수 있다. 그러나 *현행 전체 법질서*는 흠결이 없다고 해석해야 한다. 즉 다음과 같은 점을 고려해야 한다. 법률상 흠결이 존재하는 경우

---

568) 세부적으로는 각주 661 참조.

569) 《Tertium non datur》!

570) 같은 취지로 BK-ZGB/MEIER-HAYOZ, Art.1 N258; 켈젠의 흠결이론과 《일반적 부정문》에 반대하는 상세한 서술로 BYDLINSKI, Methodenlehre, 236ff. NEUNER, 50f. 도 참조: 《사실관계 p에 대하여 법적효과 R이 지정되었다는 점으로부터, p가 아닌 모든 사실관계에 대하여 자동적으로 R의 효과가 불발생한다는 결론이 도출되지 않는다. 왜냐하면 그렇게 보지 않으면, 특정 법적효과에 대한 근거의 배타성이 단순의제되기 때문이다. 사실관계가 주어진 여러 규범문장들 중 어느 하나의 규범문장에도 포섭되지 않는다는 점으로부터, 어떠한 규범적 결론도 도출해서는 안 된다. 왜냐하면 규범문장들 내의 체계가 지식 및 가치에 대해 취하는 입장이 완결적이라고 선험적으로 가정할 수 없기 때문이다》.

에도 - 스위스법의 경우 스위스민법 제1조 제2항 및 제3항을 통해 명시적으로 실정법화된 - 법적으로 규율된, 최종적으로 헌법원리에 기초한 절차(법적용자가 이 경우 어떻게 해야 하는지에 관한 절차)가 존재한다.[571]

이 책과 같은 견해로 REICHEL, Gesetz und Richterrecht, 108:《법률은 흠결이 있지만, 법은 흠결이 없다》.《흠결신화》전체에 반대하는 견해로 RHINOW (Symposium Rhinow, 102f.). 그는《흠결은 진정 흠결도 부진정 흠결도 아니다. 흠결은 법적 풍경에서 흰색 오점도 아니다. 흠결은 헌법원칙 및 다른 원칙에 의해 〈적셔지고〉 횡단되는(이러한 원칙이 곳곳에 담겨 있는) 판단분야이다》(RHINOW, 103)라고 말한다.《법흠결》부정이라는 관점에서는 그의 견해에 동의할 수 있다. 그러나《법률상 흠결》이라는 유형이 갖는 방법론상 의미를 부정하는 점에 대해서는 동의할 수 없다.

이 책에서 주장한 전체 법질서의 무흠결성이라는 생각을,《법으로부터 자유로운 공간》(이에 대해서는 ENGISCH, Z. ges. Staatswiss. 108 [1952] 415ff.; ders., 140; CANARIS, Feststellung von Lücken, 40ff.)이라는 다채로운 관념을 통해 흔들 수 없다. 신념이나 단순한 사회적 관습이 문제되는 경우, 이와 관련된 일반적 요청(규율)을 위반하였다고 해서 법적 청구권(제재)이 인정될 수 없다. 그러나 이러한 점에서 실정법은 이 문제를 소극적으로 규율하고 있는 것이다; 따라서 법적으로 무관한 것이 아니다. 반대견해로는 무엇보다도 ENGISCH, Festschrift Sauer, 85ff. 이 책과 같은 견해로는 BOBBIO, 249.

---

571) F. MÜLLER,《Richterrecht》. Elemente einer Verfassungstheorie Ⅳ (1986) 120f.은 이러한 측면에서《법질서의 기능적 완전성》을 말한다.

Ⅲ. 법관법 일반; 흠결 개념;《구속적 법관법》영역에서의 흠결보충

3. 흠결 개념 일반: 흠결확정과 흠결보충의 구별

a) 이 책에서는 *법률상 흠결이라는 개념*을 카나리스[572])에 상당 부분 좇아 다음과 같이 정의한다: 법률이 - 가능한 문언의미의 한계 내에서 해석된 법률이 -《전체 법질서가 어떤 규율을 요구하고 있음에도 불구하고》, 《*계획에 반하여*》그 규율을 빠트린 경우, 흠결이 존재한다[573]); 또는 다음과 같이 표현할 수도 있다:《흠결은 계획에 반하는 실정법의 불완전성》(즉 가능한 문언의미 틀을 준수하는 법률질서의 불완전성이다)이다. 여기서 불완전성 여부는《현행 법질서 전체를 기준으로 측정한다》.[574])

사실관계의 규율필요성 또는, 달리 말하면, 이러한 흠결의 계획위반성은, 이미 언급한 것처럼, 현행 법질서로부터 도출해야 한다. 보다 정확히

---

572) CANARIS, Feststellung von Lücken, 39.

573) 그러나 이 정의는 *법률내부(intra legem)* 흠결(이에 대하여 197면 참조)을 포함하지 않는다. 왜냐하면 법률내부 흠결은《계획에 반하는 것》이 아니고, 입법자가 의식적으로 열어둔 것이기 때문이다. 그러나 이 경우에도 결과적으로 법정립권한을《법적용》기관에 이전하는 것이다(그러나 의도적 이전이다). EMMENEGGER/TSCHENTSCHER, Art.1 N370f.은 계획에 반하는 성격이 없다는 이유로《*법률내부 흠결*》이라는 유형을 거부한다. 각주 586의 전거도 참조.

574) CANARIS, Feststellung von Lücken, 39; 이러한 인용문을 문자그대로 따른 (오스트리아 판례로) OGH JBl 2017, 31 (34); 스위스연방대법원은 입법자가《규율했어야 할》것이 규율되지 않은 채 남아있다고 말한다. (BGE 140 Ⅲ 206 [213]). 스위스문헌으로는 무엇보다도 HÄFELIN, Festschrift Nef, 113f. JAUN, ZBJV 137 (2001), 48은 현행 법질서 *전체*라는 기준을 충분한 근거없이 부정한다.《계획에 반하는 불완전성》이라는 표현은 ELZE, Lücken im Gesetz (1916) 3ff.에서 유래한다. 스위스연방대법원에 따르면(가령 BGE 132 Ⅲ 470 [478]; BGE 135 Ⅲ 385 [396]),《다음 경우 법률에 흠결이 존재한다. ① 제기된 법문제에 대하여 모든 답변을 할 의무를 규율이 여전히 부담하고 있기 때문에, 또는 ② 규율이 답변을 하였지만 그 답변은 실질적으로 유지될 수 없는 것으로 보아야 하기 때문에, 규율이 불완전하다고 밝혀진 경우》. 위와 같은 구별은 이러한 설명의 기초가 되는 개념쌍인 공개된 법률상 흠결/예외적 흠결에 대응한다.

표현하면: *현행법*의 목적론적 종합고찰로부터 도출해야 하고, 현행법에서 (아직) (충분한) 근거가 없는 *입법론적* 희망사고로부터 도출해서는 안된다. *법정책적으로 소망하는 것들은 해석론으로 보충되어야 할 법률상 흠결이 아니다.*[575] 따라서 우리는 가령 제조물책임법 도입 전에는 하자 있는 제품 제조자의 일반적인, 엄격한 인과책임을 인정하기 어려웠을 것이다; 법률의 침묵은 (부정적으로) 《말하여진 것》으로(《제한된 것》으로) 해석해야만 하였다.[576] 한편 계획에 반하는 불완전성 사례로서 (상대적으로) 명백한 사례도 있다. 연착된 승낙의사표시에 대한 규정인 스위스채무법 제5조 제3항이, (법률문언과 법률의 가장자리 열(列)의 표시에 따라) 승낙기간을 정하지 않은 청약사례에 적용되어야 할 뿐만 아니라, 승낙기간을 정한 청약사례에도 적용되어야 한다는 점은 명백하다. BGE 104 Ⅱ 15 판례에서 연방대법원은 스위스민법 제679조가 토지소유자만 언급하고, 토지임차인은 언급하지 않은 것을 *해석론으로* 극복해야 할 계획에 반하는 불완전성이라고 보았다. 그러나 위 사례에서 입법자의 흠결은 분명함의 정도가 훨씬 덜했다.[577]

b) 마지막 사례로부터 다음과 같은 점이 분명해진다. 법률의 흠결은 매우 종종, 유추 또는 목적론적 확장의 방법으로 흠결을 보충하는데 기여하는 조항을 고려하여, 확정된다. 이러한 조항은 법률상 흠결을 보충하는 수단일 뿐만 아니라, 차별취급의 실질적 근거가 발견되지 않는다

---

575) 오히려 《법정책적 흠결》(*입법론 상 흠결*)이 문제된다. 이에 대해서는 196면 참조. 정치적 《전환의 시대》에서 법적용시 흠결개념의 남용에 대해서는 RÜTHERS/FISCHER/BIRK, Rechtstheorie, §23 N877.

576) (《말하여진》 =《제한된》 침묵을 인정하는 것으로부터 도출할 수 있는) 역추론과 이와 반대되는 유추 사이의 동요(판단의 어려움)에 관해서는 218면 이하 참조.

577) 이에 대하여 KRAMER, Analogie und Willkurverbot, 99ff. *해석론상* 흠결보충과 법정책적 논증영역 사이의 구별문제에 관해서는 곧(4/b) 살펴본다.

는 고려에 따라 흠결의 존재를 확정하기 위한 결정적 논거로서 이미 기여하고 있다[578]; *흠결확정과 흠결보충은 손에 손잡고 함께 간다*[579]

4. 흠결의 종류

a) 개관

법방법론적 흠결이론은 혼란스러운 흠결유형들 일체를 구별한다. 학설에서 사용하는 용어들이 다른 경우가 많아 개관을 하는 것이 더욱 어렵다. 여기서는 아래와 같은 원칙적 도식화로부터 출발한다.

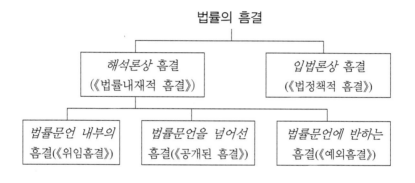

578) CANARIS, Feststellung von Lücken, 71ff.

579) 유추금지 원칙이 존재하는데 만약 유추가 가능하였다면 유추가 이루어졌어야 할 상황이라면, 카나리스는(Feststellung von Lücken, 47)는 법률의 흠결을 인정한다; 그러나 이러한 법률의 흠결은 유추금지 원칙으로 인해 메워질 수 없다. 흠결확정과 흠결보충이 예외적으로 손에 손잡고 함께 가지 않는 것이다. 이에 대해서는, 카나리스 자신도 언급한 것처럼(Feststellung von Lücken, 47), 법률이 유추금지를 통해 사안의 규율을 제공하고 있으므로 흠결이 존재한다고 볼 수 없다는 반론이 가능하다(같은 취지로 CARONI, 115). 그러나 카나리스는 이러한 생각을 너무 《형식적》이라는 이유로 거부한다.

b) *해석론상 흠결과 입법론상 흠결의 구별*

"흠결이 계획에 반하는 현행법의 불완전성으로서 법적용자에 의해 《법률내재적으로》 제거될 수 있는지, 아니면 법질서의 법정책적 결함, 즉 《법정책적 흠결》(《입법론상 흠결》580)) - 이러한 흠결의 제거는 입법자에게 유보되어 있다 - 이 문제되는지"라는 이미581) 언급한 질문을 통해, 결정적 입장정리가 이루어진다. 이러한 경계설정 질문582)이 매우 중심적인 질문이기는 하지만, 자체적으로 바람직한 정확성을 갖춘 답변을 할 수 없고, 개별사례에서 불가피하게, 해석자의 뚜렷한 법정책적 동력에 상당히 많이 의존하는 점은 분명하다. 따라서 소비자보호 문제에 특히 열려있는 법적용자는, 이미(3.a) 언급한 제조물책임법 도입 전 제조자의 인과책임 사례에서, - 현행 법률상황에 흠결이 존재한다는 전제에서 출발하여 - 인근 법률의 많은 인과책임구성요건들을 근거로 유추를 시도할 수 있었다(《전체유추》583)의 형태로). 명시적 법률상 규율의 도입 전에 유추를 기초로 - 특별히 위험한 제조물에 국한하여 - 이미 제조자의 인과책임에 도달하기 위해.584)

---

580) BOBBIO, 257ff.는 《이념적 흠결》(《lacuna ideologica》)이라고 표현한다.

581) 194면 참조.

582) 학설과 판례는 이 문제를 명백히 인식하고 있다: 가령 BGE 94 II 65 (71) 참조: 법원은 흠결보충시 《자신이 바라는 법을 고려하는데 몰두해서는 안 된다》. 학설로는 GERMANN, Probleme, 117(《법정책적 고려》는 기준이 아니다). 종종 법정책적 흠결은 《부진정흠결》이라고 표현된다. 가령 BGE 128 I 34 (42); BGer 3.1.2017, 6B_646/2016 (E. I .4.2). HÖHN, Praktische Methodik, 322ff는 《가장흠결》이라고 표현한다: JAUN, ZBJV 137 (2001) 36. 그러나 이 책은 이러한 언어규율에 따르지 않는다. 왜냐하면 《부진정흠결》은 많은 곳에서 (*해석론으로* 극복해야 할) 《예외흠결》(202면 이하, 230면 이하 참조)과 동일시되기 때문이다.

583) 이에 대해서는 211면 참조.

c) *법률내부의 흠결*

해석론으로(《법률내재적으로》) 극복해야 할 흠결 중 하나인 *법률내부의* (보다 정확히: *법률문언 내부의 intra verba legis)* 흠결에 대해서는 이미 언급하였다.[585] 일반조항적 규율이나 법률이 법관의 재량을 지시하는 경우 법률내부의 흠결이 문제된다. 이 경우 - 형식적으로 보면 - 법률상 규율이 존재하지만[586], 법적/정책적 문제의 극복은 결과적으로 법원이나 관청에 의식적으로 위임되어 있다. 즉 그들에게, 통상적 표현이 뜻하는 바와 같이, 재량이 《부여되었다》. 따라서 우리는 《*위임흠결*》[587]이라고 부를 수도 있다.

d) 공개된 법률흠결

ZITELMANN의 영향력 있는 1902년 본대학 총장취임연설에 좇아 방

---

584) 법관법의 한계에 대한 상세한 설명으로 316면 이하 참조.

585) 57면 참조. 《*법률내부의 흠결*》이라는 개념은 스위스 학설에서 널리 퍼져있다: 가령 GERMANN, Probleme, 120; O. SCHWEIZER, Freie richterliche Rechtsfindung intra legem als Methodenproblem (1959) 25ff.; A. KELLER, 59f.; BK-ZGB/MEIER-HAYOZ, Art.1 N262ff.; ders., in: Rechtsfindung: Festschrift für Oscar Adolf Germann zum 80. Geburtstag (1969) 149ff.; TUOR/SCHNYDER/SCHMID/JUNGO, §5 N42; LE ROY/ SCHOENENBERGER 445f. 참조. 이와 다른 이해로는 ZK-ZGB/DÜRR, Art.1 N293ff.

586) CANARIS, Feststellung von Lücken, 103은 이러한 이유때문에 *법률내부* 흠결이라는 유형을 거부한다. 같은 취지로 EMMENEGGER/TSCHENTSCHER, Art.1 N371. 이에 반해 (독일법에서) 《*법률내부* 흠결》이라는 용어를 지지하는 문헌으로 DÜCK, ZfPW 2018, 85f.

587) 가령 BK-ZGB/MEIER-HAYOZ, Art.1 N262 참조. HEDEMANN, 58은 일반조항을 《개방적 상태에 있는 입법의 한 조각》이라고 표현한다; RÜTHERS/FISCHER/BIRK, §23 N836도 참조. PECZENIK, 19는 《불확정성 공백》이라는 표현을 사용한다.

법론에서는 전통적으로[588] 《진정》흠결과 《부진정》흠결을 구별한다. 이러한 용어법은, 《부진정》흠결이라는 유형은 단지 가장(假裝)적 성격[589]을 가질 뿐이라는 잘못된 인상을 불러일으키기 때문에, 앞으로는 가급적 피할 것이다. 《진정》흠결 대신 아래에서는 《공개된》 흠결이라는 표현을 사용한다. *해석론으로 극복해야 할* 《부진정》 흠결은 《예외흠결》이라고 표현한다.

《진정》흠결과 《부진정》흠결 사이의 전통적 구별이라는 과제에 대하여 CANARIS, 133도 참조; HÄFELIN, Festschrift Nef, 99f.는 *해석론으로 보충* 해야 할 흠결이라는 표현을 여전히 선호한다. *해석론으로 보충하는 것이 허용되지 않는* 《흠결》은 본래 법률상 흠결로 부르면 안 된다; 같은 취지로 EMMENEGGER/TSCHENTSCHER, Art.1 N366. 그러나 이러한 《법정책적 흠결》은 판례와 학설에서 부분적으로(각주 582의 전거 참조) 《부진정 흠결》이라고 불려왔다. 하지만 통상 《부진정 흠결》이라는 개념은 이 책에서 《예외흠결》(*해석론으로 극복할 수 있는 흠결*)이라 부르는 형상(形像)과 관련이 있다 (이에 대해서는 202면 이하 참조). 이에 관한 (설득력 있는) 견해인 MEIER-HAYOZ(결론, 91)는, ((《목적론적 축소》를 통해) *해석론으로 극복할 수 있는* 《예외흠결》을 더 이상 《부진정흠결》에 포함시키지 않고, 법정책적 흠결에 대해 부진정흠결이라는 용어를 사용하는 것도, 혼란을 불러일으키기 때문에 앞으로는 피하려는 입장이다(이 지점에서 다른 견해로 B. SCHNYDER, ZBJV 132 [1996] 213; ders., ZBJV 133 [1997] 30ff.은 《예외적으로 수정할 수 있는》 법률의 흠을 《부진정 흠결》이라고 부르고 이 영역을 《목적론적 축소》와 구별하려고 한다).

---

588) 모든 문언을 대신하여 BK-ZGB/MEIER-HAYOZ, Art.1 N271ff.; RIEMER, §4 N102ff.; CARONI, 150ff. 스위스 연방대법원도 《진정》 법률상 흠결과 《부진정》 법률상 흠결을 구별한다. 가령 BGE 140 Ⅲ 636 (637); 143 Ⅳ 49 (54f.); 144 Ⅳ 97 (106).

589) 이미 MERKL, in MERKL, Gesammelte Schriften, Ⅰ. Bdl, 1.Teilbd. (1993) 255: 《부진정흠결이라는 개념은 형용모순을 포함하고 있다》(초출(初出)은 1918년).

《부진정 흠결》이라는 개념의 혼란스러운 양면성(법정책적 희망사항 또는 해석론으로 극복가능한 무차별성/미분화(未分化))은 이미 치텔만에게 내재되어 있었다. 타당한 지적으로는 EHRLICH, 215: 《치텔만의 〈부진정흠결〉은 진정흠결이거나(여기서 에를리히는 해석론으로 극복할 수 있는 흠결을 염두에 두고 있다) 전혀 흠결이 아니다》(왜냐하면 단지 법정책적 희망사항이기 때문이다).

가능한 문언의미의 한계까지 해석된 법률이, 계획에 반하여 (즉 규범적 전체맥락으로부터 도출되는 법률목적에 반하여) 법문제에 대하여 적극적으로 답변을 해야 할 의무를 여전히 부담하고, 이러한 답변을 *법률문언을 넘어서* 찾아야 하는 경우, 공개된 흠결이 존재한다. 특히 명확한 형태의 공개된 흠결은 이른바 《*기술적 흠결*》이다.590) 《법률이 특정 국가적 임무를 정하였지만 관할 기관이나 그 경우 준수해야 할 절차를 확정하지 않은 경우, 기술적 흠결이 존재한다》.591) 가령 의장이 이사회(가령 회사법상 이사회)를 소집한다고 법률에서 규정하고 있는데, 이사회가 의장을 선출하는 역할도 하며 이러한 의장선출이사회를 누가 소집하는지 규정되어

---

590) KELSEN, 254 참조: 《가령 법률을 적용할 수 있으려면 정해야 할 내용을 입법자가 규율하지 않은 경우, 이러한 기술적 흠결이 존재한다》. (이에 대하여 - 순수법학에 기초한 흠결개념의 확대를 옹호하면서 - RÜFFLER, Journal für Rechtspolitik 10 [2002] 60f.); BYDLINSKI, Methodenlehre, 245f.; 473f.는 《논리적》 흠결(=《진정》흠결)이라고 표현하면서 《목적론적》(=《부진정》) 흠결과 대비시킨다; BURCKHARDT, Die Lücken des Gesetzes und die Gesetzesauslegung (1925) 103도 《논리적》 흠결이라고 표현한다(논리적 흠결은 그가 *해석론상* 인정하는 유일한 흠결이다); ders., Einführung, 215; (사회보험법에 관하여) 비슷한 취지로 NEF, in: Beiträge zur Methode des Rechts: St. Galler Festgabe zum Schweizerischen Juristentag 1981 (1981) 215. CANARIS, Feststellung von Lücken, 151은 기술적 흠결이라는 표현대신 《법거부흠결》 또는 《기능흠결》이라는 표현을 사용한다. HAUSHEER/JAUN, ZBJV 135 (1999) 407은 진정 법률상흠결이라는 개념을 명시적으로 법거부흠결에 제한하려고 한다; dies., Art.1 N220도 같은 취지.

591) BK-ZGB/MEIER-HAYOZ, Art.1 N274.

있지 않은 경우, 이러한 《법질서의 기능장애》[592]가 문제된다. 또 다른 사례: 스위스민법 제712p조 제1항은 건물구분소유권자집회의 결의를 위한 의사정족수를 규정하고 있다. 이 정족수에 미달하면 일정 기간 후 두 번째 집회를 소집해야 하고, 두 번째 집회의 의사정족수는 더 낮게 규정되어 있다(동법 제3항). 두 번째 집회도 의사정족수에 미달한 경우 어떻게 할 것인지에 대해 스위스민법 제712p조는 말하고 있지 않다! 또한 우리는 스위스채무법 제333조 제1항의 사례를 들 수도 있다. 위 조항은 영업승계 시 근로자의 거부권을 인정하는데, 어느 정도의 기간 내에 거부권을 행사해야 하는지에 관하여 규정하고 있지 않다.[593]

　법률규정들이 *서로 모순되는* 경우,[594] 즉 해석(무엇보다도 규범경합을 다루기 위해 발전된 우선순위규칙[595])을 통해 제거할 수 없는 이율배반이 존재하는 경우에도 공개된 흠결이 존재한다:《두 개의 서로 모순되는 법효과는 같은 법질서 내에서 동시에 타당할 수 없다. 불가능을 지향하는 규범과 비슷하게, 이러한 모순적 법효과는 인간의 행동을 통해 맞출 수

---

592) CANARIS, Feststellung von Lücken, 141.

593) BSK-OR/PORTMANN, Art.333 N28은 스위스채무법 제335b조 제1항의 1달의 기간을 유추적용할 것을 제안한다. BGE 97 I 353 (359)에서도 건설관련 조항의 《기술적 흠결》이 문제되었다(허용되는 지붕높이 관련 규정의 결여).

594) ADOMEIT/HÄHNCHEN, N27은 생생한 역사적 사례를 보고하고 있다: 칼리굴라 황제는 그의 여동생을 신의 지위로 승격시키고, 동시에 그녀가 사망한 경우 우는 자를 처벌하도록 규정하였다(그녀의 신성을 명백히 의심한 것이기 때문이다). 또한 울지 않는 자도 처벌하도록 규정하였다(적절한 공감능력이 부족하기 때문이다). 더 현실적인 사례는 제안된 가격의 특정성 요건에 관한 UN매매법 제14조 제1항과 제55조 사이의 모순이라는, 열띤 논의가 이루어진 문제이다(그러나 많은 사람들은 모순의 존재를 부정한다). 이 모순에 대한 가능한 해법에 대해서는 SCHROETER, in: SCHLECH-TRIEM/SCHWENZER/SCHROETER (Hrsg.), Kommentar zum UN-Kaufrecht (CISG), 7.Aufl. (2019) Art.14 N85ff.

595) 97면 이하 참조. 특히 *후법*에 의한 (구법의)《실질적 부분폐지》가 언급된다(103면 이하 참조). 그러나 모순이 동일한 법률에 존재하고 모순되는 규정들이 동시에 제정된 경우, 이러한 해법은 도움이 되지 않는다.

있는 규율이 아니고, 따라서 법개념 요건을 충족하지 않는다》.596) 모순
되는 규범들은 (《그로 인한 무질서와 혼란》때문에) 서로를 제거한다; 결과적
으로 《*충돌흠결*》이 존재한다.

　그러나 공개된 법률상 흠결이라는 개념은 이처럼 명확한 결함에 국한
되지 않는다. 실무의 법발견에서는 오히려, 실정법 규정의 흠이 목적론
적 고려의 도움을 받아 비로소 확정될 수 있는 사례들이 주를 이룬다;
구체적으로 설명하면 다음과 같다: 적극적 평등원칙에 근거하여 판단대
상 사례가 법률이 명시적 규율을 통해 포섭한 사례와 평가적 관점에서
동일하다고 보면, 이 경우 법률의 명시적 규율은 - 가능한 문언의미의
한계를 고려할 때 - 판단대상 사례를 포함시키지 않았다는 점에서, 너무
좁은 규율임이 증명된 것이다. 이러한 《*목적론적 흠결*》597)의 예로는 이
책에서 이미 종종598) 언급된 교육용사례인 스위스민법 제679조가 예정
하지 않은 채권적 권리만 갖는 토지점유자의 책임, 계약의 무효에 관한
규정(스위스채무법 제20조 제2항)을 준용하여 스위스채무법 제23조 이하의
규정에서 일부취소(일부비구속력)를 도출할 수 있는가라는 문제599)를 비
롯해 그 밖의 여러 사례들600)이 있다.

---

596) BYDLINSKI, Methodenlehre, 463f.; 상세히는 CANARIS, Feststellung von Lücken,
　　65ff.; BOBBIO, 209ff.는 《법은 이율배반을 수인하지 않는다》는 명제로부터 출발한
　　다; HÖPFNER, 24ff.; HONSELL, in: Jb. Junger Zivilrechtswissenschaftler 2008, 25는
　　《논리의 공리》, 따라서 《실정법보다 앞서 존재하는 원리(vorpositives Prinzip)》를 말
　　한다; 반대 (모순은 모순되는 규범들의 규범으로서의 성격에 영향을 미치지 않는다)
　　KELSEN in seinem Spätwerk Allgemeine Theorie der Normen (1979) 101.

597) CANARIS, Feststellung von Lücken, 139ff.; BYDLINSKI, Methodenlehre, 474도 같
　　은 취지. 스위스학설 중 카나리스를 좇은 것으로 LOCHER, 113f.; ZIPPELIUS, 52ff.
　　은 《평가흠결》이라는 표현을 사용한다.

598) 각주 531 참조.

599) 각주 633의 전거 참조.

600) 205면 이하, 220면 참조.

201

e) 예외흠결

공개된 법률상 흠결의 경우 가능한 문언의미의 한계까지 해석된 법률
상 규율이 너무 좁은 것으로(《과소포함:underinclusive》[601]) 밝혀지고(법률상
규율이 평가적 관점에서 볼 때 판단해야 할 사례를 그 문언의미로 포섭하고 있지
않기 때문에), 그 결과 *법문을 넘어선* 해법을 추구해야 한다. 예외흠결[602]
의 경우 정반대 상황이 문제된다. 이 경우 규범의 명확한 문언의미에
사례가 포섭되고 따라서 적극적으로 규율이 되는 것처럼 보인다. 그러
나 - 규정의 목적을 기초로 판단할 때, 그리고 소극적 평등원칙에 기초
하여 다른 것은 다르게 취급해야 한다는 고려에 따라 판단할 때 - 이
사례는 해당 규범으로 포섭되어서는 안 된다. 문언의미가 너무 넓은 것
으로(《과다포함:overinclusive하는 것으로》[603]) 밝혀진 것이다. 문언의미는
《합리적》목적을 넘었고, 지나치게 무차별적이다:《법률이 의도된 것을
초과하여 말하고 있다》.[604] 우리는 이러한 의미에서 목적론적으로 지지
를 받을 수 없는, 문언의미의 과잉이라고 표현할 수 있다.[605] 이러한 과

---

601) 반대되는 개념인 《과다포함:overinclusiveness》에 대해서는 각주 603 참조.

602) MEIER-HAYOZ, Richter als Gesetzgeber, 65(GERMANN에 의거하고 있다)가 사용
   한 용어이다; ders., BK-ZGB, Art.1 N275; ders., Schlusswort, 91. FORSTMOSTER/
   VOGT, §15 N68도 같은 용어를 사용한다. 《부진정》흠결이라는 표현의 거부에 대해
   서는 198-199면 참조. 예외흠결은 매우 종종 《숨겨진 흠결》이라고 표현된다. 스위스
   학설로는 가령 MEIER-HAYOZ, Richter als Gesetzgeber, 62f.; DESCHENAUX, 99;
   독일학설로는 모든 문헌을 대신하여 LARENZ/CANARIS, 198. 이 책에서 《숨겨진 흠
   결》이라는 용어는 목적론적 축소를 통해 발생한 특수한 상황과 관련이 있다. 233면
   참조.

603) 《과다포함》에 대하여 SUNSTEIN, Harvard Law Review 103 (1989) 419f(미국법원
   실무를 사례로 든다).

604) 《Lex magis dixit quam voluit》

605) KRAMER, Teleologische Reduktion, 72. EGGER, Art.1 N20은 스위스민법 제1조

잉은 *문언에 반하여* 그러나 *입법목적에 좇아* 제거되어야 한다.

그럼에도 불구하고 이러한 사례에서 전통적 방식으로 법률의 흠결이 있다고 말하는 것은 다소 이상해보인다. 왜냐하면 *일견(一見)*, 규율이 없는 것이 아니라, 반대로 규율이 - 문언의미에 따라 해석하면 - 너무 멀리 나아간 것이기 때문이다. 흠결이라는 이미지는 논리적으로 구축된 무언가를 상정할 때에만 정당화될 수 있다. 우리는 *현재 실정법*의 목적론적 《계획》을 기초로, 논란이 되는 규율의 무차별적, 명확한 문언의미가 법률상 제한을 빠트렸다고 부정적으로 평가한다.606)

스위스채무법 제404조 제1항에 따른 위임법상 해지권 또는 철회권이 이러한 예외흠결의 대표적 사례이다. 스위스채무법 제404조 제1항의 무차별적 문언의미(위임계약 당사자는 언제나 위임계약을 철회 또는 해지할 수 있다)에 따르면, 역무제공의 무상성이나 위임인과 수임인 사이의 인적 신뢰관계를 근거로 위임계약의 상시종료가능성을 주장하는 것이 가능하지 않은 위임관계도 위 규정에 포섭될 것이다(연방대법원은 실제로 그렇게 포섭하였다607)). 계약당사자들 이익 사이의 미묘한 형량이 요구되는 계약법 각칙은 예외흠결을 위한 보물창고이다. 왜냐하면 법률상 규율이

제2항의 프랑스어판 및 이탈리아어판을 언급하며(《*적용가능한* 법률규정이 없는 경우》, 《법률에 *규정되지 않은* 상황이라면》), 이로부터 스위스민법 제1조 제2항은 규정이 없는 경우뿐만 아니라 (목적론적으로) 부적절한 규정이 있는 경우에도 적용된다고 한다; 이에 대하여 (풍부한 전거와 함께) HUWILER, Aequitas, 88f.도 참조.

606) 많은 문헌들과 함께 가령 LARENZ/CANARIS, 198; BYDLINSKI, Methodenlehre, 480; DESCHENAUX, 99. 이러한 맥락에서 흠결개념을 사용하는 것에 반대하는 견해로 BRANDENBURG, 60ff.

607) BGE 115 Ⅱ 464 (466f.): 차별화를 허용하지 않는 《명확한 법률문언》에 따르면, 스위스채무법 제404조는 유상위임과 무상위임, 고도의 인격적 성격을 갖는 위임과 그렇지 않은 위임을 모두 포함한다(포함하도록 강제한다). 이에 비판적 입장으로 WERRO, BR 1991, 55ff.; GAUCH, recht 1992, 9ff.(다양한 해석제안과 함께). 법개정 시도에 관해서는 WERRO/CARRON, in: PICHONNAZ/WERRO (Ed.), La pratique contractuelle 6 (2018) 7f. 스위스채무법 제404조에 대해서는 각주 716도 참조.

너무 무차별적이라고 밝혀져서, 더 세밀한 형량을 필요로 하는 경우가 드물지 않기 때문이다. 여기서는 다음과 같은 추가 사례만 언급한다: 도급계약상 비용부담규율인 스위스채무법 제367조 제2항(도급인과 수급인이 자신의 비용으로 도급물 검사를 요구할 수 있다는 조항)은 그 문언과 달리 다음 경우에는 적용되지 않는다(따라서 감정인에 의한 도급물 검사시 도급인에게 비용보상청구권이 인정된다). 그 검사(감정)가 《당시 상황과 당시 도급인의 인식상태에 비추어, 도급물 관련 흠을 이유로 한 도급인의 목적에 부합하는 권리추구를 담보하는데 적합할 뿐만 아니라 필요하고(적어도 유용하고) 적절한 경우》.608)

f) 다른 흠결유형

이로써 가장 중요한 흠결유형들이 소개되었다. 다만 다음 개념쌍을 언급할 필요가 있다: 《의식된》 흠결과 《의식되지 못한》 흠결, 《최초의》 흠결과 《사후적》 흠결.609) 역사적 입법자가 그가 만든 규율의 불완전성을 인식하였는지 여부에 따라, 우리는 의식된 또는 의식되지 못한 흠결을 말한다. 의식된 흠결의 명백한 사례는 위에서610) 설명한 위임흠결이다. 의식되지 못한 흠결의 경우, 역사적 입법자가 규율해야 할 문제를 완전하게 살피지 못한 경우 통상 문제된다. 따라서 우리는 HECK611)을 좇아 《관점흠결》612)이라고 표현하기도 한다. 《최초의》(《일차적》) 흠결과 《사후적》(《이차적》)흠결이라는 개념쌍은, 법률 제정 당시 흠결이 이미 존재

---

608) GAUCH, N1524.

609) 이에 대해서는 가령 CANARIS, Feststellung von Lücken, 134ff.

610) 위 197면 참조.

611) HECK, Gesetzesauslegung und Interessenjurisprudenz, 173.

612) CANARIS, Feststellung von Lücken, 135; PAWLOWSKI, Einführung in die juristische Methodenlehre (1986) 85.

하였는지 아니면 나중에 《사실관계의 변화나 법질서에 내재된 평가의 변화를 근거로》 비로소 발생하였는지와 관련된다.613)

5. 공개된 법률상 흠결의 경우 흠결보충

a) 유추; 목적론적 확장; 대에서 소/소에서 대로의 추론; 역추론

aa) 공개된 법률상 흠결을 보충하는 가장 중요한 수단은 실무에서 의심의 여지 없이 유추이다. 다른 나라의 법질서614)와 달리, 스위스민법 제1조는 유추를 명시적으로 언급하지 않는다. 스위스민법 제1조 제2항은, 법률로부터 규정을 도출할 수 없는 경우 직접적으로 법관에게 관습법을 참조하고 *입법자로서* 법발견을 하도록 지시한다. *스위스의 흠결보충규정은 이처럼 이상한 흠결을 갖고 있다.* (스위스민법 입법에 관여한) Eugen HUBER615)는 유추가 가능한 사안에서 법률의 흠결을 인정하려 하지 않았기 때문에, 이처럼 이상한 흠결이 발생하게 된 것이다.

---

613) CANARIS, Feststellung von Lücken, 135. 구체적 예로 BGE 91 II 100(허용된 건축과 관련하여 토지소유자가 스위스민법 제679조 준용을 근거로 책임을 지는 것). 이 경우 법률상 흠결은, 《스위스민법 제정 당시 거의 인식할 수 없었지만, 시간의 경과에 따라 기계를 이용한 건축방법의 발전 및 공공토지의 빈번한 활용으로 인해 점차 인식할 수 있게 된》(BGE 91 II 100, 106), 사후적 흠결이다. 타당한 지적으로는 RÜTHERS, in: Sozialpartnerschaft in der Bewahrung: Festschrift für Karl Molitor zum 60. Geburtstag (1988) 297: 《2차적 법률상 흠결은 불가피하다. 입법자는 단지 제한적으로 능력이 있다; 입법자는 언제나 그리고 필연적으로 사회변화에 뒤쳐져 있다》.

614) 오스트리아민법 제7조; 이탈리아민법 서두 규정 제12조 제2항; 스페인민법 제4조 제1항; 포르투갈 민법 제10조 제1, 2항.

615) HUBER, 354.

스위스민법 제1조가 순수한 해석과 법관이 *입법자로서* 법형성을 하는 것 사이에 존재하는 실무상 매우 중요한 수단영역, 이 책에서는 《구속적 법관법》 영역으로 표시된 영역을 구축하지 않았다는 점은, 이미 MEIER-HAYOZ, Festschrift Guldener, 200가 강조하였다: 《문제를 순수하게 입법적으로 극복하는 드문 극단적 사례와 순수하게 법관이 좁은 의미의 해석을 통해 문제를 해결하는 더 드문 극단적 사례 사이에, 법률적-법관적 공동체에서 만들어진 법의 주요부분이 매우 다양한 단계별로 존재한다》. 스위스민법 제1조는 (제1항과 제2항 사이에) 이러한 주요부분을 언급하고 있지 않다. MEIER-HAYOZ, Richter als Gesetzgeber, 252ff.도 참조(검토할 가치가 높은 스위스민법 제1조 제2항 개정제안과 함께); 이에 상응하는 법률제안으로는 SCHMIDT, 385도 참조. 이러한 의미에서 각주 700도 참조.

HUBER는 다음 경우에 흠결이 존재한다고 보았다. 《주어진 사례에 대하여 법률이 법명제 - 직접적으로 *또는 유추의 방법으로* 적용되는 법명제, - 를 포함하고 있지 않은 경우》. 그는 유추를 다른 단어(의미에 부합하는 해석)를 사용하여 본래적 의미의 해석, 즉 스위스민법 제1조 제1항의 영역에 포함시켰다.[616] 이 책은 Eugen HUBER의 체계화 - 이러한

---

616) 최근 학설 중 같은 취지로 GERMANN, Probleme, 174f.(그러나 《의미에 부합하는 해석 도구》로서 유추와 《보충적 법발견 수단》, 즉 흠결보충 수단으로서 유추를 구별하고 있다. 하지만 성공적 구별이라 할 수 없다); MEIER-HAYOZ, Richter als Gesetzgeber, 72ff.도 참조(GERMANN과 같은 의미로 구별하고 있다); LOCHER, 113에 따르면 《목적론적 흠결》의 보충은 확대해석 또는 의미에 부합하는 해석영역에 속한다; HUWILER, Privatrecht und Methode, 15ff.; HAUSHEER/JAUN, Art.1 N199, 202; LE ROY/SCHOENENBERGER, 412; GAUCH, in: Mélanges Paul-Henri Steinauer (2013) 5f.; GÄCHTER, 92ff. 절충적 견해로 EMMENEGGER/TSCHENTSCHER, Art.1 N164: *법률적으로* 유추는 스위스민법 제1조 제1항의 해석에 귀속시킬 수 있다(이 책은 이러한 분류에 반대한다; 각주 700 참조). 그러나 *방법론적으로* 이 경우 해석이 아니라 흠결보충이 문제된다. 판례로는 가령 BGE 74 II 106 (109). 같은 취지의 형법상 법리(의미에 부합하는 해석에 해당하는 한 형법에서도 유추를 허용하는 법리)에 대해서는

체계화에 대하여 순수개념적으로는 당연히 원칙적으로 반대할 점이 없다617) - 에 따르지 않는다.618) 이 책은 오늘날 특히 독일 방법론에서 지배적인 견해, 여전히 문언의미에 포섭되는 확대해석과 유추를 통한 흠결보충 사이에 명확한 선을 긋는 견해619)에 따른다. 그러나 유추와 관습법을 통한 흠결보충 사이의 관계를 논의하는 경우, Eugen HUBER의 체계화를 기억할 필요가 있다.620)

bb) *법사적으로 보면*, 초기 법질서에서 전형적이던 형식주의적 (최종적으로 문언이라는 마법에 기초한) 문언구속성을 극복하였다는 점에서, 유추인정의 의의를 찾을 수 있다. 고대 로마에서 이루어졌다고 하는 유추의 사례들의 역사621)가 흥미롭다. 12표법에 따르면 네발 달린 동물(*quadrupes*)의 소유자는 그 동물이 야생성으로 인해 일으킨 손해에 대하여 책

12-13면의 전거 참조.

617) ENGISCH, Festschrift Sauer, 88에 따르면 흠결개념의 고정은 흠결이라는 용어를 사용할 기회를 줄 것인가에 관한 문제이다; CARONI, 112도 참조.

618) (스위스법에 대하여) 이 책과 같은 견해로 SCHMIDT, 88f. 이 견해를 지지하는 좋은 근거가 있다. 이 근거에 대해서는 (해석과 법관법 사이의 경계표시로서) 문언의미 한계 기준을 옹호하면서 이미 언급하였다. 위 32-33면 참조.

619) 가령 LARENZ/CANARIS, 202ff; CANARIS, Feststellung von Lücken, 71ff.; BYD-LINSKI, Methodenlehre, 467ff.; 스위스학설로는 DUPASQUIER, 32f.; FRIEDRICH, ZSR NF71 (1952) 450f.; BK-ZGB/MEIER-HAYOZ, Art.1 N346ff.(그러나 각주 616의 전거도 참조); DESCHENAUX, 111; ZELLER, 485; BSK-ZGB/HONSELL, Art.1 N12; TSCHENTSCHER, 128f.; HÜRLIMANN-KAUP/SCHMID, N207에 따르면 유추는 스위스민법 제1조 제2항에 따른 절차에서 《본질적 의미》가 있다.

620) 229면 참조.

621) 이미 ENGISCH, Einführung, 251f.에서 언급하였다. MAYER-MALY, Zeitschrift der Savigny-Stiftung für Rechtsgeschichte, Romantische Abteilung 119 (2002) 4 FN17은 이 일화의 진실성을 의심한다. 그 출전(出典)이 의문의 여지없이 증명되지 않았기 때문이다. 그럼에도 불구하고 《설령 그것이 사실이 아니더라도, 그것은 잘 꾸며낸 것이다: Se non è vero è ben trovato》라는 금언에 따라 이 일화를 버리면 안 된다.

임을 진다(*네발 달린 동물 가해소권*: actio de pauperie). 포에니 전쟁 후 아프리카 타조가 이탈리아에 도착하면서, 위에서 언급한 소권이 두발 달린 동물에 대해서도 활용될 수 있는가라는 걱정스러운 질문이 제기되었다. 소권의 문언은 명백히 두발을 포함하고 있지 않지만, 목적론적으로 볼 때 타조도 *네발 달린 동물*과 동일하게 취급되어야 함은 자명하다. 따라서 법무관은 유추를 하기로 결정하고 *준소권(準訴權*: actio utilis)을 보장하였다: 《Haec actio utilis competit et si non quarupes, sed aluid animal pauperiem fecit》.

Dig. 9, 1, 4(파울루스). 번역:《이러한 〈준소권〉은 네발 달린 동물이 아니라 다른 동물이 손해를 야기한 경우 인정된다》. 로마법에서 유추와 제한에 대하여 HONSELL, in: Privatrecht und Methode. Festschrift für Ernst A. Kramer (2004) 193ff. In Dig. 1, 3, 12 (율리아누스)는 다음과 같이 말한다. 법률에 명백한 흠결이 있는 경우, 명시적으로 규범화된 것으로부터 《유사한 것으로 나아가야 한다》. 로마법의 법무관적 의제의 근거도 일반적으로 유추이다. 타당한 지적으로 EHRLICH, 226f. 이러한 관점에서 법률상 의제는 법률의 형태로 굳어진 유추이다.

cc) *유추의 내용*은 다음과 같다: 판단해야 할 사실관계는 하나의 법률규정(또는 여러 법률규정들)의 모델에 따라 판단한다. 비록 그 사실관계가 위 규정(규정들)의 문언의미에 포섭되지 않더라도, 즉 관련 규정(들)에 관하여 《소극적 후보자》라 할지라도. 판단해야 할, 그러나 법률에 규율되지 않은 사실관계가 문제된 법률상 규정의 기초에 놓인 목적론적 《가치패턴》[622]에 부합하기 때문에,[623] 그 사실관계를 (문언의 뒷받침이 없음에도

---

622) LÜSCHER, Rechtstheorie 2012, 59ff.에서 이러한 성공적인 용어를 사용하고 있다.
623) 스페인민법 제4조 제1항은 《이유의 동일성》을 말한다. 판례로는 가령 BGE 142

불구하고) 유추의 방법으로 (의미에 부합하게 동일하게) 판단하고 그에 따라 법률상《평가시스템의 무모순성》을 보장하는 것[624]이 적극적 평등원칙 (같은 것을 같게 취급한다)에 부합하기 때문에, 유추가 이루어진다. 이로써 오래된 격언(《동일한 이유(목적)가 있는 곳에, 동일한 규율이 있다: Ubi eadem ratio ibi eadem iuris disposition》[625])에 따른, *문언을 넘어선* 그러나 *입법목적 에 부합하는* 법발견이 이루어진다.

유의할 점: 유추가 언제나 유추적용할 규정(보다 정확히 표현하면 그 규정의 법효과지시)을 규율되지 않은 사안에 문자 그대로 적용하는 것은 아니다; 유 추는 단지 준용에 이를 수도 있다(이것이 오히려 통상적이다). 따라서 스위스

Ⅲ 329 (334):《유추란 목적론적 근거를 갖춘, 법규범의 적용범위의 문언한계 외부로 의 확장이다》. BGE 113 Ⅲ 116 (118)도 참조:《법규정이 명시적으로 포섭하지 않은 사실관계에 법규정을 유추적용하는 것은, 법규정의 근본사상이 법규정에서 규율되지 않은 사안에도 타당하다는 점을 전제로 한다》. 평가적 관점에서 유사성이 존재한다는 점을, (사법적 문제를 판단하는 경우에도) 상황에 따라서는 헌법적 (기본권적) 평가를 기초로 근거지울 수 있다.

624) H.P. WALTER, ZBJV 147 (2011) 227. BGE 129 Ⅲ 702 (705)에서 연방대법원은 명시적으로 다음과 같이 인정하였다. (부종적) 보증은 엄격한 방식규정에 따르도록 하고 (독립적 보증인) 손해담보 의사표시는 방식규정에 따르지 않도록 한 것은,《법질 서의 부정합성》을 보여준다. 그러나 연방대법원은 보증법의 방식규정을 준용(유추적 용)하여 확장하는 것을 (다음과 같은 거의 설득력이 없는) 고려를 들어 거부하였다. 보증법의 역사적 입법자는 무방식의 담보계약으로 도피하는 것을 의식적으로 감수하 였다; 또한 이는 실무상 필요성과도 부합한다. BGE 129 Ⅲ 702를 비판적으로 평가한 다고 해서, 법관이 모든 평가모순을 유추(또는 다른 방법론적 조력수단)를 통해 제거 할 수 있다는 뜻은 아니다. 실제로 법률이 (다른 평가모순적 규정과 비교할 때) 평가 모순적인 규정을 명확히, 그리고 무시하는 것이 불가능할 정도로 확정하였다면, 이는 존중되어야 한다. 그러나 손해담보계약을 무방식으로 할 것인지 요식행위로 할 것인 지와 관련하여 (이에 대해서는 특수한 법률상 확정이 존재하지 않는다) 이러한 전제 는 충족되지 않는다. 보증법의 방식규정을 유추적용하는 오스트리아 판례가 설득력 이 있다. OGH SZ 65 Nr. 109; OGH ÖBA 2017, 580.
625) 출전 지시는 LIEBS, 235 (N6).

채무법 제20조 제2항을 의사흠결을 이유로 한 취소 사안에 유추하는 경우(각주 633의 전거 참조), 일부무효가 아니라 당연히 일부취소라는 결과가 도출된다. 이와 반대로 스위스민법 제679조 구성요건을 임차인에게 확장하는 경우(BGE 104 Ⅱ 15), 스위스민법 제679조의 법효과지시(인과책임)가 그대로 적용된다.

dd) 적극적 평등원칙 그리고 *법 앞의 평등이라는 헌법상 요청*(스위스연방헌법 제8조)626)에 의거하는 것으로부터 직접적으로 다음 결론이 도출된다. 법관이 유추를 하는 것이 *허용된다*는 의미에서 법관이 유추할 가능성을 선택적으로 갖는 것이 아니다; 오히려 평가상황의 동류(同類)성이라는 요건이 충족되면, 법관은 원칙적으로 *유추할 의무를 부담*한다(《*유추요청*》).627) 이와 동시에 다음 결론도 도출된다. 일관되게 관철된 형법상 유추금지원칙은 법 앞의 평등원칙과 명백히 모순된다; 이는 법치국가적 예측가능성원칙 또는 명확성원칙이 관철되도록 도우려고,628) 《처벌흠결》을 의식적으로 감수한 결과이다.

ee) 유추가 동일한 법영역(가령 사법) 내에서 가능할 뿐만 아니라, 법질서 통일성 원칙629)이라는 의미에서 *개별 법분과를 초월하여*(가령 사법상 원리를 행정법에 유추적용하는 것630)) 가능하다는 것은 자명하다.

---

626) BIAGGINI, Verfassung, 261도 이 헌법규정을 유추의 근거로 보고 있다.

627) 이미 KRAMER, Analogie und Willkürverbot, 114 참조; 이에 동의하는 견해로 RYTER SAUVANT, 178. 독일법에서 유추의 헌법상 허용가능성에 대하여, 그리고 법률이 오래됨에 따라 발생하는 흠결을 보충할 법원의 의무에 대하여 상세히는 BVerfG NJW 1990, 1593 (1593f.).

628) (평등대우원칙과 관련하여) 유추금지를 정당화하는 것에 대하여는 가령 CANARIS, Feststellung von Lücken, 183f.

629) 69면 이하 참조.

630) 판례상 사례로는 HÄFELIN/MÜLLER/UHLMANN, N307ff.

ff) 전통적으로631) 유추에는 《개별유추X《법률유추》)와 《전체유추X《법유추》)라는 두 개의 구별되는 하위유형이 있다. 그러나 이들은 단지 정도의 차이가 있을 뿐이다.

개별유추는 《유추를 통한 법발견의 가장 기본적 형태》이다632): 특정 (개별) 법률상 규율이 그 문언을 넘어 유추를 통해 준용되어 (의미에 부합하게) 유사한 사안으로 확대적용된다. 이 책에서 이미 여러 번 언급한 사례들이 그 예이다. 가령 스위스채무법 제20조 제2항은 유추를 통해 의사흠결에 따른 취소에도 적용된다.633) 도급계약상 개선(하자보수)청구권 규율(스위스채무법 제368조 제2항)은 다툼의 여지가 없지는 않은 학설634)에 따라 매매계약법에 유추적용된다.635)

전체유추의 경우 일련의 규정들 전체로부터 귀납적으로 일반적 법원칙, 일반화된 목적이 도출되고, 이러한 법원칙과 목적이 명시적으로 규율되지 않은 유사사례에 적용된다. 가령 개별적인 일련의 법률상 준거점들{특히 스위스채무법 제26조(착오자의 손해배상책임), 제31조 제3항(사기 또는 강박에 의한 계약을 추인하는 경우 피기망자 또는 피강박자의 손해배상청구권 존속), 제39조 제1, 2항(무권대리인의 손해배상책임)}로부터, 계약체결

---

631) 가령 SAUER, Juristische Methodenlehre (1940) 310ff.; GMÜR, 67; BAUMGARTEN, Grundzüge der juristischen Methodenlehre (1939) 38f.; BK-ZGB/MEIER-HAYOZ, Art.1 N346; N351f.; HAUSHEER/JAUN, Art.1 N209; ENGISCH, Einfhürung 255f.; PAVČNIK, 112ff. 일반적으로 본문의 괄호안 용어(법률유추, 법유추)가 사용된다(가령 BGE 126 III 129 [138] 참조). 그러나 《개별유추》-《전체유추》가 더 분명한 의미를 담고 있다. LARENZ/CANARIS, 204도 참조.

632) BYDLINSKI, Methodenlehre, 477.

633) BGE 107 II 419 (423f.); 상세히는 BK-OR/SCHMIDLIN, Art.23/24 N409ff.

634) BK-OR/GIGER, Art.205 N42 (판례는 반대 BGE 95 II 119[125f.]).

635) 다른 곳에 규율된 규정을 의미에 부합하게 적용하도록 법률상 지시하는 것에 대해서는 78면의 전거 참조. 이 경우에도 우리는 법률상 명시적으로 지시된 유추라고 말할 수 있다.

*상 과실책임*이라는 일반적 원리가 도출된다; 이 일반적 원리는 다시, 법에서 명시적으로 규율하고 있지 않은 사례들(가령 계약교섭의 남용적 파기[636], 계약무효 시 책임[637]))에 적용된다. 스위스채무법 제337조 제1항, 제545조 제2항 및 다른 규정들로부터 다음 일반적 원리가 도출될 수 있다. 계속적 계약은 중대한 사유가 있으면 즉시해지할 수 있다. 스위스책임법에서 우리는《엄격한 인과책임》원리에 따르는 광범위한 부속법률들을 근거로, - 오스트리아 판례[638])를 모범으로 하여 - 한정된 위험한 행위에 대하여 엄격한 인과책임(위험책임)이라는 일반적 (일반조항형태의) 원리를 도출하고, 이 원리를 입법자가 지금까지 명시적으로 포섭하지 않은 상황에 적용할 수 있다.[639])(그러나 이러한 작업이 효과적으로 이루어지지는 않고 있다[640])

gg) 전체유추는, - 연역추론과 반대로 -《특수로부터 특수로의》추론

---

636) BK-OR/KRAMER, Art.22 N13ff.; OGer Luzern ZBJV 132 (1996) 416.

637) BK-OR/KRAMER, Art.19/20 N404.

638) 최초로 OGH SZ 21 Nr.46(《위험한 사업 관련 책임》). 오스트리아에서는 개별 책임법으로부터 개별유추도 이루어졌다. 따라서 스키장에서 제설기가 사용되는 경우, 철도 및 자동차 책임법(BGBl 1959/48)이 제설기에 유추적용된다(OGH JBl 2005, 469ff.); 최근 판례로 OGH ZVR 2017 Nr.8. 전체적으로 상세히는 KOZIOL/APATHY/KOCH, Österreichisches Haftpflichtrecht, Bd. Ⅲ: Gefährdungs-, Produkt- und Einfriffshaftung, 3. Aufl. (2014) 371ff.

639) 스위스법의 관점에서 이 문제에 대하여 이미 STRICKLER, Die Entwicklung der Gefährdungshaftung: Auf dem Weg zur Generalklausel? (1983) 107ff. 그러나 위 문헌은 개별 법률상 구성요건을 기초로 한 개별유추라는 (덜 포괄적인) 방법을 옹호한다. 스위스책임법 전부개정에 관한 2000년 참조용초안은 위험책임에 관한 일반적 규정(신 스위스채무법 제50조)을 담고 있었다. 그러나 이 초안은 잘 알려진 것처럼 현실화되지 못하였다.

640) 오히려 엄격한 인과책임의 구성요건은 스위스채무법 제41조에 대한 예외조항으로서 유추적용되지 않는다. 시사적 판례로 Cour de Justice Genf SemJud 1999, 11 (12). 예외성 논거에 대해서는 221면 이하 참조.

이라고 종종 불리는, 유추의 형식적 구조[641]를 가장 분명히 보여준다. 유추가 이루어지는 경우 실제로 *귀납과 연역이 함께*[642] 이루어진다: 개별 법률상 준거점들로부터 귀납적으로 일반적 법원리를 도출하고, 다시 이 일반적 법원리를 법률에 명시적으로 규율되지 않은 유사한 사례에 연역적으로 적용한다. 그러나 개별유추도 원칙적으로 동일한 구조를 갖는다[643]: 여기서도 개별 법률상 규율로부터 일반적으로 파악된 *목적*, 《더 높은 원리》[644]가 도출되고(가령 스위스채무법 제20조 제2항으로부터 《utile per inutile non vitiatur》[645]라는 원리를 도출할 수 있다), 이를 다시 유추 적용되는 규범의 문언의미에 포섭되지 않지만, 그 규범의 일반화된 *목적* 에 부합하는 사례에 적용한다. 일반화된 법사상은 이른바 *비교되는 두 대상의 공통점*(tertium comparationis)이다. 이러한 공통점 없이는, 판단해야 하는 특별한 사례들의 법적 유사성을 근거지울 수 없을 것이다.

hh) 유추의 특수한 사례로 《*소에서 대/대에서 소로의 추론*》(물론추론: argumentum a fortiori)[646]이 있다. 이 추론에는 두 종류가 있다.

소에서 대로의 추론(argumentum a minori ad maius)은, - 법률목적에 따라

---

641) 이에 관한 종합적인 연구로 BREWER, 109 Harv. Law Rev. (1996) 925ff.

642) 가령 ENGISCH, Einführung, 255(각주 40과 함께); ZELLER, 200. 귀납추론의 인식 이론적 근거에 대해 상세히는 METZGER, 36ff.

643) 이에 반해 LARENZ/CANARIS, 205는 개별유추와 전체유추 사이에 구조적 차이점 을 구축하려고 한다.

644) BAUMGARTEN, Festgabe der Juristischen Fakultät der Universität Basel zum 80. Geburtstag von Paul Speiser (1926) 107f.

645) 《법적으로 가치있는 것이 법적으로 타당하지 않은 것에 의해 영향을 받아서는 안 된다》.

646) 이에 대해서는 가령 KLUG, 146ff.; BYDLINSKI, Methodenlehre, 479f.; ARZT, 82 및 HÖHN, Praktische Methodik, 273f.는 《〈더더욱(erst recht)〉-추론》이라고 말한다; BK-ZGB/MEIER-HAYOZ, Art.1 N350.

판단할 때 - 평가적 관점에서 덜 중요한 사실관계에서 지시된 법효과는, 평가적 관점에서 더 중요한, 그러나 법률상 규율되지 않은 사실관계에 《더더욱》(a fortiori) 적용되어야 한다고 말한다. 시설규정에서 방문객이 개와 고양이를 동반하는 것이 금지된 경우, 길들여진 곰을 동반하는 것은 더더욱 금지된다!647) 더 진지한 사례: 어음 상의 무권대리인(falsus procurator)이 스위스채무법 제998조에 따라 개인적 책임을 부담한다면, 타인의 서명을 위조한 자는 더더욱 개인적 책임을 부담해야 한다.648) 계약상 채무자가 그의 급부가 무상인 경우 더 완화된 책임을 부담한다면 (스위스채무법 제99조 제2항), 계약외 법적 근거를 통해 책임을 부담하는 호의관계에 있는 자(Gefällige)는 더더욱 그러하다.649) 스위스채무법 제459조 제2항에 따라 지배인이 부동산 양도나 부동산에 대한 부담설정을 원칙적으로 할 수 없다면, 상사대리인의 경우 더더욱 금지되어야 한다. 비록 스위스채무법 제462조 제2항이 부동산거래를 언급하고 있지 않더라도.

대에서 소로의 추론(argumentum a maiori ad minus)은 다음 구조를 갖는다:《법률에 따를 때 더 중요한 사실관계가 특정 법효과를 한 번도 발생시키지 않는다면, 덜 중요한 사실관계도 당연히 그 법효과를 발생시키지 않는다》650). 상속계약을 체결하였더라도 처분자유가 제한되지 않는다면(스위스민법 제494조 제2항), 유언을 한 경우에는 더더욱 처분자유가

---

647) 이에 대한 문학적 회상: 바이런 경이 학창시절 캠브리지대학 내로 그의 불독을 데리고 들어오려 하였으나, 주거규정 상 개가 금지된다는 이유로 불독 동반이 금지되었다. 그러자 그는 길들여진 곰을 구했다:《내가 곰을 데리고 들어오려 하자, 사람들은 나에게 그 곰으로 무엇을 하려는지 물었다. 나의 대답은 다음과 같았다: 〈이 곰은 박사학위를 받을 것이다!〉》 (EISLER, Byron [1999] 150에서 인용).

648) 동일한 독일법에 대하여 ZÖLLNER, Wertpapierrecht, 14.Aufl. (1987) 65.

649) BGE 137 III 539 (545).

650) BYDLINSKI, Methodenlehre, 479.

제한되지 않는다.

ii) 독일어 문헌 대부분[651]은 오늘날 유추와 *목적론적 확장*을 구별한다. 형식적 차이는 다음과 같다. 목적론적 확장의 경우 법률상 구성요건이 이른바 자기 자신에 근거하여, 자기 자신의 *입법목적*에 근거하여, 법률문언이 다루지 않은 사례에 추가적으로 적용된다.[652] 이에 반해 유추의 경우 어느 규정의 평가 (실정법으로 규율된 평가)가 *다른 규율에게로* - (목적론적으로 보면) 유사한 문제를 다루지만, 유추시 끌어다 쓰는 평가에 상응하는 지시를 빼먹은 규율 - 준용의 방식으로 (유추의 방식으로) 이전된다. 이에 따르면 이 책에서 이미 종종[653] 인용된 BGE 104 Ⅱ 15에서 연방대법원은 목적론적 확장을 한 것이다. 법에 규정된 토지소유자의 인과책임(스위스민법 제679조)을 명백한 문언을 넘어 임차인에게도 적용하는 방식으로[654]; 이에 반해 스위스채무법 제20조 제2항의 일부무효 규율을 의사흠결에 따른 비구속성의 경우(스위스채무법 제23조 이하)에도 준용하는 것은 유추의 예이다.[655]

그러나 다음을 강조할 필요가 있다. 모든 형식적 구조차이에도 불구하고, 목적론적 확장의 경우뿐만 아니라 유추의 경우에도 역시, 결과적으

---

651) 가령 LARENZ/CANARIS, 216ff.; PAWLOWSKI, Methodenlehre für Juristen, 3.Aufl. (1999) N497ff.; 스위스문헌으로는 HÜRLIMANN-KAUP/SCHMID, N188ff.; EMMENEGGER/TSCHENTSCHER, Art.1 N384ff.는 목적론적 확장을 《규범내재적》 유추라고 생생하게 표현한다. RUTHERS/FISCHER/BIRK, N904는 《유추의 특수한 사례》라고 말한다.

652) 따라서 SCHMIDT, 67f.는 이러한 의미에서 목적론적 확장을 《부록-추론》이라고 표현한다.

653) 183면, 194면 참조.

654) 목적론적 확장의 추가 사례(BGE 94 Ⅱ 65)에 대해 상세히는 KRAMER, recht 2017, 183ff.

655) 각주 633의 전거 참조.

로 동일한 내용이 문제된다: 문언의미를 넘어 *입법목적*이 관철되도록 돕는 것.

jj) 유추(그리고 목적론적 확장)의 맞은편 상대방은 *역추론(반대추론argu-mentum e contrario; 침묵으로부터의 추론argumentum e silentio)*[656]이다. 이에 따르면 가능한 문언의미의 한계까지 해석된 규정이 판단대상 사례를 포섭하지 않는 상황으로부터, 다음 결론이 도출된다. 법률은《의식적으로》침묵하였고(이른바 법률의 《*한정된*》 또는 《*말하여진*》 *침묵*[657])), 규율되지 않은 사안은 실제로 포섭되어서는 안 된다.[658] 달리 표현하면 다음과 같다: 역추론은 통상 법률상 흠결의 부정을 의미하고, 따라서 유추의 부정

---

656) 종종 역추론의 내용은 다음과 같은 전통적 라틴어 격언으로 표현된다.《어느 것을 말하는 사람은 다른 것을 부정하는 것이다: qui dicit de uno, negat de altero》 또는 《어느 것을 표현하는 것은 다른 것을 배제하는 것이다: expressio unius est exclusio alterius》. *반대추론*과 *침묵으로부터의 추론*은 《역추론》이라는 상위제목 아래에서 통상 동일하게 취급된다. 그러나 우리는 *반대추론*을 역추론의 도드라진 형태로 볼 수도 있다. 이러한 반대추론은 판단대상 사실관계가, 평가적 관점에서 볼 때, 법률에 규율된 구성요건과 비교해 정반대인 상황에서 이루어진다. 역추론의 구조에 대하여 상세히는 KLUG, 137ff.

657) 문헌과 판례에서는 《한정된 침묵》이라는 표현이 보편적으로 사용된다. 가령 BGE 132 Ⅲ 470 (478); 135 Ⅲ 385 (386).

658) 입법사로부터 (입법에 앞서 논의된) 특정 규율이 입법되어서는 안 된다는 점이 명백히 밝혀진 경우, 즉 역사적 입법자가 《한정된 침묵》을 한 경우(BK-ZGB/HONSELL, Art.1 N31이 말하는 《부정적 입법사》), 이 책의 견해(129면 이하 참조)에 따르면, 위와 같은 사정이 무조건 현재 법적용자가 역사적인 부정적 결단에 구속되는 것을 뜻하지 않는다. 특히 입법자의 새로운 가치판단으로부터, 기존 부정적 결단을 더 이상 입법자의 마지막 말로 볼 수 없다는 결론이 도출될 수 있다. 입법자가 아직 자신은 판단을 할 능력이 없다고 보고 문제해결을 (당분간) 판례와 학설에 맡겼기 때문에 의식적으로 결정을 하지 않은 경우, 더더욱 과거 입법자가 현재 법적용자를 구속하지 않는다. 이에 대한 설득력 있는 문헌으로 K. MÜLLER, Eigenkapitalersetzende Darlehen (2014) 270f. 좌절된 입법제안의 독일판례상 발언력에 대해서는 FRIELING, 125f. 각주 697도 참조.

도 의미한다.659)

형법에서처럼 유추금지원칙660)을 준수해야 하거나, 모든 사정이 문제된 규율의 구성요건이 완결적 (열거적) 성격을 갖는다661)는 결론을 지지할 때, 역추론이 일반적으로 항상 이루어진다. 그러나 다른 모든 사안들에서는 유추와 반대추론 사이의 결정이 일반적으로 선례로 만들어져 있지 않다: 이 경우 오히려 해석을 통해, 무엇보다도 목적론적 고려에 기초한 해석을 통해 사안별로 다음 사항을 심사해야 한다. 판단대상 사실관계가 평가적 관점에서 법률로 포섭된 사실관계와 부합하는지, 아니면 반대로 - 불평등취급을 할 실질적 근거를 인식할 수 있으므로 - 한정된 침묵으로부터 출발해야 하는지.662) 첫 번째 사안의 경우 유추가 이루어져야 하고, 두 번째 사안처럼 법유사성이 부정된다면 역추론을 해야 한다. 이러한 의미에서 두 추론은 - 추상적으로 보면 - 정확히 동일한 크기의 정당성을 갖는다. 따라서 《넓은 공간을 차지하는》 유추와 대비하여 역추론을 《하찮은 것》663)으로 평가절하하는 것664)은 오류이다. 그러나

---

659) 예외적으로 역추론도 유추도 불가능하여 유추거부가 동시에 역추론을 의미하는 것은 아닌, 법률상황이 있을 수 있다. KLUG, 144f.

660) 이에 대해서는 이미 각주 579의 전거 참조.

661) 이에 대하여 오스트리아 판례는 타당하게도 제한적 입장을 취한다. OGH EvBl 1996 Nr. 102: 별도로 언급되지 않은 사안이 법률에 규율된 사안들의 모든 특징(이러한 사안들을 법률에 규정하도록 근거를 제공한 특징)을 갖고 있고, 규범의 원리가 그 규범의 구성요건과 평가적 관점에서 전적으로 부합하는 해당 사안에서도 존중될 것이 요구되는 경우에는, 열거적 서술에도 불구하고 유추(보다 정확히: 목적론적 확장 [215면 참조])가 가능하고 요청된다; 최근 판례 중 같은 취지로 OGH EvBL 2013 Nr.144; 판례에 동의하는 문헌으로 KERSCHNER/KEHRER, §§6, 7 N125. 스위스민법 제105조의 문제에 대하여 이미 105면 참조.

662) BGE 140 III 206 (213).

663) EHRENZWEIG, 82; REICHEL, Gesetz und Richterspruch, 97.

664) 반대로 (이러한 견해 역시 설득력이 없다) 의심스러우면 역추론을 해야 한다는 견해로 EMMENEGGER/TSCHENTSCHER, Art.1 N349; 오스트리아 문헌으로 KER-

역추론이 단지 문언해석에 근거하고 목적론적 논거에 기초하고 있지 않다면, 근거를 갖추지 못한 것이다.[665]

목적론적 고찰방법이 언제나 전적으로 설득력 있는, 필연적인 결론에 이르는 것은 아니라는 점, 그리고 많은 문제에 대한 판례와 학설은 매우 빈번하게 유추(또는 목적론적 확장)와 역추론 사이에서 흔들리고 있다는 점은, 이 두 개의 추론형태가 《전적으로 무가치하다》[666]는 것을 뜻하지 않는다. 여기서 관건은 형식논리적 일관성이 아니라, 단지 일정 정도까지만 객관화할 수 있고 결과적으로 불가피하게 자기평가가 개입하는 평가질문이다.

유추와 역추론 사이의 동요(판단의 어려움) 사례[667]는 매우 많다: 스위스 민법 제973조 제1항(부동산등기부상 권리에 대한 선의보호)에 상응하는 규율이 없다는 점으로부터 다음과 같은 결론(*침묵으로부터의 추론*) - 상업등기부상 권리의 경우 공적(公的) 선의 원리가 적용되지 않는다 - 이 도출될 수 있는가?[668] 스위스채무법 제31조에서 절대적 제척기간(권리자가 자신

SCHNER/KEHRER, §§6, 7 N44.

665) 결과적으로 같은 취지 BYDLINSKI, Methodenlehre, 476f.

666) KELSEN, 350; KANTOROWICZ, 23; ENGISCH, Einführung, 251 FN32의 풍부한 전거 참조. 이러한 비판은, 유추나 역추론이 거짓되게 자기자신에게 《논리적》 일관성을 부여한다는 잘못된 관념에 기초하고 있다. 그러나 오늘날 누구도 이러한 관념을 진지하게 주장하지 않는다. 모든 문헌을 대신하여 MEIER-HAYOZ, Richter als Gesetzgeber, 70ff. 참조. 단지 명확화를 위해 다음 사정을 강조할 필요가 있다. 유추와 역추론은 다음의 경우에 한하여 실제로 《무가치》하다. 유추와 역추론이 《올바른》 결론을 찾는데 전혀 기여할 수 없고, 판단대상 사실관계의 평가유사성을 인정해야 하는가에 관한 결단적 고려를 기초로 법관이 이른 결론을 단지 *사후적*으로 표시하는데 불과한 경우. 같은 취지로 가령 HÖHN, Praktische Methodik, 272f.

667) 위에서 언급하는 사례 이외에 CARONI, 113f.의 사례도 참조. 스위스민사소송법 관련 구체적 사례: BGE 138 III 625(626f.)에서는 스위스민사소송법 제317조 제1항이 완결적으로 규율된 것인지(이러한 주장은 아마도 스위스연방대법원을 설득하기 어려울 것이다), 아니면 상소절차에서 스위스민사소송법 제229조 제3항을 유추적용할 수 있는지 문제되었다.

III. 법관법 일반; 흠결 개념; 《구속적 법관법》 영역에서의 흠결보충

의 착오나 기망당한 사실을 발견하였는지와 무관하게 진행되는 기간)을 언급하지 않은 것은 입법자의 의식적 결정(한정된 침묵)에 근거한 것인가?[669] 스위스채무법 제58조의 책임은 공작물소유자에 한정된 것인가 아니면 공작물의 임차인에게도 유추될 수 있는가?[670] 도급계약상 개선(하자보수)청구권(스위스채무법 제368조 제2항)에 상응하는 규율이 매매계약법에 없다는 것이 법률의 한정된 침묵을 의미하는가 아니면 (스위스채무법 제368조 제2항에 근거한) 유추를 통해 메워야 할 법률상 흠결이 존재하는 것인가?[671] 스위스채무법 제208조 제2항의 손해배상청구권은 실제로 담보책임으로 인한 계약해제 사례에만 한정되는 것인가 아니면 감액청구권 행사시에도 유추될 수 있는가?[672] (법관의 수권없이 이루어진) 대체조치의 가능성은 스위스채무법 제366조 제2항이 전제하는 상황에 한정되는가 아니면 이 규정은 인도된 도급목적물의 사후개선시에도 유추적용될 수 있는가?[673]

---

668) 이에 대해서는 BÄR, in: Berner Festgabe zum Schweizerischen Juristentag 1979 (1979) 131ff.; 모노그래프로는 VOGT, Der öffentliche Glaube des Handelsregisters, Diss. 2003. 지금은 스위스채무법 제936b조 제3항이 명시적으로 상업등기부에 대한 공적신뢰를 보호하고 있다.

669) 다양한 (설득력 있는) 견해들과 반대로, 연방대법원은 이후 열띤 논의대상이 된 피카소판례 BGE 114 II 131 (140f)에서 입법자의 한정된 침묵을 긍정하였다(결과적으로 착오자는 계약체결 후 아무리 많은 시간이 흘렀더라도 착오사실 발견 후 1년 이내라면 계약의 효력을 부정할 수 있다).

670) 유추에 반대하는 판례로 BGE 106 II 201 (205); BGE 121 III 448 (451)은 문언의 범위를 넘어선 확장에 대하여 매우 신중한 입장을 취하고 있다.

671) 각주 634의 전거 참조.

672) 유추에 반대하는 판례로 BGE 63 II 401 (403f.); 유추에 찬성하는 견해로 BK-OR/ GIGER, Art.208 N54.

673) 유추에 찬성하는 판례로 BGE 107 II 50 (55f.); A. KOLLER, Das Nachbesserungsrecht im Werkvertrag, 2.Aufl. (1995) 64ff.; 반대견해로 (사안을 세분화하여) GAUCH, N1819ff.

종종 소환되는 유추와 역추론 사이의 동요에 대하여, 다음을 강조할 필요가 있다. (유추와 역추론 중) 무엇을 선택할 것인지에 관하여 일반적으로 동의를 얻어 문제를 해결할 수 있는 사례들도 당연히 많다. 가령 스위스채무법 제20조 제2항을 유추한 일부취소에 관한 판례(각주 633 참조); 스위스민법 제679조 준용을 근거로 한, 허용된 건축에서 토지소유자의 책임은 오늘날 일반적으로 인정된다(BGE 91 Ⅱ 100; 114 Ⅱ 230 [234ff.]). 스위스채무법 제101조 제3항(《면허를 받은 영업》)을 단지 영업인가만 필요한 사업자에게도 준용하는 것은 오늘날 더 이상 다툼이 없다(BGE 112 Ⅱ 450 [455]); 또한 스위스민법 제679조에 따른 책임(토지소유자의 책임)을 제한물권 보유자에게 목적론적으로 확장하는 것(BGE 132 Ⅲ 689 [693]), 의사형성 및 결의조직 문제와 관련하여 사단법인법을 단체로 조직된 재단에 목적론적으로 확장하는 것(BGer Praxis 2003 Nr.4)도 거의 다툼이 없다. 스위스채무법 제418d조 제1항 및 제2항 제1문을 법률에 특별히 규율하지 않은 독점대리상(자기이름·계산으로 활동)에게 유추적용하는 것에 대해서도 반대가 없다. 이에 대해서는 OGer Zürich SJZ 1981, 213. 오늘날 대리상의 고객확보관련 보상청구권(스위스채무법 제418u조)은 일정 요건 하에 독점대리상에게도 유추된다: BGE 134 Ⅲ 497ff.; 독일법에 관하여 (독일상법 제89b조를 자기이름과 자기계산으로 활동하는 지정상인(Vertragshändler)에 유추적용) BGH NJW 2016, 1885ff. 비전형계약에서 흠결보충 문제에 관하여 《유추적용 이론》 일반에 대해서는 KRAMER, in: KRAMER (Hrsg.), Neue Vertragsformen der Wirtschaft: Leasing, Factoring, Franchising, 2.Aufl. (1992) 30f. 2012. 7. 1.전까지 효력이 있던 스위스부정경쟁방지법 제8조에서 입법자는 약관통제와 관련하여 계약법의 (의미에 부합하는) 적용, 즉 계약법의 유추적용을 명시적으로 언급하였다. 이러한 지시는 아쉽게도 신법에서 삭제되었다.

kk) 오래전부터 전승되어 온, 판례[674]와 학설[675])에서 항상 나타나는 法의 規則(regula iuris)에 따르면, 예외규정은 확대해석하면 안 되고 유추

적용하면 안 된다: 《Singularia non sunt extendenda》.676)

예외적 법명제677)의 제한적 적용요청은 명백히 다음과 같은 생각에 그 근거를 두고 있다. 위 요청이 준수되지 않으면, 즉 확대 또는 유추적 용이 이루어지면, 법률에서 의도된 원칙/예외관계가 사실상 뒤집힐 위험이 있다. 이러한 형식주의적 고려는 착안점부터 이미 설득력이 없다. 왜 냐하면 규범적 원칙/예외관계를 법률에 고정시킨 것(게다가 법률상 고정되었다고 증명하기 어려운 경우가 많다)이 무조건 다음과 같은 뜻은 아니기 때

---

674) 가령 BGE 116 Ⅱ 428 (431): 스위스채무법 제128조 제3호(단기소멸시효규정)를 (스위스채무법 제127조의 예외로서) 제한해석한다; OGer Zürich SJZ 1981, 213: 스위 스채무법 제418d조 제2항 제2문(약정으로 대리상이 경업금지의무를 부담하는 경우, 대리상 계약종료 후 대리상은 - 약정으로 제한하거나 포기할 수 없는 권리인 - 특수한 보상청구권을 행사할 수 있다)은 계약자유원칙을 깨뜨리는 것으로서 (독점대리상에) 유추적용할 수 없다.

675) 가령 BK-ZGB/MEIER-HAYOZ, Art.679 N62은 스위스민법 제679조의 예외적 성격 (스위스채무법 제41조의 일반적 과실책임원칙을 깨뜨리는 인과책임)으로부터, 위 조항이 《임의로 확대되어서는 안 된다》는 (특히 채권법적 권리자에게 유추되어서는 안 된다는) 결론을 도출한다.

676) 《특별규정(예외규정)은 확대해석하면 안 된다》. 로마법상 기원에 대해서는 LIEBS, 220(S.40); 우리는 종종 동일한 의미로 《예외는 엄격하게 해석되어야 한다:exceptio est strictissimae interpretationis》는 격언을 사용한다. 이탈리아, 스페인, 포르투갈법은 이러한 규칙을 오늘날 여전히 실정법에 명문화하고 있다: 이탈리아민법 서두 규정 제14조, 스페인 민법 제4조 제2항, 포르투갈 민법 제11조; 신 리투아니아민법 제1.8조 제3항도 마찬가지이다. 부분적으로 관찰되는, 유럽사법재판소가 예외규정은 확대해석 하면 안 된다는 형식적 원칙에 의거하는 현상에 대해, 비판적 견해로 RIESENHUBER, in: GIESEN/JUNCKER/RIEBL (Hrsg.), Systembildung im Europäischen Arbeitsrecht (2016) 49f.

677) 예외법은 언제나 동시에 원칙규범에 대한 관계에서 특별법이다. 반대로 특별법은 그 특별법이 내용적으로 원칙규범에서 벗어나는 경우에만 동시에 예외법이다. 특별법 개념에 대해서는 이미 98면 참조. 거기서 언급한 《특별법은 일반법을 폐지한다》는 격언은 지금 살펴볼 《예외규정은 확대해석하면 안 된다》는 규칙과 전혀 다른 기능을 한다. 첫 번째 규칙은 법률의 적용제외에 관한 것이고, 두 번째 규칙은 예외법이 확대 또는 유추적용될 수 있는지에 관한 것이다.

문이다. 실제 법적용에서도 원칙규범이 중심이 되고, *예외법*은 예외이다
(예외가 되어야 한다). 따라서 사회적으로 점점 더 중요해지는 생활사태와
관련된 법률상 예외규정은, 실무에서 원칙규범을《넘어설 수 있다》. 즉
《예외가 원칙을 먹어버릴 수 있다》.678) 규범적 원칙-예외관계를 통해 이
러한 결과가 방해받을 수 없고, 방해받아서도 안 된다. 가령 우리는 스
위스도로교통법 제58조 이하에 따른 자동차보유자 책임679) - 법률적으
로 보면 다툼의 여지없이 스위스채무법 제41조의 과실책임원칙에 대하
여《예외적》이다 - 이 갖는 두드러진 실무적 의미를 생각해 볼 수 있다.
결과적으로 예외규정은, 부분적으로 원칙으로 복귀한 예외규칙을 통해
다시 별다른 어려움 없이 제한될 수 있게 된다: 그런데《이러한 예외의
예외규정(Unterausnahmen)도 제한해석해야 하는가?》680)

이 경우 *평가적 고려*가 결정적 역할을 해야 한다.681) 이러한 관점에서
다음 사정은 분명 이해할 수 없다. 예외규정의 문언의미가 때로는 (원칙
규범의 문언의미처럼) 확장 또는 - 가능한 문언의미를 넘어선 - 유추적용이

---

678) LAWSON, Many Laws, Selected Essays, Vol. Ⅰ (1977) 47.

679) P. WIDMER, ZBJV 130 (1994) 405에 따르면 위험책임의 구성요건은 양적으로 그
리고 *사실상* 과실책임원칙을《이미 오래전에 순위에서 앞질렀다》; DEUTSCH, Allge-
meines Haftungsrecht, 2.Aufl. (1996) 412도 참조. 그에 따르면 위험책임의 예외적 성
격은《역사적인 것이고, 책임현실에 부합하지 않는다》.

680) 이러한 악의적 질문은 MAYER-MALY, Rangordnung, 141에서 제기되었다.

681) 이는 법률상 방식규정의 해석이라는 특수한 문제영역에서도 마찬가지이다. 여기서
도 방식규정은 좁게 적용되어야 하고 유추적용되면 안 된다는 원칙(BGE 103 Ⅱ 84
[87]; 113 Ⅱ 402 [405]; 118 Ⅱ 273 [276])이, 단지 다음과 같은 사정을 근거로 형식적
으로 정당화되지는 않는다. 방식요청은《방식자유라는 일반적 원칙을 벗어난 것》이
다(가령 BSK-OR/SCHWENZER, Art.11 N1; J. SCHMID, Die öffentliche Beurkundung
von Schuldverträgen [1988] 7 [N18]). 따라서 방식을 요하는 법률행위 체결에 대한
대리권 수여는 방식을 요하지 않는다는 판례의 입장(가령 BGE 99 Ⅱ 159 [162])은
설득력이 없다. 그러나 *해석론으로* 판례와 동일한 견해로 CRAMER, AJP 2018, 291
(*입법론으로는* 법률개정제안을 하고 있다).

필요할 정도로, 그 규정의 기초가 되는 *목적*을 매우 협소한 방식으로 표현하는 것이 왜 불가능한가?682)683) 이러한 의미에서, 건축물 점유자의 인과책임에 관한 오스트리아민법 제1319조(스위스채무법 제58조 및 독일민법 제836조와 유사하다)의 특별구성요건을, 추락하는 나뭇가지나 전복(顚覆)하는 나무로 인한 손해배상책임에 대해서도 유추적용하는 오스트리아 판례684)는 매우 설득력이 있다.

그러나《예외규정은 확대해석하면 안 된다》는 격언은 다음 경우 설득력이 있다. 우리가 *예외법*을 법률상 예외규정이라는 형식적 의미가 아니라, 《*체계에 반하는*》 *규범*685), 그 목적이 현행법질서의《내적 체계》와 어울리지 않고 따라서 이해하기 어렵거나 비일관적으로 보이는《예외적 (outlier)-규범》686)이라는 실질적 의미에서 이해하는 경우. 이러한《어긋나게 위치한(quer stehend)》 비합리적 규범 - 가령 스위스채무법 제185조 제1항의 위험부담 규율 - 은 실제로 가급적 제한적용되어야 하고 유추

---

682)《예외규정은 확대해석하면 안 된다》는 규칙에 대한 본격적 비판으로 이미 HECK, Gesetzesauslegung und Interessenjurisprudenz, 186ff.; REICHEL, Gesetz und Richterspruch, 104도 참조; 최근 독일 문헌으로 가령 KLUG, 113f.; ENGISCH, Einführung, 256ff.; CANARIS, Feststellung von Lücken, 181; SÄCKER, Einleitung N121 (타당하게 쓰여진 장 제목:《해석상 형식논거의 극복》); WÜRDINGER, AcP 206 (2006) 956ff. 스위스문헌으로 BK-ZGB/MEIER-HAYOZ, Art.1 N191; CARONI, 115. 판례로는 BGE 88 Ⅱ 150 (153). 이 판례는《형식주의적》 *예외*명제를 말한다. 그러나 반대견해로 KUNZ, recht 2017, 155: 예외규정은 일반적으로 제한해석되어야 한다.

683) 예외규범이 법률상 지시에 기초하여 열거적 성격을 갖는 경우, *예외법*의 유추적용은 당연히 원칙적으로 배제된다(이 경우 그 규범이 원칙규범이더라도 유추적용은 배제된다). 그러나 예외규범이기 때문에 구조적으로 당연히 열거적 성격을 갖는 것은 아니다.

684) 가령 OGH SZ 59 Nr.121; SZ 74 Nr.78. 엄격한 인과책임(위험책임)을 발생시키는 구성요건에 근거한 유추에 관하여 각주 638, 639의 전거도 참조.

685)《예외》의 이러한 뜻은 이미 고대 전거(典據)에서도 발견된다:《예외법은 법의 主論理(법의 이성 또는 목적)에 반하여 도입된 것이다》(Dig.1,3,16 [PAULUS]).

686) 이에 대해서는 이미 85면 참조.

적용되어서는 안 된다: 《입법자가 실수를 하였는데 법관이 서둘러서 그 실수를 2배로 한다면, 법관은 국가에 나쁜 역무를 제공하는 것이다》[687]; 《부정의의 평등취급》은 피해야 한다. 또는 - 라틴어 격언의 의미에서 -: 《평가적 관점에서 비합리적인 것은 그 이상의 결과를 가지면 안 된 다》[688].

EU법으로부터 규율을 가져왔다는 사정(국내법으로 《전환》되었다는 사정)만 으로, 이러한 규율은 《체계에 반하는 것》으로서 순수국내법의 흠결시 유추 적용할 수 없다는 결론이 도출되지 않는다. 명시적으로 같은 취지로 HOCH-STRASSER, AJP 2016, 912(스위스패키지여행법 제16조 제1항(인신손해에 대한 책임에 관하여 당사자간 합의를 통한 제한을 허용하지 않는 규정)에 관하여). 전환된 규정도 이제는 국내법의 일부이다. 스위스가 비준한 국제조약에 담긴 규율 도 마찬가지이다. 이 규정 또한 당연히 *예외법*인 것은 아니고 따라서 순수 국내법이 흠결이 있는 경우 유추적용할 수 있다. 이에 대해서는 KRAMER, JBl 2019, 203ff.

ll) *법률회피*를 시도하는 경우*(탈법행위: fraus legis)* 유추의 특수한 적용 영역이 문제된다. 특히 강행규정을 회피하려는 행위가 법적으로 효력을 가질 수 있는지와 관련하여. 회피된 규정의 목적을 고려할 때 회피행위 도 해당 규정에 포섭되어야 한다면, 회피된 규범의 제재가 (그 규범이 유 추적용됨으로써) 회피행위에 대해서도 효력이 있는 것이다: *법률의 의미*

---

687) REICHEL, Gesetz und Richterspruch, 105. 같은 의미로 CANARIS, Systemdenken, 132; BYDLINSKI, Methodenlehre, 440; BK-ZGB/MEIER-HAYOZ, Ar.1 N349는 명백 히 부당한 법을 근거로 한 유추를 심지어 《부도덕하다》고 표현한다. 그러나 *입법목적* 이 단지 의심스럽다고 해서 유추거부가 정당화되지는 않는다. KRAMER, Analogie und Willkürverbot, 129.

688) Dig. 1,3,14 (PAULUS).

*(의도 또는 목적)(sententia legis)*를 *법률문언*에 의거함으로써 무력화시킬 수 없다.[689]

당사자의 회피의도라는 요건을 우리가 포기한다면(이것이 타당한 방법이다), 법률회피라는 독자적 이론은 - 오늘날 방법론의 입장에서 - 불필요해 보인다.[690] 마찬가지로 다음과 같은 명시적 법률상 규율도 원칙적으로 불필요하다. 입법자가 *법문언에 명시한* 계약과 동일한《경제적 목적》을 추구하는 법률행위에 그 법률을 적용하는 규정[691](스위스채무법 제216c조 제1항과 같은 종류의 규정). (스위스채무법 제216a조와 같이) 법률상 규율이 다른 구체적으로 정해진 구성요건에 의미에 부합하게 적용(준용)될 수 있다고 선언하는 조항, 유추를 법률상 촉구하는 조항은, 법상황을 구체적으로 밝히는 (확인적) 효과만을 갖는다.

앞서 언급한 내용으로부터 동시에 다음 결론이 도출된다. 과거 문헌에서 세법을 위해 특수하게 발전되어 온 《*경제적 관찰법*》이라는 독자적 방법론은, 이러한 방법론이 결국 목적론적 근거를 갖춘 법발견이라는 점을 고려할 때, 하지 않아도 될 노력을 한 것이다.[692] 판단해야 하는

---

689) *탈법행위* 관련 로마법상 도그마틱에 대하여 HONSELL, in: Festschrift für Max Kaser zum 70. Geburtstag (1976) 111ff. 법률회피의 분류에 관한 모노그래프로는 BENECKE, Gesetzesumgehung im Zivilrecht (2004).

690) 같은 취지 BK-ZGB/MERZ, Art.2 N 91; BK-OR/KRAMER, Art.18 N145; 판례로는 BGE 104 Ⅱ 204 (206); 115 Ⅱ 175 (179); 117 Ⅱ 290 (296). BGE 107 Ⅰa 112 (117) 은 회피된 규범의 유추적용이 명시적으로 문제되었다. 조세법에 관하여 (무엇보다도 HÖHN, VALLENDER, LOCHER 그리고 DUBS와 연결하여) BÖCKLI, 289ff.; 최근문헌으로 MATTEOTTI, ZSR 129 (2010) Ⅰ, 240f. 스위스 문헌 및 판례의 상세한 분석으로 Th. KOLLER, 267ff. 금지규정을 법률행위를 통해 회피한 경우 법효과에 대하여 BK-OR/KRAMER, Art.19/20 N264.

691) 독일민법 제306a조는 명시적으로 법률회피를 금지하고 있다:《이 장의 규정들은 다른 형태를 통해 회피되는 경우에도 적용된다》.

692) 이미 175-176면 참조. 같은 취지로 VALLENDER, 53ff.(《목적론적 해석이라는 틀 내에서 표준적 논거인 경제적 관찰법》); LANZ, ZBJV 137 (2001) 14ff.; 모노그래프로

사실관계가 형식적으로 보면 (즉 문언대로 해석하면) 과세구성요건에 해당하지 않더라도, 경제적 관찰법으로부터 다음 결론이 도출된다면 - 그 사실관계가 해당 법률의 의미와 목적에 따를 때 그 법률의 구성요건이 포섭하는 사례와 부합한다 -, 그 법률규정이 준용되어야(유추적용되어야) 한다.693) 다른 법적 맥락에서도, 특히 사법과 경제법에서도 마찬가지이다: 언제나 《외부적 형식을 뚫어버리는 생활사태의 실질적 평가》가 관건이 된다:《형식에 대한 실질의 우위》.694)

b) 《미리 효력을 발생하는》 입법에 의거한 흠결보충

법률의 흠결이 아직 시행되지 않은 법률개정안을 근거로 보충되는 경우(이른바 *법률의《사전효)(事前效)*), 이러한 판례는 구속적 법관법과 법률초월적 법관법 사이의 경계에 놓여 있다.

---

ders., 179ff. 사법해석시 《경제적 관찰법》을 시도하는 RIEMER는 이에 반해 Aspekte des Wirtschaftsrecht: Festgabe zum Schweizerischen Juristentag 1994 (1994) 136에서 《전적으로 자유로운》 법률해석을 우려하고 있다. 은행법 및 금융시장감독법에서 《경제적 소유자》에 대하여 가령 BGE 124 II 581 (585). 《경제적 관찰법》이 《법의 경제적 분석》과 동일하지 않다는 BREITSCHMID, in: Festschrift für Jean Nicolas Druey (2002) 80의 해명은 타당하다. 법의 경제적 분석에 대해서는 285-288면 참조.

693) 과세구성요건이 민법적으로 만들어진 *전문용어(termini technici)*와 연결된 경우, 《법개념의 상대성》(44면 참조)이라는 의미에서, 세법의 특수한 목적을 기초로 한 과세구성요건의 세법특수적 개념내용으로부터 출발할 수 있고, 그에 따라 문언의미의 틀 내에 머무는 해석을 말할 수 있다. 가령 TIPKE/LANG, Steuerrecht, 19.Aufl. (2008) §5 N80 참조.

694) MEIER-HAYOZ, ZBGR 45 (1964) 271; NOBEL, in: Festschrift für A.K. Schnyder (2018) 1231ff.; EMMENEGGER/TSCHENTSCHER, Art.1 N329; 연방대법원 실무로는 무엇보다도 BGE 115 II 175 (179). 그러나 BGE 138 III 755 (774)는 타당하게도 경제적 관찰법을 《맹목적/무차별적으로》(즉 주의깊은 근거설정 없이) 활용하는 것을 경계한다.

이에 관해서는 BK-ZGB/MEIER-HAYOZ, Art.1 N395f.(과거 판례를 참조하고 있다); CRAMER, AJP 2006, 524f.; 상세한 분석으로는 EMMENEGGER, RablesZ 79 (2015) 369ff. 불명확한 법률에 대한 통상의 해석 시에도 사전효가 의미를 가질 수 있음은 명백하다. VAN HOECKE, 172는 이와 관련하여 《예상하는 해석》이라고 표현한다; MAULTZSCH, RabelsZ 79 (2015) 326ff. 은 《부진정 사전효》라고 표현한다. (해석 또는 흠결을 보충하는 현행법의 형성이라는 방법을 거치지 않고) 만들어지는 중인 법을, 마치 그 법이 지금 효력이 있는 것처럼, 직접 적용하는 것(MAULTZSCH RabelsZ 79 (2015) 324ff.는 《진정 사전효》라고 표현한다)은 가능하지 않다. BGE 118 II 172 (175)도 참조. 독일법에 따른 사전효 문제의 포괄적 분석으로는 KLOEPFER, Vorwirkung von Gesetzen (1974); NEUNER, in: Kontinuität im Wandel der Rechtsordnung. Beiträge für C.-W. Canaris zum 65. Geburtstag (2002) 83ff. 스위스 연방대법원의 사법 관련 판례에서 법률의 사전효에 대해서는 RIEMER, recht 1993, 223ff. 판례사례로는: BGE 109 II 81 (85); 110 II 293 (296. 298 및 300과 결합하여); 114 II 91 (99); 118 II 459 (466); 125 III 277 (283). BGE 124 II 193 (201)은 《사전효》가 흠결보충 시 뿐만 아니라, 규범상태를 단지 구체화하는 경우에도 관련이 있다고 지적한다. 형법 관련 판례로는 가령 BGE 128 IV 3 (9): 형법총칙 개정안의 사전효. 이에 관해서는 SCHUBARTH, AJP 2005, 1043f.

이미 시행 중인 신법이 경과규정으로 인해 《과거》 사실관계에 적용될 수 없지만, 구법이 신법을 고려하여 해석되는 경우(BGE 118 II 157 [165]처럼), 특별한 형태의 사전효가 존재하는 것이다. 이미 시행 중인, 그러나 국내법 전환기한이 아직 남아있는, EU지침의 사전효라는 유럽법 특유의 문제에 관해서는 HOFMANN, in: RIESENHUBER, §16; KUBITZA, EuZW 2016, 691ff.

법률의 사전효를 근거로 이루어지는 흠결보충은 무엇보다도 다음과 같은 경우 권장된다. *생성 중인 상태(status nascendi)*가 이미 충분히 진행된 경우, 특히 법률이 이미 가결되었고 국민투표 요구기간이 이미 지났거나 국민투표가 실시되지 않을 것이라는 점이 이미 분명해서, 단지 법률의 시행만을 앞둔 경우.695) 그러나 아직 연방하원과 연방상원의 최종결정이 이루어지지 않은 경우에도, 연방평의회의 입법안 초안 및 법률안 제안설명서를 참조한 흠결보충은 스위스민법 제1조 제2항을 근거로 바로 정당화될 수 있다.696) 그러나 민주주의 원리를 고려할 때, 법정책적으로 아직 논쟁 중인(또는 심지어 의회가 현재 부정적으로 평가한) 제안을 법관법으로 수용하여 흠결을 보충하는 것은 그 타당성이 의심스럽다.697)

c) 관습법에 의거한 흠결보충

aa) 스위스민법 제1조 제2항은 법률의 흠결이 있는 경우 법관에게 우선 관습법을 참조하도록 지시한다. 이러한 지시에 상응하는 판단을 구속적 법관법 영역에 귀속시킬 수 있음은 물론이다.

bb) 스위스민법 제1조 제2항의 지시는 무엇보다도 두 가지 방향에서 이론적 색채를 드러내고 있다.

첫째: 관습법을 통한 법률흠결의 보충은 유추의 도움을 받은 흠결보충과 어떠한 관계에 있는가? 스위스민법 제1조 제2항은 다음 명제에서 출

---

695) BGE 118 Ⅱ 459 (466).

696) 타당한 판례로는 BGE 125 Ⅱ 326 (336); 131 Ⅱ 13 (31f.). BGE 136 Ⅲ 6 (12f.)에 따르면 개정안이 오늘날 법체계에 맞지 않으면 사전효는 발생하지 않는다; 유사한 판례로는 BGE 122 Ⅳ 292 (297). 이에 관해서는 EMMENEGGER, RablesZ 79 (2015) 374. BGE 141 Ⅱ 297 (305f.)에 따르면 현행체계는 《근본적으로 변경》되어서는 안 된다; 《현존하는 법상태의 단순한 구체화에 그쳐야 한다》.

697) 연방의회의 《부정적 판단》의 고려에 관해서는 CRAMER, AJP 2006, 526.

발하는 것으로 보인다. 관습법이 우선적으로 문제된다; 《법률이 그 가능한 문언의미의 한계 내에서 규율을 갖고 있지 않고, 관습법도 규율을 갖고 있지 않은 경우》698) 비로소 - 유추를 통해 보충할 수 있는 - 실정법의 흠결이 인정된다면, 우리는 같은 결론(관습법이 우선적으로 문제된다)에 이른다.

그러나 위에서 이미699) 언급한 것처럼, 유추에 대한 관습법의 우위는 유추를 스위스민법 제1조 제1항에 따른 해석의 영역에 포함시키려고 했던(그리고 흠결보충 영역에 포함시키지 않으려고 했던) Eugen HUBER의 관념과 부합하지 않는다. 이 책에서는 이러한 관념에 따르지 않는다. 하지만 *결과적으로* 다음 견해에 따른다. 스위스민법 제1조에서 언급되지 않은 유추를 관습법에 의한 흠결보충(유추와 동시에 이루어질 수 있는 관습법에 의한 흠결보충)보다 우선해야 한다.700) 의회주의 법치국가에서 입법자의 가치판단은 모든 쓰이지 않은 법보다 우선해야 한다. 가치판단이 단지 간접적으로 - 유추를 통해서만 - 밝혀질 수 있는 경우도 마찬가지이다.

cc) 두 번째 이론적 근본질문은 *관습법의 개념 및 실무적 중요성*과 관련된다. 복잡하고 다원적인 우리 산업사회에서, 시민들이 자발적으로 법적 확신(*opinio necessitatis*)을 가지고 준수해 온 관행을 통해 《아래로부터》 형성된, 《법외부의 관습법》701)은 더 이상 거의 생각할 수 없음이 명백하

---

698) CANARIS, Feststellung von Lücken, 39; 같은 취지로 BK-ZGB/MEIER-HAYOZ, Art.1 N.252.

699) 각주 615.

700) 이러한 견해는 스위스민법 제1조 제1항과 제1조 제2항 사이에 위치했어야 할 《빠져있는 연결고리》를 인정하고 이를 구성하는 것으로부터 출발한다: 즉 보충적으로 (흠결을 메꾸는 방식으로) 추가 고안(考案)된 스위스민법 제1조 제1a항으로부터 출발한다.

701) M. REHBINDER, JuS 1991, 543.

다.702) 따라서 오늘날 법원(法源)으로서 관습법에 실무상 중요성을 인정
할 수 있는 경우는 다음 경우로 한정된다고 생각할 수도 있다. 일정 상
황에서 좁은 의미의 법관법, 즉《법률초월적》법관법에 관습법으로서의
성격을 부여할 수 있는 경우. 그러나 이러한 견해는 원칙적으로 거부되
어야 한다. 이러한 부정적 입장에 대한 근거설정 시도는 법률초월적 법
관법에 대한 장에서 살펴본다.703)

6. 예외흠결이 존재하는 경우의 절차

a) 목적론적 축소

독일과 오스트리아의 학설과 판례704)에서, 가령 LARENZ705)와 CA-
NARIS706)의 작업에 의해, 확립된(그러나 그 기초는 훨씬 전부터 존재하던)
목적론적 축소라는 형상이 예외흠결의 극복에 기여한다.

---

702) 이 점은 오늘날 일반적으로 인정되고 있다: 모든 문헌을 대신하여 BEGUELIN, 8
참조:《본래적 의미의, 협의의 관습법은 오늘날 드물다》; CARONI, 134도 참조(《관습
법의 주변화 경향》); HAUSHEER/JAUN, Art.1 N35(《매우 작은》의미).

703) 255면 이하 참조.

704) (독일의) BVerfG NJW 1997, 2230:《규정문언에 반하는 규정의 목적론적 축소는
승인된, 헌법적으로 이의를 제기할 수 없는, 해석원칙에 속한다》; 같은 취지로 BVerfG
NJW 2012, 669 (672); 오스트리아 판례로 가령 OGH SZ 68, Nr. 119; SZ 69 Nr. 181:
오스트리아 이자제한법 제7조 제1항의 목적론적 축소를 설득력있게 옹호하는 문헌으
로 PEISSL/THEISS의 OGH EvBl 2016 Nr.155에 대한 비판적 평석 참조.

705) LARENZ/CANARIS, 210ff.; 상세히는 BRANDENBURG, 곳곳에; 오스트리아 학설
로는 BYDLINSKI, Methodenlehre, 480f.; KEHRER, 60f.; KERSCHNER/KEHRER,
§§6, 7 N69ff.; KODEK, §7 N60ff.; WELSER/KLETEČKA 35f. (N118f.).

706) CANARIS, Feststellung von Lücken, 151ff.

아리스토텔레스의 니코마스윤리학(Buch V, Kap. 14)에서, 무차별적으로 규정된 규범을 법률을 수정하는 방향으로 축소하는 이론의 기원을 찾을 수 있다. 이에 관하여 HARTKAMP, in: Mélanges en l'honneur de Denis Tallon (1999) 84ff.; VOGENAUER, 538f. (*입법목적*과 비교할 때) 흠이 있는 법률《표현》의 수정에 대해서는 SAVIGNY, 230f.: 《표현은 단순한 수단이고 생각이 목적이기 때문에, 생각이 우선해야 하고 표현은 생각에 따라 수정되어야 한다는 주장은 문제가 없다》. 빈트샤이트는 이러한 사례들에서 수정함으로써 입법자를 돕는 것이 해석의 《가장 고귀한 임무》라고 한다. 이에 대해서는 RÜCKERT, in: RÜCKERT/SEINECKE, 141. 목적론적 축소의 근거가 되는 차별화요청에 대한 오래된 법적 지혜: 《잘 구별하는 사람이 잘 판단한다》.

목적론적 축소는, (표면적으로는) 명백하지만 법률의 목적과 비교해 보았을 때는 너무 폭넓게 규정된, 즉 무차별적인 문언의 의미를, *입법목적*에 부합하는 적용영역으로 축소하는 작업이다.[707] 공개된 법률흠결을 유추를 통해 보충하는 경우, *법률문언을 넘어선 법의 목적에 따른* 법발견이 이루어진다. 이에 반해 목적론적 축소에서는 *법률문언에 반하는 법의 목적에 따른* 법발견이 이루어진다.[708] 《예외흠결》이라는 이미지로부터 출발하여, 우리는 또한 다음과 같이 말할 수 있다. 이러한 흠결의 보충

---

[707] 목적론적 축소를 명백히 더 협소하게 인정하는 견해로는 JAUN, ZBJV 137 (2001) 46: 《명백한 법률문언에 반하는 해석은 단지 다음과 같이 제한된 경우》 - 《즉 법률문언이 *인식가능한 법률의 근본목적 및 평가*와 부합하지 않고 강행규정도 아니며 명확한 입법적 가치평가를 적절하게 담고 있지 않은 경우》 - 에만 허용하는 것이 《스위스의 전통적 방법이해》와 부합한다. 규범의 전면수정의 거부에 대해서는 239면 참조.

[708] 이러한 정의로부터 바로 제한적 해석과의 구별이 가능하다. 제한적 해석은, 앞서 언급한 것처럼(40면 참조), 규범의 문언의미의 《개념의 뜰》에 귀속시킬 수 있는 《중립적 후보자》를 포섭하지 않는 것이다. 목적론적 축소는 한발 더 나아간다: 목적론적 축소는 문제된 규범의 《개념의 핵》에 속하는 《적극적 후보자》를, 이 후보자가 *입법목적*에 부합하지 않기 때문에 포섭하지 않는 것이다.

은,《의미에 부합하기 위해서 필요한 제한을 덧붙임으로써》709) 이루어
진다.

이러한 접근방법의 예로 독일문헌710)은 종종 독일민법 제181조711)의
너무 넓은 문언의미를 지적한다. 이 조항에 따르면 대리인에게《자기거
래》는 원칙적으로 금지된다.《본인과 대리인 사이에 존재하는 이해관계
충돌로 인해, 대리인이 자기에게는 유리하고 본인에게는 불리한 법률행
위를 본인과 자기자신 사이에서 체결하는 것으로부터 본인을 보호하는
것》712)이 자기거래 금지의 *목적*이다. 그런데 위 조항을 문언 그대로 해
석하면 이러한 위험이 애초부터 존재하지 않는 경우 - 가령 제한능력자
의 법정 대리인이 제한능력자에게 증여하는 계약을 체결하는 경우(대리
인은 제한능력자의 이름으로 증여계약을 승낙한다) - 에도, 위 조항을 준수해
야 한다. 이처럼 명백히 목적에 반하는 결론을 피하기 위해, 독일민법
제181조는 *법률문언의 의미에 반하여* 다음과 같은 거래에는 적용되면
안 된다.《거래의 종류에 비추어 본인에게 법적 이익만을 부여》713)할
수 있는 거래.

---

709) LARENZ/CANARIS, 210.

710) LARENZ/CANARIS, 212.

711)《대리인은... 본인의 이름으로 대리인 자신과 또는 제3자를 대리하여 법률행위를
할 수 없다...》

712) LARENZ/CANARIS, 212.

713) LARENZ/CANARIS, 212. 경우에 따라서는 독일민법 제181조의 예외요건(《채무를
이행하는 경우를 제외하고》)을, 본인에게 법적 이익만을 부여하는 거래에도 목적론적
으로 확장함으로써 동일한 결론을 도출할 수 있다. 스위스법 상 자기거래 금지의 경
계설정에 관해서는 BGE 126 Ⅲ 361 (363f.).

b) 유추와 결합된 목적론적 축소

직전에 언급한 사례에서는 목적론적 축소를 통해 방법론적 절차가 종결되는데 반해, 다른 상황에서는 다음과 같은 일이 일어난다. 목적론적 축소가 이루어지고 나면, 판단대상 사실관계 - *처음보면* 나중에 목적론적으로 축소되는 조항을 통해 일응 포섭된 것처럼 보이던 사실관계 - 에《법률의 내재적 계획》에 따라 요구되는 적극적 질서가 이제 돌연 빠져버리게 된다. 이러한 사고흐름의 사례로는 위임법 관련 판례(BGE 61 Ⅱ 95)가 있다. 이 판례에서 연방대법원은 스위스채무법 제402조 제2항에 따른 위임인의 면책이 무상위임 사안에서는 목적론적으로 부적절하다고 보고, 위 규정을 유상위임 영역에 국한하여 적용하였다; 그에 따라 다음과 같은 결과가 발생한다. 무상위임에서 위임인의 책임문제에 관하여 스위스채무법 제402조 제2항의 무차별적 문언의미를 통해 단지 외관상 덮여 있던 흠결이 이제 분명해졌다. 최종적으로 연방대법원은 이 흠결을 사무관리법(스위스채무법 제422조 제1항)을 근거로 한 유추의 도움을 받아 다시 보충할 수 있었다.714) 달리 표현하면 다음과 같다: 목적론적 축소는, 너무 넓은 문언의미라는 기만적 외관을 통해 무마되고 있던 법률상 흠결, 즉 《*숨겨진 법률흠결*》715)을 발견한다. 이 흠결은 공개된 법률흠결을 극복하는 방법에 따라 유추를 통해 보충된다.716)

---

714) 이에 관한 개별적 내용은 BK-OR/FELLMANN, Art.402 N139ff.; N179ff.; 최근 같은 취지의 판례로는 BGE 129 Ⅲ 181ff.

715) 여기서 《숨겨진 법률흠결》이라는 표현은 예외흠결의 보충 중에서 전적으로 특수한 문제상황(목적론적 축소를 통해 비로소 발견된 흠결을 보충하는 상황)과 관련이 있음이 명백하다. 이 책에서 《예외흠결》이라고 표현한 모든 문제상황에 대하여 《숨겨진 법률흠결》이라는 용어를 사용하는 것에 관해서는 각주 602의 전거 참조.

716) 명시적으로 이러한 생각을 따른 판례로는 BGE 121 Ⅲ 219 (226); 128 Ⅰ 34 (42).

c) 스위스 학설 및 판례에서 목적론적 축소

목적론적 축소라는 개념은 스위스 학설[717]과 다수의 판례[718]에서 - 특히 사법(私法)영역에서 - 다음과 같은 원칙적 반대에 부딪힌다. 법발견은 기본적으로 규범의 명확한 문언의미를 수정해서는 안 된다. 즉 법발견은 이러한 문언의미와 충돌해서는 안 된다.[719] 평가적 관점에서 그러한 필요성이 절실하다면,《법정책적》,《부진정》흠결이 존재한다고 말해야 한다. 이러한 흠결은 해석론 상으로는 대단히 제한적으로만 수정되어야 한다. 즉 다음과 같은 경우에만 수정되어야 한다.《현저히 정의관념에 반하는 사례들로서》[720] 명확한 문언의미에 의거하는 것이 명백히 *권리남용*으로 보이는 경우. 이에 대하여 공법상 판례[721]와 학설[722]은 - 목적

동일한 구조는 다음과 같은 경우에도 존재한다. 우리가 논란이 심한 스위스채무법 제404조 제1항을 유상위임으로서 인적 신뢰에 기초하지 않은 위임에 적용하지 않는 경우(각주 607의 전거 참조). 이렇게 보면 장기간 예정된 유상의 컨설팅의 종료는, 계속적 계약관계 종료의 일반적 모델을 근거로 이루어져야 한다(기한의 경과, 통상해지, 중대한 사유에 기초한 위임의 특별해지[경우에 따라서는 스위스채무법 제418q조 및 제418r조를 유추하여]). 추가 사례: 스위스채무법 제185조 제1항을 송부매매인 특정물매매 중 일부 구성요건에만 축소적용하는 경우, 이를 통해 발생한《숨겨진 법률흠결》은 스위스채무법 제185조 제2항 유추를 통해 보충되어야 한다. BSK-OR/A. KOLLER, Art.185 N15.

717) 각주 720의 전거 참조.

718) BGE 111 Ⅱ 67 (69); 115 Ⅱ 464 (466f.); 117 Ⅱ 246 (251); 121 Ⅲ 149 (151).

719) 네덜란드 민법전 제6권 제2조 제2항은 채무법에서 *법률문언에 반하는* 판결 문제에 관하여 명시적으로 규율하고 있다:《법률상 규율이 합리성과 형평이라는 기준에 비추어 받아들여질 수 없는 경우》, 이를 채권채무관계에 적용해서는 안 된다.

720) RIEMER, §4 N111 (ders., recht 1999, 176ff.도 유보적 입장을 취한다); BK-ZGB/ MEIER-HAYOZ, Art.1 N296(《...극단적으로 불완전한 사례들...》); BK-ZGB/MERZ, Art.2 N25도 권리남용금지 원칙을 근거로 부진정흠결의 극복을 정당화한다; MERZ와 MEIER-HAYOZ를 따르는 판례로는 BGE 120 Ⅲ 131 (134); BGE 123 Ⅲ 445 (448).

Ⅲ. 법관법 일반; 흠결 개념;《구속적 법관법》영역에서의 흠결보충

론적 축소라는 생각에 전적으로 기초해 - 오래전부터 다음과 같은 경우 《외관상》 명백한 문언의미로부터 벗어나는 것을 항상 허용해왔다. 《법률문언이 규정의 진정한 의미를 반영하지 않는다는 점에 대하여 설득력 있는 근거가 존재하는 경우》.723) 이러한 경우가 경솔하게 그리고 순전히 결과지향적으로 주장되어서는 안 되고,724) 모든 주의의무를 다하여 증명되어야 한다는 점 - 명백한 문언의미가 규범의미와 부합하지 않는다는 추정은 가능하지 않기 때문이다 - 은 자명하다.725) 최근 목적론적 축소라는 형상은 (명시적으로 거부하거나726) 적어도 매우 주의해서 수용해야

721) BGE 87 I 10 (16); 99 I b 505 (508); 109 I a 19 (27); 111 I a 292 (297); 113 I a 12 (14). 추가 전거로는 MANDOFIA, in: PERRIN, Les règles d'interprétation (1989) 209ff. 과거 민사법 관련 판례 중 특히 중요한 것으로 BGE 60 II 178 (186). 이 판례에서는 전적으로 목적론적 축소의 관념에 따라 논증이 이루어졌다; 과거 판례 중 추가 사례로는 B. SCHNYDER, in: Erhaltung und Entfaltung des Rechts in der Rechtsprechung des Schweizerischen Bundesgerichts: Festgabe der schweizerischen Rechtsfakultäten zur Hundertjahrfeier des Bundesgerichts (1975) 32ff.

722) 무엇보다도 HÄFELIN, Festschrift Nef, 113ff.; ders., Festschrift Hegnauer, 124ff.

723) 가령 BGE 87 I 10 (16); 111 I a 292 (297); 140 II 495 (500); 143 I 272 (280); 민사법 관련 판례로 같은 취지로는 BGE 121 III 219 (224f.); 130 III 76 (82); 132 III 226 (237); 134 III 273 (277); 136 III 283 (284); 139 III 478 (479f.); 140 III 501 (508). BGE 135 III 385 (386)은 법률문언으로부터 도출된 해답의 《실질적 유지불가능성》을 말한다. 사회법 관련 판례인 BGE 139 V 82 (84)는 입법자(명시적으로 역사적 입법자)의 가정적 의사를 고려하고 있다. 《입법자가 이를 의도할 수 없었다는 점에 대하여 설득력 있는 근거가 존재한다면, 법률의 문언의미로부터 벗어날 수 있다》. 그러나 이처럼 관점을 지나치게 의제적으로 주관화하는 것에는 동의할 수 없다. 《명백한》 법률문언은 어떤 경우에도 구속력이 있다는, 여전히 발견되는 연방대법원 판례들의 전거는 65면 참조.

724) 다음과 같은 경박한 모토에 따라 자유롭게 표현한다면: 《우리가 정말로 결과를 원한다면, 문언은 더 이상 필요하지 않다》!

725) GÄCHTER, 272. BGE 111 I a 292 (295)는 《가령》 다음과 같은 점을 고려한다. 문언에서 벗어나는 그러나 《진정한 법의미》에 부합하는 해석은, 헌법에 합치된다는 장점도 갖는다.

726) 명시적으로 반대하는 견해로는 OTT, in: Aktuelle Aspekte des Schuld- und Sachen-

한다고 경고하는727) 학설이 존재함에도 불구하고) 관철되는 것으로 보인
다.728) 연방대법원은 개정된 주식법상 증자(增資)에 관한 매우 주목할 판
결인 BGE 121 Ⅲ 219에서, 목적론적 축소를 옹호하는 최근 학설729)의
입장을 명시적으로 받아들였다: 가치지향적 법발견은 다음과 같은 결과
에 이를 수 있다.《외관상 명백한 규범문언은, 유추를 통해 문언에 의해
파악되지 않은 사실관계까지 연장되거나, 반대로 목적론적 축소를 통해
문언에 의해 파악된 사실관계에 적용되지 않는다》.730) BGE 131 Ⅲ 314

---

rechts. Festschrift für Heinz Rey (2003) 563ff. 그럼에도 불구하고 OTT, Juristische
Methode in der Sackgasse? (2006) 103f.는 다음과 같이 말한다: 사실관계가《매우 특
별한 사례》로서,《입법자가 무조건 고려해야만 했던 사례가 아닌 경우》, 수정하는 해
석이 문제가 될 수 있다.

727) 상세한 분석으로 JAUN, 곳곳에; ders., ZBJV 137 (2001) 21ff.; 같은 취지로는
HAUSHEER/JAUN, Art.1 N263ff.; 비슷한 경향으로 GÄCHTER, 77ff.; RIEMER, §4,
N114; 거부할 정도로 회의적인 견해로는 HRUBESCH-MILLAUER/BOSSHARDT, in:
HOFFER/HRUBESCH-MILLAUER, N02.200ff. TUOR/SCHNYDER/SCHMID/JUNGO,
§5 N35는《부진정 흠결》이라는 유형을 부정하는 것을《이해할 수 있다》고 표현한다.

728) Roger WEBER(SJZ 2004, 169)는 목적론적 축소와 같은 방법론적 수정기제의 필요
성이 점점 증가하는 이유를《제도적 차원》에서 찾는다. 침착하지 못한 현대 입법에는
유효한 통제장치가 결여되어 있기 때문에, 결국 수정하는 작업은 법원에 맡겨지게
된다. SIMON, 605ff.는 생생하게도《입법의 수리점으로서 판례》라고 표현한다.

729) KRAMER, Teleologische Reduktion; MEIER-HAYOZ, Schlusswort, 90ff.; CARONI,
151; HONSELL, Festschrift Mayer-Maly, 380ff.; 상세히는 ders., BSK-ZGB, Art.1 N
17; HUWILLER, Privatrecht und Methode, 17ff.; ENDER, Die Verantwortlichkeit des
Bauherrn für unvermeidbare übermässige Bauimmissionen, Diss. 1995, 134ff.(스위스민
법 제684조 - 상린관계에서 생활방해에 관한 규정 - 의 목적론적 축소를 설득력 있게
주장한다); FELLER, Folgenerwägung und Rechtsanwendung, Diss. 1998, 23f.; LANZ,
160ff.; ZK-ZGB/DÜRR, Art.1 N104, N371ff.; EMMENEGGER/TSCHENTSCHER,
Art.1 N393ff.; TSCHENTSCHER, 136ff.; STEINAUER, 135f.; HÜRLIMANN-KAUP/
DCHMID, N187; HOFSTETTER, AJP 1998, 931; SCHLUEP, Einladung, N1435f.

730) BGE 121 Ⅲ 219 (224f.) 그리고 방법론의 관점에서 이 판례를 분석하는 B.
SCHNYDER, ZBJV 133 (1997) 30ff. 참조. 연방대법원(BGE 121 Ⅲ 219 [226])이 목
적론적 축소를 근거로《숨겨진 흠결》을 확정하는 작업을 제한해석과 마찬가지로《해

---

(315)에서는 추가적이고 중요한 입장표명이 있었다. 이 판례에서는 다음과 같은 점이 강조되었다. 명시적 문언으로부터 벗어나는 수정은 허용될 뿐만 아니라 요청된다. 명시적 법률문언이 규범의 진정한 의미를 정확하게 표현하고 있지 않음이 밝혀진 경우.731)

d) 한계

aa) *입법론 차원의 법률수정을 통한 해석론상 한계의 일탈*: 흠결보충 일반에서와 마찬가지로,732) 목적론적 축소에 관해서도 - 개별사안에서는 종종 일반적으로 동의를 받을 수 있는 답변을 하기가 어려운 - 다음과 같은 근본적인 질문이 문제된다. 법률수정이 실제로 여전히 *법률문언*의 평가로부터 그 근거를 획득할 수 있는지, 또는 명시적 법률문언으로부터 벗어나는 경우 법적용자의 임무가 아닌 *입법론 차원의* 법률오류의 수정인지.733) 약관 문제와 관련하여 이미 학설734)상 *해석론으로* 다음과 같은 주장이 제기되었다. 소비자계약에서 약관에의 묵시적 편입은 원칙적으로 인정되어서는 안 된다. 그러한 한도에서 스위스채무법 제1조 제

석》이라고 표현하는 것은, 이 책의 입장과 부합하지 않는다. 목적론적 축소를 원칙적으로 승인하는 다른 판례로는: BGE 124 Ⅲ 229 (235f.); 126 Ⅲ 49 (54); 126 Ⅴ 283 (287); 127 Ⅴ 484 (488); 128 Ⅲ 113 (114); 128 Ⅰ 34 (41); 130 Ⅲ 76(82); 145 Ⅲ 109 (114); OGer Zürich ZR 103 (2004) Nr.1.

731) BGE 144 Ⅳ 97 (106); 144 Ⅳ 240 (248)도 참조. 유추의 경우도 마찬가지이다. 210면 참조. 독일법에 관하여 같은 견해로 DANWERTH, ZfPW 2017, 233.

732) 이미 196면 참조.

733) 이러한 언명과 연결된 JAUN (ZBJV 137 [2001] 49)의 비판은 실제로 존재하는 경계설정문제를 해결할 수 없다. *해석론상 논증의 영역과 입법론상 논증의 영역을 정확히 구분하려는 시도는 아무리 방법론상 노력을 기울이더라도 성공할 가능성이 없다. 법률문언* 경계의 불명확성에 대해서는 KRAMER, recht 2017, 181도 참조.

734) BK-OR/KRAMER, Art1 N195.

2항("계약은 명시적 또는 묵시적으로 체결될 수 있다.")은 목적론적으로 축소되어야 한다. 이러한 견해는 헌법상 소비자보호임무(연방헌법 제97조) 및 소비자계약 관련 일련의 특별규정 - 방식강제를 규정하고 있다(가령 스위스 소비자신용에 관한 법 제9조 제1항, 스위스 패키지여행에 관한 법 제4조 제1, 2항) - 을 고려할 때, *해석론 차원에서* 분명 일리가 있다. 그러나 많은 사람들은 이러한 견해가 법관법상 수정권한을 넘어섰다고 생각한다. BGE 117 Ⅱ 523에서 연방대법원은(St. Galler 칸톤법원[735])과 마찬가지로) 구 스위스민법 제297조 제3항의 명백한 문언(이 조항에 따르면 이혼시 친권은 자녀를 양육하는 부모에게 귀속된다)이 *해석론상* 극복할 수 없는 장애이고, 따라서 이혼 후 공동친권을 명할 수 없다고 보았다. 법률의 문언에 충실한 적용이 《*입법자가 입법 당시 원할 수 없었던 결론을 도출하고 정의감에 반하는 것*》이라고는 할 수 없기 때문이라고 한다.[736] 이에 대하여 St. Gallen 1심 구(區)법원은 구 스위스민법 제297조 제3항의 기본목적 - 자녀의 복리에 최대한 부합하는 해결책을 마련해야 한다 - 을 고려할 때, 법률의 명시적 문언을 상대화하고 목적론적으로 축소하는 해법을 도출할 수 있다고 보았다. 이에 따르면 《특정한 요건이 충족되는 경우 부모 공동친권을 부여할 수 있다》.[737] BGE 129 Ⅰ 302 (310)은 설득

---

735) SJZ 1991, 119.

736) BGE 123 Ⅲ 445 (447ff.)는 이러한 판단을 수긍하였다; 이에 대해 비판적 견해로는 SCHWENZER, recht 1998, 212ff. 이에 반해 스위스 연방대법원 제2민사부(Urteil vom 18. 7. 2008 5F_6/2008 [SemJud 2009, 54ff.])는 유럽인권협약 제8조를 고려하여 스위스민법 제267조 제2항("입양시 기존 친자관계는 소멸한다.")을 공개적으로 수정하였다. 이는 판단대상인 매우 특별한 사실관계에서, 《법률의 기계적이고 맹목적인 적용》을 피하기 위해 이루어졌다.

737) SJZ 1989, 139 (142); OGer Basel-Land SJZ 1996, 129 (Nr.3)도 참조. 이에 대해 비판적 견해로는 SANDOZ, SJZ 1996, 219f. 다음과 같은 수사적 질문을 하고 있다: 《일부 법관은 입법자 위에 있는가?》. 오늘날 법에서는 이혼시에도 부모 공동친권이 원칙이다(스위스민법 제296조 제2항 참조. 제298조 제1항과 연결하여).

력 있게 다음과 같이 강조하였다. 《사후 인격권보호 이론의 적용 - 독일 판례는 이를 받아들였다 - 은 스위스민법 제31조(사람은 출생시부터 사망시까지 권리능력을 갖는다)의 변경 따라서 입법자의 판단을 필요로 한다》. 2011. 5. 5. 5A_774/2010 연방대법원 판결은, 동성 동반자에 의한 아동의 입양은 등록된 동반자에 관한 법 제정 당시 입법자의 명시적인 반대 결정을 고려할 때, *해석론상* 허용될 수 없다고 보았다.738)

bb) 《법의 목적이 소멸하면 법 자체도 소멸한다》는 격언에 따른 전체수정: 목적론적 축소는 부분수정으로서, 법률상 규율 전체를 목적론적 근거를 들어 수정하는 것과 구별된다. 전체수정은 무엇보다도 다음과 같은 논거와 함께 주장될 수 있다. 《규범상황》의 변화를 통해 처음에는 합리적으로 보였던 규범이 사후적으로 《불합리한 것》으로 밝혀지고, 그에 따라 《법의 목적이 소멸하면 법 자체도 소멸한다》739)는 오래된 격언에서 말하는 규범의 기초, 규범의 《존재이유》가 상실되었다.740) 이처럼 내용상 《자의적인 것》으로 드러난 규범이 입법자가 이를 형식적으로 폐지하기 전에, 실제로 자동적으로 그 효력을 잃고 법관에 의해 단순히 무시될 수 있는가? 스위스 헌법상황에 따르면 명백히 부정적 답변을 해야 한다; 목적론적 축소가 사실상 규범의 전체폐지를 야기해서는 안 된

---

738) BGE 137 Ⅲ 241에서 판시 중 일부만 반복되었다. 그러나 현재는 스위스민법 제 264c조에 의해 입양이 가능하다.

739) 《cessante legis ratione cessat lex ipsa》; 이에 대해서는 각주 134에 담긴 많은 전거와 함께 ENGISCH, Einführung, 302; LARENZ/CANARIS, 171; F. BYDLINSKI, Rechtstheorie 1985, 95; 상세히는 SCHMIDT-JORTZIG, Rechtstheorie 1981, 395ff.; LOWER, Cessante ratione legis cessat ipsa lex (1989); HECKMANN, Geltungskraft und Geltungsverlust von Rechtsnormen (1997) 421ff.

740) 이러한 맥락에서 종종 괴테의 《파우스트》에서 메피스토펠레스가 《법학(Rechtsgelehrsamkeit)》을 묘사한 것이 언급된다: 《...이성은 불합리가 되고, 선행은 재앙이 된다...》.

다.741) 스위스 헌법상황(연방헌법 제190조)에 따르면 연방법률은 연방헌법 제9조("모든 사람은 국가기관에 대하여 자의적이지 않고 신의성실에 따라 취급받을 것을 요구할 권리를 갖는다.")의 의미에서 내용적으로 자의적으로 보이더라도, 구속력이 있다.742) 그렇다고 해서 다음 내용에 반대하는 것은 당연히 아니다. 《불합리한 것》으로 밝혀진 규범을 가급적 제한해석하고 어느 경우든 유추적용하지 않는 것.743) 마약법상 대마초 사용의 위험성에 관한 스위스연방대법원 형사부의 판례는 《곡예》를 생생하게 보여주고 있다.744) 법원은 입법적 결단을 존중해야 하는데, 그 *입법목적*이 -

---

741) (독일법에 관해서) 같은 취지로 CANARIS, Festschrift Bydlinski, 94(법원의 권한이 아니다)

742) 우리가 - 타당하게도 - 연방헌법 제190조(구 연방헌법 제113조 제3항)를 고립적으로 해석하고 절대화하는 것(BIAGGINI, Verfassung, 439ff.)을 피하거나, 심지어 -《자의적》법의 경우 - 최대한《구 연방헌법 제113조 제3항을 무시하여》반칙을 통해 목적을 달성하고자 하는 경우에도(THÜRER, ZSR 106 [1987] II, 461), 명확한 법률규정은 구속력이 있다. 특별한 사례에서는 전적으로 정의 관념에 반하는 결론을 피하기 위해, 권리남용금지원칙을 근거로 도움을 받을 수 있다. 《입법자가 특정 사실관계에 관하여 명백히 착오를 하였거나 법률제정 이후 상황이 근본적으로 변경된 경우》, 명시적으로 예외를 허용하는 판례로 BGE 133 III 257 (265f.).

743) 223-224면 참조. 내용적으로 더 이상 통용될 수 없는 규범의 목적론적 축소는, *입법목적*이 단지 부분적으로 소멸하였고 그 밖의 경우에는 입법목적이 여전히 합리적으로 보이는 경우에 이루어진다. 구 스위스민법 제315조에 대한 BGE 89 II 273 (276f.) 과 90 II 269 (272f.)도 참조. 구 스위스민법 제315조는 어머니가 포태시 《부정(不貞)한 생활》을 한 경우 인지청구의 소는 허용되지 않는다고 규정하고 있었다. 왜냐하면 스위스민법 제정 시점에서 (인류학적/유전적 검사를 통해) 아버지가 누구인지 적극적으로 증명하는 것은 아직 가능하지 않았기 때문이다. 그러나 연방대법원은, 《어머니가 문란한 생활을 한 경우 인지청구의 소를 기각한다는 일반조항을, 피고가 자녀의 친생부를 적극적으로 증명하는 것은 가능하다는 예외규칙으로 보충》하는 방식으로, 수정을 하였다(BGE 90 II 269 [273]).

744) 연방대법원 형사부 1994. 7. 18. 판결(BGE 120 IV 256)에 관한 법률잡지 NZZ의 글(Nr.192 vom 19.8.1994, 16) 제목은 《대마초를 둘러싼 단어곡예》이다. 마약법 사례 관련 법률해석에 대한 상세한 논의로는 Chr. HUBER, SJZ 1993, 169ff. 1994년 이후 마약법은 종종 부분개정이 되었다.

새로운 과학적 인식으로 인해 - 더 이상 통용될 수 없는 경우, 법원으로 서는 이러한 곡예를 할 수밖에 없다.

cc) *권리남용금지 원칙의 도움을 받아 개별사안에 관련된 불공평한 결과를 수정하는 것*: 목적론적 축소의 도움을 받아 예외흠결을 극복하는 것은 다음과 같은 전제로부터 출발한다.《추상적으로 획정할 수 있는 사안 그룹이, 법률문언과 달리, 법률의 근본평가나 목적과 전혀 어울리지 않는다》.745) 이에 대하여 권리남용금지원칙(규범남용금지원칙)의 도움을 받은 법률수정이라는 생각은, 다음 사안에 대하여 한정적으로 적용되어야 한다. 목적론적으로 해석된 규범에 의거하는 것이, 개별사안 - 사안의 전적으로 특수한 상황 때문에 일반화하는 목적론적 축소를 위한 충분한 근거를 제공하지 못하는 사안 - 에서 절대적으로 불공평하고 정의관념을 현저히 해하는 결론으로 이어지는 경우.746) 이른바《비상구》747)인 것이다. 그러나 이처럼 개별사안과 관련된 불공평한 결과를 수정하는 것과 일반화가 가능한 목적론적 축소 사이의 경계는 유동적이다. 따라서 판례가 우선 귀납적으로 권리남용금지원칙이라는 버팀목의 도움을 받으면서, 나중에 비로소 실행되는 논리적이고 일반적인 축소로 조심스

---

745) BYDLINSKI, Methodenlehre, 480.

746) 이와 같이 한정하자는 제안은,《부진정 흠결》문제를 일반적으로 그리고 오로지 권리남용금지 원칙의 도움을 통해 해결하려는 스위스 학설(각주 720의 전거 참조)과 배치된다. 이 책과 같은 입장으로는 HONSELL, Festschrift Mayer-Maly, 370ff.; 권리 남용금지 원칙의 개별사안관련성에 대해서는 BGE 121 Ⅲ 60 (63)과 B. SCHNYDER, ZBJV 133 (1997) 34도 참조. 그러나 권리남용금지 논거의 개별사안관련성은 개념적으로, 법률상 규율《그 자체가》판단대상 사실관계에 효력은 있는데 단지 *구체적으로* 적용되어서는 안 된다는 뜻이 아니다. 오히려 이 책의 견해에 따르면 PLANIOLS의 (Traité élémentaire de droit civil, tome Ⅰ [Paris 1900] Nr. 871) 많이 인용되는 다음과 같은 공식에 기초해야 한다:《법은 남용이 시작하는 곳에서 멈춘다》.

747) 이러한 생생한 표현으로는 MERZ, ZfRV 1977, 168.

레 나아가는 것은, 이해할 수 있다. MERZ[748]는 이를 스위스민법 제2조 제2항이라는 *일반조항의 《통로기능》*이라고 비유적으로 표현하였다.

권리남용금지원칙의 이러한 《통로기능》은 그 밖에 다음 상황과도 관련이 있다. 공개된 법률흠결이 존재하고, 스위스민법 제2조 제2항(권리남용금지)에 의거하는 것이 유추를 예비하거나 이러한 형식의 법관의 법형성(유추)을 부적법하게 감추는 경우. 처음에는 오로지 권리남용금지원칙에만 의거하고 유추를 근거로 하지 않은 채 작동하는 판례 - 법률(구 스위스민법 제153조 제1항)에 규정된 재혼 사안처럼, 확고한 사실혼 관계가 성립한 경우에도 이혼연금을 박탈하는 판례 - 는 이러한 사례 중 하나이다. 방법론적으로 특히 중요한 것으로 BGE 114 Ⅱ 295 (298f.). 이후 (BGE 118 Ⅱ 493 [494] 참조) 연방대법원은 구 스위스민법 제153조 제1항을 의미에 부합하게 적용(준용)한다는 논거를 권리남용금지 사상에 결합시켰다. 구 스위스민법 제153조 제1항은, 확고한 사실혼 관계가 존재하고 사실혼 관계로부터 연금수급권자가 혼인이 제공하는 것과 같은 이익을 누리기 때문에, 연금을 계속 수령하는 것이 권리남용에 해당하는 경우에도, 준용된다. 스위스민법 제153조 폐지 후 스위스민법 제129조 제1항에 근거한 새로운 법상황에 관해서는 TUOR/SCHNYDER/SCHMID/JUNGO, §24 N53.

dd) *《법의 목적에 반하는》, 정당성이 없고 일반화하는 판결*: 개별사안에서 권리남용금지원칙을 *통해* 예외적으로 법률을 수정하는 결정은 정

---

748) BK-ZGB/MERZ, Art.2 N42; ders., AcP 163 (1964) 337; STURM, SJZ 1993, 380도 참조. (일반적인 목적론적 축소 대신 권리남용금지원칙에 의거하는) 현상의 고전적인 민사법상 사례는, 부동산거래에서 방식위반에 따른 무효주장에 관한 문제이다. 이 문제에 관하여 연방대법원은, 잘 알려진 바와 같이, 일관되고 일반적인 목적론적 축소 (스위스채무법 제216조의 목적론적 축소)라는 방향으로의 돌파를 아직 시도하지 않았다. 법률상 방식규정의 목적론적 축소 가능성에 관해서는 HONSELL, Festschrift Mayer-Maly, 385f.도 참조.

당화될 수 있지만, -《입법목적이 소멸하면 법 자체도 소멸한다》는 격언과 관련하여 이미 언급한 것처럼[749] - 법률상 규율의 명시적 설정목적을 일반적으로 벗어나는 판례는, - 설령 그 법률상 규율이 *입법론의 관점에서* 타당성이 의심스럽더라도 - 법관의 법률구속성이라는 헌법원칙을 고려할 때 방법론상 정당화되기 어렵다. 목적론적 축소는 - 최근 문헌[750]에서 강조되는, *법률문언에 반하는* 지나치게 자유로운 판결에 대한 우려를 우리가 진지하게 고려한다면 -《환영받지 못하는 규율을 흔들기 위해》남용되어서는 안 된다.[751] 이러한 의미에서 연방대법원도 다음과 같이 강조한다.《규범문언》이《규범의미》를 적절하게 반영하는 경우, 명백한 규범문언으로부터 벗어나는 것은《애초부터 허용되지 않는다》.[752]

이러한 점을 고려할 때, 많은 비판을 받는 연방대법원의 판례[753](경제

---

749) 239-240면 참조.

750) 무엇보다도 JAUN, ZBJV 137 (2001) 21ff.; ders., 143ff. 가령 다음과 같은 언명도 실제로 우려스럽다. 법전(法典)화는 《*규율흠결을 세세하게 증명하는 것으로부터 독립된* 법형성가능성, 체계적인-목적론적 정당화 및 조종을 요하는 법형성가능성》이 있다는 점이 특징적이다. (K. SCHMIDT, JZ 2003, 586) 이러한 언명에 비판적인 견해로는 RÜTHERS, JZ 2003, 996f. 법률흠결을《경솔하게》인정하는 것의 위험성에 대해서는 SENDLER, DVBl 1988, 834도 참조:《흠결이 너무 경솔하게 만들어지고, 이에 따라 흠결이 법관 자신의 양조(釀造)기술에 따라 더 너그럽게 보충될 위험이 분명히 존재한다》.

751) 타당한 지적으로는 BSK-ZGB/MAYER-MALY (1.Aufl), Art.1 N19; 재치있는 언어유희로는 BÖCKLI, 306f. (해석 - Auslegung - 과 구별하여) 법률 치워두기(Weglegung)라고 표현한다. BGE 122 III 414 (415):《명백한 법을 법형성을 통해 변경하는 것》은 법관의 권한이 아니다; BGE 115 II 193 (201):《스위스민법 제160조 제2항의 의미와 목적뿐만 아니라 입법사도, 문언에 반하는 해석에 반대하고 있다》; BGE 128 III 113 (114):《법원은 존재하는 규율의 명백한 설정목적에 구속된다...》.

752) BGE 143 I 272 (281).

753) BGE 90 II 333 (BGE 88 II 209에 반대하여). 현행법이 도저히 승인할 수 없는 《열정에 가득찬 가장 위험한 해석들》(ECO, Die Grenzen der Interpretation, 1992, 50)은 애초부터 법관의 활동에 속하지 않는다.

적 목적을 추구하는 사실상 사단법인을 허용하는 판례)는 부당하다.[754] 《경제적 사실의 현실》을 고려하는 것[755]만으로는, 《규범의미의 한계》《규범목적의 한계》를 무시하고 입법목적에 반하는 결정을 정당화할 수 없음이 명백하다.[756] 영업활동을 하는 단순조합(einfache Gesellschaft) - 이는 현행법상 가능하지 않다 - 을 용인하는 것에 대해서도 동일한 우려를 제기할 수 있다.[757]

다음과 같은 점을 굳이 강조할 필요는 없을 것이다. 판결이 - 외관상으로만 법률에 충실하여 - 규정문언에 근거하고 있고, 이러한 문언해석이 규정의 목적을 달성하지 못하고 있음이 분명한 경우에도,[758] 법률의 목적에 반하여 허용되지 않는 판결이라고 보아야 한다.

---

754) 다른 모든 문헌을 대신하여 MEIER-HAYOZ/FORSTMOSER, §4 N24ff. 포괄적 전거로는 BK-ZGB/RIEMER, Art.60 N69. 그러나 반대견해로는 BERETTA, Wirtschaftliche Vereine in der Schweiz, Diss. 2000, 요약하여 115ff.

755) BGE 90 Ⅱ 333 (336).

756) 법관의 법발견의 결정적 한계로서 - 《문언의미의 한계》와 구별되는 - 《규범의미의 한계》(또는 《규범목적의 한계》)를 특히 명확히 설명하는 문헌으로 FIKENTSCHER, Bd. Ⅳ, 297ff.; F. BYDLINSKI, in: Einheit und Folgerichtigkeit im juristischen Denken (Symposium zu Ehren von C.W. Canaris), 1998, 27ff.; KREY, JZ 1978, 367도 참조: 《문언에 반하는 법발견》은, 《입법상 규율목적이 반대방향으로 변경되었다면(입법 이후 법률에 대하여 완전히 다른 평가가 내려져 입법자의 입법목적을 따를 수 없는 상황), 설령 변경 전 목적이 법률문언과 배치되지 않더라도》, 이루어져야 한다; WANK, 44도 참조.

757) 설득력 있는 주장으로는 JUNG, in: Droit des Sociétés. Mélanges Roland Ruedin (2006) 3ff.

758) 이와 관련하여 매우 시사적인 서평으로는 A. BUCHER, in: Aspekte der Rechtsentwicklung: zum 50. Geburtstag von Arthur Meier-Hayoz (1972) 43ff., 《Cardo》사안 관련. 이 사안에서 연방대법원은 목적론적으로 유지할 수 없는 법률문언의 《엄격해석》에 의거하였다(BGE 94 Ⅱ 65 [71f.]); 이에 대한 비판으로는 KRAMER, recht 2017, 183도 참조.

ee) *《법률적 불법》에 대항하는 저항권의 극단적 상황:*《불법국가》에서 다음과 같은 상황 - 바로 이러한 상황이 법적 일상이 된다 - 이 발생할 수 있다는 점을 여기서 다시 증명할 필요는 없을 것이다. 법률에 의지하는 것이 도덕적으로 받아들여질 수 없는 상황. 따라서《법률적 불법》에 대한 법관의 저항권(《법왜곡권》) 문제가 발생하는 상황.

이에 관해서는《라드브루흐 공식》이 유명하다. 라드브루흐 공식에 따르면 실정법은 그 내용이 부정의하고 목적에 부합하지 않더라도 준수해야 한다. 그러나《실정법이 정의에 배치되는 것이 참을 수 없는 정도에 이르러, 법률이 〈정당하지 않은 법〉으로서 정의에 자리를 양보해야 하는 경우는 예외이다(실정법을 준수할 필요가 없다)》(RADBRUCH, SüddJZ 1946, 107). 독일통일을 계기로 한 라드브루흐 공식의 현안성(《장벽보호소송》)에 대해서는 BGH NJW 1993, 141(144f.); BVerfGE 95, 96(112f.); 관련 문헌으로는 KAUF-MANN, NJW 1995, 81ff.; SALIGER, Radbruchsche Formel und Rechtsstaat (1995); DREIER, JZ 1997, 421ff.; ADACHI, Die Radbruchsche Formel (2006); PAVČNIK, Rechtstheorie 2015, 139ff. 독일기본법 제20조 제4항에서 저항권을 실정법상 권리로 규정한 것은 많은 비판을 받는다.

나치 불법국가에서 많은 법학자와 법관의 맹목적 복종(그리고 1945년 이후 이러한 행동의 터부화)은 RÜTHERS의 많은 문헌에서 이론적으로 다루어졌다. HERMANN/LAHUSEN/RAMM/SAAR (Hrsg.), Nationalsozialismus und Recht (2018) 11ff.도 참조.

그 밖에 다음과 같은 점도 명백하다. 법치국가원리에 의해 기능하는 민주주의 국가에서도 법과 정의는 동일하지 않다. 그럼에도 불구하고 저항권(도덕적으로 타락한 법률에 대한 저항권)은 원칙적으로 인정할 수 없다는 것이 이 책의 입장이다.759)《메타방법론적으로》, 법철학적으로 또

는 법정책적으로 논의되는 법관의 저항권 문제를 깊이 다루는 것은 이
책의 논의범위를 초과한다.

---

759) BYDLINSKI, Methodenlehre, 499도 같은 취지. 스위스실무의 관점에서 《Fall
Spring》 사례(BGE 126 Ⅱ 145ff.)도 참조. 이 사례에서는 오늘날의 관점에서 문제의
여지가 있는 2차세계대전 당시 스위스의 난민정책이 문제되었다. 이 판례에서 연방대
법원은 고액의 소송비용보상이라는 숨겨진 길을 통해 공평한 결론, 그러나 법률구속
성을 엄격히 준수한다면 도달할 수 없었던 결론에 이르렀다. 이에 대해서는 FÖGEN,
ius. full 2003, 98ff. 법원의 판단이 《심각하게 정의 및 형평의 관념에 반하는 경우》
(BGE 136 Ⅲ 552 [560]), 자의적인 취급을 이유로 한 항고(스위스연방헌법 제9조)를
할 수 있다.

Ⅲ. 법관법 일반: 흠결 개념: 《구속적 법관법》 영역에서의 흠결보충

IV

법률초월적 법관법

Juristische Methodenlehre

IV

법률초월적 법관법

1. 개념, 사실적 의미

법률초월적 법관법의 개념은 이미 앞서760) 구속적 법관법과의 구별 부분에서 간략히 살펴보았다. 흠결이 있는 현행법이 활용가능한 방향지시관점을 아예 갖고 있지 않거나 구체적 방향지시관점을 갖고 있지 않은 상황에서 법관의 법형성(*법률문언을 넘은*)이 이루어지는 경우 법원은 스위스민법 제1조 제2항에서 규정한 것처럼 입법자로서(*modo legislatoris*) 결정한다. 이러한 개념 정의와 관련하여, 빈번하게 확인되는 법원의 관례, 즉《확립된 판례》인지 여부는 중요하지 않다.761) 법관법이 최고법원에 의해 만들어졌는지 하급심에 의해 만들어졌는지 여부도 원칙적으로 중요하지 않다.762)

법률초월적인 법관에 의한 《입법》763)은, 급격한 기술발전(키워드: 디지

---

760) 185면 이하 참조.

761) 같은 취지 GERMANN, Probleme, 270f.;ders., Präjudizien, 46; BK-ZGB/MEIER-HAYOZ, Art.1 N523도 참조; 독일 논의로는 OLZEN, JZ 1985, 155f. 그러나 판례변경에 따른 신뢰침해 문제는 주로 확립된 판례에서 문제된다. 312면 이하 참조.

762) SEILER, 299 참조; 스위스법에서《선례》의 개념에 관한 본격적 문헌으로 PROBST, 112ff.《법관법》개념의 현재적 활용에 대한 상세한 분석으로는 BIAGGINI, Verfassung, 51ff.

털화)으로 인해 빠르게 변화하는 복잡한 산업사회에서 - 산업사회가 사법(私法)분야에서 활용할 수 있는 법전은 이미 지나치게 낡아져 버린 경우가 많다[764] -, 법률 우위의 원칙에 기반한 대륙법계《민법》-법역(法域)에서도 점점 더 중요한《입법과정》의 요소가 되고 있다. 어느 독일 저자[765]가 다소 주저하면서도 시인한 바와 같이《법관법은 우리의 운명이다》; 전 스위스 연방대법관이 간명하게 말한 것처럼,《법을 *발견*할 수 없을 때, 법은 *창조*되어야 한다》.[766] 스위스민법 입법 당시 스위스민법 제1조 제2항은 전세계의 주목을 끄는 규범이었지만,[767] 오늘날 법전화 원칙에 따라 만들어진 모든 법질서에서, *판례를 통한* 어느 정도의 보충적《*보조입법*》이 필수불가결하다는 점은 공지의 사실이다.[768]

---

763) 읽을 가치가 큰 문헌으로는 CAPPELLETTI의 미국의 시각에서 본《thoughts on judicial law-making》, Festschrift für Imre Zajtay (1982) 97ff.

764) 법관법의 정당성에 관하여 위와 같은 논거를 기초로 한 사례로는 무엇보다도 독일 연방헌법재판소의《*Soraya*-판결》BVerfGE 34, 269 (288f.) 참조. 이 판결에 대한 상세한 분석으로는 WANK, Grenzen, 83ff.

765) GAMILLSCHEG, AcP 164 (1964) 445. G. HIRSCH(전 독일연방대법원 법원장)는 현대산업사회의《규범굶주림》을 말한다.《입법자는 이러한 규범굶주림을 항상 신속하게 반영할 수 없고 반영할 필요도 없다》. (ZRP 2009, 62) 법관법이 점점 더 큰 의미를 갖게 만드는 요소에 관해서는 BVerfG NJW 2011, 836 (838); 오스트리아의 관점에서 상세한 연구로는 KUCSKO-STADLMAYER, in: HOLOUBEK/LIENBACHER, Rechtspolitik der Zukunft - Zukunft der Rechtspolitik (1999) 133ff.

766) SCHUBARTH, ZBJV 136 (2000) 110 (LUHMANN을 인용하고 있다)

767) GENY, Methode d'interpretation et sources en droit privé positif, Bd. Ⅱ, 2.Aufl. (1919), 328:《아마도 최초로 우리는 현대 입법자가 법관을 그의 필수불가결한 조력자로 공식적으로 그리고 일반적 형태로 인정하는 것을 목격하였다....》. 스위스민법 제1조 제2항과 유사한 조문으로는 (아마도 스위스 법의 영향을 받았을 것으로 추측된다) 포르투갈민법(1966) 제10조 제3항: 해석자는 (유추적용할 조문이 없는 경우) 그 자신이 입법을 해야 한다면 정립하였을 규범을 창조해야 한다(그러나 다음과 같은 제한이 부과된다.《체계의 정신의 범위 안에서》). 이에 관해서는 261면도 참조.

768) 1974년 입법된 스페인민법 제1조 제6항은 최고법원 판례가 이러한 보충기능을 한다는 점을 명시하고 있다:《선례는 법을 보완하고 지시한다...》. 독일법원조직법 제

Ⅳ. 법률초월적 법관법

MEIER-HAYOZ[769]가 관찰한 바에 따르면, 스위스법관들은 법형성 활동을 《부담스럽게 여기고 이를 선호하지 않는다》. 그럼에도 불구하고 《사법적(司法的) 법생산(judikative Rechtserzeugung)》[770] 사례[771]는 매우 많다. 사법(私法)분야에서 우리는 무엇보다도 일반조항이 법관법에 의해 구체화되는 것을 생각할 수 있다. 가령 《신뢰원칙》으로부터 도출된 《이례성규칙》에 따라 연방대법원이 약관을 통제하는 것,[772] 특히 느슨한 법전(法典)화 양식에 따라 만들어진 책임법 영역에서의 법관법(손해의 개념, 인과관계와 위법성처럼 수많은 열린 문제에 관하여 법관법이 작동하고 있다)[773]

132조 제4항은 명시적으로 연방최고법원 대(大)재판부에 《법의 형성》이라는 임무를 부여하고 있다; 독일노동법원법 제45조 제4항도 연방노동법원에 같은 권한을 명시적으로 부여한다. 이에 관해 특히 중요한 판례로는 BVerfGE 34, 269ff. 프랑스 사법(私法)에 관해서는 MAINGUY, Dalloz chr. 2009, 309: 《우리 시스템은 절반은 법률적이고, 절반은 법무관적(prétorien)이다》; 프랑스 책임법에 관해서는 MALAURIE, Rev. int. de droit comp. 2006, 323. 사법적(司法的) 법형성의 한계로는 316면 이하 참조.

769) MAYER-HAYOZ, Festschrift Guldener, 205; dens., JZ 1981, 418. 여기서 그는 법관이 갖는 *흠결에 대한 공포(horror vacui)*, 다양한 사례에서 법률이나 관습법으로는 답을 도출할 수 없다는 점을 인정해야 하는 법관의 불안을 말한다.

770) PAYANDER의 2017년 모노그래프의 제목이다.

771) 독일의 경우 HELDRICH, ZRP 2000, 498f. 참조; KARPEN (Hrsg.), Der Richter als Ersatzgesetzgeber (2002). 사법분야 관련 독일연방대법원에 의한 《법창조》 사례로서 의문의 여지가 있는 것들로는 BRUNS, JZ 2014, 162ff.; 법관법을 통해 인적조합 관련 독일법이 법률규정과 거리가 멀어지게 된 점에 관해서는 K. SCHMIDT, ZHR 180 (2016) 413: 《인적 조합법의 핵심은 판례법이다》. 오늘날 독일연방노동법원의 법관법에 대해서는 LINSENMAIER, RdA 2019, 157ff. 오트스리아의 경우 SCHODITSCH, ÖJZ 2018, 382; 최근 가족법 개혁의 《결정적 계기》는 입법자가 아니라 법원이 제공하였다.

772) BGE 109 Ⅱ 452 (456); 119 Ⅱ 443 (446).

773) 다양한 전거로는 HONSELL/ISENRING/KESSLER, §1 N26ff.; §3 N1ff.; §4 N1ff. SCHUBARTH, KritV 1988, 92의 다음 지적은 타당하다: 《위법성, 주의의무위반, 인과관계와 같은 핵심적 귀속기준은 기술되어 있지 않다. 이에 대해서는 법관에게 폭넓은 재량이 인정된다》. P. WIDMER, SVZ 1997, 5도 참조. 독일법에 관해서는 MERGNER/MATZ, NJW 2014, 186: 《거래안전의무는 법률에 규정되어 있지 않다; 이는 순

을 생각할 수 있다; 또한 연방대법원이 신뢰책임[774]이라는 새로운 책임 원칙을 도입한 것, 회사법 분야에서 콘체른법[775], 그리고 주식회사법에서 유한회사의 조직재편이 가능하게 된 것,[776] 노동법 분야에서 적법한 쟁의행위의 근로계약상 효과에 관한 문제.[777] 사법(私法)분야에서 법률 초월적 법관법의 대표적 사례는 국제사법 시행 전에 법률의 도움없이 작동하였던 국제사법 관련《판례법》이다.[778] 공법 분야에서는 칸톤들 사이의 이중과세금지 관련 문제를 예로 들 수 있다. 구 연방헌법 제46조 제2항에 따라 예정된 연방입법이 이루어지지 않았기 때문에, 연방대법원은《이중과세 방지라는 미세한 문제에 관하여 방대한 분량의 규칙을 수십년에 걸쳐》[779] 정립해야 했다. 헌법차원의 법관법으로는 연방대법원에 의해 발전된 수많은《불문(不文)의 자유권》(기본권)을 언급할 수 있다.[780] 그러나 이들은 새로운 연방헌법이 만들어지면서 모두 성문화되

전히 판례가 만든 것이다》.

774) 지도적 판결로 BGE 120 Ⅱ 331; 121 Ⅲ 350.

775) 법관법에 의한 콘체른법의 발전에 관해서는 OGer Zürich ZR 98 (1999) Nr.52.

776) BGE 125 Ⅲ 18ff. 이에 관해서는 FORSTMOSER, SJZ 2002, 201.《법적 형태 변경》에 관해서는 FusG 제53조.

777) REHBINDER, N606ff. BGE 111 Ⅱ 245에 이어서, 판결 당시 아직 발효되지 않았던 새로운 연방헌법 조항(제28조 제3항)을 참조해 쟁의권한을 인정함으로써 법률의 공백을 보충한 사례로는 BGE 125 Ⅲ 277 (283); BGE 132 Ⅲ 122 (133f.).

778) 학설의 조력자로서의 지위가 더욱 의미가 있었다. 국제계약법 분야에 관해서는 VISCHER, Internationales Vertragsrecht (1962) 참조. 위 문헌 108면 이하에서 상세하게 언급되고 지지된 전형적 계약이행을 하는 자의 주소/영업소 법과의 연결은 최종적으로 스위스국제사법 제117조 제2항으로 받아들여졌다. 스위스국제사법을 바탕으로 한 문헌으로는 VISCHER/HUBER/OSER, Internationales Vertragsrecht 2.Aufl. (2000) 112ff.

779) OFTINGER, SJZ 1967, 357. 현재 스위스 연방헌법 제127조 제3항은 사려 깊게도 단지 연방이《필요한 조치》를 해야 한다고 규정하고 있다. HÖHN/MÄUSLI, Interkantonales Steuerrecht, 4. Aufl. (2000) §2 N3a.

780) 헌법관련 법관법의 또 다른 사례로는 1999년 확립된 판례(연방법률에 대한 유럽인

Ⅳ. 법률초월적 법관법

었다(연방헌법 제7조 이하). 이러한 *법관법의 성문법*(위 사례에서는 성문헌법) *으로의 사후전환* 사례는 법률초월적 법관법이 성문법과 기능적으로 동일한 법원(法源)이라는 점을 분명하게 보여준다.[781]

2. 법률초월적 법관법의 법원(法源)으로서의 성격?

법률초월적 법관법의 법원(法源)론 상 지위라는 질문은 특히 논란의 여지가 많다. 그런데 아래에서 간략히 개관할 (법률초월적 법관법의) 법이론적 위치설정은, 그 위치설정을 근거로 선례의 구속력이라는 질문에 대하여 직접적인 답을 도출할 수 있는 경우에 한해,[782] 방법론적으로 의미가 있다. 다음 서술은 주로 스위스법에 관계된 것이라는 점을 강조할 필요가 있다; 그러나 이 서술은 성문법 우위의 원칙에 기반한 다른 법질서에도 원칙적으로 적용될 수 있을 것이다.[783]

권협약의 우위를 선언한 판례)를 들 수 있다(BGE 125 Ⅱ 417ff.). 이에 대해서는 이미 각주 292 참조. 《불문헌법》에 관해서는 Hans HUBER, in; Rechtsquellenprobleme im schweizerischen Recht: Festgabe der Rechts- und Wirtschaftswissenschaftlichen Fakultät der Universität Bern für den Schweizerischen Juristenverein, Jahresversammlung 1955 (1955) 95ff.; 헌법입법자로서의 법관에 대한 모노그래프로는 CHIARIELLO, 곳곳에.

781) 독일사법의 경우 수많은 법관법에 의한 발전이 2000년 채권법현대화에 의해 사후적으로 민법에 성문화되었다. (가령 제311조, 제313조, 제314조) 법관은 《법률을 말하는 입》이라는 유명한 격언과 반대로 이러한 사례에서는 입법자가 《법관의 입》이라고 말할 수 있다. 이러한 의미로는 DRUEY, in: Festschrift für Wulf Goette (2011) 72. 법관법의 사후 성문법화 및 부분수정에 관해서는 FLEISCHER/WIDEMANN, AcP 209 (2009) 597ff 무엇보다도 611ff. 법관법을 성문법으로 통합하는 과정에서 《과도한 성문법화》 위험에 관해서는 LOYAL, NJW 2013, 417. 법률초월적 법관법의 한계에 관해서는 316면 이하 참조.

782) 307면 이하 참조.

783) 유럽연합법질서에서 유럽사법재판소 법관법의 법원(法源)으로서의 성격에 관한 특수문제에 대한 상세한 논의로는 MARTENS, 224ff.

253

우선 기판력이 발생한 법관의 결정을 관련 당사자들에 대한 《개인적 법원(法源)》으로 볼 수 있다는 점은 논란의 여지가 없다. 또한 *사실적* (법 사회학적)으로 볼 때, 성문법 이외에 법관법도 우리 법질서에서 일반적-추상적으로 작용하는 가장 중요한 법원이라는 점784)도 논란의 여지가 없다. 이에 반해 법관법에 규범적 의미에서 법원(法源)의 성격을 부여할 수 있는지는 의문이다.

법관법에 *관습법의 성격*을 부여한다면, 전통적 법원관념에 따를 경우 법관법은 법원이 될 것이다. 스위스민법 제1조의 입법자가 원칙적으로 그와 같이 보지 않았다는 점(법관법에 관습법의 성격을 부여하지 않았다는 점)은 명백하다. 스위스민법 제1조 제3항의 프랑스어 판에 따르면(법관은 학설과 선례에 담긴 해결책으로부터 영감을 받는다), 선례는 법관에게 영감의 원천이고, 법관이 무조건 선례에 복종할 의무는 없다. 즉 《역사적 입법자는》 원칙적으로 《판례에》 관습법과 같은 형태의 《법원으로서의 성격을 부여할 의사가 없었고, 판례를 법관의 판결에 도움을 주는 도구 정도로 이해하였다》.785)

이러한 점에서 법관법은 단지 《법인식의 근거》일 뿐이고 본래적 의미의 《법효력근거》는 아니다. 이러한 의미로는 이미 Eugen HUBER, 436. 법률초월적 법관법을 관습법으로 보아 구속력을 부여하려는 주장에 대한 반대논거는 스위스민법 제1조 제2항으로부터 도출할 수도 있다. 이 조문은 법관에게 입법자 모델 - 입법자는 자기 자신의 과거 입법에 구속되지 않는다 -

---

784) 타당한 지적으로는 HASENBÖHLER, 112: 《개별 판결의 이유들을 살펴보면, 법원이 *성문법규정을 가지고 논증을 하는 것처럼 선례를 가지고 논증을 한다*는 점을 알 수 있다; 종전 판결에서 제시된 법적 의견은 성문법 내용과 마찬가지로 실무상 구속력을 갖는다. 따라서 선례는 사실상 법원(法源)이 된다》. 《사법적(司法的) 법생산》의 사례는 251-252면 참조.

785) HASENBÖHLER, 111.

Ⅳ. 법률초월적 법관법

을 참조하도록 지시하고 있다. GERMANN, Probleme, 256. 오스트리아민법 제12조는 선례의 구속력을 명시적으로 거부하고 있다:《개별 사례에 관하여 이루어진 처분과 개별 법률분쟁에 관하여 재판부가 행한 판결은 법률의 힘을 갖지 않는다. 이들은 다른 사례 또는 다른 사람들에게 확대 적용될 수 없다》. 프랑스민법 제5조도 같은 전통 위에 서 있다.《법관은 자신이 담당하는 사건에 관하여 일반적이고 명령의 성격을 갖는 규범의 형태로 판결을 선고할 수 없다》. 유럽대륙에서 법관법의 역사 및 선례의 구속력에 대해서는 MÜßIG, ZNR 2006, 79ff. 스페인민법 제1조 제6항에 따르면 (반복적으로 표명되는) 스페인 대법원의《법리》는 주목해야 한다. 이에 대해서는 SCHALK, Deutsche Präjudizien und spanische 《Jurisprudencia》 des Zivilrechts (2009) 345ff.

그러나 스위스민법 제1조의 문언과 역사적 입법자의 의도를 근거로 법원(法源)문제에 대한 믿을만한 해답을 도출하기는 아직 어렵다. 법관법이《사법(司法)관습법》이라는 주장, 법관법 - 다툼이 없고 오랜기간 실무에서 받아들여져 온 법관법 - 이 이후 결정을 구속하는 (선례로서의) 성격을 갖는다[786]는 주장에 반대하는 논거로 우선, 법관법의《이질적》성격을 들 수 있다: 법관법은《1차적 규범수신자》인 국민들이 집단적으로 행하여 온 행동양식으로부터《조직적으로》발전해 온 것 - 이는 관습법의 전통적 개념, 직접민주주의의 관점에서 정당화되는 관습법 개념에 부합한다 - 이 아니다. 법관법은《법률사무 종사자》가 정립한 본래적인

---

786) 스위스연방대법원은 때때로 위와 같은 주장을 한다(그리고 이를 통해 학설의 비판에 대하여《스스로를 면역시키고 있다》!). 과거 연방대법원실무도 그러하였다는 증거로는 BEGUELIN, 곳곳에; 매매법상 물건하자담보책임과 계약기초 관련 착오를 이유로 한 취소가 경합한다는 판례의 입장은 오늘날 관습법이 되었다는 판례로는 BGE 98 Ⅱ 15 (21f.); BGE 114 Ⅱ 131 (139)은 법관법이 관습법으로서 효력이 인정될 가능성을 묵시적으로 긍정하고 있다.

*전문가법*이다.

LIVER, Rechtsquelle, 50: 《본래적 의미의 협의의 관습법은 법관을 구속하는 규범으로서 그 규범의 발생에 법관이 참여하지 않은 경우에만 존재한다》. 관습법과 법관법의 원칙적 구별에 관해서는 이미 Dig. 1, 3. 38(CALLISTRA-TUS). 여기서는 관습(consuetudores)과 항상 유사하게 내려지는 판결(res perpetuo similiter iudicatae)을 명확히 구분하고 있다; 현재 학설로는 GERMANN, Probleme, 272; ders., Präjudizien, 49(이에 동의하는 문헌으로 KRIELE, 254); ESSER, Festschrift von Hippel; EMMENEGGER/TSCHENTSCHER, Art.1 N423. (법원의 관행이 관습법)이라는 다른 견해로는 무엇보다도 SIMONIUS, 《Lex facit regem》 (1933) 42ff. (법관법과 관습법이 구별되더라도) 법관법이 국민의 법적 확신 속에서 실제로 그리고 일반적으로 관철될 때, 법관법으로부터 진정한 의미의 《통상적》 관습법이 발생할 수 있다(이와 같은 의미로는 이미 Eugen HUBER, 437; CARONI, 124; 오스트리아민법 제12조에 대하여 같은 견해로 KERSCHNER/KEHRER, §12 N27)는 점은 이론적으로 배제할 수 없다. 이렇게 보는 한 LARENZ, in: Festschrift für Hans Schima zum 75. Geburtstag (1969) 253f.에 동의할 수 있다. 그러나 솔직히 말하건대, 이러한 진화의 실제 사례를 언급하는 것은 극도로 어렵다. (오스트리아법에 관한) 반대의견으로는 HARPER, Entwicklungsstufen der Rechtsfindung (2018) 7ff.

다음과 같은 기능적-체계이론적 생각은 (법관법을 관습법과 구별하고 법관법의 법원성을 부정하는) 추가 논거가 될 수 있다. 매우 빠르게 발전하는 사회에서 우리는 두 개의 상대적으로 고정된, 바꾸기 어려운 기둥에 근거하여 법체계를 구성해서는 안 되고, (상대적) 안정성을 (상대적) 유연성과 결합시켜야 한다는 생각. 빠른 반응이 가능한, 시간을 필요로 하는 절차를 거치지 않고 변화할 수 있는 법관법[787]이라는 형태의 유연성. 곧 밝혀지겠지만, 이러한 생각이 무모한 《시행착오》를 옹호하려는 취지는

Ⅳ. 법률초월적 법관법

아니다. 법관법도 평등대우 및 신뢰보호의 원칙을 준수해야 한다.[788] 이러한 생각은, 법원이 명백히 더 좋은 논거가 새로운 지침을 지지한다는 결론에 이른 경우, 기존실무를 포기하고 《논박》할 수 있어야 한다는 뜻이다.[789][790]

그러나 이러한 논거만으로 법관법의 법원으로서의 성격을 부정하는 것은 성급하다. 법이 그의 창조자에 의해 변경될 수 있다는 점, 창조자가 그가 만든 법에 구속되지 않는다는 점이 법의 법원성을 부정하는 논거가 될 수 없다는 것은 자명하다.[791] 우리는 이 점을 법률을 만드는 입법부의 사례를 통해 쉽게 알 수 있다. 최고법원[792]의 법관법에 관해서는 다음 사항이 결정적으로 보인다. 이 법관법이 다른 심급의 법원, 그리고 무엇보다도 규범수신자들에게 규범적으로 의미있는 것으로 폭넓게 받아들여지는지. 하급심에 대한 관계에서 연방대법원의 확립된 실무

---

787) 스위스연방대법원법 제23조 제1항에 관해서는 306면 참조.

788) 263면, 308면 이하 참조.

789) 같은 취지로 BYDLINSKI, Richterrecht, 33. (법관법적 관습법이라는 구성을 통해) 선례의 구속력을 인정하는 견해에 반대하여 《유연성논증》을 하는 문헌으로는 무엇보다도 이미 ESSER, Festschrift von Hippel, 121: 《우리가 〈관습법적〉 관습법을 인정해야 한다면, 실무적으로 어떠한 대가를 치러야 하는가? 상고법원은 더 나은 통찰에도 불구하고 자기 자신의 결정을 다시 뒤집으면 안 된다!》. EHRLICH《Über Lücken im Rechte》(JBl 1888)도 참조; EHRLICH, Recht und Leben (1967), 80ff.에 재수록. 여기서(91면) 저자는 -《입법과 관습법을 통해 가능하였을 속도보다》-《더 빠른 (법관에 의한) 법형성의 필요성》을 말한다.《판례 반응의 신속성》을 논거로 드는 문헌으로는 CANIVET, in: Archives de philosophie du droit, Bd. 50: La création du droit par le juge(2007) 20f.도 참조.

790) 선례의 구속력 문제에 관한 최종결론은 307면 이하 참조.

791) 짧고 간명한 지적으로는 RÜTHERS, Unbegrenzte Auslegung, 466;《규범을 정립하는 자는 규범을 변경할 수도 있다》; PROBST, 709.

792) 하급심 법원에서 발전되어 온 법관법에 관해서는, 상급법원이 이러한 법적 견해에 구속되지 않는다는 논거를 통해 법관법의 규범적 법원으로서의 성격에 반대할 수 있다. 반대견해로는 DÜRR, SJZ 1981, 43.

가 법률규범에 대한 구속과 동일한 정도의 구속력을 갖고 있지 못하다는 것은 분명하다. 즉 하급심법원이 확립된 연방대법원 실무에 《무조건 복종할 것》이 요구되지는 않는다.[793] 《칸톤법원이 확립된 연방대법원 실무를 따르지 않는 경우, 연방대법원은 칸톤법원이 자의(恣意)적으로 판단하였다고 보지 않고, 칸톤법원의 반대견해를 기화로 칸톤법원을 비난하지도 않는다. 오히려 칸톤법원의 판단(결국 취소되는 판단)을 포괄적으로 검토한다.》[794] 그리고 연방대법원은 무엇보다도 하급심법원의 법적 견해표명을 계기로 자신의 판례를 정교하게 다듬거나 하급심법원의 견해에 따라 수정한다.

그러나 본래적 의미의 《1차적》 규범수신자(시민들)에게 법관법이 법적 관련성이 있다는 점은 논란의 여지가 없다. 법관법에 반하는 계약은 무효가 될 수 있다. 법관법을 모른 채 체결된 계약은 취소될 수 있다(스위스채무법 제24조 제1항 제4호). 고객에게 확립된 법관법에 대하여 부주의하게 조언한 변호사(공증인, 세무사)는 위임법에 따른 책임을 부담한다.[795] (법관법을 모른 채) 법률의 착오로 인해 이루어진 급부는 경우에 따라 부당이득반환의 대상이 될 수 있다(스위스채무법 제63조 제1항).

기존 실무상 인정되어 온 그러나 이후 변경된 본래적 의미의 법관법을 근거로 급부가 이루어진 경우 이는 법률상 원인없이 이루어진 급부가 아니다. 따라서 이러한 급부가 법률의 착오로 인해 이루어진 급부로서 부당이득반환의 대상이 되는 것은 아니다. 만약 판례변경은 순전히 《선언적 성격》을

---

793) 그러나 독일법의 경우 연방헌법재판소의 선례는 하급심에 대한 관계에서 구속력을 갖는다. 모든 법원과 관청은 연방헌법재판소의 선례에 구속된다(연방헌법재판소법 제31조 제1항). 다만 연방헌법재판소 자신은 구속되지 않는다.

794) HASENBÖHLER, 112.

795) 공식 판례집에 공간된 새로운 연방대법원 판례를 알지 못한 변호사의 책임에 관해서는 BGE 134 III 534ff.; 독일법에 관해서는 BGH NJW 2009, 987.

갖는다는 이론 - 이 이론에 의하면 새로운 판례는, 변경된 기존 법이 존재하던 시점에서 이미 존재하기는 하였으나 법으로 인정받지 못하던 것을 선언적으로 확인하는 것에 불과하다 - 을 따른다면, 위 상황에서 부당이득반환을 인정할 수 있다. 이러한 이론은 현실적으로 구속적 법관법의 경우에만 주장될 여지가 있다. 본래적 의미의 (법률초월적) 법관법, 즉《구성적》효력이 있고 기존 실무를 법률의 착오로 인해 잘못 이루어진 것으로 *소급하여* 취급하지 않는 법관법의 경우 이러한 이론은 애초부터 주장될 여지가 없다. 그러나 좁은 의미의 해석 및 구속적 법관법의 경우에도 포기된 기존 판례가 처음부터 법적 근거가 없는 것이었다고 볼 필요는 없다. 이에 대해서는 각주 968 참조. 이 경우 기존의, 당시로서는 근거를 갖춘 선례에 따라 이루어진 급부 역시 법률상 원인이 있는 급부로 보아야 하고, 따라서 부당이득반환의 대상이 될 수 없을 것이다. 스위스법의 관점에서 이 문제를 전체적으로 다룬 문헌으로 SPIRO, ZSR 100 (1981) I, 145ff.; DÜRR, SJZ 1981, 43. 두 문헌 모두 BGE 105 II 35를 계기로 작성된 것이다. 영국법상《법선언이론》에 관한 유익한 문헌으로는 S. WOLF, Rechtsirrtum im Privatrecht. Argument oder Anachronismus?, 2003, 41ff.; ZIMMERMANN/JANSEN, in: The Law of Obligations, Essays in Celebration of John Flemming (1998) 285ff.; DEDEK, RabelsZ 79 (2015) 302ff.

이러한 점에 비추어 볼 때, 최고법원의 발전되고 확립된 법관법을 규범적 관점에서 성문법 및 관습법에 추가되는 (법률을 보충하는) *보조적 법원*으로 파악하는 것, 독특한 성격을 갖는 *(sui generis)* 법원으로 파악하는 것을 부적절하다고 보긴 어렵다.[796]

---

796) 무엇보다도 이미 GERMANN, Probleme, 268ff.; 그에 따르는 문헌으로 BEGUE-LIN, 9. BIAGGINI, Verfassung, 381은 법관법을《완전한 가치를 지닌(vollwertig)》법원이라고 표현한다; SEILER, 298도 참조:《법원은 다른 국가공무원과 마찬가지로 규범정립자이다》; HRUBESCH-MILLAUER, in: HOFFER/HRUBESCH-MILLAUER,

3. 객관화 요소

a) 서론

법관이 *입법자로서* 만드는 법관법은 과거 문헌에서는, 아마도 당시 많은 주목을 받았던 《자유법운동》797)의 영향에 따라, 종종 《법관에 의한 자유로운 법발견》798)이라고 불렸다. 흠결보충은 스위스민법 제1조 제2항에 근거하여, 법원이 - *그가* 입법자였다면 - 만들었을 규칙에 따라 이루어져야 한다. (역사적 또는 현재의) 본래 입법자가 가정적으로 과거에 만들었을 또는 지금 만들 것으로 예상되는 규칙에 따라 이루어져서는 안 된다.799) 그러나 이 점이 당연히 다음을 뜻하는 것은 아니다.800) 법관

N 02.169: 《형식적 법원》으로서 법관법. 이에 반하여 《보조적 법원》이라고 표현하는 문헌으로는 BYDLINSKI, Methodenlehre, 510; ders., Richterrecht, 33. KODEK, §12 N21ff.; 동일한 의미로는 (《보조적》 법효력근거) CANARIS, in: BASEDOW (Hrsg.), Europäische Vertragsrechtsvereinheitlichung und deutsches Recht (2000) 8f.; 《더 약한》 법원이라고 말하는 문헌으로 CARONI, 173; (오스트리아 법상황과 관련하여) 《강도가 완화된 규범적 행위》라는 표현으로는 JABLONER, in: Gedenkschrift für Robert Walter (2013) 198; 《2차적 법원》이라는 표현으로 MÖLLER/FEKONJA, ZGR 2012, 785f. 법관법의 중심적 의미에 대한 다음 격언은 매우 대담해 보인다. BUCHER, ZSR 102 (1983) Ⅱ, 302. 《법관의 선례 그 자체는 무(無)》를 뜻한다.

797) 316면의 전거 참조.

798) 가령 GMÜR, 100f.; MEIER-HAYOZ, Richter als Gesetzgeber, 117ff.; BK-ZGB/ MEIER-HAYOZ, Art.1 N251 참조.

799) 아리스토텔레스의 니코마스윤리학(V, 14)에서 나온 구절은 현재 입법자의 가정적 의사를 기준으로 한다. 이 구절이 스위스민법 제1조 제2항의 모델이라는 것이 다수의 견해이고(가령 REICHEL, Festgabe Stammler, 337; TUOR/SCHNYDER/SCHMID/ JUNGO, §5 N30f.), 원칙적으로 타당하다. 상세한 서술로는 BSK-ZGB/HONSELL, Art.1 N34.

800) 이미 REICHEL, Festgabe Stammler, 354f.

은 사실상《규범흠결의 공간》에서 기분이 내키는 대로 자의적으로 결정해도 된다. 입법자로서의 법관은 - 본래적 입법자와 마찬가지로 - 전체 법질서와 결합되어 있다.[801) 포르투갈민법 제10조 제3항은 이러한 생각을 표현하고 있다: 유추적용할 규범이 없는 경우,《해석자가 입법자로서 체계의 정신의 틀 내에서 행동해야 하는 상황이었다면 만들었을 규범》에 따라 사안을 결정해야 한다.

이처럼 법관법을 전체체계에 결합시키는 것은 다음을 뜻한다. 법관법은 한편으로는 법치국가적 법정립이라는 일반적,《형식적》원칙을 준수해야 한다. 또한 법관법은 다른 한편으로는 내용이 담긴, 토론이 가능한 객관화관점을 가급적 지향해야 한다. 그러나 후자의 요청은 원칙적으로 다시 법치국가적 법정립이라는《형식적》공준, 즉 법적 행위의 내용상의 정당화 가능성(및 심사가능성) 요건을 기초로 한다.[802)

b) 형식적 법치국가원리들

aa) 스위스민법 제1조 제2항은 아리스토텔레스의 전통[803)에 따라 다음과 같이 규정하고 있다. 법원은 그가《입법자로서》수립하였을《규

---

801) BIAGGINI, Ratio legis, 65; BSK-ZGB/HONSELL, Art.1 N36.

802) 연방헌법 제29조 제2항으로부터 근거설정 의무를 도출하는 것에 관해서는 각주 7 참조.

803) 그러나 앞서(각주 799) 언급한 것처럼 단지 착안점의 측면에서만 이러한 전통에 따랐다. 스위스민법 제1조 제2항의 최종 문언화(文言化) 과정에서 Eugen HUBER가 참조하였을 가능성이 있는 출처들에 대해 상세히는 STROLZ, 29ff.; HUWILER, Aequitas, 83 FN131에는 풍부한 전거가 있다; 특히 Eugen HUBER와 François Gény의 관계에 대해서는 GAUYE, ZSR 92 I (1973) 271ff. HUBER의 개념에 대해서는 HOFER, ZNR 2010, 193ff.도 참조. 스위스민법 입법에 대한 자유법운동(316면 참조)의 영향력을 상대화하는 견해로는 CARONI, SPR I /1: Privatrecht im 19. Jahrhundert (2015) 97f.

*칙》*에 따라 판단해야 한다. 이에 따르면 법관법적 사안해결은 개별사안
에 관한 감정고려에 따라 이루어지면 안 된다. 법관법적 사안해결은 *《일
반화가 가능하거나》《보편화가 가능》*해야 하고, 따라서 *《규칙이 될 수
있어야》*804) 한다.805) 법원은 일반적인 *주론(主論, 주된 판결이유: ratio deci-
dendi)*806), 다른 동일하거나 유사한 사안의 판단을 위해서도 준칙이 될
수 있는807) *《사안규범》*808)을 만들어야 한다. 《판결이 갖는, 당사자들 사
이의 분쟁으로부터 분리된, 권위는 그 판결의 반복가능성 그리고 개별
사안을 넘어서는 판결의 근거로부터 나온다. 오직 이를 통해 판결은 일
반화될 수 있고 법개념에 부합하게 된다》.809) 개별사안의 구체적 견해
만을 근거로 일반화된 *주론(主論)*을 확정하는 것이 어렵고 위험할 수 있
음은 분명하다. 하지만 그렇다고 해서 이 점이 일반화요청에 반대하는
결정적 근거가 될 수는 없다. 단지 추상화의 정도가 지나친 일반화에
반대하는 근거,810) 선례의 *주론*에 완고하게 구속되어야 한다는 주장에

---

804) BGE 123 Ⅲ 292 (297).

805) 보편화규칙에 대해서는 KOCH/RÜSSMAN, 366, 370; ALEXY, 335ff.; KRIELE,
331은 칸트의 《정언명령》(Critik der practischen Vernunft[1788] §7)을 인용한다: 《너
의 의지의 준칙이 항상 동시에 보편적 입법 원리로서 타당할 수 있도록 행동하라》.

806) *주론*은 판결을 이끈(판결의 동기가 된) 근거들을 요약한 것이다; 주론은 *방론(傍論:
obiter dictum)*(결정에 영향을 미치지 않은 근거)과 구별된다.

807) 판례법에 의해 형성된 영국 커먼로의 경우도 다음 사항이 요구된다. 선례는 일반화
가 가능한 《원리》를 명시해야 한다. Fairchild v. Glenhaven Funeral Services Ltd. and
others [2003] 1 A.C. 32 (36)에서 Lord NICHOLLS의 판시도 참조: 《진정한 어려움은
원리를 충분할 정도로 명확히 하는데 있다... 수용될 수 있으려면 법은 정합성을 갖추
어야 한다. 법은 원리로 구성되어야 한다》.

808) 《사안규범》 이론은 FIKENTSCHER(무엇보다도 Bd.Ⅳ, 202ff.)가 발전시켰다. 이에
대해서는 AMSTUTZ, Evolutorisches Wirtschaftsrecht (2001) 319ff.; 각주 975도 참조.

809) H.P. WALTER, recht 1997. 8.

810) HUTTER, 111도 같은 취지; H.P. WALTER (recht 1997, 8)도 참조. 이 글은 오래된
커먼로 금언(金言)을 언급하고 있다: 《어려운 사안이 나쁜 법을 만든다》. 선례와 그
*주론*이 구체적 맥락으로부터 일탈하여 타당하지 않은 방식으로 일반화될 위험에 관

Ⅳ. 법률초월적 법관법

반대하는 근거가 될 수 있다.811)

bb) 보편화가능성원칙은, 이미 암시한 것처럼, *법 앞의 평등 요청*과 직접적으로 그리고 분리불가능하게 관련되어 있다. 선례가 일반화된 *주론*에 근거할 때에만, 그 뒤에 재판하는 법관은 자신의 판단이 평등취급원칙에 부합하는지를 심사하기 위한 기초를 갖게 된다. 이러한 기초가 마련되지 않으면,《똑같은 사례》는 없다는 사실을 고려할 때, 평등취급원칙은 공허해질 수밖에 없다.812)

cc) 마지막으로, 스위스민법 제1조 제2항을 근거로 이루어진 판결에서 가급적 *공개적으로 그 판결의 근거가 제시되어야 한다*는 경고도 법치국가원칙에 근거하고 있다. 다음과 같은 명언 - 판결근거는 3가지가 있다: 말해진 근거, 쓰인 근거 그리고 실제 근거 - 은, 이 말이 현실에 부합한다면, 법치국가의 관점에서 우려스러운 상황을 반영하고 있다. 법관의 결정이 입법자에 의해《조건적으로 미리 프로그래밍》되어 있지 않거나, 단지 매우 애매하게《조건적으로 미리 프로그래밍》된 경우, 법관은 법질서의《근본평가》라는 허상 또는 구성요건의제 뒤로 숨어서는 안 된다.813) 법관은 입법자처럼 - 스위스민법 제1조 제2항은 법관에게 입법자의 모델을 참조하라고 지시한다 - 자신의 결정에 관하여 의식적으로 자율적으로 그리고 공개적으로 근거를 제시해야 한다. 이것만이 방법정직

해서는 SCHÜRER, ZBl 114 (2013) 583ff., 무엇보다도 594. 따라서 *주론*은 각 사안마다 주의깊게《맥락화되어야 한다》.

811) 이미 256-257면 참조.

812) 따라서 HUTTER, 111의 다음 서술은 설득력이 없다:《법관법의 틀 내에서 법 앞의 평등을 준수하는 것은 일반적-추상적 규칙의 형성에 의존하기보다, 판례작업 내에서 평등대우요청 자체를 인정하는 것에 의존한다》.

813) Chr. FISCHER, Topoi verdeckter Rechtsfortbildungen im Zivilrecht (2007).

성 요청에 부합하고, 이렇게 할 때만 법관법이 민주주의적 담론의 장에 노출되며, 토론이 가능하게 되고 수용이 가능하게 된다.[814]

《시스템 법》으로부터 획득될 수 있는, 나아가 많은 사례에서 법외부적 고려, 《외부적》 논거[815]로부터 획득될 수 있는 고려들은, *이러한 공개적 근거설정을 위한 방향지시관점*이 될 수 있다. 이에 관해서는 앞으로 개별적으로 설명할 것이다.[816] 따라서 법률적으로 미리 프로그래밍 되어 있지 않은 복잡한 질문(법적 책임에 관한 질문)을 해결해야 하는 경우, 항상 다음 논거를 고려해야 한다. 법관법에 의해 귀속된 책임위험이 경제적으로 《수인가능한지》[817], 즉 무엇보다도 합리적으로 부보(附保; 보험에 가입)할 수 있는지. 그리고 산업의 국제적 경쟁력을 고려할 때 경제정책적으로 타당한 것인지. 바젤슈타트 칸톤의 실업보험 관련 중재위원회 결정[818]은, 스위스채무법 제333조 제3항(영업양도시 양도인과 양수인이 연대하여 근로자의 근로계약상 채권에 대하여 책임을 부담한다는 취지의 조문이다:

---

814) 공개적, 방법정직성을 갖춘 근거설정이라는 공준(公準)에 대해서는 이미 BRECHER, in: Festschrift für Arthur Nikisch (1958) 227ff.; 스위스 문헌으로 HUTTER, 102: 《방법론적 공연(公然)성은...포섭법학적 가장(假裝)논거 및 구성요건의제보다 우선되어야 한다》; HÖHN, Praktische Methodik, 307(《평가의 투명성》); WIPRÄCHTIGER, recht 1995, 150; 타당한 설명으로 KLETT, SJZ 1991, 284: 《실질적 근거가 공개될 때에만, 민주주의적 법치국가에서 요구되는 신뢰가 판례에서 유지될 수 있다》; ALBRECHT, in: SCHINDLER/SUTTER, Akteure der Gerichtsbarkeit (2007) 19f.(BGE 117 IV 139를 언급한다). (《권위에 의존하는 것》과 반대로) 《열린 논쟁》에서 《열린 논거》를 활용하는 것과 관련하여 특히 읽을 가치가 있는 문헌으로 BOLDIN, Scandinavian Studies in Law 1969, 59ff.

815) CARNELUTTI, 153ff.는 법외부적 관점을 통해 흠결을 보충하는 《타자와의 통합》(시스템 내재적인 《자기통합》과 구별된다)을 말한다.

816) 266면 이하, 284면 이하 참조.

817) 수인가능성 논거를 명시한 것으로 스위스채무법 제44조 제2항; 스위스도로교통법 제62조 제3항; 스위스환경보호법 제11조 제2항(재생(再生)의무의 관청에 의한 감면과 관련하여)도 참조. 이에 관한 법경제학적 논거로는 285면 참조.

818) BJM 2000, 31 (39).

역자 주)을 파산으로 인해 사업 또는 사업일부가 인수된 사안에 적용하
는 것을 다음과 같은 《결과주의적》 논거를 들어 거부하였다.819) 《잠재적
투자자들은 사업 또는 사업일부의 인수 그리고 그와 동시에 이루어지는
개별 근로관계의 인수를 꺼리게 될 것이고, 따라서 적어도 개별 사업장
의 구제가 위험해질 것이다. 스위스채무법 제333조를 현재 사안에 적용
하면, 실업자의 수가 증가하고 실업기금의 비용이 증가할 위험이 있다.
이는 국가의 합리적 사회정책의 의미와 목적이 될 수 없고, 되어서도
안 된다》.

  법관법의 이와 같은 외부적 정당화는 법관에 의한 특정 해결책의 필요
성에 대한 질문과 관련될 수도 있고, 앞서 언급한 것처럼, 법관법의 사
실적 결과 - 법관법에 의해 실제로 또는 잠재적으로 영향을 받는 사람들
에게 그리고 사회 전체에 발생하는 사실적 결과 - 와 관련될 수도 있다.
이는 다음과 같은 뜻이다. 법원은 《결과분석》이라는 공준의 의미에서
항상 - 입법자820)와 전적으로 비슷하게 - 자신의 법관법적 혁신에 따라
발생할 것으로 예상되는 개별적, 각 그룹과 관련된, 나아가 사회전체적
인 《사실적 효과》821)를 공개적으로 밝히고 이를 법정책적으로 판단해야
한다.822) 법발견의 이러한 《결과주의》는 외눈박이처럼 관련된 한쪽 당

---

819) 결과적으로 같은 취지로 BGE 129 Ⅲ 335 (342). 이에 대해서는 A. STAEHELIN,
    ARV 2003, 216ff.
820) 《입법결과평가》에 대해서는 SCHULZE-FIELITZ, ZG 2000, 304ff. (풍부한 전거와
    함께). 이와 비슷하게 《판례결과평가》를 말할 수 있다.
821) 《법적 효과》와 《사실적 효과》의 차이에 대해서는 DECKERT, 107; 《개별적 효과》
    와 《사회적 효과》의 차이에 대해서는 SAMBUC, 101ff. 스위스문헌으로는 FELLER,
    Folgenerwägungen und Rechtsanwendung, Diss. 1998; ders., recht 1998, 119ff.
822) (계약상 채권관계의 준거법에 관한) 유럽연합의 로마1 규칙 제9조 제3항은 법적용
    자에게 결과분석을 할 것을 명시적으로 지시한다: 《국제적 강행규정》에 효력을 부여
    할 것인지 판단할 때에는, 《그 규정의 종류와 목적 및 그 규정을 적용하거나 적용하지
    않는 경우 발생할 결과를 고려해야 한다》.

사자의 이익(그리고 - 선례의 일반화가능성이 고려되는 경우 - 한쪽 이해관계 집단의 이익)만을 고려해서는 안 되고, 불편부당하게 모든 관련된 이익을 고려해야 한다.823)

법발견에 있어 결과분석(《결과지향》; 《법효과평가》)에 대해서는 이해하기 쉬운 문헌이 거의 없다. SAMBUC, Folgenerwägungen im Richterrecht (1977); WÄLDE, Juristische Folgenorientierung (1979); COLES, Folgeno-rientierung im richterlichen Entscheidungsprozess (1991); TEUBNER (Hrsg.), Entscheidungsfolgen als Rechtsgründe (1995)에 실린 논문들; 포괄적으로는 DECKERT, 곳곳에. 스위스문헌으로는 무엇보다도 RHINOW, Rechtsetzung, 255ff. 결과고려로 채워진 도그마틱과 법발견에 대하여 기본적으로 유보적 입장을 취하는 문헌으로 LUHMANN, Rechtssystem und Rechtsdogmatik (1974) 31ff.; ders., Rechtssoziologie, 3.Aufl. (1987) 232: 법관은 《확률을 고려하는 미래탐구》라는 부담에서 벗어나야 한다. 법관의 독립성 때문에 《법관이 구체적 효력에 대한 책임으로부터 면책되는 것》이 필요하다. 루만에 반대하는 견해로는 TEUBNER, Rechts-theorie 1975, 179ff.; DECKERT, 14ff.; MENGONI, Rivista trimestrale di diritto e procedurale civile 1994, 7ff.

c) 내용적으로 방향을 지시해주는 요소들

aa) *선례*: 우리법원 무엇보다도 연방대법원 판례들을 보면, 법관법적

---

823) 《상대적 쌍무적 정당화》 원리에 대해서는 BYDLINSKI, System, 92ff. 포괄적인 이익포착에 대해서는 DESCHENAUX, 108: 《법관은 입법자처럼, 해결해야 할 난제에서 역할을 하는 이익들을 포착하는 작업에서부터 출발해야 한다. 이 과정에서 법관은 이러한 이익들이 기초하고 있는 심리적, 도덕적, 기술적, 국민경제적, 정치적 소여(所與)를 탐구해야 한다》.

판결의 가장 중요한 영감의 원천은 법원의 기존 관행, 즉 관련된 선례나 《선례들의 연쇄》824)임이 분명하다. 많은 경우 실제 모습은 다음과 같다: 《성문법 하의 포섭 대신, 비교가능한 사례들의 탐구가 법발견의 방법을 대체한다》825): 이미 로마법대전의 학설휘찬(Digest)에 따르면 《최선의 법률해석은 [법관의] 관습이다(Optima legum interpres consuetudo)》!826) 스위스민법 제1조 제3항의 프랑스어 판827)도 이러한 의미에서 다음과 같이 규정하고 있다. 법원은 《선례에 담긴 해법으로부터 영감을 얻는다》. 그러나 이 장에서는 《새로운 영역(Neuland) 사례》828) - 아직 활용가능한 선례가 존재하지 않는 사례 - 에서 *입법자로서* 판단하는 법원은 어떠한

---

824) WIEDEMANN, NJW 2014, 2410.

825) NIEDOSTADEK, NJW 2014, Heft 14(《NJW-Editorial》); 각주 784의 HASENBÖH-LER 인용부분도 참조. (루만의 시스템이론적 법개념을 참조한) DREIER, ARSP 2002, 310도 참조: 《법체계의 작동완료는 법적 작동을 재귀(再歸)적으로 참조하여 법적 작동이 이루어지는 방식으로 실현된다. 이는 판례법에서 가장 두드러진다. 판례법은, 법관의 판결을 참조하여 법관의 판결이 이루어지는 방식으로, 만들어지고 유지되기 때문이다》. 법률초월적 법관법에서 선례구속에 관해서는 310면 이하 참조.

826) PAULUS, Dig. 14, 2, 1.

827) 이탈리아어 판도 마찬가지이다:《법원은 가장 권위 있는 판례를 준수한다(Egli si attiene...alla giurisprudenza più autorevol[e]》. 스위스민법 제1조 제3항의 독일어판은 잘 알려진 것처럼 판례를 언급하지 않고, 《관습(Überlieferung)》을 언급한다. 이는 상당히 모호한 표현이다. BK-ZGB/MEIER-HAYOZ, Art.1 N467에 의하면, 《관습 (Überlieferung)》이라는 단어는 판례뿐만 아니라 최(最)광의(廣義)의 실무 전체를 뜻한다. 2012. 2. 3. 입법된 체코민법 제10조 제2항은 《확고한 판례실무》를 명시적으로 언급하고 있다.

828) 이러한 유형(類型)에 대해서는 SCHUBARTH, recht 1995, 151. BezGer St. Gallen AJP 1997, 340(SCHWANDER의 평석과 함께)은 혼인관계 계속 중 성(性)변경을 법원이 확인하는 것과 관련하여 《새로운 영역 사례》의 구체적 예를 보여준다. 사후 인격권 보호에 관해서는 BGE 129 I 302(306ff.); 의학적인 (보조)생식기술 문제 및 관련된 칸톤입법에 대한 평가문제에 관해서는 BGE 119 I a 460ff.; 대리모 출산 후 캘리포니아 주에서 이루어진 출생신고의 승인 문제에 관해서는 BGE 141 III 328 (343ff.). 이러한 승인은 스위스 *공서(公序)*에 반한다.

방향지시관점을 활용할 수 있는가라는 질문이 제기되므로, 근거 설정에 도움이 되는 추가적인 단초들을 탐구해야 한다.

bb) 학설: 스위스민법 제1조 제3항은 입법자의 방식으로 판단하는 법원에게 우선829) 《확립된 학설》830)을 참조하라고 지시한다. 이러한 지시가 학설에 *규범적으로 구속된다는 뜻*이 아니고, 학설은 《사실상 권위》로서 단지 《설득적 권위》를 갖는 《영감의 원천》이 될 수 있다는 점은, 이미 위 조항의 프랑스어판 및 이탈리아어판831)으로부터 알 수 있고, 오늘날 다툼이 없다. 학설은 규범적 구속력이 없으므로, 학설의 권위 - 연방대법원 실무는 학설의 권위를 기꺼이 활용하고 있다 - 는 전적으로 그 논거들 - 학설이 법의 계속발전을 위해 주장할 수 있는 논거들832) - 의 설득력에 달려있다. 이는 다음을 뜻한다. 법리는 - 법관법을 정립하는 법원과 마찬가지로 - 법적 (또는 법외부적) 논거들에 의지해야 한다. 이러한 논거들은 법리적 제안이 수용되도록 도울 수 있다; 이러한 측면에서 법리는 단지 이러한 《1차적 영감원천》을 전달하는 수단이다.

매우 종종 이러한 영감의 원천은 관련된 판례에 의해 준비되고, 학설은 이에 근거할 수 있다.833) 반대의 관계 - 실무가 학설의 논거를 통해

---

829) 《관습》(또는 《판례》)에 앞서 《확립된 학설》이 처음에 언급된 것은 실질적 의미를 갖고 있지 않다. 타당한 지적으로는 BK-ZGB/MEIER-HAYOZ, Art.1 N42.

830) 2012. 2. 3. 새로 입법된 체코민법 제10조 제2항에 따르면 《법이론의 입장》을 고려해야 한다. 국제법에 관해서는 국제사법재판소 규정 제38조 제1항 d호 참조(《다양한 나라들의 가장 우수한 국제법학자들의 학설》).

831) 각주 827 참조.

832) ESSER(ZVglRWiss 1976, 82)가 쓴 것처럼, 학설은 *그 합리성에 의해(imperio rationis)* 효력을 인정받는 것이지 *고권(高權)에 의해(ratione imperii)* 그 효력을 인정받는 것이 아니다; 따라서 학설은 단지 《법인식의 원천(Rechtserkenntnisquelle)》이다. (Eugen HUBER, Bewährte Lehre [1925] 29)

833) 구체적으로 DESCHENAUX, 123: 법리는 《판례를 기원(起源)으로 하여》 창조되고,

Ⅳ. 법률초월적 법관법

영감을 받는 것 - 에서도 이는 마찬가지이다(즉 그러한 영감의 원천은 종종
관련된 판례에 의해 준비된다).

  독일(전통적으로 학설이 특히 높은 권위를 누려왔다[아래 272면 참조])과 오스트
리아와 마찬가지로, 스위스의 경우 *학설과 판례의 공생관계*를 말할 수 있다.
판례에서 학설이 수용되는 것에 관한 상세한 서술로 DOLDER, Rezeption
und Ablehnung wissenschaftlicher Lehrmeinungen in der Rechtsprechung des
schweizerischen Bundesgerichts zum Obligationenrecht, 1881-1980 (Diss.
1986); FORSTER, Die Bedeutung der Kritik an der bundesgerichtlichen
Praxis (1992). 연방법원 실무가《학설에서 강하게 논의되고 비판되는 경우》,
(스위스민사소송법 제257조에 따른 약식절차를 위한 요건인)《명확한 법상황》이
존재한다고 볼 수 없다. 타당한 지적으로는 SUTTER-SOMM/LÖTSCHER,
in: SUTTER-SOMM/HASENBÖHLER/LEUENBERGER, ZPO-Kommentar,
3.Aufl. (2016) Art.257 N9.

  그러나 학설과 판례가 서로 영감을 주고받는 것은 다음 경우 원칙적으로
위험에 빠진다. 학설에 의지하는 법원이 무비판적으로《판례실증주의적》인
문헌 -《최고법원 판례의 메아리와 같은 반복만을 담고 있는 문헌》- 을 인
용하는 경우. (GAUCH, ZSR 128 [2009] Ⅰ, 226). 이러한《인용의 순환》은 일종
의 자기승인 - 치명적 *순환논증*의 경우 (학문적 성취를 추구하기 위해 노력하는)
이론의 타락으로 이어지는 경향이 있는 자기승인 - 이다. 즉 우리가 출판물
의 성공을《법원이 그 출판물의 의견을 얼마나 많이 따랐는지를 기준으로
측정한다면, 최선의 전략은 대안을 제시하는 것이 아니라 법원이 앞으로 내
릴 결론을 예측하려고 시도하는 것이 된다》. (HESSELINK, The New European
Private Law in Europe, Den Haag u.a. 2002, 16). 각주 847도 참조.

《법관의 지혜로부터 자극을 받는다: 매우 종종 법리는, 심화된 이론의 형태로, 자신이
받은 것을 돌려준다》.

최종적으로 누구에게 《의미고권(Deutungshoheit)》이 귀속되어야 하는지 묻는다면, 법관과 비교해 법리는 애초부터 불리한 위치에 있다: 《...법적 해석은 법관의 결정을 위해 법관에게 공식적으로 주어진 권한에 근거한 것인 반면, 법리적 해석은 설득의 권한 - 해법을 지지하는 과정에서 제시된 논거의 질로부터 도출되는 권한 - 만을 갖고 있다》.834)

그러나 *법사적으로* 보면, 학설이 직접적으로 규범적 구속력을 갖는 시대도 있었다. 테오도시우스 2세와 발렌티니안 3세의 《인용법(Zitiergesetz)》 (서기 426년)이 유명하다. 이 법에서 황제들은 《*인용법률가들(Zitierjuristen)*》 인 PAPINIAN, PAULUS, GAIUS, ULPIAN 그리고 MODESTINUS의 저작에 구속적 효력을 부여하였다. 논쟁적인 막다른 골목에서는 PAPINIAN의 《특별히 뛰어난 견해》를 따라야 한다.835) 로마법계수 시대의 주석학파 및 후기주석학파, 그리고 19세기 독일의 판덱텐법학의 경우에도 우리는 학식법(Gelehrtenrecht)(*communis opinio doctorum: 학자들의 공통된 의견*836))의 본래적 《효력》을 말할 수 있다. 당시 독일의 넓은 영역에서 성문법률형태의 법이 없었고, 오히려 교수들이 법질서를 만드는 《법명망가(Rechtshonoratioren)》였다(Max WEBER)837); 《*교수들의 법*》, 특히 《빈

---

834) PLANIOL/RIPERT/BOULANGER, Traité de droit civil, t.1 (1956) 154; 이에 대해서는 H.P. WALTER, ZBJV 143 (2007) 729도 참조. 그러나 Th. KUNTZ, AcP 216 (2016) 904의 간명한 공식 - 《법관은 법을 쓰고, 교수는 법*에 관하여* 쓴다》 - 은 단지 조건부로 지지할 수 있다. 교수는 법에 관해 쓸 뿐만 아니라, 그의 해석활동 공간 내에서 스스로 자신의 악센트(이러한 악센트는 때에 따라서는 법실무에서 관철된다)를 설정한다.

835) SCHULZ, Prinzipien des Römischen Rechts (1934) 167은 이를 《법학이 타락한 시대에 이루어진 자포자기적 행위(Verzweiflungssakt)》라고 표현한다.

836) 이러한 형태에 대해서는 SCHRÖDER, in: BAUR (Hrsg.), Das Eigentum (1989) 149ff.; ALTHAUS, Die Konstruktion der herrschenden Meinung in der juristischen Kommunikation (1994) 54ff.

837) 이에 대해서는 RHEINSTEIN, RabelsZ 34 (1970) 1ff.

Ⅳ. 법률초월적 법관법

트샤이트의 법》838)이 효력이 있었다. 스코틀랜드 법에서는 오늘날에도 여전히 《제도적 저자(institutional writer)》839)라는 표현을 사용한다. 이들의 저작은 우선적으로 고려되어야 한다; 잉글랜드 법에서는 《권위서 (book of authority)》840)라는 표현을 사용한다.

비록 권위서에 규범적 구속력을 부여할 수는 없지만, 오늘날에도 여전히 《*권위서*》라는 표현이 사용된다. 그러나 사실적으로 볼 때 권위서의 판례에 대한 영향력은, 특히 법률적으로 결정되어 있지 않거나 단지 미약하게 결정되어 있는 문제영역에서는, 현저하다. 따라서 《스위스책임법》에 대한 OFTINGER의 체계서(이 체계서는 STARK에 의해 업데이트되었다)는 이 법영역에 관한 《바이블》로 칭할 수 있었고 지금도 (과거에 비해 영향력이 줄어들었지만) 그러하다. 도급계약법에 대해서는 GAUCH의 개설서가 《권위서》이다;841) 법학방법론 문제에 대해서는 여전히 MEIER-HAYOZ의 스위스민법 제1조의 주석에 비슷한 의미를 부여할 수 있다. 독일부정경쟁방지법의 경우 HEFERMEHL의 유명한 주석서를 언급할 수 있다. 부정경쟁방지법상 일반조항에 관한 이 주석서의 사례 유형화에 대해서는 오랜 기간 동안 《법률에 준하는 효력》이 인정되고 있다.842)

---

838) 판덱텐 문헌(무엇보다도 빈트샤이트의 교과서)의 의미에 관한 타당한 서술로 BUCHER, ZBJV 102 (1966) 284. 이에 반해 프로이센 일반란트법이 적용되는 영역에서는, 위 법 서장 제6조가 다음과 규정하였다. 법관의 해석시 법학자의 견해를 고려해서는 안 된다.

839) ZWEIGERT/KÖTZ, Einführung in die Rechtsvergleichung, 3.Aufl. (1996) 200.

840) KÖTZ, RabelsZ 52 (1988) 650; GROSSEN, in: Hommage à Raymond Jeanprêtre (1983) 52f.

841) BGE 120 II 214 (220)에 따르면 연방대법원의 특정 판례는 - 건설법 분야에서 권위를 갖는 - GAUCH의 《승인》을 얻었다. 스위스 주식법에 관해서는 BÖCKLI, Schweizer Aktienrecht, 4.Aufl. (2009)가 비슷하게 권위 있는 지위를 획득하였다.

842) KÖHLER/BORNKAMM/FEDDERSEN이 작업한 일반조항 관련 새로운 주석(2019년 37판)에서는, 관련된 EU지침의 영향을 받은 새로운 설명방법에 기초해서 일반조항의 구체화가 이루어졌다.

비교법적으로 보면 학설이 미치는 매우 다양한 정도의 영향력이 관찰된다. 특히 판결이 근거를 제시하는 《스타일(문체)》, 그 과정에서 판결이 학설을 다루는 《스타일》에 큰 차이가 있다. 스위스, 독일, 오스트리아에서 판례와 학설 사이의 상호작용에 관해서는 269면 참조; 독일판례의 경우 여전히 《이론의 무게가 무거운 것》이 특징이다; 특히 최고법원 판례에서는 문자그대로의 이론토론이 매우 광범위하게 그리고 철저하게 펼쳐진다. 이에 대해서는 KÖTZ, RablesZ 52 (1988) 657ff. 이에 반해 프랑스, 이탈리아, 스페인 판례의 경우 학설을 명시적으로 언급하지 않는다. 하지만 그렇다고 해서이론적 입장이 판결에 영향을 미칠 수 없다는 뜻은 아니다. 프랑스의 판결스타일에 대해서는 HELLERINGER, RabelsZ 77 (2013) 345ff.; 풍부한 전거와 함께 MARTENS, 28ff.; 이탈리아법의 경우 민사소송법 시행을 위한 규정 (1941. 12. 18) 제118조 제3항이 문헌의 입장을 인용하는 것을 명시적으로배제하고 있다: 《어느 경우에도 법적 저자의 인용은 생략되어야 한다》. (그밖의 사례로는 19세기 스위스의 아르가우 칸톤 민법 제14조: 《법학식자의 견해》는판결에서 결정의 근거로 언급되어서는 안 된다). 영국판례와 법이론의 관계에 대해서는 BRAUN, American Journal of Comparative Law 58 (2010) 27ff.; (영국 대법원 재판장인) Lord NEUBERGER, RabelsZ 77 (2013) 233ff.; FLOHR, RabelsZ 77 (2013) 322ff. 판례 《스타일》의 비교법적 연구로는 REBHAHN, in: Festschrift 200 Jahre ABGB, Bd. II (2011) 1539ff.도 참조.

《확립된 학설》의 설득력(권위: auctoritas)이 무엇에 기초하고 있는지에대해서는, 추상적으로 불충분하게 설명할 수 있을 뿐이다: 가치평가의세밀한 차별화 및 투명성, 가치평가의 법질서 및 경제질서로의 통합(이러한 통합이 동의를 얻을 수 있는 경우)[843])뿐만 아니라 스타일(문체)의 이해

---

843) (19세기, 20세기 프랑스민법에서 《확립된 학설》에 관한) 타당한 설명으로 MAL-AURIE, JCP 2001 (Doctrine I 283) 11: 《권위는 과도한 순응도, 과도한 독립성도전제로 하지 않는다》. 민법전 제정 이후 프랑스 법리의 기능에 대하여 상세히는

가능성 및 우아함844), 구성의 투명성, 전문적 논증기준의 유지, 학계의 위계질서에서(《해석 공동체》845)에서) 저자의 위치, 저자가 선택한 문헌의 종류846)와 같은 수사적이고 미묘한 근거들은847) 의심의 여지 없이 중요한 요소들이다.848)

학설이 《확립되었다》는 점에 관한 중요한 징표는 당연히 다음과 같은 사정이다. 학설이 전문적 논의에서 이론적 주류로 확립되었고, 이러한 방식으로 《다수설》 - 이 학설과 다른 견해는《소수설》로 전락하게 된다 - 로 발전하였다는 사정. 여기서《그 학설을 지지하는 사람들의 숫자가 중요하지 않고 그 학설의 무게가 중요하다는 것》은 자명하다.849) 따라

JESTAZ/JASMIN, La doctrine (2004) 69ff.

844) MALAURIE, JCP 2001 (Doctrine Ⅰ 283) 12:《오히려 우리는 권위를 언어의 유혹과 연결시킬 수 있다》.

845) 우리의 맥락에서 이 토포스(Topos)에 관해서는 FISS, Stanford Law Review 34 (1981-1982) 745; 762.

846) 이에 관한 생생한 문헌으로 WESEL, Aufklärung über Recht, 2.Aufl. (1988) 17f. 강한 시간압박을 받는 실무에서는 주석서와 교과서가 포괄적인 모노그래프(특히 박사논문)보다 더 잘 받아들여진다는 것은 분명하다. 이로 인해 다음과 같은 문제도 발생한다. 대규모 주석서에서《체계적인 서론》이 길어지는 문제, 그리고 다른 한편으로 짧은, 그리고 가장 짧은 주석서 - 이러한 주석서들은 관련된 실무를 무비판적으로 모아놓은 것 이상의 역할을 하지 않는다(이에 대해서는 이미 269면 참조) - 가 점차 인기를 얻게 되는 문제.《법학이 단지 판례들의 고객으로 왜소화될》위험에 관해서는 CANARIS, in: Vorwort zu LARENZ/CANARIS, Lehrbuch des Schuldrechts, Bd. Ⅱ/2, 13.Aufl. (1994) Ⅵ.

847)《법적 수사(修辭); juristische Rhetorik》에 대해서는 GAST의 동일한 제목의 책, 5.Aufl. (2015); 법의 수사적 분석에 관해서는 MORLOK, 56ff.

848) 그 밖에 다음 사항을 주목해야 한다. (대부분의) 법관이 강의 및 다른 교육과정을 통해 보편적《사회화》과정을 거치기 때문에,《학설》은 구두(口頭)로 전달되는 효력, 과소평가할 수 없는 효력을 발휘할 수 있다. 그러한 한도에서 사실상 다음 문장이 타당하다:《법관은 법리의 자녀로 남아있다》(GAUTIER, Dalloz 2003, Chroniques, 2839).

849) BK-ZGB/MEIER-HAYOZ, Art.1 N 439도 참조. 법리적 발언이 받아들여지는 정도

서 때로는 근거를 갖춘 독특한《반대의견》이 양적으로 훨씬 많은《지지를 받는》학설로부터《다수설》의 지위를 빼앗아 올 수 있다.

《확립된 학설》(스위스민법 제1조 제3항)과《다수설》은 개념적으로 구별해야 한다. MEIER-HAYOZ, Richter als Gesetzgeber, 107도 참조.《다수설》은 다음과 같은 경우에 비로소《확립》된다. 다수설이 실무(특히 최고법원)의 내구성 시험을 통과하였을 때, 즉 실무에 의해 수용되었을 때. 다수설의 기능에 관해서는 Rita ZIMMERMANN, Die Relevanz einer herrschenden Meinung für Anwendung, Fortbildung und wissenschaftliche Erforschung des Rechts (1983); (체계이론의 시각에서) DROSDECK, Die herrschende Meinung: Autorität als Rechtsquelle (1989). VOGEL, 108의 다음 관찰은 타당하다:《중요한 법학자가 장차 다수의견이 될 수 있는 소수의견을 밝히는 경우가 드물지 않다》.《다수설》의 문제, 특히 대학교육을 통해 그리고《학계 내부의 전염성이 있는 인용카르텔》을 통해 다수설이 확립되는 문제에 대한 생생한 논의로는 LEITNER, ÖJZ 2014, 983f. 이러한 배경을 고려할 때 MASTRONARDI, N628의 다음 서술은 의문이다:《다수의견이 공유하는 내용이 법적으로 합리적이다》.

cc) 일반적 법원칙: 몇몇 법질서에서는 유추를 통해 제거할 수 없는 법률의 흠결이 존재하는 경우 법관으로 하여금 최종적으로 일반적 법원칙을 참조하도록 지시한다. 자연법의 영향을 받은 오스트리아민법은 제7조에서《자연적 법원칙》[850]을 말하고 있고, 이탈리아민법 서두 규정 제12조 제2항은《국가 법질서의 일반적 원칙》을 말하고 있다. 스페인민

(《인증(認證)가치》)를 순전히 양적으로 측정하는 것을 옹호하는 견해로는 ADOMEIT, JZ 1980, 344ff.

850) 이처럼 자연적 법원칙을 지시하는 것을 오늘날 어떻게 이해할 수 있는지에 대하여 Kramer, in: Festschrift 200 Jahre ABGB, Bd. Ⅱ (2011) 1169ff.

Ⅳ. 법률초월적 법관법

법 제1조 제1항은 명시적으로《법의 일반원칙》에 법원(法源)으로서의 지위851)를 부여하고 있다; 유엔 매매법 제7조 제2항은 특별한 맥락에서 법적용자로 하여금 흠결보충을 위해《이 법(협약)이 기초로 하는 일반적 법원칙》852)을 참조하도록 지시한다.

일반적 법원칙(일반적 법원리,《법의 원리》)이 스위스법에서도 법관법의 발전을 위한 중요한 방향지시관점이 될 수 있고, 동시에 법관법의 발전이 현행 법질서에 통합되도록 촉진한다는 점에 대해서는 다툼이 없다.853) 그러나 일반적 법원칙의 의미내용을 기술할 때에는 많은 불명확성854)이 존재한다.

---

851) 중요한 문헌으로 REINOSO BARBERO, Los principios generales del derecho en la jurisprudencia del Tribunal supremo (1987); SCHIPANI, Revista de derecho privado 1997, 427ff. 프랑스 파기원 판례에서《사법의 일반원칙》의 의미에 대해서는 GRIDEL, Dalloz 2002, Chroniques, 228ff.; 345ff. 법사적·비교법적 추가 전거로는 SCHOTT, 《Rechtsgrundsätze》 und Gesetzeskorrektur (1975) 및 SCHULZE, ZEuP 1993, 442ff.

852) 이에 대해서는 FERRARI, in: SCHLECHTRIEM/SCHWENZER/SCHROETER (Hrsg.), Kommentar zum UN-Kaufrecht (CISG) 7.Aufl. (2019) Art.7 N48ff. 국제법이나 EU법에서도《일반적 법원칙》을 참조하라고 지시한다. 국제사법재판소 규정 제38조 제1항 c호 참조; EU법의《일반원칙》으로서《회원국들의 공통된 헌법관습》에 대해서는 유럽연합조약 제6조 제3항; EU법의 일반적 법원칙에 대한 개괄적 문헌으로 가령 BERNITZ/NERGELIUS (Ed.), General Principles of European Community Law (2000); METZGER, RabelsZ 75 (2011) 845ff.; 유럽사법(司法)재판소 판례에서 일반적 법원칙이 갖는 큰 의미에 대해서는 BEAUCAMP, DÖV 2/2013, 47ff.《유럽사법(私法)의 일반원칙》에 대해서는 BASEDOW, ERPL 2016, 331ff.

853) EGGER, Art.1 N39; DESCHENAUX, 113f.; LIVER, Rechtsquelle, 26ff.; I. MEIER, in: MEIER/OTTOMANN, Prinzipiennormen und Verfahrensmaximen (1993) 52ff.; BK-ZGB/MEIER-HAYOZ, Art.1 N405; FORSTMOSER/VOGT, §16 N82ff.; 스위스공법에서 원리개념에 관해서는 ENGI, ZBl 118 (2017) 59ff.; 오스트리아법에 관해서는 무엇보다도 BYDLINSKI, Methodenlehre, 481ff. BGE 91 Ⅱ 100 (107)은 입법자처럼 결정하는 방법(스위스민법 제1조 제2항)은 다음과 같은 특징이 있다고 판시하였다. 《결과적으로 법률규정의 체계 내에서 자리를 잡을 수 있는》해법을 모색해야 한다. 이러한 의미에서 LARENZ는《성공적인 법형성》을 말한다. LARENZ, Kennzeichen geglückter richterlicher Rechtsfortbildungen (1965).

필자의 이해에 따르면 법의 기본원리 또는 법의 몇몇 부분영역의 기본
원리가 있다(이러한 기본원리는 - 비록 항상 일반적 형태로 명시되지는 않지
만855) - 실정법이 명시하는 경우도 있고 법질서가 묵시적으로 기초로 하는 경우도
있다). 전자는 법의 《내적 체계》를 구성하고 후자는 법질서의 부분영역
의 《내적 체계》를 구성한다. 이러한 기본원리는 사실관계를 기본원리에
포섭함으로써 곧바로 적용되는 것이 가능할 필요가 없다.856) 우선 기본
적 헌법원리857)가 이에 속한다. 그 예로는 합법성 원칙, 비례의 원칙,858)

---

854) 이에 관해서는 ESSER가 법원리의 유형을 비교법적으로 근거를 갖추어 분류한 것
이 특히 의미가 있다. ESSER, Grundsatz und Norm, 87ff.; 최근문헌으로 METZGER,
곳곳에; METZGER, Rechtstheorie 2009, 313ff. 비교법적 분석으로는 (그리고 교과서
인 이 책보다 개념을 더 세분화해서 설명하는) KRAMER in: Im Dienst der Gerech-
tigkeit. Festschrift für Franz Bydlinski (2002) 197ff.도 참조. VAN HOECKE, Ratio
Juris 8 (1995) 248ff.; WIEDERKEHR, Jb. des Öffentlichen Rechts der Gegenwart N.F.
52 (2004) 171ff. 일반적 법원칙을 법이론적으로 분류하는 최근 문헌으로 RYTER
SAUVANT, 75ff.

855) 개별 규율로부터 전체유추를 귀납적으로 도출하는 것에 관해서는 이미 211면 참조.

856) ALEXY 319의 정의도 참조: 《원리는 매우 높은 일반화 단계에 있는 규범적 언명
(言明)이다. 따라서 원리는 통상적으로 그 밖의 규범적 전제가 추가되지 않는 한 적용
될 수 없고, 대부분 다른 원리들에 의해 제한된다》; BK-ZGB/MEIER-HAYOZ, Art.1
N406도 참조.《광범위한 구체화 및 평가》의 필요성을 언급한다. F. BYDLINSKI(JBl
1996, 684)에 의하면 《원리》는 《규칙》과 달리 단지 《단계적 실현》에 맞춰져 있다.
《사실상태 및 상충하는 원리들을 고려할 때 이러한 실현이 가능한 경우에 한하여》.
(BYDLINSKI에 좇은) 사법의 원리에 관한 문헌으로는 VOSER, Bereicherungsans-
prüche in Dreiecksverhältnissen erläutert am Beispiel der Anweisung (2006) 55ff. (드워
킨에 대한 검토와 함께) 《법규칙》과 《법원리》의 차이에 대해서는 ALEXY, in:
ALEXY u.a., Elemente einer juristischen Begründungslehre (2003) 217ff.; HABER-
MAS, 254ff.; KOCH/RÜSSMANN, 97ff.; MORAND, 59ff. 《내적 체계》에 대해서는
이미 80면 이하 참조.

857) EU법의 경우 (EU관할의 제한과 관련하여) 《보충성 원리》와 비례의 원칙(유럽연합
조약 제5조)이 언급된다. 비례의 원칙에 대해서는 TRSTENJAK/BEYSEN, EuR 2012,
265ff. 스위스 경제헌법에서 보충성 원리는 《재판규범이 되는 법규칙이라기보다 경제
정책적 지도상(指導象)》이다: BGE 138 I 378 (395).

IV. 법률초월적 법관법

신뢰보호 원칙, 형식적 법거부의 금지(재판거부의 금지),859) 그리고 무엇
보다도 불문 또는 성문의 (새로운 스위스연방헌법에서는 성문의 기본권보장이
통상적이다) 기본권보장860)이 있다. 이들은 입법자도 구속한다. 법원은
스위스민법 제1조 제2항에 따라 입법자의 모델을 참조해야 한다.861) 이
러한 원칙들 이외에도 부분영역과 관련된 법원칙들이 있다. 이러한 원
칙들은 대부분 개별법률 수준의 원칙이다. 가령 환경법상 원인자 부담
원칙, 책임법상 과실책임 원칙, 계약법상 신뢰의 원칙, *사정변경 원칙*에
따라 일부 제한된 계약충실의 원칙(*계약은 지켜져야 한다*), 재단설립 자유
의 원칙,862) 물권법상 특정성 원칙과 공시의 원칙, 부정경쟁방지법상 노
력성과원칙(Leistungsprinzip), 소송상 원칙 및 절차상 원칙,863) 조세법 원

---

858) 비례의 원칙은 전체 법질서와 관련이 있고, 사법과도 관련이 있다. M. STÜRNER,
Der Grundsatz der Verhältnismassigkeit im Schuldvertragsrecht. Zur Dogmatik einer
privatrechts-immanenten Begrenzung von vertraglichen Rechten und Pflichten (2010).
비례의 원칙의 사법에의 방사효에 관해서는 TISCHBIREK, JZ 2018, 421ff.

859) 스위스연방헌법 제29조 제1항 참조. BGE 140 III 636 (641)은 지나친 형식주의의
금지가 스위스연방헌법 제29조 제1항으로부터 도출된다고 판시하였다. 《헌법원칙으
로서 공정》에 대해서는 같은 제목의 WIEDERKEHR의 모노그래프 (2016) 참조.

860) 이에 관해서는 가령 BOROWSKI, Grundrechte als Prinzipien, 3.Aufl. (2018).

861) 타당한 지적으로는 ZÄCH, SJZ 1989, 9: 《스위스민법 제1조 제2항에 따라 법관은
흠결보충시 그리고 새로운 법 창조시에도 입법자처럼 행동해야 한다. 입법자는 법정
립시 모든 규율영역에서 헌법을 준수해야 한다. 이에 대해서는 다툼이 없다》. 개정된
상표 및 원산지표시 보호에 관한 법률에 따른 병행수입의 취급이라는 열린 문제에
있어 상업 및 영업의 자유(오늘날: 경제적 자유)의 관련성에 대한 설득력 있는 문헌으
로 ZÄCH, in: Rechtskollisionen: Festschrift für Anton Heini zum 65. Geburtstag (1995)
523ff.; 이에 따른 판례로 BGE 122 III 469 (480). 독일 판례로는 BVerfG NJW 1998,
519 (520): 《일반조항 해석 시와 마찬가지로 법형성 시에도 헌법적 기본결정들을 특
별히 고려해야 한다》.

862) 이에 대해서는 BGE 120 II 374 (377).

863) 이에 대해서는 OTTOMANN, in: I. MEIER/OTTOMANN, Prinzipiennormen und
Verfahrensmaximen (1993) 76ff.; 매우 세분화하여 설명하는 문헌으로 SCHINKELS,
Rechtstheorie 2006, 407ff.

칙(스위스연방헌법 제127조 제2항).[864] 이러한 원칙들이 성문법에 명시적으로 규정되어 있으면, 일반조항의 성격을 갖는 규범화가 항상 관건이 된다; 따라서 근본적 의미를 갖는 일반조항은 항상 일반적 법원칙이라고 부를 수 있다.[865]

지금까지 살펴본 법원칙은, 이미 언급한 것처럼, 직접적 포섭이 가능하지 않다. 법원칙들은 구체화되어야 하고, - 부분적으로 충돌하는 목적을 추구하는 - 기본권의 영역(《원리의 충돌》)에서는 서로 형량되고 (《전부 아니면 전무》가 아니라) 《더 또는 덜》이라는 의미에서 《최적화》되어야 한다.

이 문제는 전 세계적으로 제기된다. 《형량의 시대의 헌법》에 관해서는 ALEINIKOFF, The Yale Law Journal 96 (1987) 943ff. 스위스 관점으로는 MORAND, 57ff.; 독일의 본격적 논의로는 ALEXY, Theorie der Grundrechte (1985) 143ff.; 오스트리아 실무에서 (금연에 관한) 《포괄적인 법익형량 및 이익형량》에 대한 구체적 사례로는 OGH JBl 2017, 242 (248); 유럽인권재판소 판례로는 가령 2015. 10. 15. 판결 *(Perinçek/Schweiz)*, NJW 2016, 3353ff. 헌법적 (무엇보다도 기본권에 관한) 형량모델에 대한 비판으로는 HABERMAS, 312ff.; 이에 반대하는 견해로는 ALEXY, Art interpretandi: Yearbook of Legal Hermeneutics 7 (2002) 113ff. 형량이론의 강점과 약점에 대해서는 다른 문헌과 함께 JESTAEDT, in: Festschrift für Josef Isensee (2007) 253ff., 무엇보다도 260ff.; KLATT (Hrsg.), Prinzipientheorie und Theorie der Abwägung (2013)에 실린 논문들도 참조; MÜLLER/MASTRONARDI (Hrsg.), 《Abwägung》. Herausforderung für eine Theorie der Praxis

---

864) 이에 대해서는 상세한 방법론상 근거와 함께 L.U. CAVELTI, ZSR 137 (2018) Ⅰ, 551ff.

865) FORSTMOSER/VOGT, §16 N82f.도 참조. 신의성실의 요청(스위스민법 제2조, 스위스연방헌법 제5조 제3항 및 제9항)과 평등취급의 요청(스위스연방헌법 제8조)을 언급하고 있다.

(2014). 이익형량 문제에 대해서는 302면 이하도 참조.

그러나 원리는 항상 법적용자에게 《가이드라인》으로서, 《규제적 이념》으로서 기능한다. 원리는 《평가의 경향》 - 법관법의 구체화가 접속해야 할 평가의 경향 - 을 보여준다. 그러나 이 경우에도 한 번 더[866) 방법 정직성 요청을 상기해야 한다. 일반적 법원칙에 의지하는 것이 법관 개인의 평가 - 형식적으로(pro forma) 강조된 법원칙과는 전혀 다른 영감의 원천에 기초하고 있는 자기 평가 - 를 숨기는데 활용되어서는 안 된다.

특수한 종류의 일반적 법원칙, 스위스민법 제1조 제3항의 독일어판에서 언급된 《관습(Überlieferung)》에 해당한다고 볼 수 있는 일반적 법원칙으로는, 로마법 또는 유럽보통법(Ius Commune)으로부터 대부분 유래한 법격언(《Rechtspäromien》)[867)이 있다. 이들 중 일부는 《오표시 무해 원칙》처럼 성문법에 규정되었다(《성문화된 격언》).[868) 따라서 법관법의 정당화와 관련하여 이러한 격언들은 추가적 의미를 갖지 않는다. 그러나 법격언들 중 일부는 《자유롭게 움직이는》, 스위스민법 제1조 제2, 3항을 통해 활용이 가능한 표현으로서, 과거 유럽의 법 이성과 《습득된 관습(coutume savante)》의 표현이다. 우리는 《선행행위와 모순되는 행위는 금지된다》, 《행위와 모순되는 이의는 효력이 없다》, 《곧바로 반환될 것을 청구하는 자는 악의로 행동하는 자이다》, 《누구도 자신이 가지지 않는 것을 타인에게 줄 수 없다》, 《역권(役權)은 합리적으로 행사되어야 한다》[869) 와 같은 전통적인, 《도그마틱적인》 격언[870)을 생각할 수 있다. Eugen

---

866) 각주 814 참조.

867) 이에 대해서는 DU PASQUIER, 36ff.; SPIRO, ZSR 69 (1950) Ⅰ, 121ff.; LIVER, Rechtsquelle, 30; BK-ZGB/MEIER-HAYOZ, Art.1 N414ff.; KRAMER, Festschrift Höhn, 곳곳에.

868) 《오표시 무해 원칙》은 스위스채무법 제18조 제1항에 규정되었다.

869) 이 격언에 근거한 판례로 BGE 137 Ⅲ 145 (151f.).

BUCHER[871])가 강조하는 것처럼, 사법의 경우 *법전화(法典化) 전의 법전통《법관습》)*도 원칙적으로, - 비록 기억하기 쉬운 공식의 형태로 구체화되지는 않았지만 - 현행 법률질서의 흠결을 극복하는 중요한 수단이 될 수 있다.

*dd) 비교법:《국제적 문제에 초점을 맞춘》*연방대법원의 환영받을 만한 판례에서 특히 광범위하게 사용되는 영감의 원천, *입법자로서* 흠결을 보충하는 법관법의 영감의 원천은 비교법이다.[872]) 스위스 연방대법원

---

870) 《도그마틱적》 격언은 《방법론적》 격언(가령 《예외는 확장되어서는 안 된다》, 《법의 목적이 소멸하면 법 자체도 소멸한다》)과 비교된다. KRAMER, Festschrift Höhn 143f.

871) ZEuP 2000, 394ff. 이미 Th. HONSELL, Historische Argumente im Zivilrecht (1982)도 참조. GRIGOLEIT, ZNR 2008, 268은 역사적 논거의 《영감기능》을 말한다. 유럽사법의 《초(超)역사적》 법원칙에 대해서는 METZGER, 323ff.; 《습득된 관습》의 의미에 대해서는 KODEK, §7 N85도 참조. 스위스채무법 해석시 역사적 논거의 의미에 대해서는 132-133면의 전거도 참조.

872) 이에 대해서는 무엇보다도 BK-ZGB/MEIER-HAYOZ, Art.1 N356ff.; KLEIN, Rev. int. de droit comp. 1959, 321ff.; UYTERHOEVEN, Richterliche Rechtsfindung und Rechtsvergleichung (1959)도 참조; 오스트리아법에 관해서는 (오스트리아민법 제7조가 《자연적 법원칙》을 지시하고 있는 점을 근거로) KRAMER, in: Festschritf 200 Jahre ABGB Bd.Ⅱ (2011) 1182ff. (EU회원국의 시각에서) 의식적으로 《유럽친화적인》 법발견의 비교법적 방법론을 설득력있게 옹호하는 문헌으로 VON BAR, ZfRV 1994, 231; 다양한 관할에서 나온 전거로는 PEYER, recht 2004, 104ff.; MARKESI-NIS/FEDTKE, Engaging with Foreign Law (2009); KADNER-GRAZIANO, RIW 2014, 473ff.; ders., SZIER 2014, 579ff. GAMPER/VERSCHRAEGEN (Hrsg.), Rechtsvergleichung als juristische Auslegungsmethode (2013) 및 (스위스의 관점에서) SCHMID/MORAWA/HECKENDORN URSCHELER (Hrsg.), Die Rechtsvergleichung in der Rechtsprechung. Praxis, Legitimität und Methodik (2014)에 실린 논문들도 참조; 비교법 분석으로는 BOBEK, Comparative Reasoning in European Supreme Courts (2013). 오스트리아 헌법재판소 실무에서 비교법 논거의 활용에 대해서는 GAMPER, in: GROPPI/PONTHOREAN, The Use of Foreign Precedents by Constitutional Judges (2013) 213ff.

Ⅳ. 법률초월적 법관법

은,873) 그리고 (스위스민법 제1조 제2항에 따라) *입법자로서* 흠결을 보충해 야 하는 하급심 법원도 - 특히 사법(私法)에서874) - 눈에 띄게 종종 외국 법질서의 규범에, 나아가 외국 법관법과 이론875) - 그 나라의 법에서 규

873) GERBER, in: Perméabilité des ordres juridiques = Osmose zwischen Rechts-ordnungen = The Responsiveness of Legal Systems to Foreign Influences (1992) 141ff. 의 많은 전거 참조; WERRO, 167ff.도 참조; G. WALTER, recht 2004, 91ff. KUNZ (recht 2017, 149)가 경고하는《일반적》비교법적 해석요소, 즉 일반적 해석요소로서 의 비교법이 부당함은 당연하다; 법상황이 명확하다면, 이러한 법상황을 비교법 논거 를 통해 덮을 수 없음은 자명하다.
비교법 논증을 한 연방대법원 판례로 BGE 114 II 131 (135), BGE 122 III 464 (465f.), BGE 126 III 129 (143ff.), 132 III 305 (315), 138 II 440 (451), 142 III 481 (490f.).
스위스판례에서 비교법은 법관법적인 흠결보충의 보조수단으로 기능할 뿐만 아니라, 불명확한 규율을 문언의미의 틀 내에서 해석하는 경우에도 활용된다. WALTER/ HURNI, Anwaltsrevue 2007, Heft 6/7, 287은 타당하게도 국내법에서 도출된 해석결과 의《정당성을 비교법을 통해 통제하는 것》을 말한다. 시사적 판례로 스위스연방대법 원 2002. 5. 28. 4C. 395/2001 제1민사부 판결(스위스채무법 제201조의 해석과 관련하 여 인근 나라들의 법과 비교하였다). 이에 대하여 RUETSCHI, recht 2003, 115ff. BGE 133 III 180 (184)에서 연방대법원은 비교법 논거의 의미를 특히 다음의 사안에서 강 조하였다. 스위스 입법자가 외국법을 모범사례로 삼은 사안. 리히텐슈타인 국사(國事) 재판소 판결 LES 2/03, 71 (76)의 다음 판시는 주목할 가치가 있다:《작은 나라에서는 비교법을 본래적 의미에서 〈제5의 해석방법〉으로 보는 것이 항상 정당화된다》(HÄ-BERLE를 언급하며). 그러나 본래적 의미의 제5의 해석방법이라기보다 객관적-목적 론적 해석방법의 보조수단으로 보아야 할 것이다; 유사한 (그러나 매우 조심스러운) 견해로는 RIESENHUBER, AcP 218 (2018) 714; 반대견해로는 TSCHENTSCHER, JZ 2007, 812. 작은 나라와 비교해 큰 나라의 법원은 (외국법에서 영감을 받는 것과 관련 하여), *외국법에 대한 공포*까지는 아니지만, 종종 자기만족을 하는 경향이 있다. 미국 의 상황에 대해서는 MARKESINIS, Cambridge Law Journal 65 (2006) 301f. 다음과 같은 제목과 함께:《국내적 자급자족인가 아니면 지적 오만함인가? 외국법에 대한 미국법원의 현재 태도》.
874) 공법에서 비교법 논거의 의미에 대해서는 TSCHENTSCHER, JZ 2007, 807ff.; 스위 스에 대해서는 RÜTSCHE, in: SCHMID/MORAWA/HECKENDORN URSCHELER (Hrsg.), Die Rechtsvergleichung in der Rechtsprechung. Praxis, Legitimität und Metho-dik (2014) 121ff.

율하지 않은 문제를 우리가 볼 때에도 합리적인 방식으로 우리 법질서의 체계에 통합될 수 있는 방식으로[876] 해결하는 법관법과 이론 - 에 의존한다. BGE 126 III 129 (138)에서 연방대법원은 다음과 같이 판시하였다. 《전통적으로 국경을 뛰어넘는 법적 거래의 경우 특히, 비교법적 기초없이 실질에 부합하는 법발견과 흠결보충이 실현될 수 없다》.

국제적 상사계약에 대한 판단이 문제되는 경우, 국내입법의 흠결은 (스위스민법 제1조 제2항을 근거로) 사법통일을 위한 국제기구(UNIDROIT)가 만든 《국제상사계약원칙: UPICC》을 참조하여 보충할 수 있다. UPICC는 국제조약에 근거한 것이 아니고, 구속력이 없는 《사적》 규율(《soft law》)이다. 이러한 규율의 실무상 성공여부(무엇보다도 중재재판에서)는 전적으로 그 규율의 내부적 품질에 달려있다. 따라서 UPICC는 *그 합리성에 의해*(imperio rationis) 효력을 인정받는 것이지 *고권*(高權)*에 의해*(ratione imperii) 효력을 인정받는 것이 아니다. 같은 취지로는 CANARIS, in: BASEDOW, Europäische Vertragsrechtsvereinheitlichung und deutsches Recht (2000) 16f. 《국내법을 해석하거나 보충하는 수단》으로서의 UPICC에 대해서는 O. MEYER, Revue de droit uniforme/Uniform Law Review 2016, 599ff.; HOEKSTRA, The Vindobona Journal of International Commercial Law and Arbitration 23 (2019) 64ff. 특히

---

875) 외국법관법을 참조한 판례로는 가령 BGE 132 III 359 (363). 외국법률을 참조하는 경우에도 (외국의) 판례 및 학설은 항상 함께 고려해야 한다. 타당하게도 이를 강조하는 문헌으로 BK-ZGB/MEIER-HAYOZ, Art.1 N389. H.P. WALTER, ZSR 126 (2007) I, 274도 참조. WALTER는 외국 판례의 피상적 고려를 경고한다. 《오히려 이러한 판례는 그곳의 법문화에 함입되어야 하고 그로부터 이해해야 한다》.

876) BYDLINSKI, Methodenlehre, 386의 다음 서술은 중요하다: 《적절한 외국의 법명제는 개념적-피상적 비교법이 아니라, 〈기능적〉 비교법 - 실제 규율문제와 규율목적으로부터 출발하는 비교법 - 을 통해서만 찾을 수 있다》. 타국 법질서의 법원칙을 이전할 때에는, 특히 그 법질서가 다른 법계(法系)에 속할 때에는 주의해야 한다. 이를 강조하는 판례로 OLG Celle NJW 2005, 2160 (2161).

IV. 법률초월적 법관법

UPICC를 UN매매법의 틀 내에서 흠결보충을 위한 보조수단으로 활용하는 문제(다툼이 심한 문제)에 대해서는 BURKART, Interpretatives Zusammenwirken von CISG und UNIDROIT Principles (2000) 209ff. 이에 대해서는 각주 1036의 광범위한 전거 참조. UPICC에 대한 중요한 주석서로는: VOGENAUER (Ed.), Commentary on the UNIDROIT Principles of International Commercial Contracts (PICC), 2.Aufl. (2015). UPICC와 유럽계약법원칙(《PECL》)을, 이러한 원칙들의 영향을 강하게 받은 성문의 사법(私法)을 해석할 때, 고려하는 것에 대해서는 ZUKAS, Der Einfluss der 《UNIDROIT Principles of International Commercial Contracts》 und der 《Principles of European Contract Law》 auf die Transformation des Vertragsrechts in Litauen (2011). 리투아니아 사례를 들어 설명한다.

《비교법적 법발견 방법: komparativen Methode der Rechtsfindung[877])》을 통한 법관법적 부분 계수는, MEIER-HAYOZ가 설득력 있게 설명한 것처럼[878]), 다음과 같은 사정을 생각한다면 스위스법에서 바로 정당화될 수 있다. 오늘날 입법자 - 법원은 스위스민법 제1조 제2항에 따라 입법자 모델을 기초로 해야 한다 - 는 타당하게도, 외국, 가령 인근 유럽의 법질서에서의 해법, 그리고 특히 EU법[879])에서의, 관련성이 있는 해

---

877) ZWEIGERT의 본격적 논문 - RabelsZ 15 (1949/50) 5ff. - 의 제목이다. 통일사법 해석 시 비교법의 의미에 대해서는 330-331면 참조.

878) BK-ZGB/MEIER-HAYOZ, Art.1 N367f. 리히텐슈타인 최고법원(LES 3/11, 156 [157])은 외국법의 다양한 계수를 통해 만들어진 리히텐슈타인법에 관하여, 다음과 같은 규칙에 따랐다. 계수된 법은 원칙적으로, 모국(母國) 최고법원이 해석하는 내용대로 그 효력이 인정되어야 한다. 이에 대해 비판적이고 세부적으로 사안을 나누어 설명하는 견해로는 KRAMER, JZ 2017, 11.

879) 스위스 경제법의 《유럽적합성》이라는 공준의 개념과 기능에 관해 상세히 BAUDENBACHER, ZSR 131 (2012) Ⅱ, 419ff. 순수 스위스법(《자율적으로 다른 나라의 법을 참조하여 만든 법》이라고 말할 수 없는 스위스법)의 해석과 흠결보충 시에도 EU법이 의미를 갖는다는 점에 대해서는 341-342면 참조.

법이 담긴 비교법 개관(연방평의회의 법률안 제안설명서 안에 문서화 되어 있다)으로부터 영감을 받지 않은 채로는, 어떠한 중요한 입법도 세상에 내놓지 않는다. 스위스해운법 제7조는 심지어 법관에게 명시적으로 비교법적 방법으로 흠결을 보충하도록 지시한다. 위 조항에 따르면,《법관은 종국적으로 그가 입법자로서 만들었을 - 이 경우 법관은 운송국가의 입법, 관습, 학설과 판례를 고려한다 - 규칙에 따라》결정해야 한다.[880]

ee) 법 외부의 논거

(1) *입법자로서 행동하여* 만들어지는 법관법에 대한 영감의 원천은 법외부적으로 획득된《정책적 고려》일 수도 있다(나아가 이러한 정책적 고려가 영감의 원천이어야 한다!). 이러한 정책적 고려는 다시 법리(전적으로 법도그마틱적 논증만 하지는 않는 법리)에 의해 가급적 가공되어야 한다.[881]

이러한 법외부적 논거의 정당성은 스위스법의 경우 스위스민법 제1조 제2항으로부터 직접 도출된다. 독일은 사정이 다르다. LANGENBUCHER, Die Entwicklung und Auslegung von Richterrecht (1996) 참조. 이 문헌에 따르면 법형성 시 법관의 논거가 법외부적 논거로까지 확장되는 것은 정당화될 수 없다(요약으로는 30면); 같은 견해로는 BVerfG NJW 2012, 669 (671). 이 판례에 따르면,《법관에 의한 법형성이 법률상 언명을 충분히 고려하지 않고 새로운 규율을 만드는 경우》, 법관에 의한 법형성은《헌법적 한계》를 넘어선 것이다; 명시적으로 같은 취지로는 (스위스민법 제1조 제2항을 고려하지 않았다) BGE 114 II 239 (246): 법률을 초월하는 법관에 의한 법형성은 다음

---

880) 이 규정과 비교법적 법발견 방법에 대한 스위스의 개방적 태도에 특히 주목하는 문헌으로 GROSSFELD, Macht und Ohnmacht der Rechtsvergleichung (1984) 33f.

881) 분과학문의 경계를 넘어서서 바라보는 현대적 법이론의 과제에 대한 중요한 고찰로는 GOUBEAUX, Rev. trim. droit civ. 2004. 249f.

Ⅳ. 법률초월적 법관법

과 같은 국면 -《현행 법질서의 틀 내에서 특별한 법적 고려만으로는 해답을 찾을 수 없는 국면》- 에서는 애초부터 가능하지 않다. AMSTUTZ, 2003, 682f.는 원칙적으로 다음과 같은 점을 시인한다. 법작용은 (법외부적인 내용들에 문호를 개방함으로써) 타율적으로 확정된다. 그러나 AMSTUTZ는 이러한 법외부적 논거의 활용에 대한 충분한 이론적 (방법론적) 근거를 제시하지 않았다. 이 문제에 대한 사고방법상의 착안점으로는 PETERSEN, Der Staat 2010, 434ff.; (학제간 법방법이 아니라)《분과학문을 뛰어넘는》법방법을 옹호하는 문헌으로 (주식법 및 자본시장법을 사례로) DEDEYAN, 33ff. 이에 반해 엄격한 법적 관점을 옹호하는 문헌으로 ERNST, 15ff. 이미 빈트샤이트(Die Aufgaben der Rechtswissenschaft [1884] 31)는《윤리적, 정치적, 국민경제적 고려》는《법률가 자신들》의 문제가 아니라고 주장하였다.

사법(私法)적 맥락에서 법외부적 논거는, 이미[882] 암시한 것처럼, 종종 *경제적 논거*이다. 책임법에서 법률상으로는 한 번도 충분한 해명이 이루어지지 않은 문제, -《간접손해》도 배상대상이 되는가, 무엇보다도《순수재산손해》는 언제 배상을 명해야 하는가 - 는 위법성에 관한 순전히 법도그마틱적인 이론을 통해 또는 다소 우연하게 밝혀진《보호규범》을 단지 참조하는 것을 통해 극복될 수 없다(또는 이런 방법들만 활용해서는 극복될 수 없다). 이러한《분과학문의 자폐성》[883]은 더 이상 의미가 없다. 이 경우 - 최대한 근거를 갖춘, 단지 직관에만 기초한 것이 아닌 - 법외부적 고려가 함께 이루어져야 한다. 특히 법경제학적으로 근거를 갖춘《최소위험 부담자》에 대한 질문과 이러한 맥락에서 귀속된 위험의 경제적 수인가능성(무엇보다도 부보(附保)가능성) 논거(이러한 논거는 종종 법률에

---

882) 264면 참조.

883) 타당한 지적으로는 JESTAEDT, in: KIRCHOF/MAGEN/SCHNEIDER (Hrsg.), Was weiß Rechtsdogmatik? (2012) 131.

명시된다[884])가 함께 고려되어야 한다.[885] 다만 이러한 법외부적 고려가 현행법의 기본적 평가와 양립할 수 있는 경우에만 그러하다. 제조물책임법, 의료과오책임법, 환경법에서도 상황은 매우 비슷하다. 과실이라는 책임법의 핵심적 일반조항을 구체화하는데에도 경제적 고려가 유용하다. 과실은《거래에서 요구되는 주의》를 다하지 않은 것[886]이라는 전통적 서술은 여기서 거의 도움이 되지 않는다. 미국의 Learned HAND 판사[887]가 만든 공식 - 이 공식에 따르면 사고로 발생한 손실과 사고발생 확률을 곱한 값이, 행위자가 손실을 피하기 위해 취할 수 있었던 예방조치 관련 비용을 초과하는 경우 과실이 인정된다 -[888] 이 훨씬 더 설득력이 있어 보인다. 비록 이 공식은 해석을 필요로 하지만. 몇몇 일반조항 (가령 불확정 법개념)들은 직접적으로《경제적 분석》을 지시한다. 가령 스위스카르텔법 제5조 제1, 2항의《경쟁의 상당한 침해》,《유효한 경쟁》, 《경제적 효율성》.[889]

---

884) 각주 817의 전거.

885) 책임법에서 순전히 도그마틱적인 논증이 야기하는《비참함》에 대해서는 이미 SCHILCHER, in: Wertung und Interessenausgleich im Recht: Walter Wilburg zum 30. Dezember 1975 gewidmet von Assistenten der Grazer rechts- und staatswissenschaftlichen Fäkultat (1975) 186ff.; SCHILCHER의《사회적 손해분담의 이론》(1977)이라는 독창적 시도도 참조; 간접손해 문제를《공개적으로》극복하는 것에 대해서는 BÜRGE, JBl 1981, 57ff.도 참조.

886) 독일민법 제276조 제1항에 따른 과실의 법적 정의이다.

887) United States v. Carroll Towing Co., 159 F.2d 169 (2nd Cir. 1947). 영국실무의 경우 가령 Stovin v. Wise [1996] A.C. 944에서 LORD HOFFMANN은 효율적 자원분배 및 외부효과 감소와 같은 논거를 언급하였다.

888) 이에 관해서는 TAUPITZ, AcP 196 (1996) 157ff.; KÖTZ, in: Festschrift für Ernst Steindorff zum 70. Geburtstag am 13. März 1990 (1990) 643ff., 649ff.; ders., ZVersWiss 1993, 60ff.

889) 이에 관해서는 BGE 129 II 18ff. (《도서정가제 II》) 그리고 이 판례에 대해서는 AMSTUTZ/REINERT, 2003, 56ff.; RAASS, 2004, 911ff. 연구개발 분야에서 경업금지 약정을《경제적 효율성》논거를 통해 정당화하는 문헌으로는 BÜHLER/LEHMANN,

미국이론(《법과 경제》학파[890]))에서 발전되었고 그 후 전세계적으로 주목을 받아 온 《법의 경제적 분석》[891])은, 법적 규범화의 해석 및 평가에 관하여 부분적으로, 이론적 배타성 요청을 주장한다. 사법(私法)에서 권리와 책임은 사회의 희소한 자원이 최적으로(즉 최대한 효율적으로) 활용되도록 귀속되어야 한다는 것이다. 이처럼 환원주의적-일원적 의미에서의 법의 경제적 분석은 *해석론*으로도 *입법론*으로도 유지될 수 없다. 법적 규율이 본질적으로 경제적(시장경제적) 효율성 고려에 기초하고 있지 않다는 점은 명백하다.[892]) 또한 법적 규율은 오로지 《비용편익분석》을 목표로 하지도 않는다.[893]) 그렇다고 해서 이러한 고려가 법적용시

AJP 1997, 651ff. 이 문헌은 경제적 논거에 대하여 방법론적으로 모범이 되는 평가를 하고 있다. REINERT, Ökonomische Grundlagen zur kartellrechtlichen Beurteilung von Alleinvertriebsverträgen (2004)도 참조. 카르텔법에서 방법론의 의미에 대한 일반적 고찰로 R.H. WEBER, in: WEBER/HEINEMANN/VOGT (Hrsg.), Methodische und konzeptionelle Grundlagen des Schweizer Kartellrechts im europäischen Kontext. Symposium für Roger Zach (2009) 1ff. BGer JAR 1991, 159 (161)에서 경제적인 근로가치분석을 통해, 스위스연방헌법 제8조 제3항 제3문의 《동일가치 노동》이라는 불확정 법개념을 구체화하는 것도 방법론적으로 흥미롭다. 연방대법원의 경제적 논증에 관한 전거로는 GRONER, SJZ 2002, 457ff.

890) 30년간의 《계약법의 경제적 분석》에 대한 손익계산서로는 POSNER, The Yale Law Journal 112 (2003) 829ff. 독일어권에서 법경제학의 발전에 관해서는 GRECHENIG/ GELTER, RabelsZ 72 (2008) 540ff.

891) 이에 대해서는 KIRCHNER, Ökonomische Theorie des Rechts (1997); VAN AAKEN, 《Rational Choice》 in der Rechtswissenschaft (2003); LIETH, 곳곳에; TOWFIGH/ PETERSEN, Ökonomische Methoden im Recht. Eine Einführung für Juristen, 2.Aufl. (2017); MÖLLERS, 180ff. (N122ff.); MÜLLER/MITROVIC, recht 2019, 50ff.; MATHIS, Effizienz statt Gerechtigkeit?, 4.Aufl. (2019). 특히 민법의 경제적 분석에 대해서는 SCHÄFER/OTT, Lehrbuch der ökonomischen Analyse des Zivilrechts, 4. Aufl. (2005).

892) 이에 대해서는 EIDENMÜLLER, Effizienz als Rechtsprinzip, 4.Aufl. (2015).

893) 결과적으로 같은 취지 HORN, AcP 176 (1976) 333; 최근 문헌으로 R. STÜRNER, AcP 214 (2014) 38. 《생각이 협소해지는 치명적 위험》을 경고한다. 지면상 논쟁으로 FEZER, JZ 1986, 817ff.; OTT/SCHÄFER, JZ 1988, 213ff.; FEZER, JZ 1988, 223ff.

도움이 되지 않는다는 뜻은 아니다. 이러한 고려는 때로는 필수적일 수 있다. 이 점은, 카르텔법 사례와 같이, 법률상 규율이 경제적 논거를 지시하거나 묵시적으로 경제적 논거에 기초한 경우 명백하다.894)《회사법과 자본시장법 또는 금융시장감독의 경우 우리는 경제적 지식 없이는 더 나아갈 수 없다》.895)

앞서 언급한 내용은 협의의 법관법 또는 구속적 법관법 영역이 아니라 본래적 의미의 (법률초월적) 법관법의 근거설정이 문제되는 경우, 특히 사적(私的) 재산법 - 우리 사회의 경우 시장경제질서 및 그 기능적 전제에 함입되어 있는 사적 재산법 - 영역에서 일반조항의 구체화가 문제되는 경우896), 도드라진다. 이 경우 결정근거에서 제시된 경제적 관점은 많은 사례에서, 가상의 법적 근본평가, 대부분 막연한《사물의 본성》897) 또는 파악하기 어려운 법적용자의 공평고려를 전통적으로 소환하는 것과 비교하면, 합리성에서 진전을 이룬 것이다.

《경제적 책임이론》의 간략한 설명으로는 GIMPEL-HINTEREGGER, Grund-fragen der Umwelthaftung (1994) 43ff. 계약법에서도 일반조항의 구체화를 위

참조. 영국 경제학자 C.A.E GOODHART의 매우 균형잡힌 입장으로는 The Modern Law Review 60 (1997) 1ff. 이 글은 법의 경제적 분석의 이론적 단초가 통일된, 닫힌 체계를 제공하지 않고, 매우 다양한《학파》에서 주장될 수 있음을 보여준다.

894) 장래 일실이익에 대한 손해배상에서 적절한 이자율과 관련하여, 연방대법원(BGE 125 Ⅲ 312 [315ff.])은 스위스채무법 제42조를 근거로 장래 예측되는 물가상승률과 자본이익률에 관하여 전문가 전망을 의뢰하였다.

895) 타당한 지적으로는 DEDEYAN, 55; HETTICH/KOLMAR, ZBl 2018, 283f.도 참조; KOHL, in: Jahrbuch Junger Zivilrechtswissenschaftler 1992 (1993) 45; EIDENMÜL-LER, AcP 197 (1997) 116ff. 특허법에서 경제적 근거설정에 관해서는 MACHLUP, GRUR Int. 1961, 373ff.

896) 과실개념에 대해서는 이미 각주 886, 887 참조.

897) 이에 대해서는 이미 174면 참조. 사물의 본성이라는 논거의 타당성에 의문을 제기하는 견해로는 무엇보다도 RÜTHERS/FISCHER/BIRK, §23 N922ff.

해 경제적 고려가 중요할 수 있다. *계약체결상의 과실책임*이라는 표제 하에 정보제공의무를 얼마나 폭넓게 귀속시킬 수 있어야 하는지, 그리고 - 같은 맥락에서 - 착오로 인한 위험을 계약의 취소가능성을 통해 얼마나 폭넓게 전가시킬 수 있어야 하는지에 관하여 KÖTZ, Europäisches Vertragsrecht, 2. Aufl. (2015) 259f.: 《자유경쟁의 경제질서에서 법규범은 현실에서 다음과 같은 인센티브를 제공해야 한다. 재화와 용역의 성격, 사용가능성, 판매기회에 관한 정보로서 재화와 용역의 가치를 증가시키는 정보를 시민들이 취득하는 것이, 그들에게 이득이 되게 만드는 것. 만약 우리가, 특별한 교육이나 경험을 근거로 또는 특별한 취득노력을 통해 이러한 정보를 취득한 사람으로 하여금 그의 교섭상대방에게 이러한 정보를 공개하도록 의무를 부과하고, 따라서 그의 정보상의 이득을 포기하도록 강요한다면, 위와 같은 목적 (인센티브 제공)은 달성되기 어려울 것이다》; KÖTZ, ZVerWIss 1993, 67ff.; 스위스문헌으로는 VON DER CRONE, Rahmenverträge (1993) 128ff. 이러한 접근법에 대한 본격적 문헌으로 KRONMAN, J. Leg. Stud. 7 (1978) 1ff.; ADAMS, AcP 186 (1986) 453ff.; ders., recht 1986, 14ff.도 참조; SCHÄFER, in; OTT/SCHÄFER (Hrsg.), Ökonomische Probleme des Zivilrechts (1991) 117ff. 약관통제의 보호목적 서술과 관련하여 법경제적 분석이 갖는 의미에 관해서는 무엇보다도 KÖTZ, Undogmatisches (2005) 221ff. (원래 원고는 JuS 2003, 209ff.).

(2) 법외부적 논거로 경제적 논거만 있는 것은 아니다. 인(人)법, 혼인법, 친자법, 성년후견법의 경우 *심리학*이 문제되는 경우가 많다.[898] 판단

---

898) 사례로는 COESTER의 모노그래프인 Das Kindeswohl als Rechtsbegriff (1983); SCHWENZER, Vom Status zur Realbeziehung (1987). 아동정신의학의 중요성에 관해서는 FELDER/HAUSHEER, ZBJV 129 (1993) 698ff.; 비혼자들 또는 더 이상 혼인관계에 있지 않은 자들의 《공동친권》을 심리적 관점에서 고찰한 것으로 STAUB/HAU-SHEER/FELDER, ZBJV 142 (2006) 537ff. 판단능력이라는 개념의 경우 법적 고려와

능력(스위스민법 제16조)이라는 핵심적 구성요건은 심리학적 지식없이 구체화될 수 없다. 연방대법원[899]은 이혼 시 양육권 결정과 관련하여 자녀의 의견을 듣는 타당한 방침(처음에는 법률상 근거 없이 이루어졌다[900])을 아동정신의학적 지식을 통해 설득력 있게 뒷받침하였다. 연방대법원은 원치않는 자녀와 관련한 부양비용의 배상가능성에 관한 판례에서도 심리적 고려를 하였다.[901] 형법에서 심리적 고려는 매우 중요한 역할을 한다. 사회보험법에서는 매우 종종 *의학적 지식*[902]이 문제된다. 저작권법에서는 (특히 저작권법상 저작물개념에 관하여) *예술이론적 지식*이 중요할 수 있다.[903] 일반조항을 법관법을 통해 구체화하는 경우 *설문조사*가 유용할 수도 있다; 가령 광고가 대상이 된 대중들의 거래관념상 기만적이라고 평가할 수 있는지 또는 - 부정경쟁방지법 제3조 제d호의 의미에서 - 혼동의 위험이 존재하는지가 문제된 경우.[904]

심리적 고려가 결합되어 있다는 점에 대해서는 HAUSHEER/PERRIG-CHIELLO, ZBJV 148 (2012) 773ff. 스위스민법 제450e조 제3항은 명시적으로《전문가의 감정의 견서에 기초하여》심리적 장애상태 여부를 판단해야 한다고 규정한다.

899) BGE 122 Ⅲ 401 (401f.); BGE 122 Ⅲ 404 (406f.)도 참조; 여전히 스위스민법 제144조 제2항을 근거로 한 판례로 BGE 131 Ⅲ 553ff. 관련 문제로는 TUOR/SCHNY-DER/SCHMID/JUNGO, §25 N42ff.

900) 지금은 스위스민사소송법 제298조 - 스위스민법 제144조를 대체하는 조문이다 - 참조.

901) BGE 132 Ⅲ 359 (374ff.).

902) 가령 지속적인《신체형 장애》에 관한 BGE 141 Ⅴ 281.

903) VISCHER, in: Recht und Wirtschaft heute. Festgabe für Max Kummer (1980) 277ff. 사진과 관련한 예술개념의 저작권법상 문제에 대하여 BGE 130 Ⅲ 168ff.(*Bob Marley 사건*); SENN, 2015, 137ff.

904) 그러나 스위스 실무는 지식재산권법과 부정경쟁방지법에서 설문조사를 활용하는 데 매우 소극적이다. HILTI, in: VON BUREN/DAVID, Schweizerisches Immaterial-güter- und Wettbewerbsrecht, Bd. Ⅲ (1996) 473f.; DAVID, AJP 2003, 429ff. 독일실무는 다르다; 이에 대해서는 KNAAK, Demoskopische Umfrage in der Praxis des Wettbewerbs- und Warenzeichenrechts (1986). 스위스제조물책임법 제4조 제1항(제조

《법현실주의》 학파의 영향을 받은 미국 법실무는, 판결이유에서 경험주의를 고려한 선구자라고 할 수 있다. 이에 관하여 나중에 최고법원 법관이 된 Louis D. BRANDEIS의 (Muller v. Oregon, 208 U.S. 412 [1908] 사건에서) 답변서가 유명하다. 그는 이 답변서에서, 심사대상 법률이 계약자유를 제한하는 것이 공적 안전 및 건강보호의 요청과 명확한 관련성을 갖고 있음을 증명하기 위해, 통계적, 사회학적 그리고 경제적 사실관계 자료를 풍부하게 법원에 제시하였다. 이미 O.W. HOLMES, The Path of the Law, Harvard Law Review 10 (1897) 457ff.; in: Collected Legal Papers (1920) 180으로 재출판됨: 미래의 법률가는 《실정법의 전문가(black-letter man)》가 아니라, 《통계학과 경제학의 장인》일 것이다. 미국 법현실주의에 대해서는 CASPER, Juristischer Realismus und politische Theorie im amerikanischen Rechtsdenken (1967) 41f.; REICH, Sociological Jurisprudence und Legal Realism im Rechtsdenken Amerikas (1967) 70ff.; REA-FRAUCHIGER, Der amerikanische Rechtsrealismus; Karl N. Llewellyn, Jerome Frank, Underhill Moore, Diss. 2004; GRECHENIG/GELTER, RabelsZ 72 (2008) 522ff. 더 나아간 문헌으로 TAMANAHA, Beyond the Formalist-Realist Divide: The Role of Politics in Judging (2010); 미국과 스칸디나비아의 법현실주의에 대하여 PIHLAJAMÄKI, American Journal of Comparative Law 52 (2004) 469ff. 마지막으로 독일법에 대해서는 CHRISTANDL/LAIMER (Hrsg.), Intra- und Interdisziplinarität im Zivilrecht (2018)에 실린 논문들 참조.

물의 흠은 제조물사용자의 《정당한 안전기대》라는 시각을 통해 구체화된다)도 거래관념을 기준으로 한다. 이에 대해서는 OGH JBl 1993, 524 (525) 참조: 《〈정당한 안전기대〉라는 개념의 의미내용은 법외부적 개념내용 및 평가기준의 도움을 받아야만 채워질 수 있다》. 채권법에서 사회적 평가가 커다란 관련성을 갖는다는 점 일반에 대해서는 KRAMER, in: Dimensionen des Rechts: Gedächtnisschrift für René Marcic (1974) 119ff.; in KRAMER, Zur Theorie und Politik des Privat- und Wirtschaftsrechts (1997) 43ff.으로 재출판됨.

(3) 법관법이《외부적》, 무엇보다도 사회과학적 근거요소들에 대하여 열려있어야 한다고 주장하더라도, 그와 함께 다음과 같은 순진한 환상 (존재로부터 당위를 직접 도출하는 것은 유지될 수 없다는 점을 무시한 환상)에 대해 경고를 해야 한다. 이러한 요소들로부터 직접적으로 평가 - 법발견에서 최종적으로 관건이 되는 평가 - 를 도출할 수 있다는 환상.[905] 《사회과학으로부터 기대할 수 있는 것은 완성된 답이 아니라, 그저 더 나은 논거(논거가 더 나은 이유는 차별화/세분화되었기 때문이다)를 위한 수단과 길이다. 따라서 사회과학은 결코 성찰을 대체해주는 것(Reflexionsersatz)이 아니다. 단지 성찰을 장려하는 것(Reflexionsanreiz)일 뿐이다(이러한 장려는 필수불가결하다). 사회과학의 도움을 통해 우리가 추구하는 법적 규율의 사회적 그리고 경제적 시사점이 드러나는 곳에서만, 실질적 합리성을 위한 조건들이 충족된다》.[906]

4. 일반조항과 법관의 재량을 지시하는 법률규정의 구체화

a) 서론

스위스민법 제1조 제2, 3항은 의도되지 않은(《계획에 반하는:planwidrig》)

---

905) 존재로부터 당위를 도출하는《자연주의적 오류》(D. HUME)에 대한 간결하고 풍성한 문헌으로 LEPSIUS, JZ 2005, 2:《사실은 그 자체만으로는 규범적 발언가치가 없다》. 반대로 법적으로 그렇게 되어야 한다고 해서, 현실이 실제로 그렇다는 결론이 도출될 수 없음도 당연하다: 이를《규범주의적 오류》(법률가는 당위에 상응하는《왜곡:déformation》으로 인해 규범주의적 오류에 빠지는 경우가 드물지 않다)라고 부를 수 있다.

906) SIMITIS, AcP 172 (1972) 149. (《규칙합리성》과 대비되는)《목적합리성》에 대해서는 WAHLGREN, Scandinavian Studies in Law 40 (2000) 257f.

IV. 법률초월적 법관법

법률상 흠결을 법관법을 통해 보충하는 것을 다룬다. 그러나 이미 언급한 것처럼,[907) 입법자가 처음부터 의식한 흠결, 즉 본래적 의미의 규범형성이 법적용자에게 맡겨진 사례들도 있다. 이러한 《*법률 내부 흠결*》로는, 일반조항 및 스위스 사법에서 극히 빈번한 규율[908)로서 법률이 형평, 법관의 재량, 《모든 사정의 평가》, 《중대한》(또는 《고려할 가치가 있는》) 사유 또는 수인가능성 고려를 언급한 경우를 들 수 있다. 일반조항의 사례는 이미 위에서[909) 설명하였다; 형평, 법관의 재량[910) 또는 모든 사정의 고려를 언급한 사례로 스위스민법 제319조 제1항, 제692조 제2항, 제766조, 스위스채무법 제43조, 제52조 제2, 3항, 제54조 제1항, 제205조 제2항, 제272조 제1, 2항 및 제422조 제1항이 있다. 《중대한(고려할 가치가 있는) 사유》를 언급한 사례로 스위스민법 제30조 제1, 2항, 제65조 제3항, 제348조 제2항, 제576조, 스위스채무법 제266g조, 제337조, 제539조 제1항, 제545조 제2항 및 제652b조 제2항이 있다.

이 모든 사례에서 - 형식적으로 보면 - 법률상 규율이 존재함에도 불구하고, 법관이 보충적 입법자로서의 권한을 위임받았고 따라서 스위스민법 제1조 제2항의 경우처럼 본래적인 법관법을 정립해야 함은 명백하다.[911)

---

907) 57면 참조.

908) 더 상세한 목록화로는 BK-ZGB/MEIER-HAYOZ, Art.4 N 60ff.; STEINAUER, 148ff.

909) 각주 112부터 참조.

910) 많은 법률상 규율의 경우(가령 스위스채무법 제42조 제2항) 법관의 재량은 법적 평가와 관련이 없고, 사실관계의 확정과 관련이 있다. 사실관계의 확정이라는 문제영역은 이 책에서는 더 이상 살펴보지 않는다. 법적 평가에서 법관의 재량과 사실관계에 관한 재량(자유로운 증거평가)의 차이로는 DESCHENAUZ, 132f.; BK-ZGB/MEIER-HAYOZ, Art.4 N28ff. 《구성요건재량》과 《법적효과재량》의 차이, 즉 구체적 규정에 근거하여 법관의 재량이 발휘되어야 할 '위치'가 어디인지에 따른 차이에 관해서는 HRUBESCH-MILLAUER, Art.4 N282ff.

911) 타당한 지적으로 MORIN, ZSR 126 (2007) Ⅱ, 225.

b) 방법론적 절차 일반에 관하여

aa) 스위스민법 제4조는 다음과 같이 규정한다. 법원은 법률이《법원의 재량 또는 상황의 평가 또는 중대한 사유》를 언급한 사안에서,《정의와 형평에 따라》판결해야 한다.[912] 극도로 모호한 재량개념임이 명백한 기준을 위와 같이 언급하는 것 자체는 발언력이 거의 없다. 이러한 언급은 전통적으로, - 스위스민법 제1조 제2항에 따른《입법자와 같은 방법》과는 반대로 - 《개별 사안에 따라》문제를 해결하라는 요청, 즉《개별 사안의 특수성을 최대한 반영한 판결》을 하라는 요청[913]으로 이해되었다; 법관은《구성요건의 모든 특수성을 고려해야 하고》,《처음부터 사안의 특정 개별요소에만 국한해서》추상화하거나 규칙을 세우면 안 된다고 주장되기도 한다.[914]

스위스민법 제1조 제2항에 따른 흠결보충이라는《입법자와 같은 방법》과 스위스민법 제4조에 따른《개별사안의 해결에 주목하는 방법》사이의 원칙적 차이점을 강조하는 이러한 시도는 이상하게 보인다. 법관법의 영역에서 - 법관법이 *법률을 넘어서* 전개되는지 *법률 내부에서* 전개되는지에 따라 - 원칙적으로 서로 다른 두 개의 접근법을 준수해야 한다는 점은 *일견(一見)* 분명하지 않다.[915] 더 세밀히 관찰하면 이러한

---

912) 스위스민법 제4조의 입법사에 대해 상세히는 Manaï, 45ff.

913) CARONI, 181.

914) CARONI, 184; Manaï, 77; DESCHENAUX, 134f.도 참조. 그러나 이 문헌은 입법자와 같은 방법(스위스민법 제1조 제2항)과 개별사안의 해결에 주목한 방법(스위스민법 제4조) 사이의 차이를 상대화한다; BK-ZGB/MEIER-HAYOZ, Art.4 N16ff(N19ff.와 연결하여)도 상대화하고 있다.

915) 따라서 ZK-ZGB/DÜRR, Vorbem. zu Art.1 und 4 N1ff.가 스위스민법 제1조의 주석에 앞서 스위스민법 제1조와 제4조의 요지를 상세히 설명하는 것은 설득력이 있다.

의심의 정당성은 강화된다.

bb) 한편으로 다음 사실은 명백하고 다툼이 없다. 스위스민법 제4조는 결단주의적인, 《순수하게 우연적인, 개별사건의 해결》[916]을 촉구하는 것이 아니고, 감정에 따른 카디재판을 촉구하는 것도 아니다; 《형평에 기초한 판결은 객관적 근거를 갖추어야 한다》[917]; 법원은 《근거를 통해 자신의 선택을 정당화해야 하고, 판결에서 자신이 확신하는 근거를 밝혀야 한다》.[918]

다른 한편으로 다음 사실도 명백하다. 스위스민법 제4조에 따르는 경우에도 법적용자는 법 앞의 평등 요청에 구속된다.[919] 《법관이 어제 특정 상황 - 가령 합의의 존속에 대한 채권자의 이익, 침해와 과책의 중대성, 스위스채무법 제163조 제3항이 뜻하는 지나치게 많은 위약금이 존재하는지와 관련된 당사자의 경제적 상황 - 을 본질적인 것으로 보았다면, 법관은 오늘 그 특정 상황을 본질적이지 않은 것으로 제쳐둘 수 없고, 그 반대도 마찬가지이다》.[920] 따라서 다음 결론이 도출된다. 스위스민법

---

916) SIMITIS, AcP 172 (1972) 138.

917) BK-ZGB/MEIER-HAYOZ, Art.4 N21; CARONI, 184도 참조. 본문에서 언급한 내용은 스위스민법 제4조의 프랑스어 판(그리고 프랑스어 판에 상응하는 이탈리아어 판)에서 특히 뚜렷하게 드러난다: 《법관은 법의 규칙과 형평의 규칙을 적용한다...》; 이 점을 언급하는 문헌으로 EGGER, Art.4 N9; STEINAUER, 144ff. 재량에 따른 판결을 연방대법원이 통제하는 것에 관해서는 STEINAUER, 150f.

918) BGE 131 Ⅲ 26 (31).

919) 모든 문헌을 대신하여 GERMANN, Probleme, 221f.; 행정을 통한 재량을 다루는 것에 관해 명시적으로 언급한 판례로 BGE 108 Ⅰa 122 (124). 스위스민법 제4조에 따른 재량판결에서 《헌법적 시각》(법 앞의 평등 원칙 이외에 비례의 원칙과 같은 근본적 헌법상 보장을 고려하는 것)을 옹호하는 문헌으로 K. AMSTUTZ, ZSR 131 (2012) Ⅰ, 309ff.

920) BK-ZGB/MEIER-HAYOZ, Art.4 N21. MEIER-HAYOZ(N54)는 타당하게도 《사안비교의 방법》을 말한다.

제4조에 따른 절차를 특징짓는 개별사안의 모든 사정을 기준으로 한다는 것은 당연히 처음부터 다음과 같은 의미일 수 없다. 사안을《그 독특성 자체로》평가해야 하고, 따라서 법적으로 관련이 없는 사정도 고려되어야 한다; 오히려 법관은《모든 본질적 특수성을 고려하여, 그리고 오직 본질적 특수성만을 고려하여, 자신의 해법을 정당화해야 한다》.921) 그러한 한에서 스위스민법 제1조 제2항에 따라 요청되는 절차와 차이가 없다. 왜냐하면 스위스민법 제1조 제2항의 경우에도 개별사안 및 그 사안의 구체적 이익상황을 평가해야 하기 때문이다. 이 경우에도 법적용자는 사안을 일반적-추상적 규칙에 포섭하기 위해, *선험적으로*《도식화, 형식화, 규범화》해서는 안 된다;922) 오히려 스위스민법 제1조 제2항에 따르는 경우에도 우선 개별사안의 모든 사정을 계산에 포함시켜야 한다; 이를 기초로 비로소(즉 *선험적이* 아니라는 뜻이다!) 규칙형성을 위해 법적으로 관련이 있는 사정을 구축할 수 있게 된다.

결과적으로 법관법적 판결이 스위스민법 제1조 제2항을 근거로 하는지 제4조를 근거로 하는지에 따라, 방법론적 기본방침에서 차이가 있는 것은 아니라고 말할 수 있다.923) 이는 다음과 같은 뜻이다. *입법자로서의* 법관

---

921) BK-ZGB/MEIER-HAYOZ, Art.4 N46; GERMANN, Probleme, 353; DESCHENAUX, 132:《...스위스민법 제4조의 영역에서도 마찬가지로, 법관은 일반화가 가능한 기준 - 아무리 개별적이더라도 추상적 규칙과 다르지 않은 기준 - 을 만들어야 한다》; STEINAUER, 149:《법관은 원리와 법질서의 일반적 가치로부터 영감을 받아야 한다》; 그러나 HRUBESCH-MILLAUER, Art.4 N338은 개별사안별 공평이라는 관점을 특히 강조한다. 판례로는 BGE 108 Ⅰ a 122 (124). 스위스민법 제125조 제1항(자기 자신을 부양하는 것에 대한 기대가능성 - 이혼 후 배우자 사이의 부양의무 인정기준)에 대하여 연방대법원은 다음과 같은 규칙(사실상 추정)을 정하였다. 45세가 된 후로는 원칙적으로 더 이상 기대가능성이 없다(BGE 115 Ⅱ 6 [11]); 지금은 이 기준을 상대화하고 있다. BGE 137 Ⅲ 102 (109).

922) BK-ZGB/MEIER-HAYOZ, Art.4 N18 및 N46(스위스민법 제1조 제2항에 따라 요청되는 방법의 성격을 설명하고 있다).

923) 이미 DIENER, Das Ermessen (Art.4 Z.G.B.): ein Beitrag zur allgemeinen Rechts-

법적 판결을 근거지우기 위해 제시된 고려들은, 일반조항 그리고 법관법적 재량을 지시하는 법률을 구체화하는데도 원칙적으로 적용된다.[924)

c) 특별한 고려

aa) *일반조항의 구체화*[925)와 관련하여, 《간접적 제3자효》라는 표제 하에 논의되는 기본권질서의 중요성은 이미 위에서[926) 언급하였다. 또한 입법자는 종종 일반조항을 몇몇 예시적 사례 - 입법자의 평가에 따른다면 일반원칙이 구체화된 사례 - 와 결합시킨다는 점도 이미 언급하였다.[927) 이러한 사례의 구성요건들이 - 비록 그 요건들도 매우 종종 재량개념에 다시 의거하고 있지만 - 일반조항을 법관법을 통해 구체화하는데 의미있는 보조수단이 된다는 점은 자명하다. 가령 스위스민법 제684조 제1항에 따른 이웃토지에 《과도한 간섭》을 하지 말라는 명령은, 제2

---

lehre (Diss. 1920) 85; FASSBIND, Systematik der elterlichen Personensorge in der Schweiz (2006) 6f.; 스위스민법 제4조와 제1조 제2항의 《근본적 유사성》에 대해서는 EGGER, Art.4 N.4; HUTTER, 115. 재량판결 심사의 소송상 문제(및 심사시 준수해야 할 자제적 태도)에 관해서는 이 책에서 입장을 밝히지 않는다. 이에 관해서는 ENGLER, Die Überprüfung von Ermessensentscheiden gemäss Art.4 ZGB in der neuen bundesgerichtlichen Rechtsprechung (1974); B. SCHNYDER, ZBJV 134 (19998) 438ff. (BGE 123 Ⅲ 10 [13] 및 123 Ⅲ 110 [112f]에 관하여); VerwGer BS BJM 2011, 101 (102): 《...판결과정에서 극도의 자제적 태도》; H.P. WALTER, ZBJV 147 (2011) 231.

924) BSK-ZGB/HONSELL, Art.4 N10. BK-ZGB/MEIER-HAYOZ, Art.4 N53은 스위스민법 제1조 제3항의 지시가 법관의 재량판결에도 적용된다는 점을 강조한다. 스위스민법 제1조 제2항이 모델로 삼고 있는 입법자는, 법률이 법관에게 재량판결 권한을 부여한 경우에는, 스스로 문제의 규율을 포기한 것이다. 따라서 재량판결의 경우에는 스위스민법 제1조 제2항의 공식이 단순적용될 수 없고, 독자적 규율이 필요하다. 스위스민법 제4조가 별도로 입법된 까닭이다.

925) 이에 관하여 《구체화기준의 목록》으로는 BYDLINSKI, Symposion Wieacker, 203f.

926) 90면 이하 참조.

927) 55면 참조.

항에서 예시적으로 언급된 특정 상황을 통해 다음과 같이 구체화된다: 《가령 모든 유해한 그리고, 토지의 상태와 특성에 따를 경우 또는 지역 관습에 따를 경우 정당화될 수 없는 대기오염, 악취, 소음, 진동, 빛의 방사 또는 일조의 박탈을 통한 간섭은 금지된다》. 입법자는 때때로 토픽적 방법928)으로 평가관점을 제공한다. 이러한 평가관점은 일반조항으로 포섭할 수 있는 사안이 존재하는지 여부를 심사할 때 고려해야 한다. 가령 《가격의 남용적 상승이나 남용적 유지가 존재하는가?》라는 물음에 대하여, 《방법다원주의》의 관점에서, 그리고 《구속적 요소가 아니라 예시적 요소》라는 관점에서 다음 요소들을 고려해야 한다: a. 비교대상 시장에서의 가격변화; b. 적절한 이윤을 얻을 필요성; c. 비용의 변화; d. 사업자가 제공하는 특별한 효용; e. 특별한 시장관계》(스위스가격감독법 제13조 제1항).

　법률상 준거점이 없는 경우, 법률은 가령 다음과 같은 결과로 만족한다. 《선량한 풍속》에 반하는 계약을 무효로 선언하는 것(스위스채무법 제19조, 제20조). 따라서 판단해야 할 《새로운 사례》929)를 갖고 있으나 이러한 사례와 관련하여 확립된 《사안유형》을 갖고 있지 않고 나아가 법적 또는 법외부적 《객관화요소》도 활용할 수 없는 법적용자에게는, 결과적으로 *선언된 자기평가*만이 남는다. 이러한 사안에서 《적절하고 공평하게 생각하는 모든 사람들의 법감정(도덕감정)》을 기준으로 판단하라는 전통적 조언930)은, 다음과 같은 명백한 우려에 직면한다.931) 이러한 조언이 상정하는 평가들 사이의 조화는, 다원주의와 《개인화》를 통해 만

---

928) 302면 이하 참조.

929) 각주 828 참조.

930) 독일연방대법원의 이러한 논증공식에 대해서는 HABERSTUMPF, Die Formel vom Anstandsgefühl aller billig und gerecht Denkenden in der Rechtsprechung des Bundesgerichtshofs (1976); SACK, NJW 1985, 761ff.

931) LIMBACH, RdA 1997, 5.

　　　　　　　　　　　　　　　　　　　　Ⅳ. 법률초월적 법관법

들어진 우리 산업사회에서는, 더 이상 실현될 수 없다. 이러한 회의론이 원칙적으로 타당한 것으로 보이기는 한다. 그러나 오늘날 여전히 적어도, 동의가능한 《*관습적 윤리*》의 단초 정도는 존재한다. 《일상의 도덕》, 《일정 정도 도덕적인 사람들이 공유하는 도덕》[932]이 바로 그것이다. 이 경우 우리 삶에 낯선 공준인 고도윤리의 공준(公準)(가령 종교적 근거를 갖춘 공준) 또는 - 그와 반대로 - 특별히 포용적인 특별윤리의 공준(公準)을 법관이 수용하는 것이 아니다. 이 점은 이미 언급된 바 있다.[933] 상대적으로 빠른 변화의 시기에도 이러한 일상의 도덕이 존재함은 이미 위에서[934] 강조하였다; 사회적 평가를 지시하는 일반조항은, 사회적 가치변화에 빠르고 유연하게 적응하는 것을 가능하게 한다.

bb) 법률이 - 요건이나 법적효과 측면에서 - 명시적 또는 묵시적으로 *법관의 재량*이나 *이익형량*을 지시한 경우[935]에도 전적으로 비슷한 고려가 이루어진다. 따라서 법관은 스위스채무법 제736조 제4호에 따라, 그곳에서 규정된 주주(10% 이상의 주식지분을 갖는 주주)가 중대한 사유를 근거로 요구한 주식회사의 해산 대신, 《사안에 부합하고 관련 당사자들이 수인가능한 다른 해법》을 법관의 재량에 따라 명할 수 있다. 법률은 종종 구체적인 실질적 기준, 재량판결이나 이익형량시 고려해야 하는 기

---

932) MAYER-MALY, JuS 1986, 599; BGE 115 Ⅱ 232 (235)가 《일상의 도덕감정》에 의거한 것도 참조.

933) BK-OR/KRAMER, Art.19/20 N174.

934) 52-53면 참조.

935) 이 책에서 이론적으로 검토하지 않은 《행정재량》에 대한 포괄적 문헌으로는 행정재량(Verwaltungsermessen)이라는 제목의 SCHINDLER의 모노그래프(2010) 참조. 이 책이 재량종류를 유형화한 부분은 가치가 있다. 경제법과 행정법에서 광범위하게 사용되는 《목적규범》으로서, 그 규범의 목적프로그래밍이 종종 구체적으로 가야할 길을 열어 둔 규범의 경우에도 통상적으로 강한 재량요소가 포함되어 있다. 각주 946의 전거 참조.

준을 제시한다. 가령 스위스채무법 제43조 제1항은《과책의 정도》를 중요한 기준으로 언급한다; 스위스채무법 제272조 제2항은 각 요소들의 포괄적이고 예시적인 목록을 제시한다. 임대차관계 연장 신청 시 관청은 임대인과 임차인의 이익을 형량하는 과정에서 위 요소들을 고려해야 한다. 혼인관계 종료 후 부양과 관련하여 스위스민법 제125조 제2항이 언급한 관점들의 목록도, 이와 유사한 토픽적 구조를 갖고 있다.

이러한《형량토픽들》936)이 없는 경우, 법적용자(법원, 행정관청)는 재량에 따른 판단시 모든 관련된 *이익들을 서로 형량해야 한다*는 단순 조언은 좋은 취지이기는 하나, 거의 도움이 되지 않는다. 왜냐하면 이는《다른 일방의 말도 들어야 한다》937)는 법치국가의 자명한 원리를 말하는 것일 뿐이기 때문이다. 이익형량 자체는 방법이 아니다.938) 입법자가 형량대상 이익들을 언급하였지만 그 무게를 측정하지 않은 경우에도, 형

---

936) 이미 언급한 것처럼, 스위스채무법 제272조 제2항에는 이러한 형량토픽들이 목록화되어 있다. 이에 반해 스위스민법 제28조 제2항의 경우 - 피해자의 인격권과《우월한 사익 또는 공익》을 형량해야 한다 - , 언제 사익 또는 공익이 우선하는지에 관하여 법률이 상세히 구체화하고 있지 않다. 이익평가를 시도하는 문헌으로 GEISER, Die Persönlichkeitsverletzung insbesondere durch Kunstwerke (1990) 149ff. 스위스국제사법 제19조 제1항도 참조(《스위스의 법적 관점에 따를 때 보호가치 있고 명백히 우월한 당사자의 이익》); 국제사법에서《회피조항(Ausweichsklausel)》문제에 관하여 방법론적으로 상세히는 VISCHER, Schweizerisches Jb. für Int. Recht XIV (1957) 43ff. 최근 스위스채무법 제936b조 제3항의 경우 이익형량을 위한 준거점을 제시하지 않고 있다. 위 조항에 따르면 부정확한 상업등기를 선의(善意)로 믿은 자는,《그와 반대되는 우월한 이익이 존재하지 않는 한》보호된다. 이 경우 공적 이익 그리고/또는 사적 이익이 문제되는지에 관하여, 법률에 언급되어 있지 않다.

937)《Audiatur et altera pars》

938) 과거 문헌(무엇보다도 HUBMANN, AcP 155 [1956] 85ff.)을 상세히 검토한 뒤 결과적으로 같은 결론을 내린 문헌으로 DRUEY, in: Beiträge zur Methode des Rechts: St. Galler Festgabe zum Schweizerischen Juristentag 1981 (1981) 148; ders., Information als Gegenstand des Rechts (1995) 205ff. 헌법적 형량모델에 대해서는 278면 참조.

IV. 법률초월적 법관법

량을 하는 법적용자는 결국 자기 자신에 의지할 수밖에 없다.《형량대상 이익은 법적 중력에 의해 특정되는,〈자연적인〉무게 - 저울로 당연히 비교할 수 있는 무게 - 를 갖고 있지 않다》.[939] 따라서《형량 시에는 우선 이익의 무게 중 하나를 확정해야 한다. 그렇지 않으면 다른 이익의 무게와 비교할 수 없다》.[940] 법률이 무게를 측정하지 않은 경우, 법원 자신이 무게를 재고 우선순위에 대한 근거를 제시해야 한다.[941] 이러한 《숙고에 따른 결정》[942]에 대한 근거제시와 관련하여, 위에서[943] 설명한 《객관화요소》를 다시 참고할 수 있다. 특히 평가기준의 공개 요청과 근거의 보편화가능성 요청, 그리고 내용이 담긴 방향지시관점 - 법관의 재량판단에도 도움이 될 수 있는 관점 - 을 참고할 수 있다.

이러한 조력수단은, 이익형량 및 재량판단과 관련한 법치국가적 근본 문제를 해결함에 있어 단지 제한적으로만 도움이 될 수 있다:《우리는 모든 것을 동시에 가질 수 없다. 유연성으로 인해 법적 불확실성이라는 대가를 치러야 하고, 이익형량 과정에서 중대한 방법론상 문제가 발생하는 대가를 치러야 한다》.[944]

---

939) 타당한 지적으로는 LEISNER, NJW 1997, 638; 비슷한 취지로 KOPPENSTEINER, WRP 2007, 479. 이 문헌은《저울없이 이루어지는 무게측정》을 말한다; SEILER, Praktische Rechtsanwendung, 63ff.도 참조.

940) RÜCKERT, JZ 2011, 921.

941) HÖHN, Praktische Methodik, 286도 참조. 실제 사례로는 BGE 123 Ⅰ 152 (157f.). 독일민법 제904조 제1문에 따르면 물건소유자는 다음 경우 긴급피난 상태에 있는 물건간섭자에 대하여 간섭을 금지할 권리를 갖지 않는다.《간섭자에게 임박한 손해가 간섭으로 소유자가 입은 손해보다 과도하게 큰 경우》. 이에 따라 비교해야 할 법익들의 무게측정은, 상황에 따라서는, 형법에서 법익침해에 대해 예정하고 있는 처벌의 정도를 참조하여 이루어질 수 있다.《규범가치》의 특정가능성에 대해서는 WINDISCH, Rechtstheorie 2013, 92ff.

942) 포섭과 숙고 사이의 유익한 비교로는 BÄCKER, JuS 2019, 321ff.

943) 261면 이하 참조.

944) MORAND, in: MORAND (Hrsg.), La pesée globale des intérêts (1996) 41ff., 85f.;

5. 문제변증론(토픽)과 법관법

앞서 언급한 것처럼, 비록 법률초월적 법관법이 지향할 수 있거나 지향해야 하는 관점들이 충분히 존재하더라도, 이러한 관점들은 법적으로 미리 조건부 프로그래밍이 되어 있지 않거나 단지 매우 애매하게 미리 조건부 프로그래밍이 되어 있다.[945] 이 경우 법적 삼단논법이라는 의미에서의 체계적-연역적 결정근거 모델은 대부분 작동하지 않는다[946]; 그 대신 문제지향적인 (체계지향적이지 않은) 《비연역적 담론》[947], 법적인 또는 법외부적인 내력(來歷)을 갖는 해결관점들(《토포이》, 개별적으로는 《토포스》)을 귀납적으로-휴리스틱에 의해 형량하는 것, 특히 법관법의 성격을 갖는 선례들에 따른 결과를 평가하는 것이 등장한다. 이 경우 모든 관련자들의 이익이 고려되어야 한다.

이러한 의미에서 법관법 상 결정근거는 원칙적으로 《토픽적》 구조를 띤다. VIEHWEG은 아리스토텔레스를 따라 《토픽》을 해결해야 할 문제에 방향을 맞춘, 생각의 《기예(技藝): Techne》라고 정의한다: 토픽은 《문제사고의 기예》이다.[948] 토픽은, 우리가 《아포리아 상황》(법적 관련이 있

---

dens., 57ff. 참조. (독일실무를 기초로 한) 《실제 법적용시 형량결정》에 대해서는 RIEHM의 같은 제목(Abwägungsentscheidungen in der praktischen Rechtsanwendung) 의 모노그래프(2006) 참조.

945) 규범화된 구성요건을 통한 《조건부》 프로그래밍(조건-결과)(이는, 특히 행정법이나 경제법에서 빈번하게 등장하는 《목적적》 프로그래밍(목적-수단)과 대비된다)에 대한 본격적 문헌으로 LUHMANN, AöR 94 (1969) 3f.; 22ff.

946) (목적을 지정한) 《규범》을 통한 《목적》 프로그래밍이 문제되는 경우에도 원칙적으로 마찬가지이다. 행정법에 관해서는 BREUER, AöR 127 (2002) 523ff.; LEPSIUS, JuS 2019, 127f.; 헌법에서 《목적규범》에 관해서는 MAHL- MANN, ZBl 2017, 13ff.

947) TORRIONE, in: Gauchs Welt. Festschrift für Peter Gauch (2004) 294ff.

948) VIEHWEG, 31. 1954년 출판된 VIEHWEG의 책 1판을 통해 새롭게 불붙은 방법론

는, 그러나 법률의 지원이 없는 상황)에서 《절망적으로 정체되어 있지 않기 위해》,[949] 다소간의 위장된 자의적 형평이라는 《선제적 조치》 속에서 허우적거리지 않기 위해, 어떻게 행동할 수 있는지, 힌트를 주려고 한다.

이러한 관점에서 법학의 과제는 설득력 있는 문제해결관점의 체계적 레퍼토리를 만드는 것이다. 이러한 《토포이목록》[950]은 다양한 차원의 논증을 기초로 할 수 있다. 법관법의 근거설정을 위해 필요한 《방향지시 관점들》의 - 이에 대해서는 앞에서 살펴보았다 - 목록(《체크리스트》!)은 본래적 의미의 방법론적 토포이목록이라고 말할 수 있다. 앞서 살펴본 바에 따른다면, 내용지시를 해주는 가능성 중 하나로 비교법을 통해 흠결을 보충하는 방법이 있다.[951] 그렇다면 비교법 탐구의 지극히 실무적인 기능은 다음과 같다고 말할 수 있다. 《열린》 질문, 즉 국내법에서 아직 해결되지 않은 질문을 위해 그와 관련된 외국의 해결관점 목록인 *비교법적 토포이목록*을 만드는 것. 국내 법관(또한 입법자도)은 이러한 목록을 사용할 수 있다.[952] (일정한 법적 문제제기와 관련성이 있을 수 있는) 일반적 법원칙이나 법외부적 (특히 경제적) 논거의 체계화에 대해서도 마찬가지 말을 할 수 있다.

원칙적으로[953] 이러한 토포이목록에 대하여 규범적 구속력은 인정할

상의 토픽담론이 전체 도서관을 채우고 있다. 처음 《20년간의 토픽담론》에 관한 전거로는 OTTE, Rechtstheorie 1970, 183ff.; 모노그래프로는 STRUCK, Topische Juris-prudenz (1971); 그 후 새로운 문헌으로는 CANARIS, Systemdenken, 141ff.; BYDLIN-SKI, Methodenlehre, 141ff.; PAWLOWSKI N132ff.; HÖHN, Praktische Methodik, 117ff.; HACKER, GRUR 2004, 539ff.; HWANG, Rechtstheorie 2009, 48ff.

949) VIEHWEG, 31.

950) VIEHWEG, 35은 《2번째 단계의 토픽》이라고 말한다.

951) 280면 이하 참조.

952) 비교법의 토픽적 기능에 관해서는 KRAMER, RabelsZ 33 (1969) 1ff.; in: KRA-MER, Zur Theorie und Politik des Privat- und Wirtschaftrechts (1997) 335ff.에서 재출판되었다.

수 없다: 《모든 문제사고》는 평가적 영역에서 《구속을 꺼려한다(bindungsscheu)》.954) 창조적 의사소통이 이처럼 원칙적으로 자유롭게 이루어지는 곳에서는, 문제해결에 관한 관점과 관점들의 모음은 단지 도구적, 휴리스틱적 기능만 갖는다.

따라서 토픽의 효용은 《발견의 맥락》(《context of discovery》)에 있다. 《토픽은 판단 및 그 근거보다 선재(先在)하는 논의절차를 위하여 적절한 추천을 제공한다》. (WIEACKER, in: Im Dienst an Recht und Staat: Festschrift für Werner Weber zum 70. Geburtstag [1974] 441). 《발견 절차》와 《정당화 절차》 사이의 구별에 관한 생생한 설명으로 WASSERSTROM, The judicial decision (1961) 26ff.; BENGOETXEA, 114ff.; BERGHOLZ, Scandinavian Studies in Law 51 (2007) 77ff.; 그러나 SCHLÜTER, Das Obiter dictum (1973) 99도 참조.

마지막으로 (귀납적-토픽적, 수사적) 담론사고에 영감을 받은 저자들에게서 종종 관찰되는 오류를 피해야 한다: 법관활동의 토픽적-담론적 구조의 위치가 오해된다면, 우리는 이러한 토픽적 구조에 무제한의 중심적 관련성을 부여하게 될 것이다. 그리고 법률(그리고 법률의 체계적 질서)이 상대적으로 명확한 지시를 제공하는 경우에도, 우리는 법률에 단지 《여러 토포이 중 하나의 토포스》라는 기능만을 - 다른 이른바 동등한 가치의 토포이(의사결정 관련 토포이; 가령 법관결정의 정의관념, 사회적 수용성, 실용성, 경제적 수인가능성)와 나란히 - 부여하게 될 것이다.955) 담론적, 토픽

---

953) 《일반적 법원칙》(일반적 법원리)은 앞서 다루었던(266면 이하 참조) 법관법을 위한 내용상의 방향지시관점들 중에서도 다소 특수한 지위에 있다. 우리는 이 경우 유연한 (《토픽적》!) 형량의 필요성이라는 조건이 부과된, 완화된 규범적 구속력을 말할 수 있다.

954) VIEHWEG, 41.

955) 체계적-연역적 근거에 따라 해석자가 구속되는 것을 거부하고, 귀납적이고 담론에

IV. 법률초월적 법관법

적 논증의 중점은, 여기서 설명한 것처럼, 규범구체화가 상대적으로 보장된 영역에 놓여있지 않고, 입법자에 의한 《조건부 프로그래밍》이 광범위하게 결여되어 있는 법발견의 문제영역, 즉 본래적 법관법 영역에 놓여있다.

6. 판례변경의 문제

a) 현상(現象)

판례변경, 즉 당해 사안에 들어맞는 선례[956](가령 연쇄된 판례들 일체, 지금까지 《확고한 판례》)의 주된 이유(ratio decidendi)로부터 벗어나는 것[957])은

기초한 열린 논증을 옹호하는 입장은, 역설적으로 Egon FRIEDELL의 다음과 같은 인상적인 말을 인용하여 종종 표현된다: 《우리는 사상가에게 그가 *어떠한* 입장을 취하는지 물어서는 안 된다. 우리는 그가 *얼마나 많은* 입장을 취하는지 물어야 한다. 달리 표현하면: 그는 공간을 많이 차지하는 사고(思考)장비를 갖고 있는가? 아니면 그는 공간부족이라는 문제를 겪고 있는가? 즉 그는 〈시스템상〉 문제를 겪고 있는가?》(V. GAST, Juristische Rhetorik, 5. Aufl. [2015], Motto des Buchs에서 재인용). 위 인용문은 의심의 여지 없이 위트가 있다; 하지만 그럼에도 불구하고 법관의 법발견과 관련하여 위 인용문이 지도적 역할을 해서는 안 된다.

956) 선례가 - 평가적 관점에서 보았을 때 - 동일한 사실관계를 다루고 있지 않은 경우 (사실관계를 주의 깊게 비교함으로써 이 쟁점을 명확히 밝혀야 한다), 이는 애초부터 고려대상이 되는 의미 있는 선례가 아니다. 사실관계가 동일한 위치에 있는지 구별되는지 여부는 법관법에 기반한 영미법 체계에서 근본적 질문이다(《to distinguish a precedent》). 이에 관해서는 ATIYAH/SUMMERS, Form and Substance in Anglo-American Law (1987) 118ff. 그러나 이러한 《구별》은 스위스 법실무에서도 매우 일반적인 논증유형이고, 이 책이 지지하는 《선례추정》의 측면에서(6b) 매우 환영할 만한 것이다. BGE 115 II 232ff.에 대하여 BGE 123 III 101 (104)를 구별하는 판시를 보라: 이 사건 사실관계는 《과거 판결과 다음과 같은 점에서 구별된다...》.

957) 판례의 《정교화》, 《명확화》, 《확장》, 《보충》, 《계속발전》과 같은 다른 개념들과 구별되는 《판례변경의 개념에 관해서는, 풍부한 전거와 함께 PROBST, 134ff. 참조. 판

연방대법원 실무에서 *비교적 빈번한 현상*[958)]이다. BGE 102 II 313이 보여주는 것처럼, 오랜 기간 (40년 이상) 확립된, 안정적이고 광범위하게 받아들여진 실무도 하루아침에 《뒤집힌다》. 또한 《2번》의 (또는 그보다 많은, 마치 《자동차 와이퍼가 움직이는 것과 비슷한 모습의》) 판례변경(《동요하는 판결; Schwenkentscheidungen[959)]》)도 관찰할 수 있다; 많은 주목을 받은 사례로는 BGE 90 II 333이 있다. 여기서는 판례변경(BGE 88 II 209) 후 다시 종전 상태로 복귀하는 판례변경이 이루어졌다(《BGE 88 II 209전 유효하였던 실무의 복원》).[960)]

판례변경이 이루어진다는 점은 연방대법원의 판결이유보다 앞서 등장하는 《판결요지(Regesten)》에 통상 명시적으로 표시된다. 스위스연방대법원법 제23조 제1항은 《*특정 판례변경*》[961)]에 대해서만, 연방대법원 실무변경을 위한 절차적 준비규정을 마련하고 《재판부 사이의 대립》을 방지하고 있다: 《어느 재판부가 다른 재판부(들)의 종전 결정과 다른 결정

례변경의 유형에 관해 상세히는 KÄHLER, 39ff.; 《판례의 변조(變調; modulation)》에 대해서는 PICHONNAZ, 57ff.

958) PROBST, 199ff.는 1875년부터 1990년 사이에 적어도 731건의 연방대법원 판례변경이 이루어졌고, 이는 공간된 판례의 2.5%를 차지한다고 지적한다; 과거문헌 중 연방대법원의 판례변경을 분석한 것으로는 무엇보다도 DUBS, Praxisänderungen (1949). 비혼가정 자녀의 성(姓)변경에 관한 판례변경(BGE 121 III 145ff.)을 분석하는 생생한 문헌으로는 HAUSHEER, ZBJV 139 (2003) 612f.

959) FIKENTSCHER, ZfRV 1985, 171ff.

960) 이에 관해서는 이미 244면 참조. 사회보험자가 갖는 비율우선권(Quotenvorrecht) 관련 연방대법원의 《갈지자 행보(Auf und Ab)》에 대해서는 BREHM, ZBJV 142 (2006) 332; 광범위한 전거로는 PROBST, 401ff.

961) 독일법에서 《재판부 사이의 견해대립을 해결하는 방법》(법원조직법 제132조 제2, 3항 및 노동법원법 제45조 제2항에 따른 대재판부(Grosse Senat)의 심리)에 관해서는 RÜTHERS, RabelsZ 79 (2015) 160; 오스트리아의 경우 최고법원법 제8조 제1항 참조; 판례들 사이의 모순을 피하기 위한 최고법원의 조치에 관한 규정을 비교법적으로 광범위하게 소개하는 문헌으로 HAUSER, in: Festschrift für Karl Heinz Schwab zum 70. Geburtstag (1990) 206ff.

IV. 법률초월적 법관법

을 하기 위해서는, 관련재판부들의 연합이 이에 동의해야 한다》.

b) 선례에의 구속?

이미 살펴본[962] 질문 - 선례는 때에 따라서는 관습법적 성격을 가질 수 있는가? - 을 제외하고는, 오늘날 스위스법에서 일반적으로 다음과 같은 점에 다툼이 없다. 선례변경은 원칙적으로 가능해야 한다. 따라서 영국법상 선례구속 원칙[963]과 같은 의미에서 《선례》의 *주된 이유*(ratio decidendi)[964]에 형식적 구속력을 인정할 수는 없고, 인정하는 것이 바람직하지도 않다.[965] 이는 동일법원 자신의 선례에 대해서뿐만 아니라, 상급법원이나 최상급법원의 선례[966]에 대해서도 마찬가지이다.

규범문언의미의 범위 내에서 움직이거나 *구속적 법관법의 영역*에 속하는 판결의 경우, 선례변경의 정당성은 법률에의 구속 원칙(합법성 원칙)으로부터 바로 도출된다. 이 원칙에 따르면 법원은 자신의 새로운 법적 견해가 과거 판례보다 분명히 현재 법상태에 더 부합한다는 결론에 이른 경우 - 법원은 종종 학설의 비판을 계기로 이러한 결론에 이른다[967] -,

---

962) 254면 이하 참조.

963) 미국법의 (상대적으로 유연한) 선례구속 원칙에 관한 모노그래프로는 MATTEI, Stare decisis: il valore del precedente giudiziario negli Stati Uniti d'America (1988); DIEDRICH, Präjudizien im Zivilrecht (2004) 393ff. 영국에서도 1966년 Lord Chancellor의 《실무선언(Practice Statement)》([1966] 1 W.L.R. 1234) 이후 선례구속 원칙은 더 이상 무차별적으로 유지되지 않는다.

964) 그 개념에 대해서는 각주 806 참조. 영국법에서는 판례 중 법적으로 의미있는 요소를 《rule》 또는 《holding》으로 표현한다.

965) 종전 판결을 변경하는 것을 절차적으로 어렵게 만드는 방법에 관해서는 각주 961 참조.

966) 그러나 독일법의 경우 연방헌법재판소의 선례에 대해서는 선례구속이 인정된다. 각주 793 참조.

967) 법상황을 사법부가 새로 평가하는 근거에 관한 상세한 분석으로는 EMMENEGGER,

선례를 변경할 권한이 있을 뿐만 아니라 의무를 부담한다.968) 무비판적
- 아마도 선례의 요지에만 관련된 -《선례숭배》(판례와 학설의 선례숭배)는
오류의 가능성이 있다: 판결의 내용적 정당성이라는 공리(公理), 즉 판결
의 법률합치성(EU지침이 국내법으로 전환된 영역에서는 지침합치성도 포함)
은 법 앞의 평등 원칙 및 신뢰보호(가령 법적 안정성 보호)보다 우위에
있다.969)

법 앞의 평등 및 신뢰보호를 고려한다면, 새로운 법적 견해가 실제로
법적 근거가 있는 것인지 여부는 물론 신중하게 판단해야 한다.970) 연방

RabelsZ 79 (2015) 378f.

968) BGE 135 Ⅱ 78 (85)는《입법자의 의도에 관한 보다 정확하고 완전한 지식》을 말하
고, BGE 135 Ⅲ 66 (79)는 입법목적(ratio legis)에 대한 보다 나은 인식을 말한다.
이 경우 포기된 판례가 그 판례가 확립될 때에 이미 법적으로 지지할 가치가 없었다
고 단정할 수는 없다. 논쟁의 대상이 된 규율을 둘러싼 법적 환경이 사후적으로 달라
졌고 (과거와 달리) 현재 시점에서는 새로운 관점에서 이 규율을 해석해야 하기 때문
에, 선례변경필요성이 발생할 수도 있다.

969) 무엇보다도 DESCHENAUX, 127f.; SPIRO, ZSR 100 Ⅰ (1981) 153; ARZT, 87;
ZELLER, 349; 독일법에 관해서는 BROCKNER, NJW 2012, 2996ff. 행정법도 행정의
법률적합성 원칙이 법 앞의 평등원칙보다 우선한다는 전제에서 출발한다. 따라서 법
적으로 타당하지 않은 선례는 그 선례의 유지를 요구할 권리를 부여하지 않는다.《불
법에서의 평등》은 합법성 원칙과 명백히 모순된다. 무엇보다도 HÄFELIN/MÜLLER/
UHLMANN, N518; 세부 내용에 관해서는 WEBER-DÜRLER, ZBl 2004, 19ff.; 최종
적으로 HANGARTNER, AJP 2013, 613(《예외적으로》 불법의 평등을 옹호한 연방대
법원 제1공법부의 판결 18.12.2012, 1C_142/2012을 비판한다). (기간조항에 대한 확립
된 판례에 관하여) 판례의 실질적 정당성 요청보다 법적안정성 또는 신뢰보호 논거가
근본적으로 우위에 있다고 본 판례로는 BGE 49 Ⅰ 293 (302); 56 Ⅰ 440 (442); 94
Ⅰ 15 (16)도 참조: 종전에 (판례변경) 예고가 없었다면 원칙적으로 기간문제에 관하
여 판례를 변경하지 않는다.《장래적 판례변경》(각주 992참조)이라는 특별한 판례에
대해서는 GERMANN, ZSR 68 (1949) 327ff.

970) 이러한 측면에서 선례에 대해서는《고려의무》가 있다. 설득력 있는 문헌으로는
PATANDEH, 259ff. 스위스민법 제1조 제3항(267면 참조)의 프랑스어 및 이탈리아어
판은 종전 판례로부터 영감을 받을 의무를 명시적으로 언급하지 않는다. 그러나 그러
한 의무가 있다고 이해해야 한다. 이러한 이해에는 의심의 여지가 없다.

대법원은 이러한 측면에서 다음과 같은 공식을 활용하고 있다. 판례변경은 《*진지하고 객관적으로 타당한*(sachlich) *근거*》에 기반해야 한다.[971] 법 앞의 평등과 신뢰보호 논거는, 논란의 여지가 있는 《교착상태》{판단불능(non liquet)의 상황}가 존재하는 경우, 따라서 새로운 해석의 우선적 가치가 명확히 증명되기 어려운 경우 - 기존 관점이 실무상 관철되어 온 기간이 길수록, 새로운 해석의 우선적 가치(아마도 그 우선권을 부정하기는 어렵지만 현실적으로 공감을 얻기는 쉽지 않은 우선적 가치)는 법적 안정성과 신뢰보호를 고려하여 더욱 엄격히 판단해야 한다[972] - 에만 우선권을 갖는다. 이러한 *명확한 우선적 가치*가 증명되지 않고 기존 판례에 대하여 《합당한 근거》가 존재한다면, F. BYDLINSKI[973]가 설득력 있게 지적한 것처럼, 《선례존중만이 탈출구 - 다양한 해법 중 무엇을 선택할지 법적 기준이 없는 상황으로부터 벗어날 탈출구 - 를 제공한다》.[974]

*법률초월적 법관법 사례*의 경우 선례변경의 정당성은 - 평등취급 및 신뢰보호 요청을 고려할 때 - 훨씬 덜 명확하다. 왜냐하면 새로운 실무

---

971) BGE 111 Ⅰa 161 (162); 114 Ⅱ 131 (138); 133 Ⅲ 335 (338); 135 Ⅰ 79 (82); 135 Ⅲ 66 (79); 144 Ⅲ 235 (242). 독일법에 관해서는 BVerfG NJW 2013, 523 (524) 참조. 이 판례는 《충분한 근거》를 언급하고 있다.

972) BGE 133 Ⅲ 335 (338); 135 Ⅲ 66 (79); 135 Ⅰ 79 (82); 136 Ⅲ 6 (8); 144 Ⅲ 209 (213). BGE 137 Ⅲ 352 (360)에 의하면 무엇보다도 다음과 같은 경우 판례변경이 이루어지면 안 된다. 법원이 판단해야 할 문제를 입법자가 먼저 법개정 과정에서 다루고 있으나, 아직 명확한 해법을 찾지 못한 경우(위 판결 361).

973) BYDLINSKI, Methodenlehre, 501ff.; dens., JZ 1985, 152. BGE 114 Ⅱ 131 (139)도 참조: 연방대법원에 따르면 두 개의 학설 모두(오랜 기간의 연방대법원 실무를 지지하는 견해와 비판하는 견해) 《좋은 근거》를 갖고 있다: 《이러한 상황에서 현재 판례를 쉽게 포기하는 것은 법적 안정성을 고려할 때 타당하지 않다》. BGE 127 Ⅲ 538 (541 f.)도 같은 취지이다; 리히텐슈타인 판례로는 OGH LES 2003, 48 (52).

974) BYDLINSKI, Methodenlehre, 506. 이에 동의하는 문헌으로 LARENZ/CANARIS, 256f. 이 문헌은 타당하게도, 예외적으로 긍정할 수 있는 선례의 구속성은 최고법원의 결정에 대해서만 인정할 수 있다고 강조한다.

는 그 *정의상*(ex definitione), 과거 실무보다 더 법률에 합치한다고 볼 수 없기 때문이다(또는 상대적으로 모호한 법원칙을 근거로 할 때에만, 새로운 실무가 더 법률에 합치한다고 주장할 수 있기 때문이다). 이러한 생각의 과정을 거쳐 (그러나 구속적 법관법과 법률초월적 법관법을 구별하지는 않은 채) FIKENTSCHER는 《법률문언의 가능한 의미를 넘어 유추, 법형성 등을 통해 법률을 적용하거나, 법관에 의한 법의 새로운 형성을 통해 법률을 초월하여 법이 만들어지는 경우》, 현실적으로 항상 선례에 구속된다고 주장하였다.[975]

그러나 나의 견해에 따르면 법률초월적 법관법의 경우에도 《판례변경 (overruling)》이 가능해야 한다. 판례변경이 가능하다는 것이 법관법의 《순환코스(Schlingerkurs: 직설적으로 하나의 입장을 밝히지 않고 여러 차례 입장을 바꾸는 것)》, 즉 개별 사례에 관한 판례의 기회주의적 변덕을 정당화하는 구실이 될 수 없다는 것은, 평등대우 및 신뢰보호 원칙을 고려할 때 자명하다. 오히려 MEIER-HAYOZ[976]가 말하는 《원칙적 준수의무》 또는 KRIELE[977]가 말하는 《*선례추정*》으로부터 출발해야 한다. 《법관은,

---

975) FIKENTSCHER, ZfRV 1985, 175; ders., Bd. Ⅳ, 241ff. FIKENTSCHER는 그의 《사안규범이론》으로부터 선례의 구속력을 도출한다(FIKENTSCHER, Bd. Ⅳ, 202ff.; dens., ZfRV 1980, 161ff.). 사안규범이론에 따르면 《대부분의 법률의 추상적 규범이 아니라 〈사안규범〉이 객관적 법을 형성한다》(FIKENTSCHER, ZfRV 1985, 175). 이에 대한 상세한 분석으로는 AMSTUTZ, Evolutorisches Wirtschaftsrecht (2001), 319ff. 법관법 영역에서의 선례의 구속성에 대해서는 DESCHENAUX, 129도 참조.

976) BK-ZGB/MEIER-HAYOZ, Art.1 N474ff.; N503. BÄR, 14f.는 《고려의무》를 말한다; ZK-ZGB/DÜRR, Art.1 N592는 《〈구속력 없는〉 고려의무》를 말한다; DESCHENAUX, 126ff.는 《판례의 검증된 해법을 채택할 조건부 의무》를 말한다; HAUSHEER/JAUN, Art.1 N50(《제한된 준수의무》).

977) KRIELE, 243ff.; ders., Recht und praktische Vernunft (1979) 91ff.; 이에 동의하는 견해로 SCHLÜCHTER, 115; EMMENEGGER/TSCHENTSCHER, Art.1 N500. BYDLINSKI, Methodenlehre, 511은 《보조적》 구속성 또는 준수의무를 말한다; ders., Rechtstheorie 1985, 41ff. 이에 대해 비판적 견해로는 KÄHLER, 334ff.

사실관계가 조금이라도 달라지거나 평가기준이 조금이라도 바뀌는 경우 새로운 규율의 가능성을 확보하기 위해, 모든 사안에서 반복적으로 모든 찬성근거와 반대근거를 고려해서는 안 된다; 입법자도 이렇게 행동하지 않으며 이렇게 행동하면 안 된다. 좋은 입법자는 법적 안정성의 가치를 알고, 법의 최소한의 안정성과 계속성에 주의를 기울인다》.978)

그러나 《상황의 변경, 생각이나 관습979)의 진화로 인해 전통적 해석이 더 이상 유지될 수 없게 된다는 것980)》은 자명하다. 따라서 법률초월적 법관법 영역에서도 법관에 의한 새로운 평가는 가능해야 한다; 법형성 활동을 하는 법관은 자신을, 작은 단계별로981) 이루어지는 스스로의 혁신이 항상 논박될 수 있음을 알고 있는, 《(전체의 일부를 이루는 개별) 부품 엔지니어》(칼 포퍼)라고 이해해야 한다. 이러한 의미에서 법관법에 대해서도 다음 문장이 타당하다: 《법은 안정적이어야 한다 그러나 법은 정적으로 머무를 수 없다》.982)

978) BK-ZGB/MEIER-HAYOZ, Art.1 N511; 짧고 간결한 설명으로 HERMAJ, European Journal of Law Reform 4 (2002) 48: 《선례에 의존하는 법관의 4가지 장점은 예측가능성, 신뢰, 평등 그리고 효율성이다》.

979) BGE 135 Ⅱ 78 (85).

980) BGE 94 Ⅱ 65 (71); 같은 의미로는 BGE 116 Ⅰa 359 (368); OGer BL SJZ 1996, 129, Nr. 3도 참조(이혼 후 공동친권 문제에 관한 《의식》의 커다란 변경); BGE 135 Ⅰ 79(88)는 1993년 연방대법원의 선례(BGE 119 Ⅰa 17ff.) 이후, 다른 문화권역에서 태어난 외국인과의 통합 문제에 관한 의식이 발전했다는 논거를 제시하고 있다. 풍부한 전거로는 PROBST, 259f.; 246f.에서는 새로운 학문적 인식이 판례변경을 강제한다는 논거도 제시한다. 자연과학과 사회과학에서의 새로운 인식이 판례변경의 근거가 된다는 점에 관해서는 KÄHLER, 87ff.

981) 321-322면 참조.

982) CARDOZO (ESSER의 다음 문헌에서 재인용. Festschrift für F. von Hippel, 1967, 121 FN69). 최고법원 판례가 논박되는 계속적 과정에 대한 구체적 서술로는 SCHUBARTH, recht 1995, 156. 흠결을 보충하는 판례의 실험적 성격에 대한 고전적 문헌으로는 PORTALIS의 프랑스민법안 초안에 대한 《서론》 {다음 문헌에서 재인용. in: PORTALIS, Discours et rapports sur le Code Civil (1844)} 15: 《이는 우리가 남긴

c) 판례변경 시 신뢰침해 문제

　최고법원의 확립된 판례를 변경하는 것은 법치국가의 관점에서 문제
가 있다. 왜냐하면 이러한 판례변경은 법 앞의 평등 요청과 배치되
고,[983] 합법성 원칙과 저촉되는 소급효[984]를 갖고, 기존 판례에 대하여
당사자가 갖고 있던 신뢰, 당사자의《계속성 이익》[985]을 침해하기 때문
이다.[986] 이 문제[987]를 피하거나 적어도 완화하기 위해, 법관법에 기반
을 둔 영미법에서 특히 열띤 그리고 풍성한 논의[988]가 이루어졌고, 그에
따라 매우 다양한 해결책이 개발되었다. 그러나 문제점을 일거에 해결

　흠결을 계속적으로 보충하는 경험을 통해 이루어진다》.

983) WEBER-DÜRLER, ZBl 2004, 16: 판례변경으로 인해《동일한 사례가 불평등하게
　　취급되는 결과》에 이른다; 이에 동의하는 문헌으로 PICHONNAZ, 63.

984) 법원은《법적 분쟁의 기초가 되는 실제 사건이나 당사자들의 행위가, 발생하거나
　　이루어진 시점에서 유효하였고, 당사자들에게 지침이 되었던 법관법상 규칙에 따라
　　분쟁을 심판하지 않는다. 법원은 *임의로 만들어져서 즉시* 현재 문제된 법적 분쟁에
　　적용되는 법적 규율에 따라 분쟁을 심판한다》. PROBST, 450. 기존 판례를 근거로
　　이미 법원의 판단이 이루어진 사건에 대해서까지 판례변경의 소급효를 인정하는 것
　　은 원칙적으로 부정해야 한다. 판례변경의《선언적 성격》을 고려한다면 이러한 소급
　　효까지 인정할 수 있을지 모른다. 그러나 본래적 의미의 법관법 영역에서는 판례변경
　　의 선언적 성격은 거부되어야 한다. 259면 참조.

985) ZIPPELIUS, 66.

986) 스위스연방헌법 제9조를 근거로 한 법적용 시 신뢰보호 논거 일반에 관해서는
　　ROHNER, in: EHRENZELLER u.a. (Hrsg.), St. Galler Kommentar zur BV, 3.Aufl.
　　(2014) Art.9 N47ff.

987) 독일 논의에서는(A. WEBER, WM 1996, 53)《판례위험》이라고 표현된다. 신뢰보
　　호 논거와 판례변경의 소급효 문제의 관계에 대해서는 PROBST, 520ff.

988) EISENBERG, The Nature of the Common Law (1988) 104ff. 이에 관한 영국과 아일
　　랜드의 법원실무를 기술하는 문헌으로 ARDEN, The Law Quarterly Review 120
　　(2004) 7ff.; 미국법에 관해서는 RÖSLER, RabelsZ 79 (2015) 255ff.

　　　　　　　　　　　　　　　　　　　　　　　　Ⅳ. 법률초월적 법관법

하는 신통한 해결책은 제시되지 못하였다.

하나의 해결책은 변경된 판례는 문제된 구체적 사건과 그 소송당사자에게만 즉시 (*지금부터*) 적용하고, 그 밖의 경우에는 새로운 판례를 장래, 즉 판례변경 이후 발생한 사실관계에만 적용하는 것이다(*장래를 향하여*): 《*지금부터 그리고 장래를 향하여 효력을 갖는 판례변경*》989). 그러나 이러한 해결책은 다음과 같은 강한 우려에 직면하게 된다. 《판례변경을 촉발한》사례만 판례변경의 효력 즉 소급효를 누리고, 다른 모든 《과거 사례들》은 과거 판례에 따라 판단하는 것990)은 법 앞의 평등 원칙에 반한다는 것이다. 《*순수장래효를 갖는 판례변경*》, 즉 법원이 기존 판례를 *명시적으로* 포기하고 구속력 있는 새로운 입장을 취하지만, 이러한 새로운 입장을 현재 문제된 사례에 적용하지 않는 방법991)을 통해 법 앞의 평등 원칙 위반 문제는 피할 수 있다. 그러나 이러한 방법도 강한 우려에 부딪힌다. 왜냐하면 무엇보다도 이 방법은 법적으로 승소한 자가 절차상으로는 패자가 되는 것을 무리한 방식으로 용인하기 때문이다.992)

《*방론(obiter dictum)*》*부분에서 판례변경을 단순 예고하는 방법*993)은 이

---

989) PROBST, 680ff.

990) PROBST, 681.

991) 상세히는 PROBST, 700ff.; 최근문헌으로 KLAPPSTEIN, Die Rechtsprechungsänderung mit Wirkung für die Zukunft (2009).

992) PROBST, 706. 본문에서 언급한 (순수장래효를 갖는 판례변경에 대한) 우려는, 절차상 기간제한(가령 상소기간)이 문제되어 관련 당사자들이 판례변경을 통해 권리를 상실하는 경우(가령 항소가 각하되는 경우)에는 문제되지 않는다. 이러한 판례변경은 오직 *장래를 향하여* 예고되어야 한다. BGE 94 I 15 (16); 122 I 57 (60); 133 I 270 (274); 135 II 78 (85). 조세를 부담하게 되는 판례변경에 대하여 같은 입장으로는 REICH/UTTINGER, ZSR 129 (2010) I, 163ff. LANGENBUCHER(in: Festschrift für Helmut Koziol, 2010, 1421)는 《임박한 신뢰침해가 헌법적으로 수인가능하지 않을 경우》, 《*장래적 판례변경*》을 지지한다. 이는 특히 형법상 판례변경의 경우 의미가 있다. 이에 관해서는 KEMPF/SCHILLING, NJW 2012, 1853(HASSEMER를 참조한다).

993) 《약한》 *장래적 판례변경*이라고 표현하는 문헌으로 BITTNER, JZ 2013, 645ff. 방론

러한 우려를 피할 수 있다. 이 방법을 사용하면, 권리를 행사하려는 자 (그리고 그에게 조언을 하는 변호사와 공증인)는 새로운 법적 견해가 실제로 판결에 영향을 미치는 상황이 도래하기 전에 적시에, 새로운 판례에 대비할 수 있게 된다.994) 이처럼 장래의 판례변경을 특정하여 언급하는 방법은 연방대법원 판례에서도 발견된다. 가령 BGE 109 II 116 (120)은 (스위스채무법 제100조 제2항 및 제101조 제3항에 따른) 은행의 책임에 관한 실무변경을 법적으로 명확히 예고하였다.995) 그 후 BGE 112 II 450 (455)에서 실무변경이 이루어졌다. 대부분의 예고는 유보적이고 조심스러운 표현을 사용한다. 가령 《지금 시점에서》 선례에 《얼마나 의지할 수 있을지》에 관해 《열린 문제로 남겨둔다》거나,996) 기존 《법적 견해의 모든 부분을 따를 것인지》에 관하여 《의문을 제기》할 수 있다거나,997) 향후 새로운 견해에 관하여 새로운 관점이 선호될 《가능성을 남겨두는 것》처럼.998) 이러한 예고에 기초하여 향후 법원이 실제로 어떻게 판결

의 개념에 관해서는 각주 806 참조. *方論*에서 실무변경을 예고하는 방법을 지지하는 문헌으로 DUBS, SJZ 1991, 296; 오스트리아법에서 지지문헌으로는 BYDLINSKI, Methodenlehre, 509f. 독일법에서 지지문헌으로는 무엇보다도 BIRK, JZ 1974, 735ff.; KEIL, Die Systematik privatrechtlicher Rechtsprechungänderungen (2007) 80ff.; 위 문헌 210ff.은 방론에서 전적으로 이루어지는 실무변경(사례: BGHZ 149, 10ff.)도 언급한다. 《예고하는 판례》에 비판적인 견해로는(그로 인한 불명확성을 이유로) BITTNER, JZ 2013, 645ff.

994) 법률문제가 기존 판례에 의해 최종적으로 규율되지 않고 장차 판례가 변경될 것이 예상되는데 공증인이 공증을 하면서 당사자들에게 이 위험을 알리지 않은 경우, 공증인은 책임을 부담할 수 있다. BGH NJW 2016, 1324 (1325): 판례의 인식가능한 동향을 간과해서는 안 된다.

995) 위 판례의 표현에 따르면, 기존 실무와 다른 입장을 취하는 저자들의 견해는 《많은 시사점》을 제공한다. 가령 문제가 되는 규율을 《현재 시대에 부합하게》 해석하는 경우; 기존 판례에 대한 저자들의 비판은 《진지하게 고려해야 한다》.

996) BGE 108 I b 419 (423).

997) BGE 107 III 113 (115); 유사한 표현으로는 BGer 28.6.2011, 4A_178/2011; BGE 104 II 12 (14)도 참조: 《...경우에 따라서는》 학설의 입장이 《고려될 수 있을 것이다...》

을 할 것인지 신뢰성 있는 예측을 하는 것은 분명 불가능하다; 당사자들은 판례변경의 위험(또는 가능성)을 착안점으로 고려할 수 있을 것이다. 그러나 이처럼 모호하고 구속력 없는 사전(事前)경고는 당연히 만족스럽지 않다. 어느 당사자가 이러한 *傍論*이 있었기 때문에 연방대법원에 사건을 가져가지 않았는데, 다른 사건에서 연방대법원이 기존에 표명한 입장에도 불구하고 과거 판례를 고수하였다면, 우리는 이 당사자가 느낄 분노를 쉽게 상상할 수 있다.[999]

소급효와 신뢰보호 문제에 대한 가장 타당한 해법은 - 스위스법에 관하여 이미 BÄR[1000]가 그리고 이어서 PROBST[1001]가 상세히 언급한 것처럼 - 최고법원에 - 입법모델에 상응하는 - *법관법 관련 경과규정* 제정 권한을 부여하는 것이다.[1002] 이에 관하여 PROBST는 상세한 해결책을 제안하고 있다. 이 해결책은 사법(私法)상 실무변경[1003]의 경우, 어느 당사자가 기존 판례를 신뢰하였는지, 신뢰를 한 당사자 입장(두 당사자 모두 기존 판례를 신뢰하였을 수도 있다)에서 변경된 판례가 기존 실무입장과 비교해 불리한지 유리한지라는 판단기준에 따라, 그 내용이 달라진다.[1004]

---

998) BGE 99 Ⅰa 262 (281). BÄR, 8ff.에 풍부한 전거가 적시되어 있다.

999) PROBST, 695ff.

1000) BÄR, 21은 법관법 관련 경과규정을 연방대법원이 제정할 수 있도록 명시적으로 법률에 규정을 두자고 주장한다; DUBS, SJZ 1991, 296f.

1001) PROBST, 707ff. 이에 대하여 비판적 견해로는 F. BYDLINSKI, JBl 2001, 11ff.; EMMENEGGER, RabelsZ 79 (2015) 385f.

1002) 독일 연방헌법재판소 판례인 BVerfG NJW 2013, 523 (524)도 참조. 이 판례는 새로운 실무의《시적 적용범위에 관한 규정》을 언급하고 있다.

1003) PROBST, 722ff.; 공법상 선례변경의 경우 경과규정에 대해서는 PROBST, 721f.

1004) 최고법원이 이와 같은 경과규정을 만든 실제 사례로는 독일 판례인 BGHZ 150, 1ff.가 있다. 이 판결 주문 a)는 다음과 같다:《신뢰보호를 근거로, 이미 존재하는 폐쇄형 부동산기금으로서 민법상 조합의 형태를 갖춘 기금의 투자자(조합원)는, BGHZ 142, 315 및 BGHZ 146, 341에 의해 판례가 변경된 후에도 판례변경 전 체결된 계약에 관해서는 여전히 조합계약 상 준비된 책임제한을 종전 판례에 따라 - 종전 판례

7. 법률초월적 법관법의 정당성과 한계

a) 지난 수십 년 동안《법률국가에서 법관국가로》1005)라는 경향이 -
비록 극도의 기쁨으로 환영받은 것은 아닐지라도 - 큰 낙관주의와 함께
환영받던 때가 항상 있었다.1006) 이는 부분적으로 매우 다양한 동기로
인해 발생한 현상이다. 20세기 초 무엇보다도 독일에서 유행한 반형식
주의적《자유법 운동》- 법관의 가능한 최대한의 자유로운 법발견에 모
든 희망을 건 운동 - 은 극도의 법률실증주의에 대한 반작용, 그 방향성
의 측면에서는 이해할 수 있는 반작용이다.

본격적 문헌으로 EHRLICH, Freie Rechtsfindung und freie Rechtswissen-
schaft (1903)과 1906년 출판된 칸트로비치의 투쟁서(Kampfschrift)가 있다; 후
속문헌으로 특히 강조할 필요가 있는 것으로 ISAY, Rechtsnorm und Ents-
cheidung (1929). 자유법운동에 관하여 RIEBSCHLÄGER, Die Freirechts-
bewegung (1968); MOENCH, Die methodologischen Bestrebungen der Frei-
rechtsbewegung auf dem Weg zur Methodenlehre der Gegenwert (1971). 프랑
스학설로는 François Gény의《자유로운 과학적 탐구(libre recherche scientifi-
que)》(무엇보다도 그의 주저 Méthode d'interprétation et sources en droit privé positif,
1.Aufl. [1899] 중 2권 2장 참조)가 독일 자유법운동보다 앞서 자유법운동과 비
슷한 충격을 던져주었다. 이에 대해 상세히 FIKENTSCHER, Bd. I , 456ff.

상 요건(계약상대방이 책임제한을 인식할 수 있었거나 인식하였어야 한다)을 충족하
는 한 - 주장할 수 있다》. BGH ZIP 2003, 899 (902)도 참조.
1005) MARCIC의 법철학 저서(1957)의 간명한 제목이기도 하다.
1006) 이에 반대하는 견해로는 무엇보다도 RÜTHERS, JZ 2006, 60.《민주주의적 법치국
가에서 과두제적 법관국가로 이행하는 것》을 경고하고 있다.

68혁명 이후 (어느 곳보다도 다시 독일에서) 다음과 같은 희망이 폭넓게 퍼졌다. 《비판적이고》 민중해방을 지향하는 법관이 《사회적 엔지니어》[1007]로서 보수 지형에 맞서는 (환영받는) 반대균형을 정치무대에서 형성할 것이라는 희망.[1008] 20세기 후반 독일의 학문적 논의에서는, 고립과 폐쇄의 어두운 시대를 지나고 이루어진, 미국법 및 미국법의 방법적 기초에 대한 기쁨에 찬 환영받는 개방[1009]이 큰 역할을 하였다. 그 과정에서 다음과 같은 차분하고 현실적인 고려가 이루어졌다. 매우 빠르게 변화하는 우리 사회에서 현실적으로 《제3의 권력》이 점점 더 중요한 역할을 하는 점에 주목하면서도,[1010] 이와 동시에 이러한 보충적 입법기관이 갖는 민주주의와 관련된 문제 및 제도적 문제를 논의하려는 생각.

1007) 《사회적 엔지니어》로서 법관은 미국의 《사회학적 법학》의 지도사상이다. 무엇보다도 POUND, 36 Harv. Law. R. (1922-23) 955.

1008) 대표적으로 WASSERMANN, Der politische Richter (1972); 《68혁명 시대》의 비판적-해방적 법고려에 대한 본격적 문헌으로 WIETHÖLTER, Rechtswissenschaft (1968).

1009) 291면에서 인용된 CASPER와 REICH의 모노그래프 참조. 또한 무엇보다도 KRIELE, 곳곳도 참조. 스위스문헌 중 미국법에 개방적 입장(오늘날 이러한 개방적 입장은 거의 당연한 것으로 받아들여지고 있다)을 최초로 취한 것으로 HALLER, Supreme Court und Politik in den USA (1972)가 유명하다

1010) EU영역에서는 이에 덧붙여 유럽사법재판소 실무의 큰 (많은 관찰자들이 보기에 너무 크고 EU의 권한을 확장시키는 경향이 있는) 영향을 관찰할 수 있다. 《법관들의 정부》라고 말해도 과장이 아니다. 유럽사법재판소를 통한 법형성에 대해서는 COLIN, Le gouvernement des juges dans les communautés européennes (1966); HUMMER/ OBWEXER, EuZW 1997, 295ff.; W. SCHROEDER, in: Festschrift 50 Jahre ZfRV (2013) 199ff. 유럽사법재판소의 방법론에 관해 중요한 문헌으로 BENGOETXEA; DEDERICHS, Die Methodik des EuGH (2004); BECK, The Legal Reasoning of the Court of Justice of the EU (2012). 유럽사법재판소를 통한 법관의 법형성의 한계에 대해서는 CALLIES, NJW 2005, 929ff.; 유럽사법재판소의 민주적 정당성 부족에 대해서는 BOGDANDY/KRENN, JZ 2014, 529ff.; 마찬가지로 비판적 견해로 HONSELL/ MAYER-MALY, 307f., 315ff.

b) 이 *문제* - 이 문제를 논의할 때는 (아직까지도 여전히) 기본적 문헌이라고 평가할 만한 MEIER-HAYOZ의《법형성의 전략적·전술적 측면》이라는 제목의 논문[1011])에 따를 것이다 - 는 우선 법관의 상대적으로 취약한 민주적 정당성[1012])과 관련이 있다. 대부분의 나라에서 법관은 국민의 선거에 의해 선출되지 않고, 정부(또는 리히텐슈타인처럼 대공(大公: Fürst)에 의해)에 의해 임명된다.[1013]) 스위스 연방대법관은 연방의회에서 선출하기 때문에, 간접적 민주적 정당성만 확보된다. 국민투표 가능성과 같은 스위스 헌법의 직접민주주의 요소는 법관법에 관해서는 애초부터 존재하지 않는다. 법관법에 따른 결정을 준비하는 단계에서는 (입법절차의 경우 마련되어 있는) 의견수렴절차(스위스연방헌법 제147조)도 존재하지 않는다.[1014]) 따라서 법관법은 전체적으로 압도적인《과두적》성격[1015])

1011) MEIER-HAYOZ, JZ 1981, 417ff.; 독일관점으로는 WANK, Grenzen, 154ff.; SÖLLNER, ZG 1995, 9ff.도 참조.

1012) MEIER-HAYOZ, JZ 1981, 422 참조; 이미 SÄCKER, ZRP 1971, 145ff.; VOßKUHLE/SYDOW, JZ 2002, 673ff.도 참조. 법관의 취약한 민주적 정당성은 다음 논거와 불가분의 관련이 있다. 권력분립원칙에 따라 입법특권은 입법자에게 귀속되어야 한다. 권력분립논거에 대해서는 MAYER-MALY, JZ 1986, 561; BGE 74 Ⅱ 106 (109); 121 Ⅲ 219 (224). 민주주의이론에 근거한 법관법적 헌법형성의 한계에 대해 상세히는 CHIARIELLO, 386ff. 헌법논거가, 허용되는 법관의 법형성과 허용되지 않는 법관의 법형성 사이의 경계를《날카롭게》긋지 못한다는 점은 분명하다. BIAGGINI, Verfassung, 474ff. 스위스민법 제1조 제2항의 헌법적 평가에 관해서는 FLEINER, in: Gedächtnisschrift Peter Jäggi (1977) 323ff.도 참조.

1013) 법관선출에 대한 비교법적 검토로는 BÜHLER, in: Aktuelle Aspekte des Schuld- und Sachenrechts. Festschrift für Heinz Rey (2003) 521ff. 스위스에서 연방대법관은 연방의회에서 선출하는 반면, 하급심의 경우 직업법관을 국민이 선출하는 것(정당과 관련된 정치화 위험으로 인해 이러한 선출은 우려스러운 점이 있다)은 매우 특수한 사례이다. BÜHLER의 위 글 참조. 독일의 판사임명에 관해서는 TSCHENTSCHER, Demokratische Legitimation der dritten Gewalt (2006) 300ff.

1014) 이미 BGE 74 Ⅱ 106 (109)가 이점을 지적하고 있다; BÄR, 25: 법관법은《가꾸어진 실내에서 고안된 것》이고《정치적 제약(制約)이라는 풍파를 견뎌내지 못한다》.

1015) RÜTHERS, JZ 2002, 365ff.

Ⅳ. 법률초월적 법관법

을 갖는다.《게다가 법관의 독립성은 법적용의 정치적 책임을 제한한다. 그러나 법관이 잘못된 결정에 따른 결과로부터 폭넓게 빠져나올 수 있다면, 그의 법정책적 행동권한은 축소되어야 한다》.1016) 구조적 근거도 이러한 결론을 정당화한다: 법관의 결정은 거대한 단체의 결정과 비교할 때 훨씬 더 개인적이고, 개별적으로 이루어진다:《각 법관의 개별성이 규범획득에 관하여 입법에 참여하는 자의 개별성과는 전혀 다른 무게를 갖는다는 점은 의심의 여지가 없다. 세 명의 법관 중 2명이 보수적인 경우 이러한 사정은, 똑같이 2명의 보수적 국회의원이 존재하는 경우와 비교할 때, 훨씬 더 강하게 결론에 반영될 것이다》.1017) 법관이《보충적 입법자》로서 법형성을 하고 자신의 결정을 법외부적 고려로 뒷받침하려는 경우, 법관에게는 이를 위해 필요한 기반시설이 현저히 부족하다. FRITZ BAUR1018)가 적절히 지적한 것처럼, 법관은 -《그를 도와주는 수단도 없고 그의 판결이 법률과 유사한 형성과정을 거쳐 만들어지지도 않는 상태에서1019) - 입법자를 대신하는 위치에 놓이게 된다》. 특히 법관법에 의한 혁신을 준비하기 위한 전문가위원회도 존재하지 않는다.1020) 법관의 활동은 개별사안과 관련이 있기 때문에 시야가 구조적으

1016) MEIER-HAYOZ, JZ 1981, 422. 독일기본법 제97조 제1항은 타당하게도 법관의 독립성 원칙과 법관의 법률구속성을 연결시키고 있다.

1017) MEIER-HAYOZ, JZ 1981, 422; RIEMER, recht 1999, 177f.도 참조. SCHU-BARTH, ZSR 122 (2003) Ⅰ, 184도 참조. 위 문헌은 입법권한을 통상적 입법자로부터《법관으로 구성된 소규모 재판부》에 사실상 이전시키는 것에 대하여 경고하고 있다.《이러한 재판부에서는 우연히 형성된 다수가 근본적 의미를 갖는 판결 - 민주적 입법자의 명백한 언명과 모순되는 판결 - 을 할 수 있다》.

1018) BAUR, JZ 1957, 196.

1019) 언제나 그리고 여전히 고려할 가치가 있는 조직적 제안으로는 HOPT, JZ 1975, 348; 1987년 뇌샤텔에서 열린 스위스법률가대회에서 SCHUBARTH가 밝힌 입장도 참조. ZSR 106 (1987) Ⅱ, 591f.

1020) 법관의 법형성 사례에서 법원의 정보상황의 개선 가능성에 대해서는 (비교법적 관점에서) RabelsZ 80 (2016) Heft 2에 실린 논문들 참조.

로 협소해지는 것은 피할 수 없다. 이로 인해 법관은 판결의 *주된 이유*를 구성하는 과정에서 오류에 빠질 수 있다. 즉 판결의 주된 이유가, 구체적 사례의 증상과 비정형성을 뛰어넘어 그 밖의 것을 부적절한 방식으로 언급할 수 있다: 《어려운 사례가 나쁜 법을 만든다》.[1021]

c) 이 모든 것을 근거로 MEIER-HAYOZ[1022]는 타당하게도 《*사법자제*》[1023]를 경고하고, *의회 입법자의* 《*법정립특권*》을 강조하는 결론을 도출하였다. 법관에 의한 법형성은 법의 변화를 이끌어야 하고, 입법에는 결여된 법관법 고유의 유연성은 시스템 안정화에 기여한다[1024]; 그러나 정치가 거리낌 없이 이루어지는 《판사들의 정부(政府)》(이러한 현상은 유럽사법재판소 실무에서 확인되고 있다[1025])는 사법부의 헌법상 기능과 어울리지 않는다.

헌법상 정당화될 수 없는 법관의 법형성의 추상적 특징을 포착하려는 시도로 BVerfG NJW 2012, 669 (671): 《헌법적으로 허용되지 않는 법관에 의한 법형성은 다음과 같은 특징을 갖는다. 이러한 법형성은 목적론적 해석으로부터 출발하여, 법률의 명백한 문언을 무시하고, 자기 주장의 근거를 법

1021) 이 논거에 대해서는 MEIER-HAYOZ, JZ 1981, 417ff., 421f.; SCHÜRER, ZBl 114 (2013) 583ff.; WANK, Grenzen, 184도 참조.

1022) 요약으로 MEIER-HAYOZ, JZ 1981, 422f.; 이에 따르는 문헌으로 STROLZ, 50ff.; HAUSHEER/JAUN, Art.1 N227.

1023) 《사법자제》 - 《사법적극주의》라는 개념쌍은 미국 연방대법원의 헌법해석에 관한 논의에서 중심적 역할을 한다. 무엇보다도 많이 언급되는 Robert H. BORK의 다음 책 참조. The Tempting of America: The Political Seduction of the Law (1990).

1024) 좋은 묘사로는 A. BARAK(이스라엘 최고법원의 전 법원장), Some Reflections on the Israeli Legal System and its Judiciary (Ius Commune Lectures on European Private Law, Nr.3 [2001]) 13: 《법은, 하늘 위의 독수리처럼, 오직 움직일 때만 안정적이다》.

1025) 각주 1010의 전거 참조.

IV. 법률초월적 법관법

률에서 찾지 않는다. 그리고 이러한 법형성은 입법자에 의해 명시적으로 또는 - 계획에 반하는 인식가능한 법률상 흠결이 존재하는 경우에는 - 묵시적으로 승인되지 않는다》(BVerfGE 126, 286[306]을 언급하고 있다); 최근 판례로 BVerfG NJW 2015, 1359 (1367):《민주적 정당성을 갖춘 입법자를 존중해야 하므로, 해석을 통해 의미와 문언이 일의적인 법률에 그와 반대되는 의미를 부여하거나, 규정의 규범적 내용을 근본적으로 새롭게 정하는 것은 금지된다》; BVerfG JZ 2015, 620 (623)도 참조:《법관의 법발견의 한계는 다음과 같은 경우 특히 준수되어야 한다. 시민들의 법적 상황이 악화되고 그에 대하여 헌법적 근거를 제시할 수 없는 경우》. 독일에서 열띤 논의가 이루어진 문제 - 연방헌법재판소 자신이 법관법적 권한의 헌법상 한계를 너무 안 지키는 것 아닌지 - 에 대해서는 322-323면의 전거 참조.

따라서 사법부는 법정책적으로 근본적인 그리고《전략적인》, 새로운 영역 관련 결정 - 이는 이른바《위임 없는 입법》이 될 것이다 - 은 삼가야 한다. 사법부는, 이미 존재하는 가치들 간 관련성이라는 틀 안에서 《전술적으로》법을 조정하고 형성하는데, 그리고 (다소간 거장의 솜씨로 해석된)《*작은 단계의 정치*》에 자신의 역할을 한정해야 한다[1026]. 법원은 자신이《현재 사회의 논쟁적 질문에 답하도록》부름을 받았다고 생각하

1026) G. HIRSCH(ZRP 2006, 161; JZ 2007, 858)는 그 당시 독일연방대법원 법원장으로서, 피아니스트 - 작곡자(입법자)의 지침이 그에게 부여한 활동공간을《다소간의 거장의 솜씨로》해석하는 피아니스트 - 로서의 법관이라고 법관의 이미지(이는 독일의 논의 과정에서 부분적으로 논란을 일으켰지만, 오히려 현실적이고 전혀 공격적이지 않은 이미지이다)를 설정하였다. 법적 해석과 음악적 해석의 비교로는 WIEDEMANN, in: Moderne Arbeitswelt. Festschrift für Rolf Wank (2014) 647ff. 스페인에서는 다음 문장이 널리 통용된다. (SCHALK, Deutsche Präjudizien und spanische《Jurisprudencia》 des Zivilrechts [2009] 157의 전거 참조):《법률은 통치하고 판례는 지배한다》. (《법관의 권한》과 관련하여)《미시정치 이론》을 개관하는 문헌으로 GRANDJEAN, AJP 2013, 365ff.

면 안 된다. 《법원의 작업공간》은 《오히려 상대적으로 논쟁의 여지가
없고 국민 대부분이 동의할 수 있는 문제들》1027)에 초점을 두어야 한다.
H.P. WALTER1028)는 같은 취지에서 《신중하게 진화하는》 법관에 의한
법형성을 말한다. 이 경우에도 여전히 법원에게 매우 넓고 어려운 작업
공간이 남아있다는 점은 자명하다.

　독일법에서 법관의 법형성의 한계(독일기본법 제20조 제3항에 따른 한계)에
대해서는 BVerfGE 65, 182 (190f.); BGHZ 108, 305(309)도 참조. RÜTHERS
(NJW 2009, 1461f.)는 법관에 의한 법형성의 헌법상 한계에 대한 연방헌법재판
소 결정(BVerfG NJW 2009, 1469ff. = JZ 2009, 675ff., MÖLLER, JZ 2009, 668ff.의
판례평석과 함께)의 소수의견을 근거로 《연방헌법재판소의 방향전환》(법관의
자제를 강조하는 쪽으로)을 바라고 있다. 이러한 한계에 대해서는 BVerfG NJW
2011, 836 (837f.); NJW 2012, 669 (671f.). 이에 대해서는 다시 RÜTHERS,
NJW 2011, 1856ff.; 최종적으로 BVerfG vom 6.6.2018 (1 BvL 7/14), JZ 2018,
879ff. (N 73) (KAMANABROU의 평석과 함께). 연방헌법재판소 판례에 대한
광범위한 전거로는 최종적으로 JOHANN, NJW 2019, 1929.

　연방헌법재판소의 법에의 구속에 대하여, 그리고 연방헌법재판소 자신의
지나치게 자유로운 판례에 대한 비판으로는 HONSELL/MAYER-MALY,
143ff.; MÖLLER, in: JESTAEDT/MÖLLERS/SCHÖNBERGER (Hrsg.), Das
entgrenzte Gericht. Eine kritische Bilanz nach sechzig Jahren Bundesver-

---

1027) MEIER-HAYOZ, JZ 1981, 422; 이미 LARENZ, Festschrift für Ernst Rudolf Huber
　　zum 70. Geburtstag am 8. Juni 1973 (1973) 304: 《큰 규모의 사회개혁을 위한 관념을
　　입안하는 것은 분명 법학의 임무가 아니다》; 같은 취지로 COING, 53. 그에 따르면
　　법관에 의한 법형성은 성문법전을 《기초로 해야 한다》; G MÜLLER, in: Auf der
　　Scholle und in lichten Höhen. Festschrift für Paul Richli, 2011, 758(스위스연방헌법
　　제164조 제1항을 언급하고 있다)도 참조; 이미 BGE 74 II 106 (109)도 같은 취지.
1028) recht 2003, 10.

　　　　　　　　　　　　　　　　　　　　IV. 법률초월적 법관법

fassungsgericht (2011) 406ff.; RÜTHERS, Die heimliche Revolution vom Rechtsstaat zum Richterstaat (2014) 103ff.; SCHLINK, Erkundungen zu Geschichte, Moral, Recht und Glauben (2015) 무엇보다도 223ff.; 최종적으로 WILLOWEIT, JZ 2016, 431: 오늘날에는 법원의 독립성이 아니라, 입법자의 독립성이 헌법재판소 판례의 《과도한 오만함》으로부터 수호되어야 한다.

V

법학방법론의 국제적 측면

Juristische Methodenlehre

V

법학방법론의 국제적 측면

1. 서론

우리 법질서, 특히 우리와 가까이 있는 사법(私法)질서를 외부와 단절된 국내 체계로 보기 점점 어려워지고 있다; *우리 법질서의 《국제화》* 경향, 유럽에서는 무엇보다도 《*유럽화*》 경향이 경제관계의 국제화라는 이름 아래 급속히 증가하고 있다. 법학방법론도 이러한 과정으로부터 영향을 받을 수밖에 없다. 국내 사법질서는, 국내 입법부라는 《부엌》에서 유래하지 않은, 국제적 또는 유럽적 요소 - 이러한 요소를 해석하는 과정에서 방법론적 특별고려를 해야 한다 - 를 통해 점점 더 강하게 관철되거나 주변(周邊)화된다. 여기서는 *국제적 통일사법*《조약사법》)의 해석과 스위스가 《자율적으로 따라서 수용한》 *EU사법*의 해석을 예로 들어, 이러한 과정을 설명한다.

2. UN매매법 사례에서의 통일사법에 대한 방법론적 특별 고려[1029]

UN매매법(=CISG)은 제7조에서 명시적으로 해석과 흠결보충을 규율한다. 그러나 좁은 의미의 해석에 관한 제7조 제1항은 해석의 방법이 아니라 목표를 규율한다. 이 목표는 협약의 전체목적, 국제적 법통일 활동을 위해 당연히 요구되는 전체목적을 추구한다: 해석시 협약의《국제적 성격》을, 그리고《협약의 통일적 적용을 촉진할 필요성을 고려해야 한다》. 본래적 해석과 관련하여 UN매매법의 틀 내에서도 다음 사실은 다툼이 없다. 협약의 문언,[1030] 체계, 입법사 그리고 (개별 규율의) 목적이라는 전통적 해석요소를 고려해야 한다.[1031] 그러나 이러한 해석수단의 활용은

1029) UN매매법과 동일한 방법론상 문제가 통일사법(조약사법)의 다른 사례 - 가령 비공식적 국제적 사법 리스테이트먼트(국제상사계약원칙에 대해서는 282-283면 참조) - 에서도 발생한다. 이러한 사례에서도 이하에서 살펴 볼 UN매매법 제7조와 같거나 거의 비슷한 조문이 통상 활용된다. 국제물품매매에서 대리에 관한 UNIDROIT 제네바 협약 제6조; 1988년 국제리스에 관한 UNIDROIT 협약 제6조; 유럽계약법원칙(《PECL》) 제1:106조.

1030) 공식적인 협약언어는 아랍어, 중국어, 영어, 프랑스어, 스페인어, 러시아어이다. 이 경우 (UN매매법의《서명조항》에 상응하여)《(각 언어에 따른) 모든 문언은 동일한 정도로 구속력이 있다》. 이는 1969. 5. 23. 조약법에 관한 비엔나협약 제33조와도 일치한다. UN매매법협약에 관한 최종안이 나오기 전 공식적인 회의언어는 영어와 프랑스어였으므로, 영어문언에(그리고 보충적으로 프랑스어문언에)《더 높은 의미》가 부여된다. 협약문언이 불명확한 경우 스위스법원도 이 점을 고려해야 한다(타당한 판시로 BGE 130 Ⅲ 258[261f.]). 국가간 조약의 해석 일반에 대해서는 BGE 127 Ⅲ 461 (465); H.P. WALTER, ZSR 126 (2007) Ⅰ, 264ff.; 유럽인권협약의 해석에 관해서는 각주 374의 전거 참조.

1031) 전통적 해석카논을 UN매매법에 적용하는 것에 관하여 MELIN, 369ff. 그러나 각 국가의 서로 다른 방법전통을 고려할 때, 각국 법원이 실제로 (상대적으로) 통일적인 방법적 지향을 갖는 것은 다음의 경우에만 비슷하게나마 가능하다.《방법적 내셔널리즘》을 버리고《초국가적(transnational)》(유럽의 경우에는 적어도《유럽공통의》) 방법

　　　　　　　　　　　　　　　　　V. 법학방법론의 국제적 측면

앞서 인용한 기본 목표 - 《국제적인 법적용조화》의 보장 - 를 고려하여 이루어져야 한다.

통일적 해석과 이를 통한 《국제적인 법적용조화》는 다음 경우에 - 적어도 비슷하게나마 - 달성할 수 있다(그리고 통일법이 해석방법을 통해 《재(再)국가화》되는 것도 다음 경우에만 피할 수 있다). 협약이 가급적 그 자체로부터 《자율적으로》 해석되고, 개별 국가법(법정지법)의 관점과 체계에서 해석되지 않을 때.

UN매매법 해석시 법적용의 통일에 대해서는, 그리고 자율적 해석 원칙에 대해서는 다른 문헌과 함께 GRUBER, 62ff.; MELIN, 372f.; KRAMER, JBl 1996, 137ff.; KODEK, §6 N174ff. JANSSEN/MEYER (Eds.), CISG Methodology (2009)와 BLAUROCK/MAULTZSCH (Hrsg.), Einheitliches Kaufrecht und Vereinheitlichung der Rechtsanwendung (2017)에 실린 논문들도 참조. 자율성 원칙의 고려와 관련하여 UN매매법에 대한 법원 실무를 분석한 문헌으로 FERRARI, IHR 2009, 8ff.; ders., IHR 2013, 181ff. 협약의 법통일 의도가 부정되므로, 순수 국내법의 체계를 기초로 UN매매법을 해석하는 것은 원칙적으로 거부되어야 한다. 그러나 반대로 UN매매법을 고려하여 국내법에서 해석이나 보충을 하는 것은, 이를 통해 이해하기 어려운 차별화를 실질적으로 피할 수 있다면, 가능하고 바람직하다. 스위스채무법 제201조에 따른 매수인의 하자통지를 (UN매매법 제39조 제1항을 고려하여) 실질화할 필요성에 관하여 RUETSCHI, recht 2003, 117ff. (BGer, 1. Zivilabteilung, Urteil 4C. 395/2001 vom 28.5.2002에 좇아). 현재 전체적 논의상황에 대해 KRAMER,

---

관념이 발전된 경우. 이에 대해서는 무엇보다도 REMIEN, ZfRV 1995, 116ff.; VOGENAUER, ZEuP 2005, 234ff.; KLÖCKNER, 21ff. 방법적 융합현상에 대해서는 (커먼로:common law와 시빌로:civil law의 관계에서) KRAMER, in: ASSMANN/ BRÜGGEMEIER/SETHE (Hrsg.), Unterschiedliche Rechtskulturen - Konvergenz des Rechtsdenkens (2001) 31ff.

JBl 2019, 203ff. 루가노협약 제23조 제1항에 따른 관할합의에 관한, 루가노 협약의 《자율적》 해석에 대해서는 BGE 140 Ⅲ 345 (347).

가령 매수인의 하자통지가 《적절한 기간 내에》(UN매매법 제39조 제1 항) 이루어졌는지에 관하여, 훨씬 더 엄격한 독일상법 제377조 제1항(《지 체없이》)이나 스위스채무법 제201조 제1항(《즉시》)의 문언을 기초로 하지 않고, 국제적 승인에 근거한 의식적으로 관용적인 협약의 규율내용을 기초로 하는 것이 위에서 언급한 방법론적 공준(公準)에 부합한다.1032) 또한 《국제적인 법적용조화》는 체계적인 《판례비교》를 통해서도 달성 하려고 노력해야 한다. 즉 협약에 가입한 다른 국가들의 관련 선례가 국내법원의 협약과 관련된 선례와 마찬가지로 고려되어야 한다.

루가노협약 제2의정서(Protocol) 제1조 제1항은 이를 명시하고 있다(협약가 입국가 법원의 관련판결과 유럽사법재판소의 관련판결을 고려하여); 이에 관해서는 BGE 134 Ⅲ 218 (221); 141 Ⅲ 28 (32); H.P. WALTER, ZSR 126 (2007) Ⅰ, 274; KLETT, recht 2008, 228ff.; FURRER, SZIER 2006, 321f.; LIN-HART, 88ff. 루가노협약 해석시 (관할 및 강제집행에 관한 EU규정:EuGVVO 관 련) 유럽사법재판소 실무를 기본적으로 존중하는 것에 대하여 BGE 140 Ⅲ

1032) 이에 대한 세부적 내용으로 KRAMER, in: Beiträge zum Unternehmensrecht, Festschrift für H.G. Koppensteiner (2001) 622ff.; 방법론적으로 같은 의미로는 (그러나 결론은 같지 않다) SCHWENZER, in: SCHLECHTRIEM/SCHWENZER/SCHROETER (Hrsg.), Kommentar zum UN-Kaufrecht (CISG)-, 7.Aufl. (2019) Art.39 N17. 오스트리 아 입법자는 - 독일상법 제377조에 대한 독일 입법자의 태도와 달리 - 이후 UN매매법 에 맞춰 기업법 제377조를 조정하였고, 지금은 《적절한》 기간 내의 하자통지를 말한 다. 국내 물권법 해석시 사실관계의 국제성이라는 관점을 차별적으로 고려하는 것 - 개방적으로 구성된 요건을 통해 이러한 차별적 고려가 가능하게 된다 - 을 옹호하는 문헌으로 C. WIDMER, in: BONOMI/CASHIN RITAINE (éds.), La loi fédérale de droit international privé: vingt ans après (2009) 207ff.

Ⅴ. 법학방법론의 국제적 측면

115 (121); 140 III 320 (322). 유럽특허조약(EPÜ)을 기초로 한 스위스특허법 해석의 국제화(유럽특허청 항소위원회 판례 및 외국법원 결정의 고려)에 대해서는 BGE 137 III 170 (175); KLETT, recht 2008, 230ff.; 유럽특허조약의 통일적 해석을 위한 새로운 방법에 대해서는 LUGINBÜHL, GRUR Int. 2010, 97ff. UN매매법 문제에 대한 모범적 판례비교로는 이탈리아 리미니(Rimini) 법원의 *Al Palazzo S.r.l.* 판례(2002. 11. 26) 참조(The Vindobona Journal of International Commercial Law and Arbitration 2004, 165에 공간됨); 판결을 위해 독일뿐만 아니라 스위스판례도 참고한 이탈리아 쿠네오(Cuneo) 법원의 판례(1996. 1. 31)도 참조(CISG-online 268).

이 책에서 언급한 《판례비교》는 UN매매법 해석시 《진정한 의미의》 비교법 방법과 구별해야 한다. 이러한 비교법 방법은 법문언이 불명확한 경우 국내법질서에서의 해법들을 비교법적으로 참조하는 것이다. 개별 국가들의 해법모델이 갖는 - UN매매법 해석을 위한 - 이러한 관련성은 (이러한 관련성을 쉽게 인정하면 자율적 해석 원칙을 무력화시킬 위험이 있으므로), 다음과 같은 경우에 한정하여 극도로 제한적으로 인정되어야 한다. UN매매법이 개별 국가의 법제도(가령 커먼로의 법제도)를 의식적으로 그리고 제한없이 수용하였음이 명백히 증명된 경우. 《기원이 되는 법질서》에 의거하는 것에 관하여 MELIN, 339ff. 비교법을 통한 흠결보충을 거부하는 것에 대하여 각주 1038에 해당하는 본문 333면 참조.

외국 선례는 본래적 의미의 구속력이 없다.[1033] 그러나 《어느 논점에 대하여 국제적으로 전적으로 우세하고 그에 따라 확립된 통일적 판례가 존재하는 경우》, H.P. WALTER가 말한 것처럼, 《선례가 타당하다는 추정으로부터 출발해야 하고, 국제적인 판례들의 조화를 깨뜨리는 것이 타당한 결론인지 특히 주의깊게 고려해야 한다. 이 경우 외국판례에 기

1033) FERRARI, in: FERRARI (Ed.), Quo Vadis CISG? (2005) 21f.

초한 실무가 평가적 관점에서 거의 전적으로 부당하게 보이는 경우에 한해, 그 외국판례로부터 벗어날 수 있다》.1034)

《*내부적*》흠결의 보충, 즉 협약의 《내적 체계》로부터 발생하는 UN매매법의 《계획에 반하는 불완전성》의 보충에 관하여, 제7조 제2항은, 이미 언급한 것처럼1035), 일반적인, 협약의 기초가 되는 원칙을 언급하고 있다.1036) 이러한 의미에서 《*자율적 흠결보충*》이 이루어질 수 있다.1037)

UN매매법 제7조 제2항에서 언급된 《내부적》 흠결과 달리, UN매매법의 《외부적》 흠결이라는 개념은 협약이 의식적으로 규율대상에서 제외한 문제들(가령 UN매매법 제4조 및 제5조 참조)과 관련이 있다. 이 경우 국제적 매매계약에 적용되는 법질서는 국제사법에 의해 결정되어야 한다. (UN매매법이 규율하고 있지 않은 지연손해금의 액수에 관하여) 같은 견해로는 Bern 상사법원 (HG 17 98 vom 23.1.2018, ius.focus 2018, Heft 9, 25). UN매매법 제7조 제2항에 대해서는 PAAL, ZfVglRw 2011, 70ff., 무엇보다도 77ff.; OMLOR/BECK-HAUS, IHR 2013, 237ff.; FLECHTNER, in: Festschrift für Ulrich Magnus (2014) 193ff.

1034) H.P. WALTER, ZSR 126 (2007) Ⅰ, 275; ders., GRUR 1998, 869f. 이미 같은 취지로 KRAMER, JBl 1996, 146. 모노그래프로는 KLÖCKNER, 161ff.; MELIN, 388ff.
1035) 275면 참조.
1036) 국제계약법에 대한 리스테이트먼트(가령 UNIDROIT 국제 상사계약원칙[UPICC]) 가 (국제적으로 동의를 얻은 법원칙의 표현으로서) UN매매법의 틀 내에서 흠결보충을 위해 활용될 수 있는지에 대하여, 긍정하는 견해로는 BURKART, Interpretatives Zusammenwirken von CISG und UNIDROIT-Principles (2000) 209ff.; 아마도 같은 견해로 BASEDOW, RabelsZ 81 (2017) 24f.; 반대하는 견해로 MELIN, 418ff.; GRUBER, 304; 대단히 조심스러운 견해로 SCHROETER, RabelsZ 81 (2017) 64ff.
1037) 이에 대해 상세히는 루체른 대학 박사학위논문인 BENEDICK, Die Informations pflichten im UN-Kaufrecht (CISG) und ihre Verletzung (2008) 59ff.(풍부한 전거와 함께)

Ⅴ. 법학방법론의 국제적 측면

제7조 제1항이 제시한 목표인 국제적인 법적용조화, 제2항에서 제시된 국제적인 《흠결보충조화》라는 목표는 다음과 같은 뜻이다. 개별국가의 관할법원은 협약의 일반원칙을 가급적 조화롭게 구축해야 하고, 이러한 작업은 협약에 관한 외국선례를 체계적으로 고려하는 것을 전제로한다. 이에 반해 본래적 의미의 비교법 방법을 통한 흠결보충, 즉 순수 스위스 법의 흠결에 대하여 스위스민법 제1조 제2항을 근거로 이루어지는 비교법 방법을 통한 흠결보충[1038]처럼 협약가입국가의 서로 다른 국내법에 따른 해법이나 다른 국제조약상 규율을 비교법적으로 참조함으로써 이루어지는 흠결보충은, UN매매법 제7조 제2항이 예정하고 있지않다. 오히려 법관은 협약의 일반원칙의 도움을 받아 흠결을 보충하는 것이 가능하지 않은 경우, 국제사법의 규칙에 따라 적용되는 법을 보충적으로 참조해야 한다(《국제사법적 흠결보충》).

법정지 국가의 순수 국내법도, 저촉법상 지시를 통해, 위에서 말한 보충적으로 참조하는 법이 될 수 있음은 물론이다. 이러한 순수 국내법은, 사안을 고려할 때 유추를 설득력 있게 만들 수 있는 규율을 포함하고 있더라도, 흠결보충을 위해 바로 활용될 수 없다. 국제적인 법적용조화라는 UN매매법이 추구하는 목표를 고려할 때 위 점을 굳이 강조할 필요는 없을 것이다. 반대 문제상황(UN매매법에 근거한 유추를 통해 순수 국내법상 흠결을 보충하는 것)에 대해서는 224면 참조.

1038) 280면 이하 참조.

3. 스위스가 《자율적으로 수용한》 EU사법의 해석 관련 특수 문제

a) EU(그리고 유럽경제지역) 틀 내에서는 국내법의 *지침조화적 해석요청*[1039] - 유럽사법재판소의 *Marleasing* 판결[1040]에 좇아 발전되었다 - 이 특히 중요한 방법론상 국제화요소를 보여준다. 위 요청에 따르면 EU 지침의 적용범위에 포함되는 모든 국가내부 규정들은, 《가능한 한》(개별 국가의 방법원칙이 이를 허용하는 한[1041]) 지침의 문언과 목적(특히 지침의 전문(前文)으로부터 분명히 드러나는 목적)을 고려하여 해석되어어야 한다.[1042]

1039) 국내법을 《1차적 유럽연합법》의 내용에 기초하여 해석하는 경우, 《공동체조화적 해석》(오늘날은 《유럽연합조화적 해석》)이라고 부르기도 한다. 이에 반해 지침조화적 해석은 유럽연합의 기능에 관한 조약 제288조 제3항에서 말하는 지침의 관점에서 국내법을 해석하는 상황에 관한 것이다. 유럽연합법친화적 해석과 지침조화적 해석은 《유럽법친화적 해석》이라는 상위개념 안에 포함될 수 있다.

1040) EuGH vom 13.11.1990 - Rs.C.-106/89, Slg. 1990, Ⅰ-4135. 지침자체의 《자율적》 그리고 《통일적》 해석에 관해서는 EuGH in N 37 der Entscheidung vom 30.4.2014 - Rs.C-26/13(*Kásler*), ÖBA 2014, 956 (959). 유럽연합법의 해석과 유럽연합법에 대한 법관에 의한 법형성시 자율성원칙 일반에 대해서는 MARTENS, 335ff.; 타당한 지적으로는 REBHAHN, N18: 《유럽연합법의 방법론 대신 회원국의 방법론에 따라 유럽연합법을 해석하는 것은 오류이다》; ders., ZfPW 2016, 181ff. EU법 해석시 특수한 방법론상 문제에 대해서는 이 책에서 더 이상 검토하지 않는다. 이에 대해서는 아래 두 문헌 참조. RIESENHUBER hrsg. Sammelband 및 BALDUS/RAPP in: GEBAUER/TEICHMANN (Hrsg.), Europäisches Privat- und Unternehmensrecht (2016) §3 (S.153ff.). 저촉법상 지시를 근거로 스위스법원이 적용해야 하는 유럽연합법의 해석에 관해서는 ERNST/SUNARIC, in: Festschrift für Anton K. Schnyder (2018) 79ff.

1041) 이러한 제한(이른바 회원국의 《해석상 자율성》)에 비판적인 견해로 KRAMER, GPR 2015, 262.

1042) 독일과 오스트리아 문헌으로는 다른 많은 문헌을 대신하여 LUTTER, JZ 1992, 593ff.; BRECHMANN, Die richtlinienkonforme Auslegung (1994); RÜFFLER, ÖJZ 1997, 121ff.; FRANZEN, Privatrechtsangleichung durch die Europäische Gemeinschaft

회원국의 이러한 의무의 기초는 유럽연합의 기능에 관한 조약 제288조 제3항과 결합된 유럽연합조약 제4조 제3항으로부터 도출된다. 이로부터 다음과 같은 결론에 이른다. 회원국 법원은 지침의 적용범위에 놓인 국내법을 동일한 방법론적 부분접근법(지침조화성이라는 부분접근법)에 따라 해석해야 한다. 이러한 요청이 준수되었는지에 관해서는《사전결정절차》(유럽연합의 기능에 관한 조약 제267조)를 통해 최종적으로 유럽사법재판소가 판단해야 한다.

  b) 잘 알려진 것처럼 *스위스*는 일련의 유럽연합사법상 지침을 - 비록 경제적, 정치적 측면에서 사실상 강제되었다고 완곡하게 말하기는 하지만 -《자율적으로 따라서 수용하였고》,1043) 이는 스위스법 - 특히 사적 (私的) 경제법 - 의《유럽적합성》이라는 지도상(指導像) 아래 앞으로도 계속될 것이다. 이러한 스위스 안의《유럽법(leges europaeae)1044)》을 지침조화적으로 해석할 의무가 유럽연합회원국들처럼 제도적으로 (유럽연합조

(1999) 292ff.; CANARIS, FS Bydlinski, 47ff.; KLAMERT, Die richtlinienkonforme Auslegung nationalen Rechts (2011); BABUSIAUX, Die richtlinienkonforme Auslegung im deutschen und französischen Zivilrecht (2007); SUHR, Richtlinienkonforme Auslegung im Privatrecht und nationale Auslegungsmethodik (2011); PERNER, EU-Richtlinien und Privatrecht (2012); ROTH/JOPEN, in: RIESENHUBER, §13 N1ff.; LEENEN, Jura 2012, 753ff.; REBHAHN, N136ff.; REIMER, JZ 2015, 910ff.; HAYDEN, ZfRV 2016, 244ff. 참조. 지침의 사전(事前)효라는 특수문제에 대해서는 227면의 전거 참조.

1043) 이러한 수용은 특히, 1992. 12. 6. 스위스가 유럽경제지역에 가입하는 것이 좌절된 후 채택된,《스위스법》-개혁패키지라는 형태로 이루어졌다. 유럽경제지역협약 거부 후 결과계획에 관한 1993. 2. 24. 보고서, BBl 1993 Ⅰ 805ff. 참조. 사법상 소비자보호 영역에서는 패키지여행에 관한 법, 소비자신용법, 제조물책임법이 있다. 또한 영업양도 문제와 관련하여 스위스채무법 제330조가 개정되었다. 스위스 입법의 추가사례로는 KUNZ, ZVglRWiss 108 (2009) 54ff.

1044) PROBST, BJM 2004, 231.

약을 근거로) 도출될 수 없음은 당연하다.[1045] 스위스에서 지침조화적 해석은 오히려 목적론적 해석이라는 국내적 요청, 그리고 이와 동시에 역사적 해석요소에 근거한 것이다. 스위스 입법자는 유럽지침과의 법적 조화를 위해 이를 자율적으로 따라서 수용하였다; 이로부터 바로 다음 결론이 도출된다. 전환법(단지 지침의 적용범위에 객관적으로 포함될 뿐이고 지침의 전환을 위해 제정된 것이 아닌 법은 - 회원국들과 달리[1046] - 전환법에 포함되지 않는다)은 이러한 목적에 따라 지침조화적으로, 특히 입법이유에서 명시된 지침의 목적을 근거로, 그리고 유럽사법재판소의 관련 실무를 기초로(그리고 회원국 실무를 고려하여) 해석해야 한다.[1047]

1045) 그러나 스위스법원은 스위스-EU간 이동자유협약(FZA) 제16조 제2항 제1문을 근거로, 유럽사법재판소의 관련 실무(기준일인 1999. 6. 21.까지 이루어진 실무)를 고려할 진정한 법적 의무를 부담한다. 이에 관해서는 JUNG, ZSR 129 (2010) Ⅰ, 534f.; FURRER, SZIER 2006, 322f.; SEILER, ZBJV 150 (2014) 275f. 스위스가 EU와 체결한 《양자간 조약》을 근거로 수용한 유럽법의 해석 시 발생하는 정치적으로 다툼이 있는 문제에 대해서는 여기서 언급하지 않는다. 이 경우 《자율적으로 따라서 수용한 것》이 아니고, 스위스가 조약에 따른 의무이행의 일환으로 EU법을 수용한 것이다.

1046) 이에 관한 유럽사법재판소 판례에 대해서는 HÖPFNER/RÜTHERS, AcP 209 (2009) 25 FN132; ROTH/JOPEN, in: RIESENHUBER, §13 N15.

1047) 《자율적으로 따라서 수용한》 스위스법의 지침조화적 해석 관련 풍부한 스위스 문헌으로 WIEGAND/BRÜHLHART, Die Auslegung von autonom nachvollzogenem Recht der Europäischen Gemeinschaft 1992; WIEGAND, in: Der Einfluss des europäischen Recht auf die Schweiz. Festschrift für Roger Zäch (1999) 177ff.; COTTIER/ DZAMKO/EVTIMOV, Schweizerisches Jb. für Europarecht 2003, 363ff.; PROBST, BJM 2004, 225ff.; AMSTUTZ, in: WERRO/PROBST (Hrsg.), Le droit privé suisse face au droit communautaire européen - Das schweizerische Privatrecht im Lichte des europäischen Gemeinschaftsrechts (2004) 105ff.; ders., Interpretatio multiplex, 67ff.; BIERI, AJP 2007, 208ff.; H.P. WALTER, ZSR 126 (2007) Ⅰ, 268ff.; MIGON, Le droit privé suisse à l'épreuve du droit privé communautaire (2010) 519ff.; JUNG, ZSR 129 (2010) Ⅰ, 539ff.; EMMENEGGER/TSCHENTSCHER, Art.1 N300ff.; E. KOHLER, in: COTTIER (Hrsg.), Die Eurokompatibilität des schweizerischen Wirtschaftsrechts: Konvergenz und Divergenz (2012) 45ff.; HEINEMAN, 32ff.

c) BGE 129 Ⅲ 335 (350)[1048] 이래 연방대법원도 같은 입장을 취하고 있다. 그런데 이러한 입장은《불가사의하게도》[1049] 다음과 같이 축소되었다.《지침을 따라서 수용된 국내법》의 유럽법조화적 해석은 단지《의심스러울 때》에만, 그리고《국가내부에서 준수되어야 할 방법론》이 이러한 해석을 허용할 때만 적용된다.

스위스 입장에서 이러한 마지막 제한(국가내부의 방법론에 따른 제한)은 자명하다: EU에 가입하지 않은 스위스에서 유럽법친화적 해석 요청은, 당연히 스위스법을 기초로 발전된 방법적 고려로부터 도출되어야 한다.[1050] 이러한 도출이 근본적인 문제점을 발생시키지는 않는다: 역사적 입법자의 규율의도로부터 스위스 전환법이 실제로 존재한다는 점[1051]이 확정되면, 스위스법을 지침조화적으로 해석하는 것은, 이미 언급한 것처럼, 역사적 해석요소에도 부합하고, 객관적 목적론적 해석이라는 공준에도 부합한다. 그러나 이러한 해석준칙은《의심스러울 때》에만 준수되어야 하는 것이 아니고 - 순수 스위스법 해석 시와 마찬가지로 - 일반적으

1048) 이 판례 이후 판례로 BGE 130 Ⅲ 182 (190); 133 Ⅲ 81 (83f.); 136 Ⅲ 552 (558); 137 Ⅲ 487 (495); 139 Ⅲ 217 (220); 144 Ⅲ 285 (291).

1049) H.P. WALTER, ZSR 126 (2007) Ⅰ, 270.

1050) EU회원국의 경우 스위스와 달리 개별 방법론이 회원국들의 초국가적 공동체로의 제도적 통합에 맞춰 조정되어야 한다; 따라서 국가단위의 전환법률에 관하여, 순수하게 국내적 관념으로서의《해석적 자율성》은 의심스럽다. EU회원국들 내에서《방법론에 관한 최소한의 합의》를 발전시킬 필요성에 대하여 FLEISCHER, RabelsZ 75 (2011) 710; RÖSLER, Rechtstheorie 2012, 495ff.; KRAMER, GPR 2015, 262도 참조.

1051) 실무상 간과할 수 없는 문제는 입법자료를 살펴보지 않는 법관, 특히 하급심법관이 그가 적용할 법이 유럽적 기초를 전환하는 규정이라는 점을 현실적으로 인식하는지 여부이다. 무엇보다도 스위스 기본법률(Stammgesetz)(가령 스위스채무법)이 개정된 경우, 우리는 법률만 보아서는 위와 같은 사정을 알 수 없다. 따라서 (입법자료뿐만 아니라) 전환법률에도 명시적으로 그 법률의 유럽적 기원과 지침조화적 해석 요청을 언급하는 것이 바람직하다.

로 준수되어야 한다.1052)

앞서 언급한 내용으로부터 다음과 같은 결론이 도출된다. 규범의 유럽
연합사법(私法)적 기원과 무관하게 우선적으로 시도된 해석의 결과 다의
적 해석결론(이 중에는 지침조화적 해석결론도 포함된다)이 도출된 경우 비로
소 (그리고 이러한 경우에만), 지침조화적 해석이 등장하고 결정적 의미를
갖는 것은 아니다1053); 오히려 해석은 (역사적 그리고 목적론적 해석이라는
표제 하에) 곧바로, 해석대상 규범의 유럽적 기원을 지향해야 한다. 목적
론적 해석요소와 관련하여 이는 구체적으로 두 가지 의미를 갖는다. 첫
째, 구체적으로 해석해야 할 조항의 *입법목적*은 지침을 기초로 (특히 지
침의 입법이유를 기초로) 확정해야 한다. 둘째, 이와 동시에 EU법상황과의
조화를 목적으로 하는 스위스 전환입법의 전체적 목적이 준수되어야 한
다. 이로부터 무엇보다도 다음 결론을 도출할 수 있다. 원칙적으로 유럽
사법재판소의 판례를 따라야 한다1054); 유럽사법재판소 판례가 명백히

1052) BIERI, AJP 2007, 714.

1053) 같은 취지 AMSTUTZ, Interpretatio multiplex, 89f. CANARIS, Festschrift Bydlin-
   ski, 80f. 그러나 카나리스는 (AMSTUTZ와 달리) EU회원국을 전제로 논증을 하고
   있다. EU회원국에서 지침조화적 해석요청은 유럽연합법 상의 근거를 갖고 있으므로,
   독자적 효력근거에 기초하고 있다. 이에 반해 스위스에서 지침조화적 해석요청은 최
   종적으로 스위스 내부에서 근거를 갖는, 순전히 국내적으로 발전된 해석요청이다.

1054) 반대 BSK-ZGB/HONSELL, Art.1 N19: 유럽사법재판소의 실무에 대한 구속력 부
   정. 회원국이 아닌 제3국의 경우 구속력을 **제도적으로** 근거지울 수 없음은 당연하다.
   그러나 앞서 언급한 것처럼, 자율적으로 따라서 수용한 목적을 근거로 **방법론적으로**
   이러한 구속력이 도출되어야 한다. 스위스-EU간 이동자유협약(FZA) 제16조에 대해
   서는 이미 각주 1045 참조. 스위스평등법(Gleichstellungsgesetz) 법률안 제안설명서에
   서 연방평의회는 명시적으로 다음과 같이 추천하고 있다. 법률은 유럽사법재판소 실
   무에서 발전된 원칙을 고려하여 해석되어야 한다. 이에 관하여 J.-F. STÖCKLI, in:
   Zivilprozessrecht, Arbeitsrecht (Kolloquium zu Ehren von Prof. Adrian Staehelin
   [1997]) 126f.

V. 법학방법론의 국제적 측면

법적으로 잘못된 경우를 제외하면, 위 결론은 다음과 같은 경우에도 타당하다. 스위스법원이, 스위스전환법 규정을 유럽사법재판소의 해석과 다르게 해석하는 것이 해당 전환규율의 목적[1055] - 순수 스위스법영역의 체계로부터 도출된 목적이 아니고 지침 자체로부터 도출되어 정확하게 파악된 목적[1056] - 에 더 부합한다는 입장을 취하는 경우에도. 해석문제에 대하여 입장을 명시한 유럽사법재판소 판례가 없는 경우, 스위스법원은 설득력 있는 대안으로서 스위스와 인접한 EU회원국 법원실무를 특히 고려해야 한다.

d) 스위스입법자가 완전하고 유보없이 유럽규정의 내용에 따라 전환입법을 할 의사였다는 점이 실제로 확인되었다면, 스위스입법자가 전환과정에서 실수를 한 경우, 즉 자신의 의도와 달리 계획에 반하여 불완전하게 (흠결이 있는) 전환을 한 경우에도, 유럽법친화적 해석을 해야 한다. 이 경우 전환입법의 문언은 지침조화적 해석에 대한 한계로 작용할 수 없다[1057] 이러한 지침조화적 해석은 본래적 의미의 《*법관에 의한 지침조화적 법형성*》이다; 공개된 법률흠결의 경우, 지침 자체[1058]로부터(또는

1055) 일반적인 경우(129면 이하 참조)와 마찬가지로, 이 경우에도 다음 원칙이 적용된다. 규정의 역사적 목적(즉 결과적으로 지침의 역사적 설정목적)이 무조건 결정적인 것은 아니고, 입법 후 지금까지 이루어진 EU법의 추가발전(전환된 지침의 명시적 사후변경을 포함하여)을 고려해야 한다. 해석대상 스위스 전환입법 규정이 이에 관하여 해석활동공간을 허락하는 한. 스위스연방대법원(BGE 129 Ⅲ 335 [350])이 《조화를 이루려고 노력하는 대상인 법의 계속발전》을 언급하는 것은 이러한 취지로 이해해야 한다.

1056) (통일사법과 관련하여) 이에 대해서는 이미 329면 참조.

1057) 《지침조화적 법획득》(본래적 의미의 해석뿐만 아니라 지침조화적 법형성도 포함한다)이라는 일반적 표현을 사용하는 문헌으로 HERRESTHAL, JuS 2014, 289ff.

1058) 흠결확정을 위한 수단으로 지침을 드는 문헌으로 CANARIS, FS Bydlinski, 85. 지침자체의 계획에 반하는 불완전성으로 인해 전환입법의 흠결이 발생한 경우, 이러한 흠결은 가급적 자율적으로 (즉 유럽법적 고려를 통해), 가령 유사한 문제를 해결하

EU회원국의 올바른 전환입법으로부터) 흠결보충을 위해 (해법을) 차용한다; 예외흠결의 경우 규범의 유럽법친화적 목적과 부합하는 목적론적 축소가 이루어질 가능성이 있다. 이러한 축소가 법률상 규율의 목적론적 전체수정(《0으로의 축소》)을 동반하지 않는 한.1059)

지침조화적 목적론적 축소에 관하여, 사전결정인 유럽사법재판소의 《Quelle》 판결 이후 그 판결에 따른 법적결과에 대한 판결인 BGHZ 179, 27 (34ff.) = NJW 2009, 427ff.(PFEIFFER, NJW 2009, 412f.의 평석과 함께); 오스트리아의 경우 OGH EvBl 2011 Nr.88 (및 이에 관한 PERNER, ÖJZ 2011, 621ff.). 지침조화적 목적론적 축소에 관한 풍부한 독일논의(방법론적으로 원칙적으로 동의하는 논의)로는 MÖLLERS/MÖHRING, JZ 2008, 919ff.; HERRESTHAL, NJW 2008, 2475ff.; ZEuP 2009, 598ff.; PFEIFER, NJW 2009, 412f.; JUD, GPR 2009, 79ff.; GEBAUER, GPR 2009, 82ff.; LANGENBUCHER, in: LANGENBUCHER (Hrsg.), Europäisches Privat- und Wirtschaftsrecht, 3.Aufl. (2013) §1 N99ff.; ROTH/JOPEN, in: RIESENHUBER, §13 N55ff.; 비판적 견해로는 HÖPFNER/RÜTHERS, AcP 209 (2009) 32ff.; HÖPFNER, JZ 2009, 403ff.; P. BYDLINSKI, JBl 2015, 2ff. 독일민법 제439조 제3항의 지침조화적 목적론적 축소에 관하여 BGHZ 192, 148 (160ff.) = JZ 2012, 468 (470f.) (이 판례에 대한 비판적 평석으로는 HÖPFNER, JZ 2012, 475f.); 보험계약법에 관하여 BGHZ 201, 101 (109ff.) = NJW 2014, 2646 (2647); 이 판례에 비판적 견해로는 BÜRKLE, VersR 2015, 398ff.; BGH NJW 2015, 1023 (1024).

는 지침을 기초로 한 유추를 통해 보충하려고 시도해야 한다.

1059) 목적론적 전체수정의 거부에 관하여 239면 참조; P. BYDLINSKI, JBl 2015, 11f.도 같은 취지(OGH EvBl 2011 Nr.88에 비판적 입장을 취한다); Österreichische Richterzeitung 2019, 30ff.의 P. BYDLINSKI 글도 참조. 《분할된 해석》의 가능성에 대해서는 342-343면 참조; BGH NJW 2015, 1023 (1024)에 비판적 문헌으로 MICHAEL/PAYANDEH, NJW 2015, 2393ff.

관련 모노그래프로 HERRESTHAL, 곳곳에; 최근 문헌으로 BALDAUF, Richtlinienverstoß und Verschiebung der Contra-legem-Grenze im Privat-rechtsverhältnis (2013); FRIELING, in: Jahrbuch Junger Zivilrechtswissen-schaftler 2014, 37ff. 지침조화적 해석의 한계(독일법상 방법론적으로 허용된 것들을 근거로 하여 설정된 한계)에 관하여 BVerfG NJW 2012, 669 (670f.)도 참조; BVerfG (NJW 2012, 669, 672)는 목적론적 축소의 가능성을 명시적으로 인정하였다.

e) 스위스입법자가 유럽법 규정을 스위스 전환입법의 모델로 단지 부분적으로만 수용할 의사였고, 개별문제에 관하여 스위스 자체의 해법을 선호한 경우(《일품요리 - à la carte - 방식의 전환》), 이러한 후자의 규율영역에서 유럽법친화적 해석이나 흠결보충이 애초에 가능하지 않음은 당연하다.1060) 이처럼 의식적으로 유럽규정을 회피한 사례를 제외하고, 순수 스위스법이 존재하거나 입법자가 - 특히 경제법에서 - 착안점의 측면에서는 유럽친화적이지만 독자적으로 조정을 하는 규율로서 본래적, 자율적 전환이라고 볼 수 없는 규율을 입법한 경우, 이러한 독자성으로 인해 법원이 해석시, 무엇보다도 규율의 흠결이 있는 경우,1061) 유럽모델에 의해 영감을 받는 것이 금지되지는 않는다. 법적용의 이러한 유럽법 지향은 기본적으로 유럽친화적인 (그러나 협의의 의미에서 《자율적으로 따라서 수용하는》 방식으로 입법되지는 않은) 스위스 규율에서 오히려 직접적으로

1060) 같은 취지로 CANARIS, Festschrift Bydlinski, 85; 스위스의 경우 H.P. WALTER, ZSR 126 (2007) I, 270. 명백히 다른 견해로는 BAUDENBACHER, SZW 1998, 320. BAUDENBACHER는, 스위스입법자가 - 다른 영역에서는 수용된 - EU모델을 개별문제에서 의식적으로 회피한 경우에도, 《좇아서 수용한 목적을 전체로서 고려한》 지침조화적 해석이 가능하다고 본다.

1061) 이 경우 실제로 독자적인 스위스 규율에서의 흠결(계획에 반하는 불완전성)의 존재는 전환되지 않은 유럽법을 고려하여 확정하면 안 된다; 오히려 흠결의 존재는 순수 스위스 규율을 기초로 확정해야 한다.

강제된다[1062]); 이 경우 EU의 법적 행위가 환영받는 《해석보조》로 기능한다.[1063] 《자율적으로 따라서 수용함으로써》 부분적으로만 (가령 소비자계약이 존재하는 경우에만) 형성되었고 나머지 부분에서는 순수 스위스법이 적용되는 법영역에서는, 이러한 지향이 목적론적으로 일관되지 않은 《법분할》 - 조화된 (그리고 목적론적으로 실제로도 다른 규율영역으로 일반화가 가능한) 규율영역과 조화되지 않은 규율영역 사이의 법분할 - 을 적어도 약화시키는데 적합하다.

《법분할》의 위험에 대해서는 이미 PROBST, BJM 2004, 256ff. 지침의 적용범위(가령 소비자계약으로 제한된 적용범위)를 넘어 법영역 전체를, 지침의 내용에 따라 조정하는 계기로 유럽지침을 활용할 경우, 국내입법자는 애초부터 이러한 《법분할》을 피할 수 있다. 이처럼 지침을 《초과적으로 전환하는 것》은 EU회원국에서 드물지 않다. 오스트리아 담보책임법 관련 오스트리아민법 제924조, 제933조 제1항 사례도 참조. 상세히는 HABERSACK/MAYER, in: RIESENHUBER, §14 N1ff. 이러한 《하이브리드식》 규범복합체의 경우(부분적으로는 본래적 의미의 전환법이고, 부분적으로는 자율적으로 조정된 국내법인 경우), 초과적 전환의 영역에서도 지침조화적으로 또는 적어도 《지침지향적으로》 해석해야 하는지(《통일적 해석》), 아니면 방법론적으로 《분할된 해석》을 해야 하는지(초과하는 영역에서 국내적 해석을 함으로써)에 관

1062) 지식재산권 관련 입법영역도 마찬가지이다. PIAGET, 2006, 736f.; 카르텔법에 관하여 BGE 139 I 72 (89) 참조; 《해석보조》로서 EU텔레비전지침을 끌어들인 판례로 BGE 133 II 136 (143). 이에 대해서는 HEINEMANN, 33f.도 참조. 그는 본래적인 따라서 수용하는 사례부터 EU법이 단지 스위스입법자의 영감의 원천인 사례에 이르기까지의 사례들을 슬라이팅 스케일 방식(각 요소가 서로 분리되지 않고 비율적으로 섞여서 어느 한 요소의 비율이 증가하면 다른 요소의 비율이 감소하는 방향으로 사례가 구성되는 방식)으로 설명하면서, 《자율적 조정》이라는 상위개념을 제안한다.

1063) 같은 취지로 EU텔레비전지침 관련 BGE 133 II 136 (143). EU법에 기초한 부가가치세법 관련 실무에 대해서는 SEILER, ZBJV 150 (2014) 305f.

V. 법학방법론의 국제적 측면

하여, 의심스러울 때에는 통일적 해석을 해야 한다는 견해로 MAYER/ SCHÜRNBRAND, JZ 2004, 551 (통일적 해석을 위한 추정, 그러나 언제나 반증 가능한 추정); HABERSACK/MAYER, in: RIESENHUBER, §14 N41; HÖPFNER/RÜTHERS, AcP 209 (2009) 29f.; JÄGER, Überschießende Richtlinienumsetzung im Privatrecht (2006) 156; WEISS, EuZW 2012, 733ff.; HERRESTHAL, in: LANGENBUCHER (Hrsg.), Europäisches Privat- und Wirtschaftsrecht, 3.Aufl. (2013) §2 N174ff.도 참조. 그러나 독일민법 제439조의 분할된 해석(소비자계약이 존재하는지 여부에 따른 분할된 해석)에 대해서는 독일 연방대법원의 《Granulat》판결 참조. EuZW 2013, 157ff.(Anm. FORNASIER) = JZ 2013, 189ff. (Anm. MÖRSDORF). 이 사례에서(이에 대해 상세히는 J. SCHMIDT, GPR 2013, 210ff.) 독일입법자는 - 이미 증명된 바와 같이 - 초과하는 영역(소비자법이 아닌 영역)에 관하여 유럽법 규정에 맞춰(유럽사법재판소가 유럽법 규정으로부터 도출하는 의미에 맞춰) 조정할 의사가 없었다. 독일연방대법원과 같은 입장으로 OGH JBl 2014, 531ff. (이에 반대하는 견해로 P. BYDLINSKI, JBl 2015, 12ff.; 마찬가지로 반대하는 견해로 AUGENHOFER, JBl 2019, 7).

f) 《유럽 법발전의 역동성》은 - 적절히 관찰된 바와 같이[1064] - 스위스 입법자를 《드물지 않게 다음 상황 앞에 놓이게 한다. 새로운 법률이 이미 그 시행 당시 또는 시행 직후 더 이상 EU적합성 - 입법자가 추구해온 EU적합성 - 을 충족시키지 못하는 상황》. EU적합성이라는 원칙적 목표에도 불구하고 이러한 배경 하에서는 다음 명제로부터 출발할 수 없다. EU법의 혁신은 스위스입법자에 의해 심사 없이 통합적으로 승인된다. 가령 스위스가 《자율적으로 따라서 수용한》 EU지침에 대하여 개정이 진행되고 있는 경우 (소비자신용에 대한 지침이나 최근에는 패키지여행

1064) FORSTMOSER, in: GRIFFEL (Hrsg.), Vom Wert einer guten Gesetzgebung, 16 Essays (2014) 9ff.

지침처럼), 이러한 신판(新版)의 혁신은 스위스에서 다음의 경우에만 고려할 수 있다. 스위스입법자가 (소비자신용에 관한 법률이나 패키지여행에 관한 법률 개정을 통해) 신판(新版)도 수용한 경우. 신판(新版)의 자동적 고려(지침 중 현재 EU에서 적용되는 판의《역동적》수용이라는 의미에서)는 가능하지 않다. 그러나 기존 법상황이 다의적이거나 흠결이 있다면, 스위스법상황이 개정되기 전에도 신판(新版)의 혁신이 고려될 수 있다. 현재 전환입법을 새로운 EU법상황에 기초하여 공개적으로 수정하거나, (새로운 법정책적 관심사항에 관하여) 공개적으로 확장하는 법적용은 거부되어야 한다.1065)

g) 이와 관련하여 다음 상황이 특히 문제된다: 지침일부의 규율내용이 명확하지 않고, 스위스입법자가 지침을 자율적으로 따라서 수용하면서 명확하게 규율되지 않은 부분에 대하여 해법 - 입법자가 보기에 지침과 모순되지 않고, (입법자가 의식적으로 환영하는) 지금까지의 스위스의 법적 견해와 부합하는 해법 - 을 제시하였는데, 최종적으로 유럽사법재판소가 - 많이 논의된 *Leitner* 사례1066)(패키지여행과 관련하여 상실된 휴가향유이익의 배상 - 비재산적 손해배상 - 을 명할 수 있는지에 관한 문제)에서처럼 - 의문이 제기된 문제를 스위스 전환입법(패키지여행에 관한 법률) 및 확립된 스위스의 법적 견해와 부합하지 않는 방향으로 판결을 선고한 상황. 스위스입법자의 명확한 입장을 밝히는 새로운 문언이 없는 상황에서 스위스법원은 (스위스입법자는 원칙적으로 유럽의 법상황에 따를 의사였다는 점을 근거로) 흠결보충(유추나 목적론적 축소)을 통해 유럽사법재판소의 이러한 판례에 따라야 하는가? 아니면 관련된 열린 문제를 순수 스위스적인 법

1065) 이보다 너 나아간 견해로는 WERRO/PICHONNAZ, in: Schweizerisches Jahrbuch für Europarecht 2011/2012, 194f.: 지침의 신판(新版)은 스위스입법자에 의한 전환 전에도 가급적 준수해야 한다. 명시적으로 같은 견해로 KUNZ, recht 2017, 148(각주 111과 함께).

1066) Urteil vom 12.3.2002 - Rs.C-168/00 (NJW 2002, 1255f.).

적 견해에 부합하는 방식으로 - 그리고 아마도 지침과 조화되는 방식으로 - 해결하려고 하였던 입법자의 명확한 의도가 기준이 되어야 하는가?[1067] 연방대법원은 BGE 129 Ⅲ 335 (350) 판례에서 원칙적으로 첫번째 선택지, 즉《동적 조화》에 기운 것으로 보인다[1068](그러나 위에서 언급한 패키지여행에 관한 법률 관련문제를 다룬 판례는 아니었다). 위 판례에서 연방대법원은 다음과 같이 판시하였다. 스위스법원은《조화를 이루려고 시도하는 대상인 법의 계속발전을 시야에 포함시켰어야 한다》. 그러나 이 경우 스위스입법자의 새로운 판단을 기다리는 것이 법관법의 자제원칙에 부합한다.[1069] 스위스 독자적인 해법이 유럽지침과 부합하지 않는다는 점을 입법자가 알았더라도, 입법자는 여전히 이러한 해법을 선호하였을 수 있다. 스위스입법자가 특정 유럽지침과 관련하여《그 지침이 좋든 나쁘든》- 유럽사법재판소가 그 지침에 대하여 어떠한 판결을 하든지! - 유럽의 길을 따를 의도였다는 점이 명백히 증명된 경우에 한해, 다른 결론이 타당할 수 있다.

1067) 이러한 딜레마에 관한 생생한 문헌으로 H.P. WALTER, ZSR 126 (2007) Ⅰ, 270ff.

1068) 학설(휴가향유이익의 상실이라는 패키지여행에 관한 법률 관련문제에 특화하여) 및 *Leitner* 사례에서 유럽사법재판소를 통한 해법에 대하여 WERRO, in: Gauchs Welt. Festschrift für Peter Gauch (2004) 704ff.; STAUDER, in: SPR X: Konsumentenschutz im Privatrecht (2008) 360f.; 동적 조화를 거부하는 견해로 WIEDE, Reiserecht (2014) N1189ff.; ROBERTO, HAVE 2016, 278f.

1069) 이러한 의미로는 이미 H.P. WALTER, ZSR 126 (2007) Ⅰ, 272.

VI

전통적 방법론에 대한 근본적 의문들
(규칙회의주의, 선이해)과 결론

VI

전통적 방법론에 대한 근본적 의문들
(규칙회의주의, 선이해)과 결론

1. 서론

앞서 살펴본 것처럼 전통적인 방법론은 해석대상인 규범의 문언에서 출발하여 법적 해석을 통해 규범적 규칙을 도출하고자 한다. 이러한 전통적 방법론은 최근 수십 년간 두 측면에서 근본적으로 불안정하게 되었다: 한편으로는 Ludwig WITTGENSTEIN의 언어철학에 기초한 다음과 같은《규칙회의주의》논변. 해석자보다《선재(先在)하는》규범문언의 의미를 인정하는 견해는 애초부터 유지될 수 없다; 다른 한편으로는 해석자의《선이해》의 유형에 기초한 다음과 같은 견해. 가능한 한《객관적인》해석을 추구하는 것은 해석학적 이유에서 환상에 불과하다.

2. 규칙회의주의

a) (급진적) 규칙회의주의는 비트겐슈타인의《사용이론》으로부터 출발한다. 비트겐슈타인의 다음과 같은 유명한 문장:《단어의 의미는 언어에서 그 단어의 사용에 있다》[1070]로부터 다음과 같은 결론이 도출된다. 언

어적 표현의 의미론적 내용으로서 해석자보다 객관적으로 선재(先在)하는 것은 애초부터 존재하지 않는다. 규범의 의미와 목적은 - 비트겐슈타인으로부터 영감을 받은 스위스의 대표적 규칙회의주의자인 AMSTUTZ와 NIGGLI가 말하는 것처럼 -《규범의 문언으로부터도 규범의 발생으로부터도 도출되지 않는다》; 오히려 결정적인 것은《공통된 생활형식》에 대한 구속이다.1071)

국제적으로는 S.A. KRIPKE의 "비트겐슈타인: 규칙과 사적 언어(1982)"에 의한 급진적 규칙회의주의 정당화시도가 특히 영향력이 있다. 이에 대한 비판으로는 RÖHL/RÖHL, 46ff.; dies., 608:《〈크립켄슈타인〉의 급진적 회의주의는 타당하지 않고, 비트겐슈타인의 실무에 대한 신뢰가 타당하다. 왜냐하면 법적 문언을 다루는 것은 참여자가 언어규칙을 지배하는 사회적 실무이기 때문이다. 실무는 언어관용의 명백성을 통해 그 생명력을 유지하고 있다.》 KRIPKE에 대한 상세한 비판적 분석으로는 KLATT, 161ff.; 언어철학적 규칙회의주의에 대한 최근 비판과《의미론적 규범성》의 옹호에 관해서는 KLATT, in: LERCH (Hrsg.), Die Sprache des Rechts, Bd.2 (2005) 347ff.

1070) WITTGENSTEIN, Philosophische Untersuchungen (1953; Werkausgabe Bd. 1, 1995 에서 재인용) Nr.43. 비트겐슈타인의 언어이론에 대하여 (법적 방법문제의 관점에서) 풍부한 정보를 전달해주는 문헌으로 KLEY-STRULLER, recht 1996, 189ff.; BINZ, Gesetzesbindung. Aus der Perspektive der Spätphilosophie Ludwig Wittgensteins (2008) 37ff.; HÄNNI, in: SENN/FRITSCHI (Hrsg.), Rechtswissenschaft und Hermeneutik (2009) 209ff.

1071) AMSTUTZ/NIGGLI, 32f.; 각주 1079의 인용도 참조; NIGGLI/KESHELAVA, in: Festschrift für Walter Ott(2008) 136:《법규범의 의미내용은 그 적용으로부터 비로소 발생한다. 따라서 의미내용은 법관을 구속할 수 없다》. 동일하거나 비슷한 정식화를 《법과 비트겐슈타인》이라는 책(Festschrift für Gauch, Otto und Bolle)에 실린 AMSTUTZ와 NIGGLI의 논문에서 찾을 수 있다. 기존 논문들 모음으로는 NIGGLI/ AMSTUTZ, in: HEER(Hrsg.), Der Richter und sein Bild/Le juge et son image (2008) 193ff. 결과적으로 유사한 견해로는 KUNTZ, AcP 215 (2015) 448도 참조.

참조; 최근 문헌으로는 NEUMANN, 90도 참조:《법률문언은 자의적이거나 우연한 기호결합 - 해석행위에서 비로소 그 의미가 부여되는 - 이 아니다. 오히려 법률문언은 그 시대에 구속력이 있는 언어규칙의 집합에 의미론적으로 결합되어 있다》; PIAGET, ZSR 128 (2009) Ⅰ, 306f.; E. MAYER, in: BÄCKER/KLATT/ZUCCA-SOEST, Sprache-Recht-Gesellschaft (2012) 187ff. 도 참조.

앞서 언급하였거나 그와 유사한《의미허무주의적》진술1072), 규범문언의 의미내용은 구체적 법적용보다 선재(先在)하고 원칙적으로 구속력이 있다는 점을 부정하는 진술은, Kaspar HOTZ가 적절히 지적한 것처럼,《목욕물을 버리면서 아이도 버리는 것》이다:《비트겐슈타인의 입장에서는 단어의 사용 이외에 단어의 의미가 존재하는 곳은 없다(즉 언어로부터 독립된 실체는 없다). 현존하는〈관습〉, 실무,〈생활형식〉(특정 법문화나 법실무 포함) 내부의 단어나 표현에는 통상 다소간 확정적 의미가 부여된다는 점 - 그 의미가 (학습된) 관용적 사용방법과 부합하기 때문이다 - 은 분명하다.》1073) 문화적으로 제한된《말놀이》의 틀 안에서의 말의 관용적 규칙성과 말의 일반적, 객관적 이해가능성은 비트겐슈타인도 부정하지 않는 것으로 보인다.1074) 이들의 인정은 규칙회의주의 논증의 근

1072) 이탈리아 논의에서는《법적 허무주의(nichilismo giuridico)》라고 표현한다. 이에 대한 비판으로 MENGONI, Riv. trim. dir. e proc. civile 55 (2001) 1ff.

1073) HOTZ, 55 FN77(VON KUTSCHERA, Sprachphilosophie, 2.Aufl. (1993) 141에 의거하고 있다). HONSELL/MAYER-MALY, 113도 참조.

1074) 비트겐슈타인 사망 후 비로소 출판된 그의 마지막 기록들(Über Gewißheit, 1970)은 이 점을 분명히 하고 있다. Nr.370:《내가〈손〉이라는 단어와 그 밖에 내 문장에 담긴 모든 단어들을 주저없이 사용하는 것, 내가 의심하기 시작하면 나에게 어떠한 것도 남아 있지 않는 것은, 확실성이 말놀이의 본질임을 보여준다.》; Nr.522:《어린 아이가 말과 그 사용을 지배하려면 단어의 의미를 알아야 한다. 가령 하얀, 까만, 붉은, 푸른 물건에는 그 색의 명칭이 어떠한 의심의 여지도 없이 부여될 수 있어야 한

거에도 내재해 있다. 왜냐하면 《언어가 의미를 갖고 있지 않다면, 언어가 의미가 없다는 진술도 의미가 없을 것이기 때문이다!》[1075]

그렇다고 해서 법률문언의 의미가 사회변화와 상관없이 돌에 새겨져 있다는 뜻은 아니고[1076], 법관이 법률문언의 해석을 통해, 신경조직처럼 계속 발전하는 사회적 말-의미 혁명에 참여하지 않는다는 뜻도 아니다.[1077] 본질주의적인 언어이해를 거부한다면, 해석자의 문언에의 구속

다.》이에 대한 타당한 지적으로는 KESHELAVA, Der Methodenpluralismus und die ratio legis, Eine sprachkritische Untersuchung (2012) 158:《말놀이는 단지 개인의 재량에 맡겨져 있는 것이 아니다》. MATTEOTTI, ZSR 129 (2010) I, 231f. 및 EMME-NEGGER/TSCHENTSCHER, Art.1 N514ff.도 참조.

1075) BARAK, 24(PUTNAM의 Reason, Truth and History (1961) 119를 언급하고 있다).

1076) 2007년 스위스 법률가대회 강연(ZSR 126 [2007] II, 237ff.)에서 AMSTUTZ는 《과거 유럽의 업적과 도그마에 얽매인 스위스 방법론의 문언이미지》(245)에서 탈피하여, 개별적인 사회적 맥락을 고려하는 《문언이미지의 개방성》으로부터 출발하는 자크 데리다의 《그라마톨로지》를 수용할 것을 주장하였다. 유사한 주장으로는 CR CC I /WERRO, Art.1 N13. 여기서는 데리다의 주장에 따라 문언을, 새로운 현실에 열려있는, 《의미를 생산하는 기계》로 표현한다. 그러나 이러한 문언의 개방성은 결코 (《과거 유럽의》[!]) 《전통적》 방법론과 대립되지 않는다. 전통적 방법론이, 앞서 언급한 것처럼(129면 이하), 법률이 적용되는 시점에 초점을 맞춘 해석으로부터 출발하는 한. 다른 한편으로 다음과 같은 문장은 - 법률해석 작업의 무미건조하고 객관적 성격을 고려할 때(예술적 성격을 갖는 문언의 해석은 다를 수 있다) - 강조가 지나친 나머지 그 목적을 훨씬 초과해버렸다:《문언과의 모든 만남은 동일하게 반복되지 않는 유일한 경험이다. 왜냐하면 우리가 문언과 접촉하는 매 순간마다, 우리는 이 문언은 어제 우리가 읽었던 문언과 동일하지 않다고 느끼기 때문이다. 문언은 항상 우리의 손에서 빠져나온다. 문언은 고정될 수 없다. 문언은 우리를 정신착란상태로 이끌 수 있다.》(AMSTUTZ a.a.O., 275). 이에 대해 비판적 견해로는 HÜRLIMANN-KAUP/ SCHMID, N168도 참조. MOOR, 239f.는 문언해석자의 개인적 의지행위를 강조한다. 그러나 이러한 의지행위는 - 이는 법적 해석에 있어 본질적이다 -《근거설정(정당화)이라는 제약과 공존한다. 만약 이러한 제한이 없다면 왜 법률문언을 공포하는가? 법률문언이 아무리 불확정적이더라도, 법률문언의 규범적 계획은 준수*해야 하*는 논쟁적 길을 열어준다.》

1077)《말은 그 의미 목록에 새로운 경험을 추가하기 위해 열려있다는 사실》, 즉 말의 《다공성(多孔性, Porosität)》에 대해서는 MORLOK, 34; 이에 대해서는 VOGEL/

은 실제로 상대적일 수밖에 없다. 오늘날 주장되는《전통적》방법론(AMSTUTZ와 NIGGLI의 평가에 의하면《정통적인》방법론), 즉 단순 법률문언에 대한 구속을 다양한 추가적 해석상 고려를 통해 본질적으로 상대화하고 동적(動的)으로 만드는 방법론도 이 점을 인정한다. 전통적 방법론은 반대로 다음과 같은 자명한 이치도 인정한다. 지배적 언어관용에 의해 확정된 규범문언의 단어의미는 모든 상대화에도 불구하고 1차적이고 가장 중요한 규범의미지표이다.[1078] 우리가 이러한 전제에서 출발한다면, 우리는 다음과 같은 시나리오를 걱정스럽게 볼 수밖에 없다. 법관은 장차 - 비트겐슈타인이 승인한 (학문적) 인식에 따라 자유롭게 - 법률문언을《아무것도 말하지 않는 것》으로 보아 쉽게 제쳐두고, 그 대신 이해된《생활형식》에 직접 접속하여 자신의 판단을 근거지울 것이다.[1079]

b) AMSTUTZ와 NIGGLI는 전통적 방법론을 다음과 같은 추가 논거로 비판한다. 법원의 연방법률에 대한 구속(연방헌법 제190조)의 근거가 되는 헌법상 권력분립원칙은《언어이론적으로 불가능하다》[1080]:《자세히 보면 이는 유럽대륙의 법방법론에 뿌리내린 다양한 미신 중 하나》[1081]라는 점이 드러난다. 권력분립원칙과 관련하여 NIGGLI와 AMSTUTZ는 실제

CHRISTENSEN, Rechtstheorie 2013, 35f.도 참조.

1078) AMSTUTZ와 NIGGLI의 훌륭한《법리적》출판물(특히 그들이 집필한 주석서)을 분석하면, 우리는 이 두 저자들이 이러한《자명한 이치》에 눈을 감고 문언의미의 급진적 해체를 지지한다는 인상을 받지 못한다.

1079) AMSTUTZ/NIGGLI, 32:《법적용의《구속》은《방법론과 법실무가 주장하는 것과 전혀 다른 방법으로 이루어지는 것으로 보인다. 이러한 구속이 어디에서 존재할 수 있는지 우리에게 묻는다면, 우리는 *생활형식 안에서*라고 답할 것이다.》이에 대한 타당한 지적으로는 PECZENIK, 123《생활형식을 언급하는 것은 명확성 기준을 충족시키지 못한다. 그들은 중요하지만 불명확한 무언가를 제안하고 있다.》

1080) Mélanges Pierre Henri Bolle (2006) 157ff.

1081) 인용문은 바로 위 각주에서 언급한 문헌 171면에 나온다.

로 매우 근본적인 문제를 제기하고 있다. 그러나 이는 국가이론적 원리의 소위《언어이론적 불가능성》문제가 아니고, 법의 규범적 구속성을 최종적으로 근거지우는 것에 관한 법이론적 문제이다. 연방헌법 제190조와 관련하여 다음과 같은 질문을 할 수 있다: 법원의 연방법률에 대한 헌법상의 구속(권력분립원칙에 따른 의무)은 어떻게 규범적으로 정당화될 수 있는가? 보다 일반적으로: 우리 국가기관의 우리 헌법에 대한 구속은 규범적으로 어떻게 정당화될 수 있는가? 법의 규범적인 최종근거라는 이러한 딜레마는 잘 알려진 바와 같이 KELSEN이 (의제적인)《근본규범》을 수용함으로써 극복하고자 하였다.1082) 다음과 같은 솔직한 시인이 더 설득력이 있는 것으로 보인다. 법의 규범적인 최종근거를 제시하는 것은 - 의제 또는 자연법적 선험성으로 도피하지 않는 한 - 불가능하다. 헌법과 법률이 일반적으로 준수되도록 만드는, 규범의 일차적·이차적 수신자(受信者)들이 (그들의《내적 관점》1083)에 따라) 헌법과 법률은 규범적으로 구속력이 있다고 느끼고 승인1084)하도록 만드는 실제 종국적 원인은,《시민들의 관습과 언어관용, 특히 공공기관의 관습과 언어관용 속에 자리잡은 비공식적이고 비제도화된 관습》1085)이다. 제대로 기능하는 법공동체 내부에서 실제로 이러한 느낌이 우세하게 존재하는 한,1086)

1082) KELSEN, 196ff. 켈젠의 근본규범에 대한 엄청난 분량의 국제적 논의에 대한 소개는 이 책에서는 생략한다.

1083) HART, 86ff.

1084) Im CR-CC Ⅰ/WERRO, Art.1 N19 bzw. N75는《법에 부여된 일차적 장소라는 환상》, 즉《법의 신성화(神聖化)된 우선성이라는 독재》를 언급하고 있다. 그러나 민주적 정당성을 갖춘 입법부가 있는 법치국가에서 법률의 우위를 독재로 표현하는 것은 다소 기묘하다.

1085) DWYER, Modern Law Review 71 (2008) 829. H.L.A. HART의 법이론(《승인규칙》)과 Neil MACCORMICK의 법이론을 언급한다. (KELSEN과 비교하여) HART에 대해 상세히는 PECZENIK, 187ff.

1086) VOßKUHLE, NJW 2018, 3159: 법치국가가 제대로 기능하기 위해 결정적으로 필

Ⅵ. 전통적 방법론에 대한 근본적 의문들(규칙회의주의, 선이해)과 결론

법질서의 규범적 분석은 의미가 있고 - *규범적으로 이해된 방법론 역시 의미가 있는 것으로 보인다*.

3. 해석자의 선이해

a) 서론

이 책에서 제안한 법학방법론 입문은 가능한 한 객관적인, 법관의 주관적《자의(恣意)》로부터 자유로운 법발견이라는 목표로부터 출발한다. 이러한 목표 - 규범적으로 이해된 방법론이 상대적 순위가 정해진 논거 (해석관점들의 논거)들을 개발함으로써 달성해야 할 목표 - 는 많은 이들에 의해 법정책적으로 존중받을 만한 것으로 평가되지만, 그와 동시에, 그저 순진한 목표가 아니라면, 가망 없는 허상(虛像)에 불과하다고 평가되기도 한다.[1087] 이해과정이 필연적으로 선이해에 의해 형성되기 때문에, 법률구속 그리고 법발견의 객관성은 근본적으로 달성할 수 없다. 이러한 상황[1088]에서는 그저 해석자에게 자신의 선이해를 인식하고, 근거를 제시하면서 자신의 선이해를 드러내며,[1089] 이러한 방식으로 사회적

요한 것은《법을 만들고 구체화하고 실행하는》모든 사람들의《내적 태도》이다.

1087) 대표적으로 SCHWENZER, Schweizerisches Obligationenrecht. Allgemeiner Teil, 7. Aufl. (2016) N33.03: 정교한 방법은《*가장합리성*만을 근거지울 수 있다 》. OGOREK, in: Wirtschafts- und Medienrecht in der offenen Demokratie (1997) 14ff.(《법률에의 구속이라는 상징은 법치국가의 역사적으로 이해할 수 있는 인생거짓말(Lebenslüge; 일생동안 자기자신을 속이는 자신의 정체성에 관한 거짓말)이다》)

1088) 이러한 특징은《법적 사고에 있어 확실성 결여》라고 종종 표현되며, 이는 HAVERKATE의 박사논문 제목이기도 하다.

1089) 문언에서 언급된 논증을 조목조목 선(先)비판하는 것 (선판단의 공개라는 공준과 관련하여):《방법론이 없음을 드러냄으로써 방법론의 결점을 보완할 수 없다》(SCH-

논의에 부치라고 권고할 수밖에 없다. 이러한 입장을 검토하기 위해서
는 《새로운 해석학》을 적어도 간략히는 제시할 필요가 있다. 새로운 해
석학에서는 해석자의 선이해 유형이 중요하다.

b) 선이해의 해석학적 유형과 법방법론 상 논의에서 각 유형의 수용

무엇보다도 Hans-Georg GADAMER[1090]의 철학적 저작에 의해 만들
어진 새로운 해석학은 해석의 대상이 되는 문언과 해석자 사이의 분리
할 수 없는 결합에서 출발한다. 해석자는 문언에 대하여 중립적일 수
없고, 항상 《선판단》《선이해》 즉 사전에 결정된 《의미기대》[1091] - 이는
《이해의 필수조건》이다 - 를 갖는다; 또는 - Marcel PROUST가 말한 것
처럼 -: 《실제로 모든 독자(讀者)는 그가 읽을 때 자기 자신을 읽는 것이
다》.[1092] 이러한 선이해는 이해의 과정을 이끌지만, 이해의 과정이 진행
되면서 계속적으로 수정되기도 한다. 이를 해석과정의 《순환》[1093]이라
고 부른다. 해석자의 선이해는 고립되어 발전하지 않고, 해석자의 개별
적·역사적 상황(그가 과거에 발전시킨 문언에게 제시한 역사적 상황)에 의해
근본적으로 결정된다. 과거와 현재의 이해지평은 해석을 통해 《융합》되

LINK, Der Staat 1980, 90)

1090) 그의 주저 《진리와 방법》은 1960년에 1판이 나왔다. 다음부터의 인용은 2010년
판에 기초한 것이다.

1091) GADAMER, 281ff. (이해의 조건으로서 선판단에 대하여); HEIDEGGER, Sein
und Zeit, 15.Aufl. (1964) 152f.도 같은 취지.

1092) CARONI, ZNR 2002, 28에서 인용. 스페인 저자 Carlos Ruiz ZAFON, Der Schatten
des Windes (GAUCH, recht 2007, 168에서 재인용)의 다음 문장도 좋다: 문언은 《거울
이다: 우리는 이 거울에서 단지 우리가 이미 갖고 있는 것을 본다》.

1093) GADAMER, 296ff. 이에 대하여 무엇보다도 STEGMÜLLER, Das Problem der
Induktion: Humes Herausforderung und moderne Antworten. Der sog. Zirkel des
Verstehens (1971).

고, 이는 문제가 되는 문언의《영향사》를 결정하는 과정이다.[1094) 적용과 관련된 해석인 법적 해석은 결정해야 할 구체적 사례를 통해 예시적인 방법으로 도출된다. 해석적 이해는 법적 영역에서는 항상 구체적 사안에서의 《적용적》 이해, 즉 개별 사례를 기초로 법률을 구체화하는 것이다.[1095)

법학방법론에서 이러한 해석학적 관념을 수용 - 이는 무엇보다도 Josef ESSER의 빛나는 저작인《Vorverständnis und Methodenwahl in der Rechtsfindung》에서 이루어졌다[1096) - 함으로써, 선이해를 통해 형성된 이해의 구조로 인해 다음과 같은 결론에 이른다. 모든 법관은 근본적으로 비(非)법리(法理)적 원천에 기초한 창조적이고 실질적인《올바름에 관한 확신》을 가지고 해석대상 문언에 접근한다.[1097) 이러한 맥락에서 ESSER는《법리적 권위의 정지》, 해석의《사물정당성(Sachgerechtigkeit)[1098)》을 통한 일반적으로 설득력이 있는 법정책적 논거와의《접속》이라고 표현하기도 한다. 결론의《합리성》,《유용성》, 동의를 얻을 가능성을 고려하여《방법선택》이 이루어진다. ESSER는[1099)《법적용자가 주어진 사회질

1094) GADAMER, 305ff.

1095) GADAMER, 335.

1096) 1970년 1판이 나왔다. 다음부터의 인용은 1972년 2판에 기초한 것이다. 상세한 서평으로 SCHWERDTNER, JuS 1972, 357ff.; KÖNDGEN, JZ 2001, 809ff.; VESTING, 132ff.(N218ff.); 모노그래프로 KASPERS, Philosophie-Hermeneutik-Juris-prudenz (2014). 스위스 법학방법론 논의에서 가다머의 해석학은 무엇보다도 HINDERLING, Rechtsnorm und Verstehen (1971), ZÄCH, ZSR 96 (1977) Ⅰ, 320ff., RHINOW, Rechtsetzung, 135ff.에 의해 도입되었다; 상세히는 IMMENHAUSER, in; Festschrift für Eugen Bucher (2009) 297ff.

1097) ESSER, Vorverständnis und Methodenwahl, 134ff; 149ff.

1098) ESSER, Vorverständnis und Methodenwahl, 19: 그러나 ESSER가《법리적》 근거 요소를 무시한 것은 아니다. 그는 해결책이 실정법 체계와 부합해야 한다는 점과 관련하여《정합성통제(Stimmigkeitskontrolle)》를 언급하고 있다. Vorverständnis und Methodenwahl, 19.

서에서 수용가능한지 여부를 고려하여 결론의 목적론적 정당성 통제를 근거로 자신의 방법선택을 조종하는 것》은, 법적용자에게 《통상적인 상황》이라고 지적한다. 또한 다음과 같이 설명한다. 《비록 실무에서 거의 인식되지 않는 방법론적 설명이지만》, 《역사적 · 문법적 · 체계적 · 목적론적 해석은 해석요소의 유용성에 따라 즉 이미 정해진 결론을 고려하여 선택적으로 활용된다》.1100) 라드브루흐의 유명한 격언1101) - 일종의 공식으로 도드라지게 표현되었다 - 에 따르면 이는 다음과 같은 뜻이다: 《해석은 해석결과의 결과이다》.

c) 선이해의 《층위》

이 이론에 대한 입장을 밝히기에 앞서, 법발견 시 해석자의 선이해라는 것이 무슨 의미인지 정확히 할 필요가 있다.

선이해는 해석자의 매우 다양한 이해지평과 관련될 수 있다; 이러한 측면에서 선이해의 《층위》를 말할 수 있다. 우선 *개인적-심리적 《선판단》* - 가령 법관으로 하여금 이혼사건에서 지극히 일방적인 법적 판단을 하도록 유도하는 여성혐오 - 이 있을 수 있다. 선판단은 특정 층위별로 결정될 수 있다. 가령 해석자의 보수시민적 성향, 성(性)과 관련된 성향,1102) 정당정치, 종교 또는 인종에 관한 성향에 의해 선판단이 형성될 수 있다.1103) 집단적 의미에서 선이해는 《*시대정신*》1104) 그리고 이를 형

1099) ESSER, Vorverständnis und Methodenwahl, 126.

1100) ESSER, Vorverständnis und Methodenwahl, 126.

1101) Einführung in die Rechtswissenschaft, 13. Aufl. (1980) 169.

1102) 법과 공평에 대한 성(性)특수적 입장에 대해서는 TSCHENTSCHER, AJP 2003, 1139ff. 방법적으로 중요한 부분분석으로: EMMENEGGER, Feministische Kritik des Vertragsrechts (1999).

1103) 법적용자의 다양한 사회화 과정은 법원의 이혼재판실무에 영향을 미칠 수 있다.

성하는 이념 및 철학적 조류(해석과 해석의 이론적 기초는 이러한 이념 및 철학적 조류에 함입되어 있다)[1105]와 관련되고, 따라서 《도덕적, 법철학적, 정치적 믿음의 혼합체》이다.[1106] 이러한 믿음은 광범위한 사람들이 공유하고, 그들의 《법패러다임》[1107] - 즉, 법적인 그리고 무엇보다도 법정책적인 질문에 대한 그들의 입장 - 을 표준적으로 형성한다.

마지막으로 법적 활동의 경우, 가령 최고법원의 법적 활동의 경우 그 의미가 특히 강조될 필요가 있는 선이해의 형태가 있다. 우리는 이를 《직업적 선이해》라고 부를 수 있다. 이는 《훈련된 법관》의 《법감정》은

독일어권인 스위스 각 주의 1심법원의 이혼재판실무에 관해서는 BINKERT/WYSS, Die Gleichstellung von Frau und Mann im Ehescheidungsrecht (1997) 26ff. 법관의 사회화와 그로부터 도출되는 결과에 대하여 독일 관점에서 중요한 문헌으로 HELD-RICH/SCHMIDTCHEN, Gerechtigkeit als Beruf (1982).

1104) 《시대정신》의 법발견에 대한 영향에 관해서는 HAFNER, AJP 1966, 296ff. 법관은 단지 《그가 살고 있는 시대의 어린 아이》일 뿐이다. (BRAUN, ARSP 2019, 61). KISCHEL/KIRCHNER(Hrsg.), Ideologie und Weltanschauung im Recht (2012)의 논문들도 참조. 구체적 사례에서 설득력 없는 시대정신에의 의존으로는 BGE 123 III 292 (298). 법적용과정에서 고려된 시대정신이 《시대부정의(不正義)(Zeitungeist)》일 수 있다는 점은 분명하다. RÜTHERS(Unbegrenzte Auslegung)는 이를 나치시대의 판례와 관련하여 인상적으로 증명하고 있다. 시대부정의에 대하여 오로지 방법론적 논거로 저항하는 것은 승산이 없어 보인다. 이러한 측면에서 법학방법론의 《무력(無力)함》을 말할 수 있다. 이에 대하여 LUIG, NJW 1992, 2356ff. 각주 1113의 추가 전거도 참조.

1105) 독일사법의 방법론의 역사가 20세기 정치적·철학적 조류에 함입되는 과정에 대한 인상적 문헌으로는 HAFERKAMP, AcP 214 (2014) 60ff.

1106) LIMBACH, LJZ 1997, 9. 해석자의 개별적인 정치적 입장(또는 단체이익의 대변자로서 그의 직업적 지위)이 그의 해석에 강한 영향을 미친다는 점은 법정책적 성격이 강한 사법(私法)문헌에서 확인할 수 있다. 이익단체가 발행한 임대차법이나 노동법 주석서를 비교해 보면 이를 확인할 수 있다. 미국 대통령이 미국 연방대법관 후보자를 지명하고 상원이 이를 승인하는 과정에서 종종 극심한 다툼이 벌어지는 현상은, 법관의 정치적 입장, 보다 정확히 표현하면 특정 사회적·정치적 질문에 대한 법관의 입장이 얼마나 중요한지 잘 보여준다. 스위스의 법관선발에서 정당정치의 영향에 관해서는 이 책 318면 및 각주 1013 참조.

1107) HABERMAS, 468ff.

《이성적 요소 및 수 십년 간의 모든 법률문제 경험을 통해 형성된다》[1108]는 점과 관련이 있다. 이러한 《프로페셔널리즘》을 통해 법관의 매우 숙련되고 전문분야와 관련된 (《법리적》) 선이해, 이러한 의미에서 *상식*에 기초한 법관의 《판단능력》, 사례에 대해 전문적 관점에서 올바른 근거를 제시할 수 있는 판단능력이 도출된다[1109]; 이러한 프로페셔널리즘은 《법질서의 기본사상》을 강력하게 《내부화》하는 특징이 있다: 《법질서의 기본사상의 예로는 법 앞의 평등, 법적 안정성, 개인적 자유, 이미 획득한 권리의 보호, 스위스의 경우 분권화된 구조, 즉 연방주의의 보호가 있다. 이러한 법적 확신은 무엇보다도 법관에게 설득력 있고 합리적인 결정을 - 그가 자신이 속한 재판부에서 이러한 결정을 관철시킬 수 있다고 믿는 한 - 추구하도록 동력을 부여한다.》[1110]

d) 선이해의 중요성에 대한 입장

선이해와 그 다양한 층위(層位)가 갖는 영향은 이 책에서 제안한 방법론의 관점에서 어떻게 평가할 수 있을까?

1108) O.K. KAUFMANN, 372는 그의 장기간의 연방대법관으로서의 경험을 언급한다; (항소심법관인) H. SCHMID, SJZ 2007, 98ff.도 참조.

1109) ESSER, Vorverständnis und Methodenwahl, 10:《이는 가장 넓은 의미에서의 사회적 체험을 통해 획득된 특정유형의 장비라고 부를 수 있다. 법관은 이 장비의 도움을 받아 사례 중에서 그리고 그 사례의 해결을 위해 〈적합한〉 규범들 중에서 〈명백히〉 관련성이 있는 특성들을 무의식적으로 선택하여, 이를 기록하고 정렬한다.》법관의 선이해의 본질적 요소로서 《직업적 사회화》에 관해서는 PASTORE, Rivista di diritto civile 2001, p. Ⅱ, 300.

1110) O.K. KAUFMANN, 372. 1심 형사법원 판사 - 마약범죄 사건을 판단해야 했고 그의 발언에 따르면 형벌과 법에 대한 자유주의적 가치관을 갖고 있는(그리고 이러한 가치관이 그의 형사정책적·헌법적 가치관에도 영향을 미친) 판사 - 가 판결의 결론에 이르는 과정에서 고려하는 내용들을 매우 시사적으로 설명한 문헌으로는 ALBRECHT, in:《Toujours agité - jamais abattu》, Festschrift für Hans Wiprächtiger (2011) 130ff.

선이해의 일정한 층위는, 최대한 객관적으로 법을 발견해야 한다는 공리(公理)에 의해 형성된 전통적 방법론과 전혀 모순되지 않는다. 마지막에 언급한 《직업적 선이해》가 특히 그러하다. 직업적 선이해의 경우 실제로 관찰되는 《역방향 논증》- 법적으로 《정당하다》고 자연스레 느껴지는 결론(구체적 사례에서의 적절한 해석과 관련된 결론)으로부터 출발하는 논증 - 은 *승인된 전문기술의 규칙에 부합하게*(lege artis) 근거를 갖춘 규범의미가설(Normsinnhypothese)을 접하면서 오랜 기간에 걸쳐 축적된 직업적 경험을 기초로 한다. 불확정 법개념과 일반조항을 해석할 때 그리고 법관의 재량을 구체화할 때 특히 명확히 드러나는 시대정신의 영향도 이 책에서 주장하는 방법론의 관점에서 보면 바로 《법규범에 부합하는 것(normgerecht)》이다. 이미 살펴본 것처럼[1111] 이 경우 입법자는 해당 법률구성요건에, 법을 새로운 사회적 평가지평(地平)에 계속적으로 적응시키는 기능을 의식적으로 부여한 것이다. 이러한 절차가 《열린 사회》에서 실행되는 한[1112] 그리고 전체주의 이념에 의해 결정[1113]되지 않는 한, 결과지향적 관점으로 진행되어도 문제될 것이 없다.

1111) 52면 이하.

1112) HÄBERLE, JZ 1975, 297ff.는 이러한 관점에서 《헌법해석자들의 열린 사회》를 말하고 있다.

1113) 나치시대에 민법의 일반조항에 대하여 일어났던 일처럼. 이에 관해서는 RÜTHERS, Unbegrenzte Auslegung, 210ff. 《전체주의의 법왜곡에 대항하는 효과적인 장벽》을 세우는데 법학방법론이 무용(無用)하다는 점(RÜTHERS, Unbegrenzte Auslegung, 442ff.)은 수긍해야 한다. (HILLGRUBER, JZ 2008, 745ff.를 분석하면서) 차분하게 현실을 인정하는 OGOREK, 170: 《방법론은 ... 모든 내용에 도움을 줄 수 있다》; 방법론은 그 도구적 기능으로 인해 《가치중립적》이다. 그러나 반대견해로는 REIMER, N531ff. (《방법론적 논거로서의 정의》). (RÜTHERS를 분석하면서) 그 문제점에 대해서는 LUIG, NJW 1992, 2536ff.도 참조. 여기서는 단지 다음 사항만 지적하고자 한다. 부정의한 체제 수립 시 이 체제에 순응하지 않는 방법론적 전략으로는 격변이 일어나기 전 시대의 《헌법》을 최대한 역사적으로 그리고 반(反) 객관적-시대부합적으로 해석하는 방법이 있다.

그러나 선이해의 그 밖의 층위들에 대해서는 구별되는 평가를 해야
한다.

기본적으로 다음 사항이 강조되어야 한다. 개인적으로 형성된 해석자
의 선이해, 그의《직관, 감정, 선판단》1114)을 외면하는 것은 비현실적이
다. 해석자는《영혼이 없는》기계가 아니고, 법관은《유리온실》1115)에
앉아있는 것이 아니다. 법적 해석은, 라드브루흐1116)가 말한 것처럼,《이
론적이고 실무적인, 확인적이고 창조적인, 재생산적이고 생산적인, … 객
관적이고 주관적인 요소들의 분리할 수 없는 혼합물》이다. 그렇기 때문
에 - 단지 예외적인 상황에서 뿐만 아니라 - 종종 법률적으로 정당화될
수 있는 해석의 폭이 있다. 법률문언의 유일한《올바른》해석이 있다고
말하는 것은 불가능해 보인다.1117)

폭이라는 생각, 학문적으로 동일한 중요성을 갖는 가능한 해석들의 틀이
라는 생각은 켈젠의《학문적 해석》이라는 관념에 기초하고 있다. 켈젠은
《구체적 사례에 적용되는 법률은 항상 *하나의* 올바른 결정을 제공할 수
있다》고《믿게 만드려고 하는》전통적 해석이론을 비판한다. 그러나 오늘
날 법이론상 논의에서는 하나의 올바른 결정 이론을 옹호하는 입장도 다시

1114) R.A. POSNER, How Judges Think (2008) 98.

1115) 결정을 할 때《감정에 좌우되는 요소》에 관한 현상학을 기초로 한 문헌으로 J.F
    HÄNNI, Vom Gefühl am Grund der Rechtsfindung. Objektivität und Emotionalität in
    der Rechtsanwendung, Diss. 2010, 무엇보다도 173ff. 법적 판단과정에서 감정의 역할
    에 대해서는 LUNDMARK, Rechtstheorie 2018, 243ff.

1116) RADBRUCH, 207.

1117) 그러나 BGE 95 Ⅰ 33 (40):《항상 하나의 유일한 해석이 옳다.》하나의 정당한
    결정이라는 관념에 반대하고 그 대신《타당성(Vertretbarkeit)》이라는 기준에 찬성하
    는 견해로는 Zippelius, 101ff.; 스위스 문헌으로는 무엇보다도 MEIER-HAYOZ, JZ
    1981, 419; RIEMER, §4 N184; WIPRÄCHTIGER, recht 1995, 148(연방대법관의《자
    기고백》으로서 특히 의미가 있다); ZÄCH, ZSR 96 (1977) Ⅰ, 33도 참조.

등장하고 있다. 가령 CANARIS, Ansprache zur Ehrenpromotion, in: Grazer Universitätsreden, Heft 50 (1993) 22ff.; LARENZ/CANARIS, 116도 참조. Ronald DWORKIN의 《정답이론》을 거부하는 견해로는 가령 KLATT, Ration Juris 20 (2007) 511ff.; 이에 대해서는 STROLZ, 140ff.; AUER, 88ff.; PAVČNIK, 128ff.; MÖLLERS, §1 N24, 31; SIEDENBURG, Die Kommunikative Begründung. Zur Argumentationsfigur der einzig richtigen Entscheidung (2016) 도 참조. HERBST, JZ 2012, 891ff., 무엇보다도 898ff.는 객관적 의미에서의 하나의 올바른 결정이라는 관념을 거부하지만, 법적용자는 주관적 의미에서의 하나의 올바른 결정을 내리기 위해 노력해야 한다고 주장한다. 법적 해석의 《진리》(《정당성》)라는 문제는 종국적으로 인식론에서의 진리문제에 대한 입장에 근거해서만 해명(解明)할 수 있다. 이에 관해서는 여기서 더 자세히 살펴보지 않는다. 《법과 진리》에 대한 논의상황을 잘 개관한 문헌으로 DECKERT, ARSP 1996, 43ff. 다음과 같은 점이 지적된다. 법적 해석의 현실에 가까운 진리이론은 진리에 관한 《합의이론》 요소가 없다면, 유지될 수 없을 것이다. 독일어권에서 이는 무엇보다도 하버마스와 관련이 있다. 《진리이론》에 대한 하버마스의 입장에 관해서는 Wirklichkeit und Reflexion. Walter Schulz zum 60. Geburtstag (1973) 211ff. 참조. 학설의 해석이 동의를 얻는 것에 관한 언급으로는 273-274면 참조. ALEXY는 합의이론 요소를 《일반적 · 합리적 · 실무적 담론이론》으로 발전시켰다. ALEXY에 대해서는 다시 HABERMAS, 281ff. 전체적으로는 NEUNER, 38ff.; MARTENS, 57ff. 는 법적 진술의 《실용적 진실》을 언급한다.

객관적으로 보았을 때 많은 경우 다수의 《*타당한(vertretbar)*》(수긍할 수 있는) *해석들*118)이 존재한다. 비록 실제 법발견 활동을 하거나 법리적-

---

1118) 이미 PODLECH, Jb. für Rechtssoziologie und Rechtstheorie, Bd. Ⅱ (1972) 499f. HABERMAS, 277에 따르면, 《올바름》은 《좋은 근거에 의해 뒷받침되는 합리적 수용성》을 뜻한다. 이러한 견해에 동의할 수 있지만, 이 견해는 통상적으로 하나의 해석만

이론적으로 논증하는 해석자는 자신의 해석이 객관적으로 가장 적합한 문제해결방안이라고 종종 주관적으로 생각하지만.

전통적으로 법적용자는 자신의 결정근거에서《다른 해법도 가능한 것처럼 보이게 할 수 있는 고려는 피한다; 권리행사하는 자들이 법관에게 기대하는 사회적〈역할〉, 법관이 자신에게 기대하는 사회적〈역할〉또한 이러한 회피에 기여함은 물론이다. 이러한 역할기대와 역할설정은 법관의 자기고백, 구체적 사안에서 무엇이 올바른 결론인지 정확히 알지 못한다는 자기고백을 허락하지 않는다. 심지어 우월성과 초월성의 단계까지 격상된 법관의 역할로 인해, 실질적으로 정당화될 수 있는 것은 일부분에 불과한 (성찰되지 않은) 행동이 현대 사회에서도 나타나게 된다》. (HORAK, in: SPRUNG [Hrsg.], Die Entscheidungsbegründung in euro- päischen Verfahrensrechten und im Verfahren vor internationalen Gerichten [1974] 21f.). NEUMANN, 96에 따르면 결정을 (유일하게)《정당한》것(《타당》할 뿐만 아니라)으로 설명하는 것은 오늘날에도 여전히 제도적으로 필요하다. NEUMANN에 따르는 견해로 SIEDENBURG, Die Kommunikative Begründung. Zur Argumentationsfigur der einzig richtigen Entscheidung (2016). DAIMLER/ZEYHER, AcP 218 (2018) 921은《유용한 환상》이라고 표현한다. 그러나 허구적 전제(前提)를 통해, 즉 선의의 거짓말을 통해 결정의 수용을 촉진시키려 하는 것이《열린 사회》에서 바람직한지 의문이다.

공동결정 시 소수의견을 취한 법관이《반대의견》을 밝히는 것을 허락하는 법질서(무엇보다도 영미법역)에서는 상황이 전혀 다르다. 이에 대해서는 가령

《올바른》지는 않다는 뜻이기도 하다. 다만 방법론상 타당한 해석들의 폭은 때때로 매우 좁고, 그러한 폭 내부의 해석들은 서로 가까이 있다는 점은 강조할 필요가 있다. 매우 과장된 견해로는 ADOMEIT, JZ 1980, 344. 그에 따르면 모든 공간된 판결에 대하여,《방법론상으로 비슷하게 설득력 있는 논거를 갖춘》《반대입장의 판결을 상정할 수 있다》고 한다.

LAMPRECHT, Richter contra Richter. Abweichende Meinungen und ihre Bedeutung für die Rechtskultur (1992); BALDEGGER, ZBl 2017, 131ff.; 많은 비교법적 사례로는 GONIN, ZSR 136 (2017) Ⅰ, 66ff. 연방대법원에서 반대 의견을 도입하는 것에 원칙적으로 반대하는 견해로는 KELLER/ZIMMER-MANN, ZSR 138 (2019) Ⅰ, 156ff. 스위스법체계에서도 공동결정시 반대의 견의 존재를 밝히는 것에 찬성하는 견해로는 ERNST, JZ 2012, 648; ders., Rechtserkenntnis durch Richtermehrheiten:《group choice》in europäischen Justiztraditionen (2016) 313.

복수의 타당한 법적 근거들의 틀 내에서 법관의 주관적 자기평가의 중요성은, 그가 일반조항을 구체화하고, 법률초월적으로 법형성을 하고, 재량에 따른 결정을 내릴 때 명백히 예정되어 있다; 그러나 비록 명확한 방법으로 표시되지는 않더라도 - 본래적 의미의 법적용 시에도 법관의 주관적 자기평가를 부정할 수 없고 특히 목적론적 고려가 이루어져야 하는 경우 이를 피할 수 없다.[1119]

하지만 이러한 이유 때문에 규범적으로 이해된 방법론, 가급적 법발견 의 객관성을 추구하는 방법론을 포기할 필요는 없다. 우선 개인적 평가 라는 요소가 비합리성과 동일하게 취급되어서는 안 된다.[1120] 법관의 정 치적 고려, 법관이 스위스민법 제1조 제2항 상의 입법자로서 하는 정치 적 고려는 - 그 고려가 논증을 통해, 개별화된 성찰을 통해 이루어졌 고[1121] 무비판적으로 수용된 정당정치에 근거한 것이 아닌 한[1122] - 단

1119) 151-152면 참조. 칸톤법원 형사법관의 시각에서 생생한 논의로는 ALBRECHT, ZStrR 121 (2003) 336ff.

1120) 판례의《실무적 합리성》에 관한 구체적 논의로는 VISSER'T HOOFT, in: ACH-TERBERG (Hrsg.), Rechtsprechungslehre (1986) 213ff.

1121) 개별화된 성찰은《법관이 자신의 평가의 개인적 배경을 인식하는 것》을 전제로 한다. 법관이 이를 인식할 때에만 자신의 관점으로부터 비판적 거리를 둘 수 있고,

지 맹목적 결단의 표출이라고 볼 수 없다; 이를 다르게 본다면, 모든 정책, 특히 법정책은 더 이상 결단주의적 자의(恣意)가 아니다. 이에 반해 해석자의 무차별적이고 획일적인 결정, 개인적-심리적으로 결정되는 일방적《선판단》[1123]은,《비합리적》이고 법치국가의 관점에서 실제로 매우 우려스러워 보인다(이러한 결정은 스위스헌법 제8조 제2항이 말하는 차별에 해당하기 때문에 헌법상 종종 금지된다).

법발견에 대한 법적용자의 주관적 태도의 관련성과 법관인격의 관련성은 무시해서도 안 되지만, 과대평가할 필요도 없다. 종종 사용되는 다음과 같은 표현:《법원은 그가 말하는 것을 하지 않고, 그가 하는 것을 말하지 않는다》[1124], 즉 다음과 같은 설명. 법적용자는 통상적으로 또는 거의 불가피하게 자신의 해법을 전적으로 개인적인 그의 법감정에 따라 먼저 발견하고 *나중에야* 비로소 그 결론을 법적이고 방법론적이며 검증된 고려를 통해《장식적으로》정당화하려고 노력한다[1125]는 설명은 본

다른 의견과 가치관에 대하여 열린 마음을 가질 수 있다. WIPRÄCHTIGER, in: Gauchs Welt. Festschrift für Peter Gauch (2004) 329.

1122) ALBRECHT, SJZ 2005, 284f. 정당의 지침, 특정 종파나 교단의 지침 등을 맹목적으로 따르는 것은 법관의 내적 독립이라는 지도상(指導像)에 반한다. 이에 대해서는 KIENER, Richterliche Unabhängigkeit (2001) 57. RIKLIN이 "학자의 책무"라는 책 (Verantwortung des Akademikers, 1987. 28ff.)에서 사회과학자의《평가참여》를 위한 조건으로 언급한 것들(명백히 드러내기, 근거를 제시하기, 솔직해지기, 잠정적 입장을 취하기)은 법관에게도 시사적이다.

1123) GADAMER(281ff.)는 선이해 일반을 지칭하기 위해《선판단》이라는 단어를 선택하였다. 그러나 이러한 단어선택은 - 일반적 언어관용과 배치되기 때문에 - 바람직하지 않다. 이에 대해서는 LARENZ/CANARIS, 30도 비판적이다. 그러나 가다머도 정당한 선판단과 부당한 선판단을 분명히 구별한다. LINDNER, NJW 2019, 282도 유사한 취지에서 회피할 수 있는 선이해와 회피할 수 없는 선이해를 구별하고 있다.

1124) 가령 CHRISTENSEN, Was heißt Gesetzesbindung? (1989) 64.

1125) JESTAEDT, 49: 법학방법론은 주로《결단 뒤에 이루어지는 근거설정과 관련하여 그 근거제시를 도와주는》기능을 한다.

VI. 전통적 방법론에 대한 근본적 의문들(규칙회의주의, 선이해)과 결론

래적 해석 및 구속적 법관법의 영역에서 매우 과장되고 신빙성이 떨어지는 것으로 보인다.1126) 더 높은 심급의 법원과 최고법원의 경우 특히 《직업적》 선이해가 훨씬 더 큰 역할을 하는 것으로 보인다. 직업적 선이해는 앞서 언급한 것처럼1127) 법관이 *승인된 전문기술의 규칙에 부합하게*(lege artis) 결정된 법률사례들을 오랜 기간 경험하고 이를 통해 발전하는 과정에서 형성된다; 따라서 많은 사례들에서, 아마도 1차적으로 중요하고 주관적인, 비법률적으로 형성된, 그러나 법적으로 설득력 있는 근거를 갖추지 못한 법관의 선호는 최종적으로 관철되지 않는다.1128)

요약: 만약 우리가 법발견에서 의심의 여지없이 존재하는 주관적-인적 요소의 관련성을 근거로, 법발견을 전적으로 주관적인 활동, 즉 이미 주어진 *그리고* 증명가능한 법질서의 평가를 통해 형성되지도 않고 제한되지도 않는 활동으로 파악한다면, 앞서 언급한 이유를 고려할 때 이는 목욕물을 버리면서 아이도 함께 버리는 꼴이 될 것이다. 물론 많은 사례의 경우 《타당성 있는》 해석들의 광범위한 폭이 존재하고, 그 폭 내부에서는 최종적으로 해석자의 개인적 평가가 결정을 하게 된다. 그러나 이는 이 폭 바깥에는 - 훨씬 더 넓은 - *객관적으로 《타당하지 않고》, 법적으로 유지될 수 없는 해석들의 영역이 존재한다*는 것을 의미한다.1129) 아쉽

1126) BYDLINSKI, Methodenlehre, 152ff; COING, 42도 참조: 법관의 결정이 《즉흥적》이라고 보는 것은 과장된 것이다.

1127) 위 359-360면 참조.

1128) (그의 헌법재판관으로서의 경험과 관련하여) 같은 취지로 SCHLINK, Erkundungen zu Geschichte, Moral, Recht und Glauben (2015) 201.

1129) SEELMANN/DEMKO, §4 N14도 참조: 《의미론적이고 실용적인 해석의 영역이 있다는 것》이 《모든 결정이 규범문언과 합치된다》는 것을 뜻할 필요는 전혀 없다. OST, Ars Interpretandi: Yearbook of Legal Hermeneutics 7 (2002) 144도 같은 취지: 《유일하게 〈좋은〉 해석을 확정할 수는 없지만, 적어도 명백히 불합리한 의미를 확정할 수는 있다.》; ders., in: Aux confins du droit. Essais en l'honneur du Professeur Charles-Albert Morand (2001) 111ff. 과학철학의 관점에서 다음과 같이 표현할 수도

게도 이 점이 너무 종종 간과되고 있다.

4. 결론

결론적으로 - 이 책에서 주장한 방법론의 관점에서 판단한다면 - 법적용자는 항상 다음 사항을 기억해야 한다. 법적용 시 자신의 인격을 전면적으로 《개입시켜》 이를 도야(陶冶)하는 것은 관건이 될 수 없다. 《자아실현》이 아니라 《법실현》이 관건이라는 점1130)이 *법적용에 종사하는 해석자의 에토스*에 부합한다. 《법관은》, 전직 연방대법관이 말했듯이,1131) 《자기 자신의 견해에 대하여 비판적 거리를 두고 다른 견해와 가치관에 열려있어야 한다.》 모든 해석학적 작업 시 피할 수 없는 주관적 부분을 밝히면, 《현행법의 규칙과 평가를 〈객관적으로〉 탐구하기 위해 법적용자가 자신의 개인적 평가를 가능한 폭넓게 억제하는 것이》 더욱 촉진된다.1132) 앞서 살펴본 것처럼, 규범적으로 이해된 방법론의 다양한 규칙과 논거는 이처럼 거리를 둔, 《수공업(手工業)적이고》 전문적인 그리고 이러한 의미에서 *훈련된 의미탐구*에 기여한다. 규범적으로 이

있다. 유일하게 올바른 해석은 《증명》할 수 없지만, 포퍼가 말하는 《정당화의 맥락》에서 타당하지 않은 해석이 거짓임을 증명하는 것은 전적으로 가능하다.

1130) 타당한 지적으로 HAGER, 329.

1131) WIPRÄCHTIGER, in: Festschrift für Hans Giger (2009) 86.

1132) PICKER, JZ 1988, 72. 이미 RIEZLER, Das Rechtsgefühl, 190, (1946)도 같은 취지. 《심정법학(Gefühljurisprudenz)을 위한 공간은 점점 더 좁아져야 한다. 이것이 법학의 가장 중요한 임무 중 하나이다.》 1877년에 이미 PFAFF/HOFMANN은 Commentar zu einem österreichischen allgemeinen bürgerlichen Gesetzbuche Bd. I /1 (Wien 1877) 167 에서 다음과 같이 서술하였다. 《유능한 해석자》는 (실무경험과 탄탄한 법률지식 등을 갖추었을 뿐만 아니라) 《자신의 주관성을 주어진 것{소여(所與), das Gegebene}에 종속시킨다.》 GADAMER, Der Anfang des Wissens, 29 (1999) 또한 해석자의 선이해를 통해 그에게 《제안》된 것을 《제거》(Abtragen)하는 것을 말하고 있다.

해된 방법론은 본래적 의미의 법적용 과정과 구속적 법관법 영역에서의 법관에 의한 법발견을 구성할 뿐만 아니라, 본래적 의미의 보완적 입법기능이 이루어져야 하는 상황에서 방향지시관점을 제공하려고 노력한다. 이러한 노력은 이 과정에서 발전된 규칙들이 갖는 의심의 여지없이 제한적인 효용을 이론적으로 과대평가하는 것과 무관하다; 엄격한 방법 강제를 통해 법적용자를 조종하는 것과도, 법조인에 대한 불신과도 전혀 무관하다. 오로지 중요한 것은 법관업무의 합리성과 규칙성이라는 어느 정도 자명(自明)한 법치국가의 공리(公理)이다.

참고문헌 목록[*]

ADOMEIT KLAUS/HÄHNCHEN SUSANNE, Rechtstheorie für Studenten, 6. Aufl., Heidelberg 2012

ALEXY ROBERT, Theorie der juristischen Argumentation: die Theorie des ratio nalen Diskurses als Theorie der juristischen Begründung, 3. Aufl., Frankfurt a.M. 1996

AMSTUTZ MARC, *Interpretatio multiplex*: Zur Europäisierung des schweizerischen Privatrechts im Spiegel von BGE 129 III 335, in: Privatrecht und Methode: Festschrift für Ernst A. Kramer, Basel 2004, 67ff.

AMSTUTZ MARC/NIGGLI ALEXANDER, Recht und Wittgenstein III. Vom Geset zeswortlaut und seiner Rolle in der rechtswissenschaftlichen Methodenlehre, in: Richterliche Rechtsfortbildung in Theorie und Praxis: Festschrift für Hans Peter Walter, Bern 2005, 9ff.

ARZT GUNTHER, Einführung in die Rechtswissenschaft: Grundlagen mit Beispielen aus dem schweizerischen Recht, 2. Aufl., Basel/Frankfurt a.M. 1996

AUER MARIETTA, Materialisierung, Flexibilisierung, Richterfreiheit. Generalklauseln im Spiegel der Antinomien des Privatrechtsdenkens, Tübingen 2005

BALDUS CHRISTIAN/THEISEN FRANK/VOGEL FRIEDERIKE (Hrsg.), 《Gesetzgeber》 und Rechtsanwendung, Tübingen 2013

BALDUS MANFRED, Die Einheit der Rechtsordnung: Bedeutungen einer juristischen Formel in Rechtstheorie, Zivil- und Staatsrechtswissenschaft des 19. und 20. Jahrhunderts, Berlin 1995

BÄR ROLF, Praxisänderung und Rechtssicherheit, in: Freiheit und Verantwortung im Recht: Festschrift zum 60. Geburtstag von Arthur Meier-Hayoz, Bern 1982, 1ff.

---

[*] 이탤릭체로 표시된 부분은 본문에서 해당 문헌의 약칭 제목으로 표시된 부분을 가리킨다.

BARAK AHARON, Purposive Interpretation in Law, Princeton und Oxford 2005

BÉGUELIN MICHEL, Das Gewohnheitsrecht in der Praxis des Bundesgerichts, Bern 1968

BENGOETXEA JOXERRAMON, The Legal Reasoning of the European Court of Justice, Oxford 1993

BIAGGINI GIOVANNI, *Verfassung* und Richterrecht: verfassungsrechtliche Grenzen der Rechtsfortbildung im Wege der bundesgerichtlichen Rechtsprechung, Basel/Frankfurt a.M. 1991

BIAGGINI GIOVANNI, Methodik in der Rechtsanwendung, in: Grundprobleme der Auslegung aus Sicht des öffentlichen Rechts. *Symposium* zum 60. Geburtstag von René *Rhinow*, Bern 2004, 27ff.

BIAGGINI GIOVANNI, 《*Ratio legis*》 und richterliche Rechtsfortbildung, in: Die Bedeutung der 《Ratio Legis》, Kolloquium der Juristischen Fakultät der Universität Basel, Basel etc. 2001, 51ff.

BOBBIO NORBERTO, Teoria generale del diritto, Torino 1993

BÖCKLI PETER, Steuerumgehung: Qualifikation gegenläufiger Rechtsgeschäfte und normative Gegenprobe, in: Steuerrecht im Rechtsstaat: Festschrift für Francis Cagianut zum 65. Geburtstag, Bern/Stuttgart 1990, 289ff.

BRANDENBURG HANS-FRIEDRICH, Die teleologische Reduktion: Grundlagen und Erscheinungsformen der auslegungsunterschreitenden Gesetzeseinschränkung im Privatrecht, Göttingen 1983

BURCKHARDT WALTHER, *Methode* und System des Rechts: mit Beispielen, Zürich 1936

BURCKHARDT WALTHER, *Einführung* in die Rechtswissenschaft, 2. Aufl., Zürich 1948

BUSSE DIETRICH, Juristische Semantik: Grundfragen der juristischen Interpretationstheorie in sprachwissenschaftlicher Sicht, Berlin 1993

BYDLINSKI FRANZ, *Privatautonomie* und objektive Grundlagen des verpflichtenden Rechtsgeschäftes, Wien/New York 1967

BYDLINSKI FRANZ, Möglichkeiten und Grenzen der Präzisierung aktueller Generalklauseln, in: Rechtsdogmatik und praktische Vernunft: *Symposion* zum 80. Geburtstag von Franz *Wieacker*, Göttingen 1990, 189ff.

BYDLINSKI FRANZ, Juristische *Methodenlehre* und Rechtsbegriff, 2. Aufl., Wien/New York 1991

BYDLINSKI FRANZ, Über prinzipiell-systematische *Rechtsfindung* im Privatrecht: Vortrag, gehalten vor der Juristischen Gesellschaft zu Berlin am 17. Mai 1995, Berlin/New York 1995

BYDLINSKI FRANZ, *System* und Prinzipien des Privatrechts, Wien/New York 1996

BYDLINSKI FRANZ, *Richterrecht* über Richterrecht, in: 50 Jahre Bundesgerichtshof. Festgabe aus der Wissenschaft, Bd. I, München 2000

BYDLINSKI FRANZ/BYDLINSKI PETER, Grundzüge der juristischen Methodenlehre, 3. Aufl., Wien 2018

CANARIS CLAUS-WILHELM, *Systemdenken* und Systembegriff in der Jurisprudenz: entwickelt am Beispiel des deutschen Privatrechts, 2. Aufl., Berlin 1983

CANARIS CLAUS-WILHELM, Die *Feststellung von Lücken* im Gesetz: eine methodologische Studie über Voraussetzungen und Grenzen der richterlichen Rechtsfortbildung practer legem, 2. Aufl., Berlin 1983

CANARIS CLAUS-WILHELM, Die richtlinienkonforme Auslegung und Rechtsfortbildung im System der juristischen Methodenlehre, in: Im Dienste der Gerechtigkeit: *Festschrift* für Franz *Bydlinski*, Wien/New York 2002, 69ff.

CARNELUTTI FRANCESCO, Teoria generale del diritto, Roma 1940

CARONI PIO, Einleitungstitel des Zivilgesetzbuches, Basel/Frankfurt a.M. 1996

CHIARIELLO ELISABETH, Der Richter als Verfassungsgeber? - Zur Fortbildung von Grundlagen des Rechtsstaats und der Demokratie durch höchste Gerichte, Zürich/St. Gallen 2009

COING HELMUT, Juristische Methodenlehre, Berlin/New York 1972

DECKERT MARTINA RENATE, Folgenorientierung in der Rechtsanwendung, München 1995

DEDEYAN DANIEL, Regulierung der Unternehmenskommunikation, Zürich/Basel/Genf 2015

DESCHENAUX HENRI, Der Einleitungstitel, in: Schweizerisches Privatrecht, Bd. II, Basel/Stuttgart 1967

DÜRR DAVID, in: Zürcher Kommentar, 1. Teilbd., Vorb. zu Art.1 und 4 ZGB; Kommentar zu Art.1 ZGB, Zürich 1998 (zit. ZK-ZGB/DÜRR)

DU PASQUIER CLAUDE, Les lacunes de la loi et la jurisprudence du Tribunal fédéral suisse sur l'art. 1er CCS, Basel 1951

EGGER AUGUST, in: Zürcher Kommentar, I. Bd., Einleitung (Art.1-10 ZGB), Das Personenrecht (Art.11-89 ZGB), 2. Aufl., Zürich 1930 (Nachdruck 1978)

EHRENZWEIG ARMIN, System des österreichischen allgemeinen Privatrechts, Bd. I/1: Allgemeiner Teil, 2. Aufl., Wien 1951

EHRLICH EUGEN, Die juristische Logik, 2. Aufl., Tübingen 1925

EMMENEGGER SUSAN/TSCHENTSCHER AXEL, Kommentar zu Art.1 ZGB, in: Ca roni Pio u.a., Berner Kommentar, Bd. I, I. Abteilung (Art.1-9 ZGB), Bern 2012

ENGISCH KARL, Der Begriff der Rechtslücke. Eine analytische Studie zu Wilhelm Sauers Methodenlehre, in: *Festschrift* für Wilhelm *Sauer* zu seinem 70. Geburtstag am 24. Juni 1949, Berlin 1949, 85ff.

ENGISCH KARL, *Logische Studien* zur Gesetzesanwendung, 3. Aufl., Heidelberg 1963

ENGISCH KARL, *Einführung* in das juristische Denken, 11. Aufl., hrsg und bearbeitet von Würtenberger Thomas/Otto Dirk, Stuttgart etc. 2010

ERNST WOLFGANG, Gelehrtes Recht. Die Jurisprudenz aus der Sicht des Zivilrechtlehrers, in: Christoph Engel/Wolfgang Schön (Hrsg.), Das Proprium der Rechtswissenschaft, Tübingen 2007, 3ff.

ESSER JOSEF, Richterrecht, Gerichtsgebrauch und Gewohnheitsrecht, in: *Festschrift* für Fritz *von Hippel* zum 70. Geburtstag, Tübingen 1967, 95ff.

ESSER JOSEF, *Vorverständnis und Methodenwahl* in der Rechtsfindung: Rationalitätsgrundlagen richterlicher Entscheidungspraxis, Frankfurt a.M. 1972

ESSER JOSEF, *Grundsatz und Norm* in der richterlichen Fortbildung des Privatrechts: rechtsvergleichende Beiträge zur Rechtsquellen- und Interpretationslehre, 4. Aufl., Tübingen 1990

FIKENTSCHER WOLFGANG, Methoden des Rechts in vergleichender Darstellung, 5 Bde., Tübingen 1975-1977

FORSTMOSER PETER/MEIER-HAYOZ ARTHUR/NOBEL PETER, Schweizerisches Aktienrecht, Bern 1996

FORSTMOSER PETER/VOGT HANS-UELI, Einführung in das Recht, 5. Aufl., Bern 2012

GADAMER HANS-GEORG, Gesammelte Werke / Bd. 1 Hermeneutik I. Wahrheit und Methode. Grundzüge einer philosophischen Hermeneutik, unveränderte Ausgabe, Tübingen 2010

GÄCHTER THOMAS, Rechtsmissbrauch im öffentlichen Recht, Zürich 2005

GAUCH PETER, Der Werkvertrag: ein systematischer Grundriss, 7.Aufl., Zürich 2019

GAUCH PETER/SCHLUEP WALTER R./SCHMID JÖRG, Schweizerisches Obligationenrecht. Allgemeiner Teil, Bd. I, 10. Aufl., Zürich 2014

GERMANN OSKAR ADOLF, *Präjudizien* als Rechtsquelle: eine Studie zu den Me thoden der Rechtsfindung, Stockholm etc. 1960

GERMANN OSKAR ADOLF, *Probleme* und Methoden der Rechtsfindung, 2. Aufl., Bern 1967

GIGER HANS, in: Berner Kommentar, Teilbd VI, 2.Abteilung, 1. Teilbd., 1. Abschnitt, Allgemeine Bestimmungen - Der Fahrniskauf (Art.184-215 OR), Bern 1979 (zit. BK-OR/GIGER)

GMÜR MAX, Die Anwendung des Rechts nach Art.1 des schweizerischen Zivilgesetzbuches, Bern 1908

GRUBER URS PETER, Methoden des internationalen Einheitsrechts, Tübingen 2004

HABERMAS JÜRGEN, Faktizität und Geltung, 4. Aufl., Frankfurt a.M. 1994

HÄFELIN ULRICH, Die verfassungskonforme Auslegung und ihre Grenzen, in: Recht als Prozess und Gefüge: Festschrift für Hans Huber zum 80. Geburtstag, Bern 1981, 241ff.

HÄFELIN ULRICH, Zur Lückenfüllung im öffentlichen Recht, in: *Festschrift* zum 70. Geburtstag von Hans *Nef*, Zürich 1981, 91ff.

HÄFELIN ULRICH, Bindung des Richters an den Wortlaut des Gesetzes, in: *Festschrift* für Cyril *Hegnauer* zum 65. Geburtstag, Bern 1986, 111ff.

HÄFELIN ULRICH/HALLER WALTER/KELLER HELEN/THURNHERR DANIELA, Schweizerisches Bundesstaatsrecht, 9. Aufl., Zürich 2016

HÄFELIN ULRICH/MÜLLER GEORG/UHLMANN FELIX, Allgemeines Verwaltungsrecht, 7. Aufl., Zürich 2016

HAGER GÜNTER, Rechtsmethoden in Europa, Tübingen 2009

HANGARTNER YVO, Grundzüge des schweizerischen Staatsrechts, 2 Bde., Zürich 1980/1982

HART H.L.A., The Concept of Law, 2. Aufl., Oxford 1994

HASENBÖHLER FRANZ, Richter und Gesetzgeber in der Schweiz, in: Frank Richard (Hrsg.), Unabhängigkeit und Bindungen des Richters in der Bundesrepublik Deutschland, in Österreich und in der Schweiz: Ergebnisse einer internationalen Richtertagung, ZSR-Beiheft 12, 2. Aufl., Basel 1997, 99ff.

HASSEMER WINFRIED, Erscheinungsformen des modernen Rechts, Frankfurt a.M. 2007

HAUSHEER HEINZ/JAUN MANUEL, Die Einleitungsartikel des ZGB: Art.1-10 ZGB, Bern 2003

HAVERKATE GÖRG, Gewissheitsverluste im juristischen Denken: zur politischen Funktion der juristischen Methode, Berlin 1977

HECK PHILIPP, *Gesetzesauslegung und Interessenjurisprudenz*, Tübingen 1914

HECK PHILIPP, *Begriffsbildung und Interessenjurisprudenz*, Tübingen 1932

HEDEMANN JUSTUS WILHELM, Die Flucht in die Generalklauseln: Eine Gefahr für Recht und Staat, Tübingen 1933

HEINEMANN ANDREAS, Rechtliche Transplantate zwischen Europäischer Union und der Schweiz, in: Fahrländer Lukas/Heizmann Reto A. (Hrsg.), Europäisierung der schweizerischen Rechtsordnung, Zürich/St. Gallen 2013, 3ff.

HERRESTHAL CARSTEN, Rechtsfortbildung im europarechtlichen Bezugsrahmen, München 2006

HÖHN ERNST, *Praktische Methodik* der Gesetzesauslegung, Zürich 1993

HÖHN ERNST, Zweck(e) des Steuerrechts und Auslegung, in: Die Steuerrechtsordnung in der Diskussion: *Festschrift* für Klaus *Tipke* zum 70. Geburtstag, Köln 1995, 213ff.

HÖPFNER CLEMENS, Die systemkonforme Auslegung, Tübingen 2008

HOFER SIBYLLE/HRUBESCH-MILLAUER STEPHANIE, Einleitungsartikel und Personenrecht, 2. Aufl., Bern 2012

HONSELL HEINRICH, Teleologische Reduktion versus Rechtsmissbrauch, in: Der Gerechtigkeitsanspruch des Rechts: *Festschrift* für Theo *Mayer-Maly* zum 65. Geburtstag, Wien/New York 1996, 369ff.

HONSELL HEINRICH, Kommentar zu Art.1 ZGB, in: Geiser Thomas/Fountoulakis Christiana (Hrsg.), Kommentar zum schweizerischen Privatrecht, Zivilgesetzbuch I: Art.1-456, 6. Aufl., Basel/Frankfurt a.M. 2018 (zit. BSK-ZGB/HONSELL)

HONSELL HEINRICH, Schweizerisches *Obligationenrecht*, Besonderer Teil, 10. Aufl., Bern 2017

HONSELL HEINRICH/ISENRING BERNHARD/KESSLER MARTIN A., Schweizerisches Haftpflichtrecht, 5. Aufl., Zürich u.a. 2013

HONSELL HEINRICH/MAYER-MALY THEO, Rechtswissenschaft, 7. Aufl., Baden-Baden/Wien/Bern 2017

HOPF GERHARD, Gesetzesmaterialien und Rechtsanwendung im Zivilrecht, in: Festschrift 200 Jahre ABGB, Bd. II, Wien 2011, 1051ff.

HOTZ KASPAR, Richterrecht zwischen methodischer Bindung und Beliebigkeit?, Zürich/St. Gallen 2008

HRUBESCH-MILLAUER STEPHANIE, Kommentar zu Art.4 ZGB, in: Caroni Pio u.a., Berner Kommentar, Bd. I, 1. Abteilung (Art.1-9 ZGB), Bern 2012

HUBER EUGEN, Recht und Rechtsverwirklichung: Probleme der Gesetzgebung und der Rechtsphilosophie, Basel 1921

HÜRLIMANN-KAUP BETTINA/SCHMID JÖRG, Einleitungsartikel des ZGB und Per sonenrecht, 3. Aufl., Zürich 2016

HUTTER SILVAN, Die Gesetzeslücke im Verwaltungsrecht, Fribourg 1989

HUWILER BRUNO, *Aequitas* und bona fides als Faktoren der Rechtsverwirklichung: zur Gesetzgebungsgeschichte des Rechtsmissbrauchsverbotes (Art.2 Abs. 2 ZGB), in: Vers un droit privé européen commun? - Skizzen zum gemeineuropäischen Privatrecht, ZSR-Beiheft 16, Basel 1994, 57ff.

HUWILER BRUNO, *Privatrecht und Methode*: Bemerkungen aus Anlass des Buches von Ernst A. Kramer über Juristische Methodenlehre, Beiheft zu 《recht》, Bern 1999

JAUN MANUEL, Die teleologische Reduktion im schweizerischen Recht: konzeptionelle Erfassung, Voraussetzungen und Schranken der Rechtsfinding contra verba legis, Bern 2001

JESTAEDT MATTHIAS, Richterliche Rechtsetzung statt richterliche Rechtsfortbildung. Methodologische Betrachtungen zum sog. Richterrecht, in: Bumke Christian (Hrsg.), Richterrecht zwischen Gesetzesrecht und Rechtsgestaltung, Tübingen 2012, 49ff.

JHERING RUDOLPH, Geist des römischen Rechts auf den verschiedenen Stufen seiner Entwicklung, *Erster Theil* Leipzig 1852; *Zweiter Theil 2. Abteilung*, Leipzig 1858

KÄHLER LORENZ, Strukturen und Methoden der Rechtsprechungsänderung, 2. Aufl., Baden-Baden 2011

KANTOROWICZ HERMANN (alias Gnaeus Flavius), Der Kampf um die Rechtswissenschaft, Heidelberg 1906

KAUPMANN OTTO K., 《oder》 .... oder .... 《und》 ....?: Bemerkung zur Bedeutung des Rechtsgefühls in der bundesgerichtlichen Rechtsfindung, in: Mélanges Robert Patry, Lausanne 1988, 367ff.

KEHRER JOHANNES, Gesetzeskonforme Methodik, Zur Bedeutung der §§ 6, 7 ABGB für die privatrechtliche Methodenlehre, Wien 2013

KELLER ADOLF, Die Kritik, Korrektur und Interpretation des Gesetzeswortlautes, Winterthur 1960

KELSEN HANS, Reine Rechtslehre, 2. Aufl., Wien 1960

KERSCHNER FERDINAND/KEHRER JOHANNES, Kommentierung der §§ 6, 7 sowie des §12 ABGB, in: Fenyves Attila/Kerschner Ferdinand/Vonkilch Andreas (Hrsg.), ABGB, 3.Aufl. des Klang-Kommentars, Teilbd. zu §§ 1-43 ABGB, Wien 2014

KLATT MATTHIAS, Theorie der Wortlautgrenze, Baden-Baden 2004

KLÖCKNER ILKA, Grenzüberschreitende Bindung an zivilgerichtliche Präjudizien: Möglichkeiten und Grenzen im Europäischen Rechtsraum und bei staatsvertraglich angelegter Rechtsvereinheitlichung, Tübingen 2006

KLUG ULRICH, Juristische Logik, 4. Aufl., Berlin etc. 1982

KOCH HANS-JOACHIM/RÜSSMANN HELMUT, Juristische Begründungslehre: eine Einführung in Grundprobleme der Rechtswissenschaft, München 1982

참고문헌 목록

KODEK GEORG E., Kommentierung der §§ 6,7 sowie des §12 ABGB, in: Rummel Peter/Lukas Meinhard (Hrsg.), ABGB, Teilband zu §§ 1-43 ABGB, 4. Aufl., Wien 2015

KÖHLER HELMUT/BORNKAMM JOACHIM/FEDDERSEN JÖRN, Gesetz gegen den unlauteren Wettbewerb, UWG, 37. Aufl., München 2019

KOLLER PETER, Theorie des Rechts: eine Einführung, 2. Aufl., Wien etc. 1997

KOLLER THOMAS, Privatrecht und Steuerrecht: eine Grundlagenstudie zur Inter dependenz zweier Rechtsgebiete, Bern 1993

KRAMER ERNST A., *Analogie und Willkürverbot* (methodologische Anmerkungen zu BGE 104 II 15), in: Beiträge zur Methode des Rechts: St. Galler Festgabe zum Schweizerischen Juristentag 1981, Bern/Stuttgart 1981, 99ff.

KRAMER ERNST A., in: Kramer/Schmidlin, Berner Kommentar, Bd. VI, 1. Abteilung, 1. Teilband, Allgemeine Einleitung in das schweizerische Obligationenrecht und Kommentar zu Art.1-18 OR, Bern 1986 (zit. BK-OR/ KRAMER)

KRAMER ERNST A., Kommentar zu Art.19-22 OR, in: Berner Kommentar, Band VI, 1. Abteilung, 2. Teilband, Unterteilband 1a, Inhalt des Vertrages, Bern 1991 (zit. BK-OR/KRAMER)

KRAMER ERNST A., *Teleologische Reduktion*-Plädoyer für einen Akt metho dentheoretischer Rezeption, in: Rechtsanwendung in Theorie und Praxis: Symposium zum 70. Geburtstag von Arthur Meier-Hayoz, ZSR-Beiheft 15, Basel 1993, 65ff.

KRAMER ERNST A., Lateinische Parömien zur Methode der Rechtsanwendung, in: Steuerrecht: ausgewählte Probleme am Ende des 20. Jahrhunderts (*Festschrift* zum 65. Geburtstag von Ernst *Höhn*), Bern etc., 1995, 141ff.

KREY VOLKER, Studien zum Gesetzesvorbehalt im Strafrecht. Eine Einführung in die Problematik des Analogieverbots, Berlin 1977

KRIELE MARTIN, Theorie der Rechtsgewinnung: entwickelt am Problem der Verfassungsinterpretation, 2. Aufl., Berlin 1976

LANZ RAPHAEL, Die wirtschaftliche Betrachtungsweise im schweizerischen Privatrecht: inwiefern hat im schweizerischen Privatrecht eine durch die äussere Form hindurch dringende materielle Würdigung zu erfolgen?, Bern 2000

LARENZ KARL, Methodenlehre der Rechtswissenschaft, 6. Aufl., Berlin 1991

LARENZ KARL/CANARIS CLAUS-WILHELM, Methodenlehre der Rechtswissenschaft, 3. Aufl., Berlin etc. Nachdruck 1999

LE ROY YVES/SCHOENENBERGER MARIE-BERNADETTE, Introduction générale au droit suisse, 4. Aufl., Zürich etc. 2015

LIEBS DETLEF, Lateinische Rechtsregeln und Rechtssprichwörter, 7. Aufl., München 2007

LIETH OLIVER, Die ökonomische Analyse des Rechts im Spiegelbild klassischer Argumentationsrestriktionen des Rechts und seiner Methodenlehre, Baden-Baden 2007

LINHART KARIN, Internationales Einheitsrecht und einheitliche Auslegung, Tübingen 2005

LIVER PETER, Der Begriff der *Rechtsquelle*, in: Rechtsquellenprobleme im schweizerischen Recht: Festgabe der Rechts- und Wirtschaftswissenschaftlichen Fakultät der Universität Bern für den schweizerischen Juristenverein, Jahresversammlung 1955, Bern 1955, 1ff.

LIVER PETER, Der *Wille des Gesetzes*: Rektoratsrede, Bern 1954

LOCHER PETER, Grenzen der Rechtsfindung im Steuerrecht, Bern 1983

LOOSCHELDERS DIRK/ROTH WOLFGANG, Juristische Methodik im Prozess der Rechtsanwendung: zugleich ein Beitrag zu den verfassungsrechtlichen Grundlagen von Gesetzesauslegung und Rechtsfortbildung, Berlin 1996

MANAI DOMINIQUE, Le juge entre la loi et l'équité: essai sur le pouvoir d'appréciation du juge en droit suisse, Lausanne 1985

MARTENS SEBASTIAN A.E., Methodenlehre des Unionsrechts, Tübingen 2013

MASTRONARDI PHILIPPE, Juristisches Denken: eine Einführung, 2. Aufl., Bern etc. 2003

MAYER-MALY THEO, *Rangordnung* von Normen innerhalb des Gesetzes, in: Starck Christian (Hrsg.), Rangordnung der Gesetze: 7. Symposion der Kommission 《Die Funktion des Gesetzes in Geschichte und Gegenwart》 am 22. und 23. April 1994, Göttingen 1995, 123ff.

MAYER-MALY THEO, in: Honsell Heinrich/Vogt Nedim Peter/Geiser Thomas (Hrsg.), Schweizerisches Zivilgesetzbuch, Bd. I, 1. Aufl., Basel/Frankfurt a.M.

1996 (zit. BSK-ZGB/MAYER-MALY)

MEIER-HAYOZ ARTHUR, Der *Richter als Gesetzgeber*: eine Besinnung auf die von den Gerichten befolgten Verfahrensgrundsätze im Bereiche der freien richterlichen Rechtsfindung gemäss Art.1 Abs. 2 des schweizerischen Zivilgesetzbuches, Zürich 1951

MEIER-HAYOZ ARTHUR, in: Liver Peter u.a., Berner Kommentar, Bd. I, Einleitung (Art.1-10 ZGB), Bern 1962, Nachdruck 1966 (zit. BK-ZGB/METER-HAYOZ)

MEIER-HAYOZ ARTHUR, Der Richter als Gesetzgeber: zur rechtspolitischen Komponente richterlicher Tätigkeit, in: *Festschrift* zum 70. Geburtstag von Max *Guldener*, Zürich 1973, 189ff.

MEIER-HAYOZ ARTHUR, *Schlusswort*, in: Rechtsanwendung in Theorie und Praxis: Symposium zum 70. Geburtstag von Arthur Meier-Hayoz, ZSR-Beiheft 15, Basel 1993, 89ff.

MEIER-HAYOZ ARTHUR/FORSTMOSER PETER/SETHE ROLF, Schweizerisches Ge sellschaftsrecht, 12. Aufl., Bern 2018

MELIN PATRICK, Gesetzesauslegung in den USA und in Deutschland, Tübingen 2005

MERZ HANS, in: Liver Peter u.a., Berner Kommentar, Bd. I, Einleitung (Art.1-10 ZGB), Bern 1962, Nachdruck 1966(zit. BK-ZGB/MERZ)

MERZ HANS, *Neues* zu den Methoden der Rechtsfindung?, in: Rechtsanwendung in Theorie und Praxis: Symposium zum 70. Geburtstag von Arthur Meier-Hayoz, ZSR-Beiheft 15, Basel 1993, 55ff.

METZGER AXEL, Extra legem, intra ius: Allgemeine Rechtsgrundsätze im Europäischen Privatrecht, Tübingen 2007

MICHAEL LOTHAR, Der allgemeine Gleichheitssatz als Methodennorm komparativer Systeme, Berlin 1997

MÖLLERS THOMAS M.J., Juristische Methodenlehre, München 2017

MOOR PIERRE, Dynamique du système juridique. Une théorie générale du droit, Genève/Zürich/Basel 2010

MORAND CHARLES-ALBERT, Vers une méthodologie de la pesée des valeurs constitutionnelles, in: De la constitution: Etudes en l'honneur de Jean-François

Aubert, Basel/Frankfurt a.M. 1996, 57ff.

MORLOK MARTIN, Neue Erkenntnisse und Entwicklungen aus sprach- und rechtswissenschaftlicher Sicht, in: Ehrenzeller Bernhard u.a., Präjudiz und Sprache/Precedence and its Language, Zürich/St. Gallen 2008, 27ff.

MÜLLER FRIEDRICH/CHRISTENSEN RALPH, Juristische Methodik, Band I: Grundlegung für die Arbeitsmethoden der Rechtspraxis, 11. Aufl., Berlin 2013

MÜLLER GEORG/UHLMANN FELIX, Element einer Rechtsetzungslehre, 3. Aufl., Zürich/Basel/Genf 2013

MÜLLER JÖRG PAUL, *Elemente* einer schweizerischen Grundrechtstheorie, Bern 1982

MÜLLER JÖRG PAUL, Juristische Methodenlehre in der rechtsstaatlichen Demo- kratie, in: Grundprobleme der Auslegung aus Sicht des öffentlichen Rechts, *Symposium* zum 60. Geburtstag von René *Rhinow*, Bern 2004, 53ff.

MÜLLER JÖRG PAUL, Die Kunst des Richtens, in: Human Rights, Democracy and the Rule of Law, *Liber amicorum* Luzius Wildhaber, Zürich/St. Gallen 2007, 1449ff.

MÜLLER JÖRG PAUL, *Verwirklichung* der Grundrechte nach Art.35 BV, Bern 2018

NEUMANN ULFRIED, Rechtsanwendung, Methodik und Rechtstheorie, in: Marcel Senn/Barbara Fritschi (Hrsg.), Rechtswissenschaft und Hermeneutik, ARSP-Beiheft 117, Stuttgart 2009, 87ff.

NEUNER JÖRG, Die Rechtsfindung contra legem, 2. Aufl., München 2005

OFTINGER KARL/STARK EMIL W., Schweizerisches Haftpflichtrecht, Erster Band: Allgemeiner Teil, 5. Aufl., Zürich 1995

OGOREK REGINA, Gefährliche Nähe? Richterliche Rechtsfortbildung und Natio- nalsozialismus, in: Festschrift für Winfried Hassemer, Heidelberg 2010, 159ff.

OTT EDWARD E., Die Methode der Rechtsanwendung, Zürich 1979

PAVČNIK MARIJAN, Juristisches Verstehen und Entscheiden. Vom Lebenss- achverhalt zur Rechtsentscheidung. Ein Beitrag zur Argumentation im Recht, Wien, New York 1993

PAWLOWSKI, HANS-MARTIN Einführung in die Juristische Methodenlehre, 2. Aufl., Heidelberg 2000

PAYANDEH MEHRAD, Judikative Rechtserzeugung, Tübingen 2017

PECZENIK Aleksander, On Law and Reason, 2. Aufl., Milton Keynes UK 2009

PERRIN JEAN-FRANÇOIS, Pour une théorie de l'interprétation judiciaire des lois, in: Perrin Jean-François (publié sous la direction de), Les règles d'interprétation: principes communément admis par les juridictions, Fribourg 1989, 243ff.

PICHONNAZ PASCAL, L'effet rétroactif du changement de jurisprudence: quelques réflexions à l'aune du pluralisme méthodologique, in: Mélanges en l'honneur de Paul-Henri Steinauer, Bern 2013, 47ff.

POTACS MICHAEL, Rechtstheorie, Wien 2015

PROBST THOMAS, Die Änderung der Rechtsprechung: eine rechtsvergleichende, methodologische Untersuchung zum Phänomen der höchstrichterlichen Rechtsprechungsänderung in der Schweiz (civil law) und den Vereinigten Staaten (common law), Basel/Frankfurt a.M. 1993

PROBST THOMAS, Die *Grenze* des möglichen Wortsinns: methodologische Fiktion oder hermeneutische Realität, in: Privatrecht und Methode. Festschrift für Ernst A. Kramer, Basel 2004, 249ff.

RADBRUCH GUSTAV, Rechtsphilosophie, 8. Aufl., Stuttgart 1973

RAISCH PETER, Juristische Methoden: vom antiken Rom bis zur Gegenwart, Heidelberg 1995

REBHAHN ROBERT, Auslegung und Anwendung des Unionsrechts im Privatrecht (Nach §§ 6, 7), in: Fenyves Attila/Kerschner Ferdinand/Vonkilch Andreas (Hrsg.), ABGB, 3.Aufl. des Klang-Kommentars, Teilbd. zu §§ 1-43 ABGB, Wien 2014

REHBINDER MANFRED, Schweizerisches Arbeitsrecht, 15. Aufl., Bern 2001

REICHEL HANS, *Gesetz und Richterspruch*: zur Orientierung über Rechtsquellen- und Rechtsanwendungslehre der Gegenwart, Zürich 1915

REICHEL HANS, Zu den Einleitungsartikeln des Schweizerischen Zivilgesetzbuches, in: *Festgabe* für Rudolf *Stammler* zum siebzigsten Geburtstage, Berlin 1926, 281ff.

REIMER FRANZ, Juristische Methodenlehre, Baden-Baden 2016

RHINOW RENÉ A., Rechtsetzung und Methodik: rechtstheoretische Untersuchungen zum gegenseitigen Verhältnis von Rechtsetzung und Rechtsanwendung, Basel/Stuttgart 1979

RHINOW RENÉ A., Grundrechtstheorie, Grundrechtspolitik und Freiheitspolitik, in: Recht als Prozess und Gefüge: *Festschrift* für Hans *Huber* zum 80. Geburtstag, Bern 1981, 427ff.

RHINOW RENÉ A., Schlusswort, in: Grundprobleme der Auslegung aus Sicht des öffentlichen Rechts. *Symposium* zum 60. Geburtstag von René *Rhinow* Bern 2004, 93ff.

RIEMER HANS MICHAEL, Die Einleitungsartikel des Schweizerischen Zivilgesetzbuches (Art.1-10 ZGB): eine Einführung, 2. Aufl., Bern 2003

RIESENHUBER KARL (Hrsg.), Europäische Methodenlehre. Handbuch für Ausbildung und Praxis, 3. Aufl., Berlin 2015

RÖHL KLAUS F./RÖHL CHRISTIAN, Allgemeine Rechtslehre, 3.Aufl., München 2008

Ross ALF, On Law and Justice, Berkeley/Los Angeles 1959

RÜCKERT J./SEINECKE R. (Hrsg.), Methodik des Zivilrechts - von Savigny bis Teubner, 3. Aufl., Baden-Baden 2017

RÜTHERS BERND, Die *unbegrenzte Auslegung*: zum Wandel der Privatrechtsordnung im Nationalsozialismus, 8. Aufl., Heidelberg 2017

RÜTHERS BERND/FISCHER CHRISTIAN/BIRK AXEL, *Rechtstheorie* mit Juristischer Methodenlehre, 10. Aufl., München 2018

RYTER SAUVANT MARIANNE, Allgemeine Rechtsgrundsätze - Analogien zum Privatrecht, Bern 2005

SÄCKER FRANZ JÜRGEN, *Einleitung* vor § 1 BGB, in: Münchener Kommen zum BGB, Bd. 1 , 8. Aufl., München 2018

SAMBUC THOMAS, Folgenerwägungen im Richterrecht: die Berücksichtigung von Entscheidungsfolgen bei der Rechtsgewinnung, erörtert am Beispiel des § 1 UWG, Berlin 1977

SAVIGNY FRIEDRICH CARL VON, System des heutigen römischen Rechts, Bd. I, Berlin 1840

SCHLÜCHTER ELLEN, Mittlerfunktion der Präjudizien: eine rechtsvergleichende Studie, Berlin/New York 1986

참고문헌 목록

SCHLUEP WALTER R., Über das innere System des neuen schweizerischen Wettbewerbsrechts, in: Freiheit und Zwang: rechtliche, wirtschaftliche und gesellschaftliche Aspekte: *Festschrift* zum 60. Geburtstag von Hans Giger, Bern 1989, 561ff.

SCHLUEP WALTER R., *Einladung* zur Rechtstheorie, Bern/Baden-Baden 2006

SCHMIDT ANKE, Richterliche Rechtsfortbildung in Deutschland und der Schweiz, Berlin 2017

SCHNYDER BERNHARD, Dreisprachigkeit des ZGB: Last oder Hilfe, in: Mélanges en l'honneur de Henri-Ropert Schüpbach, Basel u.a. 2000, 37ff.

SCHÜNEMANN BERND, Die Gesetzesinterpretation im Schnittfeld von Sprachphilosophie, Staatsverfassung und juristischer Methodenlehre, in: Festschrift für Ulrich Klug zum 70. Geburtstag, Bd. I, Köln 1983, 169ff.

SEELMANN KURT/DEMKO DANIELA, Rechtsphilosophie, 6. Aufl., München 2014

SEILER HANSJÖRG, Gewaltenteilung. Allgemeine Grundlagen und schweizerische Ausgestaltung, Bern 1994

SEILER HANSJÖRG, *Praktische Rechtsanwendung*: Was leistet die juristische Methodenlehre?, Bern 2009

SIMON ERIC, Gesetzesauslegung im Strafrecht, Berlin 2005

SPIRO KARL, Über den Gerichtsgebrauch zum allgemeinen Teil des revidierten Obligationenrechts, Basel 1948

STEINAUER PAUL-HENRI, Le Titre préliminaire du Code civil, in: Traité de droit privé suisse, Vol. II, Basel 2009

STEINDORFF ERNST, Politik des Gesetzes als Auslegungsmassstab im Wirtschaftsrecht, in: Festschrift für Karl Larenz zum 70. Geburtstag, München 1973, 217ff.

STRATENWERTH GÜNTER, Zum Streit der Auslegungstheorien, in: Rechtsfindung: Beiträge zur juristischen Methodenlehre: *Festschrift* für Oscar Adolf *Germann* zum 80. Geburtstag, Bern 1969, 257ff.

STRATENWERTH GÜNTER, Schweizerisches Strafrecht. *Allgemeiner Teil I*, Die Straftat, 4. Aufl., Bern 2011

STROLZ MARC MARIA, Ronald Dworkins These der Rechte im Vergleich zur gesetzgeberischen Methode nach Art.1 Abs. 2 und 3 ZGB, Zürich 1991.

TEUBNER GUNTHER, Recht als autopoietisches System, Frankfurt a.M. 1989

TSCHANNEN PIERRE, Verfassungsauslegung, in: Thürer Daniel/Aubert Jean-François/Müller Jörg Paul (Hrsg.), Verfassungsrecht der Schweiz, Zürich, 2001, §9

TSCHENTSCHER AXEL, Grundprinzipien des Rechts: Einführung in die Rechtswissenschaft mit Beispielen aus dem schweizerischen Recht, Bern 2003

TUOR PETER/SCHNYDER BERNHARD/SCHMID JÖRG/JUNGO ALEXANDRA, Das schweizerische Zivilgesetzbuch, 14. Aufl., Zürich 2015

VALLENDER KLAUS A., 《Objektive Auslegung》 und Erkenntnis, in: Beiträge zur Methode des Rechts: St. Galler Festgabe zum Schweizerischen Juristentag 1981, Bern/Stuttgart 1981, 71ff.

VALLENDER KLAUS A., Die Auslegung des Steuerrechts: unter besonderer Berücksichtigung der Aktienübertragung auf Holdinggesellschaften, 2. Aufl., Bern/Stuttgart 1988

VAN HOECKE MARK, Norm, Kontext und Entscheidung. Die Interpretationsfreiheit des Richters, Leuven 1988

VESTING THOMAS, Rechtstheorie, 2. Aufl., München 2015

VIEHWEG THEODOR, Topik und Jurisprudenz: ein Beitrag zur rechtswissenschaftlichen Grundlagenforschung, 5. Aufl., München 1974

VOGEL JOACHIM, Juristische Methodik, Berlin 1998

VOGENAUER STEFAN, Die Auslegung von Gesetzen in England und auf dem Kontinent, Bd. I und II, Tübingen 2001

VON BÜLOW OSKAR, Gesetz und Richteramt, Neudruck Aalen 1972 der Erstausgabe 1885

WALTER ROBERT, Das Auslegungsproblem im Lichte der Reinen Rechtslehre, in: Festschrift für Ulrich Klug zum 70. Geburtstag, Bd. I, Köln 1983, 187ff.

WANK ROLF, Die Auslegung von Gesetzen, 6. Aufl., München 2015

WANK ROLF, Grenzen richterlicher Rechtsfortbildung, Berlin 1978

WANK ROLF, Die juristische Begriffsbildung, München 1985

WELSER RUDOLF/KLETEČKA ANDREAS, Grundriss des bürgerlichen Rechts Bd. I, 15. Aufl., Wien 2018

참고문헌 목록

WERRO FRANZ, Kommentar zu Art.1 ZGB, in: Pichonnaz Pascal/Fox Bénédict (Ed.), Commentaire romand. Code civil: Art.1-359, Basel 2010 (zit. CRCC/ WERRO)

WIEACKER FRANZ, Privatrechtsgeschichte der Neuzeit unter besonderer Berücksichtigung der deutschen Entwicklung, 2. Aufl., Göttingen 1967

YUNG WALTER, La volonté du législateur, in: Yung Walter, Etudes et articles, Genf 1971, 64ff.

ZELLER ERNST, Auslegung von Gesetz und Vertrag: Methodenlehre für die juristische Praxis, Zürich 1989

ZIPPELIUS REINHOLD, Juristische Methodenlehre: eine Einführung, 11. Aufl., München 2012

ZITELMANN ERNST, Lücken im Recht: Rede gehalten bei Antritt des Rektorats der Rheinischen Friedrich-Wilhelms-Universität zu Bonn am 18. Oktober 1902, Leipzig 1903

사항색인

-ㄱ-

가치개념 46면
개념법학 157면 이하
개념의 뜰 39면
개념의 핵 38면
개념피라미드 157면
개념하늘 159면
개별유추 211면
개별적 사례해결법 53면 이하
객관적-목적론적 방법 147면, 161면
객관적-시대에 부합하는(법적용시점을
  기준으로 한) 방법 110면, 114면,
  129면 이하, 147면
객관적-역사적{제정(입법)시점을
  기준으로 한} 방법 113면, 161면
객관주의 108면, 118면
결과분석 265면 이하
경제적 관찰법 175면, 225면
경제적 논거
 - 흠결보충 시 경제적 논거 285면
계약상 흠결 144면
계약해석
 - 계약해석의 방법 4면, 141면 이하
관습법
 - 흠결보충 수단으로서 관습법 228면
  이하
 - 관습법으로서의 법관법 254면 이하
관습적 윤리 299면
구속적 법관법 185면
권력분립원칙 15면, 353면, 각주 1012
권리남용금지 241면
권위서 271면
귀류법 172면
규범변천 53면, 111면
규범의미 35면, 243면
규범적 구성요건요소 43면 이하
규범적 밀도
 - 입법의 규범적 밀도 49면, 53면
규칙회의주의 349면 이하
기술적 구성요건요소 36면 이하

-ㄴ-

논리적 해석요소 각주 69, 각주 483
논증의무 각주 7
누적
 - 청구권의 누적 102면

-ㄷ-

다수설 273면
대에서 소로의 추론 214면
독특한 법전 75면
동등(평등)대우요청 14면, 210면

동적 체계 82면

-ㄹ-
라드브루흐 공식 245면

-ㅁ-
메타적 성격
 - 법학방법론의 메타적 성격 9면 이하
명백성규칙 64면
모호성 6면, 각주 85
목적론적 축소 230면 이하
목적론적 해석 146면 이하
목적론적 확장 215면
목적조항 148면
목적프로그래밍 각주 945, 각주 946
문언의미 35면
문언의미의 한계 32면

-ㅂ-
반대추론 216면 이하
방론 313면, 각주 806
방법정직성 123면, 263면, 279면
방향안정성 48면
법개념의 상대성 44면
법관법
 - 보조입법으로서 법관법 250면
 - 법원으로서 법관법 253면 이하
 - 법관법의 민주주의적 정당화 318면
   이하
 - 법관법에서의 규칙형성 262면,
   296면

법관의 인격 23면, 362면
법관의 재량판단 297면 이하
법관의 저항권 245면
법격언 279면
법규범
 - 법규범의 개념 4면, 36면
법도그마틱 168면 이하
법률문언에 반하는 판결 234면, 242면
   이하
법률문언/협약문언의 다언어성 58면
법률상 흠결
 - 최초의/사후적 204면
 - 예외흠결 202면 이하, 230면 이하
 - 위임흠결 197면, 204면
 - 진정흠결 198면
 - 법률내부의 흠결 57면, 197면
 - 충돌흠결 201면
 - 흠결의 종류 195면 이하
 - 흠결의 개념 193면 이하
 - 흠결의 확정 195면
 - 흠결의 보충 195면, 205면 이하
 - 법질서의 무흠결성 188면
 - 무흠결성 도그마 188면
 - 공개된 법률상 흠결 197면 이하
 - 계획에 반하는 법률의 불완전성
   193면
 - 법정책적 흠결 194면, 196면
 - 기술적 흠결 199면
 - 목적론적 흠결 201면
 - 부진정흠결 198면
 - 숨겨진 법률흠결 233면

법률실증주의 188면

법률유추 211면

법률의 가장자리 열 77면

법률초월적 법관법 185면, 249면 이하

법률행위 계획(설계) 24면, 27면

법률회피 224면

법원리 80면, 275면 이하

법유추 211면 이하

법으로부터 자유로운 공간 192면

법의 경제적 분석 287면 이하

법의 내적 체계 80면 이하

법의 목적이 소멸하면 법 자체도
　소멸한다 239면 이하

법의 외적 체계 74면 이하

법적 삼단논법 5면, 21면

법적 정의(법률상 정의) 38면, 43면

법질서의 단계구조 4면, 73면, 87면

법질서의 통일성 69면 이하, 210면

법치국가 312면, 369면

법현실주의 291면

법형성기능
　- 일반조항의 법형성기능 53면

법형성논거
　- 객관적 해석을 지지하는 법형성논거
　　125면 이하

법획득 25면

보조(보완적)입법 26면, 57면, 250면
　이하, 316면 이하

본래적 법률수정 141면

본질 논거 164면 이하

부속법률 76면

불특정 법개념 47면

비교법
　- 법발견의 비교법적 방법 280면 이하
　- 흠결보충의 수단으로서 비교법
　　280면 이하

- ㅅ -

사례군 각주 114

사물의 본성 174면

사법부탐구 각주 33

사법자제 320면 이하

사법적극주의 320면 이하

사안규범 262면, 각주 975

사전효
　- 법률계획의 사전효 226면

삼단논법 5면, 21면

상위법은 하위법을 폐지한다 106면
　이하

새로운 영역 사례 267면

선례에의 구속 307면 이하

선례추정 310면

선이해 356면 이하

설문조사 290면

소극적 후보자 39면

소에서 대로의 추론 213면

수령자관점 142면

수용기능
　- 일반조항의 수용기능 52면

수인불가능성 논거 170면

시대정신 358면

신뢰논거

- 객관적 해석을 지지하는 신뢰논거
  124면
신뢰원칙
  - 계약해석에서 신뢰원칙 143면
신법은 구법을 폐지한다 103면 이하
실질적 폐지 103면

-ㅇ-

암시이론 66면
언어적-문법적 해석 35면 이하
역사적 해석요소 108면 이하
역추론 216면 이하
연방대법원의 방법다원주의 116면
  이하
연방법률의 3가지 언어 57면 이하
열거적 구성요건요소 56면, 217면
열거주의 53면 이하
영감의 원천 254면, 268면
예시적 개별사안 해법 54면
예외규정(예외규정은 확대해석하면
  안된다) 220면 이하
예외법 220면 이하
올바른 해석 362면
원칙의 충돌 278면
위반된 규범의 모호목적 이론 177면
위임기능
  - 일반조항의 위임기능 51면
유리함의 비교 101면
유추 14면, 145면, 205면 이하
의제 208면
이론의 논박 170면

이익법학 160면
이익형량 299면 이하
인용법률가들 270면
일반적 법원칙 274면 이하
일반적 부정문 190면
일반조항 47면 이하, 292면 이하
일상의미 67면
입법기술 25면, 53면 이하
입법의 현실 173면 이하
입법이론 25면
입법자료 124면, 134면 이하, 139면
입법자의 한정된 침묵 216면, 219면

-ㅈ-

자유법운동 316면
자율적인 수용 335면 이하
자의금지 14면, 23면, 368면
장래를 향한 판례변경 313면 이하
재량개념 46면
재판강제 8면
적극적 후보자 39면
적용적 이해 6면, 357면
전문 용어 43면, 67면
전체유추 211면 이하
제3자효(수평효)
  - 기본권의 제3자효 90면 이하
제정(입법)시점을 기준으로 한 해석
  108면, 113면, 132면 이하
제한해석 40면, 63면, 223면
조건부 프로그래밍 305면, 각주 945
주관적-목적론적 방법 147면

주관적-역사적 방법 112면
주관주의 108면
주론(주된 판결이유) 262면
중립적 후보자 39면
지시 78면 이하
 - 전체지시 78면
 - 법적 효과의 지시 79면
 - 법적 요건의 지시 79면
지침조화적 법형성 339면
지침조화적(유럽법조화적) 해석 334면
 이하

- ㅊ -

창조설 145면
청구권경합 97면 이하
체계에 낯선(반하는) 규범 85면, 223면
체계적 해석 69면 이하
총칙
 - 법의 총칙 75면
침묵으로부터의 추론 216면 이하

- ㅌ -

타당한 해석 367면
탈법행위 224면
택일적 관계 100면, 102면
토픽 302면 이하
통일사법
 - 통일사법의 해석 328면 이하
통일사법/유럽연합사법의 자율적 해석
 329면, 각주 1040
통일적 해석

- 통일사법의 통일적 해석 328면 이하
뤼빙겐 학파
 - 뤼빙겐 학파의 이익법학 112면,
  160면
특별법은 일반법을 폐지한다 97면
 이하
특별법의 배타성 97면
특별사법 76면
특별성원칙
 - 청구권경합에서 특별성원칙 98면
  이하

- ㅍ -

판덱텐체계 75면
판례변경 305면 이하
판례비교 330면
편집상의 과오 140면
평가모순 154면 이하
폐지규칙 97면 이하
포섭 5면
포섭기계
 - 포섭기계로서의 법관 21면

- ㅎ -

학설
 - 영감의 원천으로서 학설 268면 이하
해석과정의 순환 356면
해석요소들 34면 이하
해석요소들의 순위 177면 이하
해석의 목표 108면
해석의 실천가능성 171면, 각주 506

해석학 11면, 74면, 356면 이하
해석학적 논거
 - 객관적 해석을 지지하는 해석학적
   논거 122면
헌법의 통일성 70면
헌법합치적 해석 87면 이하
형량모델
 - 재량판결에서 형량모델 299면 이하
 - 원칙의 충돌 278면

형법에서 유추금지 12면, 40면, 217면
형식논거
 - 객관적 해석을 지지하는 형식논거
   123면
형식적 폐지 103면
확대해석 40면, 63면
확립된 학설 151면, 272면 이하
흠결보충조화
 - 국제협약에서 흠결보충조화 333면

사항색인

저자: 에른스트 A. 크라머(Ernst A. Kramer)
바젤대학교 명예교수

역자: 최준규
서울대학교 법학전문대학원 부교수

법학방법론

초판발행	2022년 9월 30일
지은이	에른스트 A. 크라머(Ernst A. Kramer)
옮긴이	최준규
펴낸이	안종만 · 안상준
편 집	한두희
기획/마케팅	조성호
표지디자인	이영경
제 작	고철민 · 조영환
펴낸곳	(주) **박영사**
	서울특별시 금천구 가산디지털2로 53, 210호(가산동, 한라시그마밸리)
	등록 1959. 3. 11. 제300-1959-1호(倫)
전 화	02)733-6771
f a x	02)736-4818
e-mail	pys@pybook.co.kr
homepage	www.pybook.co.kr
ISBN	979-11-303-4222-1 93360

* 파본은 구입하신 곳에서 교환해 드립니다. 본서의 무단복제행위를 금합니다.
* 역자와 협의하여 인지첩부를 생략합니다.

정 가   28,000원